Brazilian Serial Documents:
A Selective and Annotated Guide

Indiana University Latin American Studies Program

Brazilian Serial Documents:

A Selective and Annotated Guide

Mary Lombardi

Indiana University Press
Bloomington & London
1974

Sponsored by the Foreign Area Fellowship Program
of the Social Science Research Council and the
American Council of Learned Societies.

Published in Canada by Fitzhenry & Whiteside
Limited, Don Mills, Ontario

Manufactured in the United States of America

Library of Congress Cataloging in Publication Data

Lombardi, Mary, 1940-
    Brazilian serial documents.

    (Indiana University Latin American studies
program)
    1. Brazil--Government publications--
Bibliography. 2. Brazilian periodicals--Bibli-
ography. I. Title. II. Series: Indiana.
University. Latin American studies Program.
Z1679.L65 1974 016.05 73-16533 ISBN 0-253-31262-0

For their understanding and support through the years
I dedicate this book to my good friends,
my Parents.

CONTENTS

INTRODUCTION

Nearly all of the federal agencies[1] of the Brazilian government disseminate their official notices, research reports, and legislation through serial document publications. These publications are vast in number, varied in type and in subject matter. They may be official newspapers (diários oficiais, jornais), yearbooks (anuários, anais, almanaques), journals (revistas), bulletins (boletins), or annual reports (relatórios), and they may be of administrative, artistic, legislative, literary, research, scientific, or technical interest. Format and frequency vary as greatly too, from the irregularly issued single mimeographed page to the carefully designed and produced and regularly published scholarly journal.

Through the years, Brazil's federal agencies have been created, dissolved, and reorganized under a bewildering variety of names which has complicated identification and location of their official publications. A basic premise of this Guide is that information on the development of an agency through its various names and organizations would clarify its serial documents' publication history. Thus, a concise history of the major legislation (i.e., the date and act of an agency's creation, its redesignation(s), and its dissolution--if applicable) has been provided. The agency's serial publications follow the legislative history.

Previous attempts to organize this material--both bibliographical and agencial--have been made in Brazil and the United States. Serials have been irregularly included in the Brazilian national bibliographies, and some of the individual federal agencies have also issued selective bibliographies that have included serials. The Boletim Bibliográfico (item 414 in this Guide) of the Biblioteca Nacional listed current serials up to 1965, and the Bibliografia Brasileira Mensal (420) of the Instituto Nacional do Livro has irregularly listed serial titles since 1967. Other sources which record serials include the Boletim da Biblioteca da Câmara dos Deputados (13) and the Mostra de Livros (84) of the Departamento de Imprensa Nacional. In April of 1973, the library of the Câmara dos Deputados in Brasília established an official publications section to acquire better control of all official documents.[2] Other bibliographies and lists consulted in the preparation of this Guide may be found in Part III of the Appendix: Works Consulted, and under individual entities in the Guide.

Two works published in the United States can be useful
in locating Brazilian serial documents. The older one, and
the one on which this Guide has been patterned, is Vol. III
(Brazil) in the series issued by the Library of Congress
and compiled by John De Noia in 1948.[3] Its organization is
similar to this Guide's in that it follows the outline of
the government in its arrangement. A more recent publication
is Vol. 2 (Brazil) in the series issued by the University
of Florida and compiled by Rosa Quintero Mesa.[4] This is
valuable because it lists the holdings of libraries in the
United States. Unfortunately, however, its arrangement,
according to Library of Congress corporate author entry,
makes it difficult to locate all the publications of an
agency, or to recognize the interrelationships between
agencies, or within the overall structure of the government.

This Guide has been designed to serve as a bibliography
of Brazilian serial documents as they relate to their issuing
agencies. As two distinguished librarians have suggested,
the nature of these publications "can best be understood in
relation to the function and organization of the issuing
agency,"[5] and this information "is indispensable to an
intelligent arrangement and correct statement of the successive
files of official publications and to their effective use."[6]
Following these precepts, the serials annotated here have
been presented under their issuing agencies. A detailed
outline of these agencies is provided by the table of contents,
and an alphabetical listing is provided by the Index. Because
a large majority of all Brazilian federal entities are
represented here, it is the author's hope that the Guide
may also serve as a contribution toward a better comprehension
of the structure of Brazil's federal government organization.

Published sources of Brazilian federal government
organization are not easily located. Those that do exist,
and this Guide is no exception, focus on the executive branch
because it is the most complex. All such works, unfortunately,
are out of date as soon as--or before--they are published.
Two Brazilian sources have been useful. One, Autoridades
Brasileiras (36), lists the names of some of the heads of
departments, but it lacks information on the structural
relationships between agencies. Another, the special issue
of Visão, entitled "Perfil da Administração Federal/71," is
a more successful guide to the general organization of the
executive branch.[7] Visão profiles the major entities by
means of an organization chart, a summary of basic legislation, and the names and professional background of the
chief officers. An excellent though dated source in English
is Edwin M. Borchard's bibliographical essay on Brazilian

law and legislation.[8] Also in English, are the name authority
cards prepared by the Library of Congress and published in
their printed card catalogs. In addition to these sources,
some governmental entities have organization charts, but most
do not. Often, by the time a chart is prepared, there is a
further reorganization which quickly outdates it.

This Guide too, is accurate only to the end of 1971.
Change is the constant in Brazilian serial documents, as it
is in all serial publications.

SCOPE

As the title indicates, this Guide is restricted in
scope to serial publications; however, "serial" has been
defined rather broadly as any publication issued in successive
parts, usually, but not always, bearing numerical or chronological designations, and intended to be continued indefi-
nitely. It may or may not have a stated frequency of issue.[9]

Initially, the coverage of the Guide was to be limited
to serial publications which had not ceased prior to 1961.
That is, all serials which were still being issued in 1961
would be included regardless of date of first publication.
As the research developed, it became apparent that the
coverage needed to be broadened to include many serials
that had ceased publication before 1961. These earlier
serials have been listed, but they frequently lack the
complete annotation provided for serials that fall within
the later period. They have been included principally
because they complete the history of the serial publications
of an agency, or because they help to clarify the arrangement
of one department within another.

Included in the Guide are the serial documents of
permanent research value which have been issued by agencies
of the Brazilian federal government. One important exception
is that the serials of the federal universities, their
faculties, and schools have been omitted because those
serials have been covered in a recent publication of the
Instituto Nacional do Livro.[10]

Other types of serials excluded follow: publications
intended for strictly administrative or internal use--unless
some material of permanent value is also a part of the
regular contents, periodicals which translate foreign
articles for the Brazilian scientific and technical community,
and serials which are primarily acquisitions lists for
departmental libraries--unless there is also a section of
more valuable material, such as subject bibliographies or
legislative reference material. Also not included are
official state publications and those of non-profit or
private institutions.

ORGANIZATION

The arrangement of this Guide to Brazilian serial documents follows the organization of the government itself. It is divided into four broad parts, corresponding to the nation as a whole, the legislative, executive, and judicial branches. Each part is divided into chapters, and within each chapter, the component agencies are presented according to the hierarchical outline prescribed by the larger unit (current in 1971). A comprehensive outline of the order in which these agencies are presented in the Guide is provided by the table of contents.

Since the Executive branch has produced the bulk of the serials included within the scope of this Guide, the following discussion is drawn almost entirely from that part. Each chapter begins with a review of the basic legislation affecting the overall entity (e.g., ministry), and gives a detailed outline of the agencies subordinated to or administratively attached to it. Likewise, for nearly every agency which has issued serial documents within the scope of the Guide, a concise history provides the names under which that entity has been known, and gives the dates and titles of the legislation which caused those changes. In some cases, it has been necessary to give the history of an agency that has not issued serials within the scope of the Guide, but to which subordinate agencies are related (e.g., the Diretoria do Ensino Comercial, p. 110). This information is vital to a complete understanding of the serials listed because it is not repeated under each title. In order to determine the name of a serial's issuing body at a given time, one must refer to the concise legislative histories introducing the agencies.

Following the introductory legislative history, the serials of each agency are presented in a regular sequence. The first serial listed is the relatório (annual report), when the agency has issued one. Other serials follow in alphabetical order, except where otherwise indicated (as, for example, under the Instituto de Açúcar e do Alcool, pp. 176-181, or under the Equipe Técnica de Estatística Agropecuária, pp. 51-62).

ENTRY

The latest title of each serial has been chosen for entry, and reference is made to variant titles within the body of the annotation. Beginning and ending dates have been given when it was possible to do so. The beginning date is occasionally missing because the first issue was not located. In these cases, one must look to the frequency statement which will indicate the first number and date found (e.g., 3, 39). The entry has been left open unless

a definitive statement about the item's having ceased
publication was found. The imprint has been condensed to
place of publication (often in abbreviated form, e.g.,
"Rio") and date, although it may, occasionally, add the
sub-unit which has been responsible for a serial.

ANNOTATION

Each serial has been provided with an annotation
consisting of one or more of the following elements:
contents, title variations, frequency, numbering irregularities, relationship to other titles in the Guide,
indexes or where indexed, and citation in other bibliographies.
Contents. A contents note describes in very brief
terms the nature of the serial, but if the title is self-
explanatory, this may be omitted. Series. Monographic
serials, issued at irregular intervals or without a stated
frequency, are identified by the word, "series," in the
first line of the annotation, and usually only the date and
number of the latest issue located is given.
Title Variations. "Title varies" is a frequent element
in the annotation of these serials, and in most cases the
masthead or title page has served as the source of the data.
In some cases of title changes, the cover has been incon-
sistent with the title page. In many of those situations,
it has been apparent that already printed covers had been
used until the existing supply was exhausted. The title
page has been considered the final arbiter in cases of doubt.
Relatórios practically always have the statement, "Title
varies" because the titles of these annual reports are
extremely irregular. For example, an agency may issue its
annual report under one or all of the following titles:
Relatório, Relatório anual, Relatório das Diretores, Relatório
Apresentado aos Diretores, Relatório Anual de [ano] da
Diretoria, Relatório de [ano] Apresentado aos Diretores,
Relatório do Exercício do [ano], Relatório para o Exercício
do [ano], etc. Because these variations appear randomly,
a standard title of Relatório has been used, with the statement, "title varies," to indicate that irregular variations
of the above type pertain. In exceptional cases, a specific
relatório title has remained constant. These are so noted.
Although all official entities are required to prepare
and produce annual reports of their work and budgets, they
are not always printed, nor are they always made available
for distribution. Sporadic and irregular as their issuance
is, complete collections of relatórios are nearly impossible
to find in libraries or in published bibliographies. In
this Guide too, only the dates of relatórios which have been
located have been listed. This does not mean, of course,

that years missing from the annotation were not published,
merely that they were not seen.

Frequency statement. This is generally the longest
part of the annotation, since it gives the serial's complete
bibliographical history for the period since 1961 (e.g.,
1150). For the period prior to 1961, a less detailed
statement has been provided (e.g., 1148). Within the later
period the statement may read: "Frequency varies: Monthly
irreg., Jan/Feb, Mar, Jul-Oct, Dec 1965." For the earlier
period, the statement is more likely to be condensed to:
"Frequency varies: Monthly irreg., 1943-1959." In the
interests of conciseness, both numbers and dates of issues
are not always given. When dates were sufficient, the
frequency statement has been condensed to them alone (e.g.,
1135). When both numbers and dates were necessary for clarity,
both have been given (e.g., 1150).

In many cases it has been impossible to complete all
parts of the frequency statement. Any data that is missing
from an annotation means that it was unobtainable in searches
of libraries or bibliographies. Whether a serial has ceased
publication or not has also been difficult to determine. If
the latest number located was dated before the end of 1969,
that date has been given in the frequency statement, and
the entry has been left open (e.g., 389). If the serial
was still being issued in 1970, both the entry and the
frequency statement have been left open (e.g., 399). Issuing
agencies rarely note that a publication is going to cease,
and frequently, serials simply disappear. In other cases,
they may be "suspended," with or without advance warning,
for periods of a few to nearly forty years. For example,
in this Guide the following serials were not issued for the
following periods of time: 359 between 1948 and 1964, 499
between 1946 and 1966, 505 between 1907 and 1967, and 512
between 1909 and 1940.

Within the frequency statement much has been abbreviated.
Please see the list of Abbreviations and Conventions on pp. xxiii-
xxxvi.

Numbering Irregularities. These are noted where required,
including such problems as: inconsistencies in the use of
Ano or Vol. (e.g., "Ano I, n.1, but Vol. 2, N.1"), or the
dropping of part of the number (e.g., "Ano numbering dropped
beginning with n. 38"), or the adding of numbers (e.g.,
"Numbered beginning with Ano III, n.46.").

There are apparent conflicts in some of the dates given
here and in other bibliographies. These are usually due to
inconsistencies in citation of publication and issue date.
For example, a work which is scheduled to come out annually
may be behind in its publication, so that a work dated 1957/
1958, but only published in 1969, will be indicated in the
following manner in this Guide: "1957/1958 (1969)" (e.g., 1048).

Cross-Referenced Titles. When serials in this Guide have superseded one another this is noted in the annotation with a reference to the item number of the related serial. For example, under 1317, there is the statement, "Superseded by Bibliografia brasileira de ciências sociais, 61," and under 61, the parallel statement, "Supersedes Bibliografia econômica social, 1317."

Indexes. If a serial has its own index, or if it has been indexed in services such as Bibliografia Brasileira de Ciências Sociaia (61), Bulletin Analytique de Documentation Politique, Chemical Abstracts, etc., this has been noted.

Bibliographical citations. If a title has been listed in another bibliography, this is noted in abbreviated form as the last element of the annotation. These other bibliographies provide additional contents information (e.g., B, HLAS, J, Z), or the location of copies of the serials in the United States or Great Britain (e.g., CLA, DN, J, M).

ABBREVIATIONS AND CONVENTIONS

Most of these are standard, and all are listed following this Introduction.

ORTHOGRAPHY

With very few exceptions, the orthography followed here is based on the simplified system used in Brazil since the Brazilian Academy of Letters adopted new standards on August 12, 1943.

APPENDIX

Research for this Guide commenced in the libraries and other archives of Brazil, principally in those of Rio de Janeiro and Brasília. Access to their holdings and records of serial documents was invaluable, and their cooperation is acknowledged in Part I of the Appendix. Parts II and III list, respectively, the libraries in the United States which also cooperated, and the published bibliographies and other literature consulted at various stages in the preparation of this Guide.

INDEX

The Index provides access to the serials and their issuing agencies by listing all the titles under which the former have been issued, and all the names under which the latter have been known.

FOOTNOTES

1 "Agency" is used interchangeably with "entity" and "department" throughout the Introduction.

2 Personal communication to the author from Juracy Feitosa Rocha, Diretora, Divisão de Biblioteca da Câmara dos Deputados, letter dated June 14, 1973.

3 John De Noia, comp., A Guide to the Official Publications of the Other American Republics. Vol. III: Brazil (Washington, D. C., Library of Congress, 1948).

4 Rosa Quintero Mesa, comp., Latin American Serial Documents, a Holdings List. Vol. 2: Brazil (Ann Arbor, Mich., University Microfilms, 1968). It is interesting to note that De Noia's work included monographs as well as serials, but that Mesa's work, which is larger, is limited to serial documents.

5 De Noia, p. 5.

6 James B. Childs, "Bibliography of Official Publications and the Administrative Systems in Latin American Countries," Proceedings of the First Convention of the Inter-American Bibliographical and Library Association (New York, H. W. Wilson, 1938), p. 131.

7 "Perfil da Administração Federal/71," Visão, 39, 2 (July 19, 1971).

8 Edwin M. Borchard, "Guide to the Law of Brazil," in his Guide to the Law and Legal Literature of Argentina, Brazil and Chile (Washington, D. C., Government Printing Office, 1917), pp. 191-364.

9 This definition is based on that accepted by the Anglo-American Cataloging Rules, prepared by The American Library Association, The Library of Congress, The Library Association, and The Canadian Library Association. North American Text (Chicago, American Library Association, 1970), p. 346.

10 Instituto Nacional do Livro, I Exposição da Imprensa
Universitária. São Paulo, 17 a 25 de Junho de 1972. II
Bienal Internacional do Livro (Rio de Janeiro, 1972). See
also Nadia Leví [and others], comp., Guía de Publicaciones
Periódicas de Universidades Latinoamericanas (México,
Universidad Nacional Autónoma de México, 1967), pp. 47-81.

ACKNOWLEDGMENTS

The field of Brazilian official documents is tremendously
complex: it is vast in size, broad and varied in scope,
diversified in place of publication, and irregular in frequency
of issue. From the beginnings of my interest in Latin
American studies, through the succeeding stages of fieldwork
in Brazil, and in the writing and publishing of this Guide, a
great many people and institutions have offered support,
encouragement, cooperation, and hospitality, without which
the Guide would not have been forthcoming. I am greatly
appreciative of and indebted to the staffs of all the institutio
listed in the Appendix, but I would like to name here those
individuals who provided extraordinary service.

At Indiana University, I wish to acknowledge the inspired
example of Emma C. Simonson, Latin American Bibliographer and
enthusiastic proponent of all things Brazilian. I am also
grateful for the help and encouragement given me by Professor
Heitor Martins, Leida Miguel, and Ricardo Paiva of the
Department of Spanish and Portuguese, and by Professors Robert
Quirk and Charles Boiles of the Departments of History and
Folklore respectively. Indiana University's Latin American
Studies Program, under the direction of Professor Paul R.
Doughty (until 1971) and my brother, Professor John V. Lombardi
(since 1971) has generously supported my work, and I am pleased
to acknowledge here the Program's sponsorship of this publicatic
I also wish to include in this connection, my appreciation of tl
Program's patient typists and proofreaders who have prepared the
manuscript for press.

The generous support of the Foreign Area Fellowship Progran
during 1971 and 1972 provided funds not only for the research
and writing-up stages of this project, but it also arranged a
most valuable affiliation for me with the Instituto Brasileiro
de Bibliografia e Documentação (IBBD) in Rio de Janeiro. At the
IBBD I became acquainted with some of Brazil's outstanding
librarians, many of whom are named below.

For the original suggestion that a guide such as this woul(
be useful, and for their continuing interest in and understandir
of the difficulties inherent in the project, I feel deeply
indebted to Lygia Maria Flores da Cunha and Carmen Meuer of the
United States Library of Congress in Rio de Janeiro. I also wis
to acknowledge the help of the entire staff of the Field Office

in Rio, especially its director at that time, Jerry R. James, and also Lucy Rocha Souza, Maru Bastos, Lucia Maria Gomes Leite, Joaceley Maurell Rocha, Ignéz Koptcke, Wanda Ferreira de Souza, Anna Maria Muricy, and Ana Lucia Ferreira.

Also in Rio de Janeiro, Jannice Monte-Mor deserves special thanks for her interest in the project and for having facilitated access to the collections of the Biblioteca Nacional and to many other valuable resources. In addition, I sincerely appreciate the help and cooperation of the following individuals: Nice Santos Correia Vilela, Cléa de Melo Belletti, Emília Bustamante, Lucília Meyer Friedmann, Marietta Latorre, Ignácia Jatoba Ramos, Lydia Maria Combaceu de Miranda, Marina Ferreira, Odette Senna de Oliveira Penna, Marilena Bastos Ribeiro, and Américo Jacobina Lacombe.

In Brasília my efforts were greatly assisted by the extensive bibliographical knowledge and contagious enthusiasm of Edson Nery da Fonseca whose continuing interest is truly appreciated. Much of my research there depended upon the resources of the Biblioteca da Câmara dos Deputados, and I owe thanks to Elias Carmo and Cordélia Robalinho Calvalcanti for permission to use that well-organized and comprehensive collection. Also helpful in my work there were Nilza Teixeira Soares, Magda Roède Bernardes, and Luis Leite Marie Netto. Others in Brasília who cooperated in extraordinary ways include Périola Cardoso Raulino, Antonio Agenor Briquet de Lemos, Rubens Borba de Moraes, Eliezita Romcy de Carvalha, Norma Stenzel, and Alex Polejack.

My research was centered in Rio de Janeiro and Brasília, but I also visited several other cities, and of the many people I met in these travels, I should like to recognize the special assistance and cooperation of Ofelia A. Sepulveda, Maria Luisa Monteiro da Cunha, and Zilda Taveira in São Paulo; Luiz Scaff in Belém; and Adalgisa Moniz de Aragão and Frances Switt in Salvador.

The experience of life and work abroad consists of many personal as well as professional encounters, and in addition to many of those named above, I should like to remember here the kindnesses of the families of Berilla Martins Ferreira, Jaques Niremberg, Edson Motta, Odette Souto Richa, Margaret Boonstra, and Dan Drosdoff in Rio de Janeiro, and Manuela Abreu Sodré, Luis Gonzaga Motta, Rugh Cefalo, Nely de Souza Dantas, and Richard Duncan in Brasília.

Several American and British librarians who have contributed in exceptional ways to this project also deserve mention. Of the many at the University of California at Los

Angeles who have been interested in this project, I am
expecially appreciative of the suggestions made by Andrew
H. Horn, Robert B. Collison, Richard Zumwinkle, and Ludwig
Lauerhass. Finally, Jane E. Stevens deserves special thanks fo
her constant encouragement and guidance, and likewise to Dougla
J. Foskett I owe a great debt for his invaluable personal and
professional support.

ABBREVIATIONS

Apr .... April

Aug .... August

B .... In: Rubens Borba de Moraes
and William Berrien,
Manual Bibliográfico de Estudos Brasileiros
(Rio, Gráfica Editôra Souza, 1949).

BA .... Bahia (state)

BBA .... Bibliografia brasileira de
agricultura (58, 60)
BBB .... Bibliografia brasileira de
botânica (59)
BBCS .... Bibliografia brasileira de
ciências sociais (61)
BBE .... Bibliografia brasileira de
educação (342)
BBM .... Bibliografia brasileira de
medicina (67)
BBMF .... Bibliografia brasileira de
matematica e física (66)
BBQ .... Bibliografia brasileira de
química (68, 69)
BBZ .... Bibliografia brasileira de
zoologia (70)
Biol. Abs. .... Biological Abstracts

Bull. Ann. Doc. Pol. ...... Bulletin Analytique de
Documentation Politique,
Economique et Sociale Contemporaine
Bull. Inst. Pasteur .... Bulletin de l'Institut Pasteur

Chem. Abs. .... Chemical Abstracts

CLA .... In: Committee on Latin
America, Latin American
Economic and Social Serials (London, Clive Bingley,
1969), pp. 44-56.
Diary Sci. Abs. .... Diary Science Abstracts

Dec .... December

distr. .... distributor/distributed by
DN .... In: John De Moia, comp.,
A Guide to the Official Publications of the Other

American Republics, Vol. III: Brazil (Washington, D.C.,
Library of Congress, 1948).

esp. .... especial (special)

f .... folio

fasc. .... fascicle

Feb .... February

G .... In: Charles C. Griffin,
Latin America, a Guide to the Historical Literature
(Austin and London, University of Texas Press, 1971).

GB .... Guanabara

HLAS .... In: Handbook of Latin
American Studies
Ind. Med. .... Index Medicus

Ind. Vet. .... Index Veterinarius

irreg. .... irregular

J .... In: William Vernon Jackson,
"Union List of Selected Brazilian Periodicals in the
Humanities and Social Sciences," in his Library Guide
for Brazilian Studies (Pittsburg, 1964), pp. 105-145.
Jan .... January

Jul .... July

Jun .... June

M .... In: Rosa Quintero Mesa, comp.,
Latin American Serial Documents, a Holdings List,
Vol. 2: Brazil (Ann Arbor, Michigan, University
Microfilms, 1968).
MA .... Maranhão

Mar .... March

MG .... Minas Gerais

MT .... Mato Grosso

mimeo .... mimeograph(ed)

n. .... number

n.d. .... no date/not dated

Nickles .... John M. Nickles [and others],
comps.,
Bibliography and Index of Geology Exclusive of
North America (Washington, D.C., Geological
Society of America, 1933-).

n.m. .... no month

n.n. .... no number/not numbered

n.s. .... nova série (new series)

Nov .... November

Oct .... October

paren. .... parentheses

PAU .... In: Pan American Union, Division
of Science Development and Centro de Documentación
Científica y Tecníca de México, Guide to Latin American
Scientific and Technical Periodicals, an Annotated List
(México, 1962).

lo./la. .... primeiro/primeira

PE .... Pernambuco

PR .... Paraná

Rio .... Rio de Janeiro (city)

RGN .... Rio Grande do Norte

RGS .... Rio Grande do Sul

RJ .... Rio de Janeiro (state)

sem. .... semestral (semi-annual)

separate .... offprint of an article, chapter,
or other portion of a larger work

Sept .... September

series .... monographic series

SP .... São Paulo (state)

suppl. .... supplement

t   .... tomo

trim.   .... trimestral (quarterly)

Soils Fert. .... Soils and Fertilizers

vol.   .... volume

Z   .... In: Irene Zimmerman, A Guide
           to Current Latin American Periodicals: Humanities and
           Social Sciences (Gainesville, Florida, Kallman Publishing
           Co., 1961).

CONVENTIONS

Names of months are abbreviated (see above).

/ (virgule) is used to indicate the inclusive dates for one
  issue, e.g., "Mar/Apr" means one bimonthly issue, and
  "1948/1953" means one multi-annual number so dated.

- (dash) is used to indicate inclusive dates for more than
  one issue, e.g., "Mar-Apr" means two monthly issues, and
  "1948-1953" means six annual issues.

Other punctuation follows standard bibliographical practice.

Brazilian Serial Documents:
A Selective and Annotated Guide

PART I

Republica Federativa Do Brasil

REPÚBLICA FEDERATIVA DO BRASIL

Throughout Brazil's history, a series of administrative structures which have had a variety of names and organizations have governed the country. Although the twelve original hereditary captaincies (capitanias hereditárias) which provided the first, primitive structure of Brazilian government (1534) seemed to presage a fragmented administrative system for the Portuguese colony, their economic and political failure quickly led to the imposition of a centralized government (Govêrno Geral)in Bahia (1549). With the exception of a short interlude in the second half of the sixteenth century (1572-1577) when Brazil split into two administrative districts, this centralized administrative structure has remained in force, although with many changes in form, until the present time.

In 1640 the first viceroy was appointed to Brazil, and from that date until 1718, the chiefs of state were intermittently called viceroys, after 1720 all bore the title. In 1763 the colony was elevated to the status of a viceroyalty (Vice Reino), and the capital was moved from Bahia to Rio de Janeiro.

After Napoleon's invasion of Iberia forced the Portuguese court to flee to Rio in 1808, Brazil's status was revised to conform to new-found eminence: Brazil became a kingdom (Reino), co-equal with Portugal (1815). Seven years later independence was declared (1822), and the first Brazilian constitution (1824) proclaimed the Empire (Império), which governed throughout most of the nineteenth century.

In 1889 the army deposed the emperor and proclaimed the Republic (República) and for the next eighty years Brazil saw various constitutions promulgated. The first four of these constitutions refer to the country officially as the República dos Estados Unidos do Brasil (1891, 1934, 1937, 1946), but the 1967 constitution redesignated the nation as the República do Brasil, and in 1969 this was ammended to read República Federativa do Brasil.

Three publications which may be considered as referring to the nation in general follow:

1. Atos institucionais, 1-, atos complementares, 1-, decretos-leis, 1-. Vol.1-; 1964/1967-. Brasília, 1969-.
   Series. Collection of constitutionally-related legislation, in numerical order. Indexed by subject.
   Title varies: Vol.1-6, Atos institucionais, atos complementares, decretos-leis. Vol.7, Emenda

constitucional, atos institucionais, atos complementares,
decretos-leis. Vol.8-11, Decretos-leis.

2. Coleção das leis do Brasil. 1808-. Rio, Departamento da
Imprensa Nacional, 1838-.
Includes the text of legislation, but excludes anexos,
tabelas, quadros, etc., in some cases making
reference to citation in the Diário oficial, 29.
Imprint varies until 1845 when Lei n.369 gave to the
Imprensa Nacional the exclusive privilege of
publication.
Frequency varies: Annual in 1-7 vols., 1808-1938. Annual
in 8 vols., 1939-. (Poder Legislativo: quarterly,
odd nos.; Poder Executivo: quarterly, even nos.
Except for 1939, when odd nos.: Decretos; even nos.:
Decretos-leis.)
Indexes and summaries: The beginning of each vol. has
a numerical list which functions as a table of contents.
Citation to the Diário oficial, 29, is given beginning
with Vol.3; 1941.

2a. _____. Ementário da legislação federal, 1940-1946.
Rio, 1942-1947.
Frequency: Quarterly (28 vols.).
Does not provide citation to Coleção das leis, but is an
index for this period.

2b. _____. "Ementário," in Coleção das leis, 1947-1966.
Frequency: Quarterly, in the odd numbered vols.
Alphabetical index by subject, referring to material in
the odd and even numbered vol. of the preceding
quarter. Citation is made to the date of the Diário
oficial, 29., in which the act was published, but the
page number is not given. Neither is citation made
to vol. or page of Coleção das leis.

2c. _____. "Índice remissivo," in Coleção das leis, 1967-.
Frequency: Annual.
Arranged by subject, with citation to the number and date
of the act, and a summary of its provisions.

2d. _____. Índices da legislação federal, 1967-,
numérico, alfabético-remissivo, legislação revogada.
Rio, 1969-.
Frequency: Annual.
Makes citation to vol. and page in Coleção das leis.
DN:8 M:137-138.

3. Orçamento geral da União. Rio; Brasília.
National budget.
Title varies: Receita e despesa, 1854-   . Receita
geral, 1910-1933. Orçamento de despesa, 1934/1935-
1945. Orçamento para o exercício de 1946-1954.
Orçamento geral da União, exercício de 1954-1960.
Orçamento da União, para o exercício de 1961-1970.
Orçamento geral da União, 1970/1971-. (Other minor
variations occur within each of the general variations
given above.)
Frequency: Annual.
Also published in the Diário oficial, 29, usually as a
"Suplemento" to Seção I, Parte I, usually in December,
since 1946.
See also Proposta orçamentária, 966, and Relatório do
Tribunal de contas da União, 24.
M:139.

PART II

Poder Legislativo

PODER LEGISLATIVO

The legislative branch of Brazil's federal government is, and has been, composed of variously designated elected assemblies. The first constitution (1824) created an Assembléia Geral, composed of a Câmara dos Deputados and a Senado. In 1889 when the Republic was proclaimed, a new constitution was written (1891) which reorganized and renamed the joint assembly as the Congresso Nacional. An auxiliary unit to the Congresso Nacional, the Tribunal de Contas da União, was created in 1890.

The second constitution of the Republic (1934) added a Senado Federal to the Congresso Nacional, which was to coordinate the branches of the federal government, but it lasted only a brief time. Three years later a new constitution was promulgated (1937), and although it was never implemented, its legislative branch would have been comprised of a Parlamento Nacional, Câmara dos Deputados, and Câmara do Conselho Federal. The constitutions of 1946 and 1967 returned to the designations of Congresso Nacional, Câmara dos Deputados, and Senado Federal.

The following entities of the Poder Legislativo have issued serial documents within the scope of this Guide:

Congresso Nacional

    Câmara dos Deputados
        Biblioteca da Câmara dos Deputados
        Comissão de Constituição e Justiça
        Comissão de Educação e Cultura
    Senado Federal
    Tribunal de Contas da União (TCU)

CONGRESSO NACIONAL

4. Diário do Congresso nacional. Ano I-; 16 de novembro de 1890-. Rio, 1890-April 21, 1960; Brasília, April 22, 1960-. Title and numbering vary: Diário do Congresso nacional, Ano I-XLI; 1890-1930. Diário da Assembléia nacional, Ano I-II; Nov 1933-Jun 1934. Diário da Câmara dos deputados, Ano I, n.1-19; Jul-Aug 1934. Diário do Poder legislativo, Ano I-IV; Aug 1934-Nov 1937. Diário da Assembléia, Ano I, n.1-163; Feb-Sept 1946 (Began publication with the title, Diário do Poder legislativo, which continued through n.25). Diário do Congresso

4. (Cont'd.)
     nacional, Ano 1-, n.1-; Sept 1946-.
     Frequency: Daily, 1890-1930. Not issued, 1931-1932. Daily,
         1933-1937. Not issued, 1938-1945. Daily, 1946-.

4a. _____. Seção I: Câmara dos Deputados.
4b. _____. Seção II: Senado Federal.
     Beginning with Ano VIII, n.148; Aug 1953, issued in
     two sections. Numbering is parallel; pagination is
     independent.

4c. _____. Seção III: Conjuntos
     In Jun 1955, a third section began to publish material
     of the joint sessions of the Congress.
     DN:9 M:47-48.

5. Mensagem ao Congresso nacional. 1890-. Rio, 1890-.
     Annual message from the President to the Congress.
     For 1891-1926, also published in Documentos parlamentares,
     8, Vol.9-.
     DN:11 M:171.

CÂMARA DOS DEPUTADOS

6. Almanaque dos funcionários da Secretaria da Câmara dos
     Deputados. n.1-; 1952-. Rio, Diretoria do Pessoal, 1952-.
     Directory, by first name, of the functionaries of the
     Secretaria da Câmara.
     Frequency: Irreg., n.1; 1952. n.2; Apr 1952/Dec 1968
     (1970).

7. Anais da Câmara dos Deputados. Tomo I-; janeiro 1823-.
     Rio, 1874-1959; Brasília, 1960-.
     For a complete analysis of contents, number of volumes,
     numbering, indexes, etc., for 1823-1960/1961, see
     "Anais da Câmara dos Deputados, Notícia Histórico
     Bibliográfica," Boletim da Biblioteca da Câmara dos
     Deputados, 12, 1(Jan/Jun 1963), pp.217-279. Also
     issued as a separate.
     Frequency varies: Annual irreg., 1823, 1826-1924, 1926-
     1928, 1931-1936, 1939-1947, 1951-1952. Annual, 1956-.
     DN:9 G:6491 M:50.

8. Documentos parlamentares. Vol.1-; 1911-. Rio, Diretoria
     de Documentação e Publicidade, 1912-.
     Series; a collection of material published in the Diário
     do Congresso nacional, 4, arranged by subject. (n.121; 1968

8. (Cont'd.)
   Imprint varies: Vols. 12, 13, 16, 17, 31-33: Paris,
   Editor Aillard, in association with Francisco Alves
   do Rio; Vols. 14, 15, 18, 19: Brussels, L'Edition
   d'Art. Other Vols. as above in imprint.
   Numbering varies: Vol.1-53; 1911-1918. Between 1919 and
   1936, 45 Vols. published, but only Vol.58; 1919, was
   numbered. Publication suspended 1937-1952. Resumed
   in 1953 with the erroneously numbered Vol.93, which
   should have been Vol.98. Vol.115 was also misnumbered
   as Vol.113.
8a. _____. Índice: "Volumes publicados n.1-118; 1911-
   1965 (títulos, anos de publicação e números de páginas);
   índice (assuntos e títulos)," Boletim da Biblioteca
   da Câmara dos Deputados, 14, 3(Sept/Dec 1965), pp 587-
   596.
8b. _____. Índice: "Volumes publicados em 1966 e 1967,"
   Boletim da Biblioteca da Câmara dos Deputados, 16, 3
   (Sept/Dec 1967), p. 785.
8c. _____. Índice:"Volume publicado [em 1968]", Boletim
   da Biblioteca da Câmara dos Deputados, 18, 1 (Jan/Apr
   1969), pp. 148-149.
   Since 1969, the index has not been prepared due to the
   reduced number of publications of this series published
   in recent years.
   DN:10 M:51.

9. Resenha legislativa. Vol.1-; agôsto 1963-. Brasília, 1963-.
   Summary of the legislative work of the Câmara: projects
   for laws, decrees, resolutions, vetoes, and laws passed.
   This information is also published monthly in the Diário
   do Congresso nacional, Seção I, 4.
   Frequency varies: Monthly irreg., Vol.1, 2, 3/4, 5; Aug,
   Sept, Oct/Nov, Dec 1963. Monthly, Vol.6-11; Jan-Jun
   1964. Irreg., Vol.12/14, 15/16; Jul/Sept, Oct/Nov 1964.
   Monthly, Vol.17-22; Feb-Jul 1965. Irreg., Vol.23/25,
   26/27; Aug/Oct, Nov/Dec 1965. Monthly irreg., Vol.28,
   29, 30/31, 32, 33/34, 35/37, 38/39; Feb, Mar, Apr/May,
   Jun, Jul/Aug, Sept/Nov 1966, Dec 1966/Jan 1967. Monthly,
   Vol.1-19; Mar-Jun, Aug-Nov 1967, Feb-Dec 1968. Irreg.,
   Vol.20, 21/23; Oct/Nov 1969, Mar/Jun 1970. Monthly
   irreg., Vol.24-26, 27; Jul-Sept, Oct/Nov 1970. Monthly,
   n.1-; Apr 1970-.
   Also called Series 2; 1967-1970, and Series 3; 1971-.
   Vol. numbering is with Roman numerals, I-XXIX, arabic
   since Vol.30/31.

9. (Cont'd.)
9a. _____. Índice alfabético-remissivo. 1965. 2 Vols.
9b. _____. Índice semestral. 1966-1967.
    Frequency: Semi-annual.
9c. _____. Índice anual. 1968-.
    Frequency: Annual, 1968.
    M:53.

10. Súmula de discursos. 1951-. Rio, Seção de Histórico de
    Debates, 1952-1960; Brasília, 1961-.
    Brief summaries of speeches in the Câmara, with
    reference to their citation in the Diário do Congresso
    nacional, 4.
    Title varies: Relação de oradores (deputados, ministros
    e visitantes) que ocuparam a tribuna da Câmara dos
    Deputados, 1951-1o. sem. 1960. Súmula de discursos,
    Jul/Dec 1960-.
    Frequency varies: Annual, 1951-1955. Semi-annual, 1956-
    1960. Annual, 1961. Semi-annual, 1962-1967. Bimonthly,
    1968. Semi-annual, 1969. In press 1970. Bimonthly(?),
    Apr/May 1971-.
    A subject index was published, for 1958: Relação de Assuntos
    Tratados no Plenário da Câmara dos Deputados Durante
    o Ano de 1958 (Brasília, 1960). 372p. This was also
    issued in the Diário do Congresso nacional, Seção I,
    4. (Dec 2, 1959).
    M:53.

BIBLIOTECA DA CÂMARA DOS DEPUTADOS

Although the precise date of founding has not been
determined, it is presumed to have been in July of 1864.
The first book registered in the library was in 1866.

11. Artigos selecionados: ciências sociais, direito, economia,
    política. Vol.1-, n.1-; setembro 1967-. Brasília, 1967-.
    Indexes and abstracts periodical articles in the social
       sciences, with emphasis on law, economics, and politics.
    Frequency: Monthly irreg.: not issued during the months
       of parlamentary recess, i.e., Dec, Jan, Feb, and
       Jul. Often two or more months are issued together,
       e.g., May/Jun, Oct/Nov 1968, Mar/Apr, May/Jun, Oct/Nov
       1969, Aug/Nov 1970.
    Numbering begins with Vol.1, n.3; Nov 1967.
11a. _____. Índice de assuntos, Vol.2; 1968.

11. (Cont'd.)

11b. _____. Índice cumulativo de autores e assuntos.
      Vol.3-; 1969-.
      Frequency: Annual.

12. Bibliografias. n.1-; 1967-. Brasília, 1967-.
     Series (n.2; 1970).

13. Boletim da Biblioteca da Câmara dos Deputados. Vol.1-,
     n.1-; setembro 1952-. Rio, 1952-1959; Brasília, 1960-.
     Originally limited to lists of new acquisitions by the
       library, since 1956 the Boletim has also included a
       variety of legislative and bibliographical sections.
       Specialized bibliographies of timely interest, not
       necessarily of exclusive or primarily Brazilian
       interest began in 1956. A series of biographies of
       the Presidents of the Câmara dos Deputados began in
       1957. The sections, "Notas Bibliográficas" and
       "Referência Legislativa," also began in 1957. The
       latter section became an independent publication in
       1965, as Referência legislativa, 16. A new section,
       "Recensões," replaced "Notas Bibliográficas"
       beginning with Sept/Dec 1965. The section of
       "Obras Raras" began in 1960.
     Title varies: Relação das obras adquiridas, Sept 1952.
       Relação das obras entradas, Oct 1952-Mar 1953. Relação
       das obras adquiridas e doadas, Apr 1953-Dec 1955.
       Boletim da Biblioteca da Câmara dos Deputados, 1956-.
     Frequency varies: Irreg., 1952-1954. Quarterly, 1955-
       1956. Semi-annual, 1957-1964. 3/year, 1965-.
     Numbering varies: n.1-10; 1952-1953. n.1-4, 1/2, 3/4;
       1954-1955. Vol.5, n.5-; 1956-.
     The acquisitions part has been classified variously:
       by subject, 1952-Jan/Feb 1954; by Dewey decimal
       classification, Mar/Apr 1954-Jan/Jun 1955; by
       Universal decimal classification, Jul/Dec 1955-.
     Indexed in BBCS.

13a. _____. Índice dos volumes 1 a 13 (1952-1964):
      Presidentes da Câmara dos Deputados, Notas bibliográficas,
      Bibliografias, Obras raras, Diversos, in its Vol. 3,
      n.2; Jul/Dec 1964, pp.488-497. Also issued as a
      separate. (Title from the cover of the separate.)

13b. _____. Índice dos volumes 1 a 17 (1952-1968):
      Presidentes da Câmara dos Deputados; Notas bibliográficas,
      Recensões, Bibliografias, Obras raras, Diversos, in
      its Vol. 17, n.3; Sept/Dec 1968, pp.1072-1101. Also
      issued as a separate. (Title from the cover of the
      separate.)

14. Documentação constitucional. 1966-. Brasília, 1966-.
    Series: a collection of the texts (projects, opinions,
    discussions, etc) relative to the amendments to the
    Constitution of 1946. Also known as "Emendas à
    Constituição de 1946." Not issued chronologically:
    n.15 (1969), n.16 (1968), n.17 (1967), n.18 (1966).

15. Publicações avulsas. Rio, 1857-.
    Series (n.1-129; 1857-1965).
    M:52.

16. Referência legislativa. Vol.I-, n.1-; setembro/dezembro
    1965-. Brasília, Seção de Referência e Circulação, 1965-.
    Includes decretos of the Poder Executivo, a selection of
    pareceres, resoluções, portarias, and other dispositions
    emanating from the administrative agencies. Also
    included are acts of the Poder Legislativo, Atos
    Internacionais, Mensagens Presidenciais. The material
    is presented chronologically, with subject and sponsor
    indexes.
    From 1957 to Aug 1965, published with the same title
    as a section of Boletim da Biblioteca da Câmara dos
    Deputados, 13.
    Frequency varies: 3/year, 1965-Jan/Apr 1966. Irreg.,
    May/Dec 1966. 3/year, 1965-.

COMISSÃO DE CONSTITUIÇÃO E JUSTIÇA

Created in 1823 as the Comissão de Constituição in the
Assembléia Constituinte, between 1903 and 1918 its designation
was Comissão de Constituição (Legislação) e Justiça, and
since 1919 its designation has been Comissão de Constituição
e Justiça.

17. Arquivos da Comissão de constituição e justiça. Vol.1,
    n.1-; julho/dezembro 1965-. Brasília, 1965-.
    Includes Pareceres da Comissão, biographies of the
    Presidents of the Comissão, general articles by national
    and foreign jurists and scholars.
    Frequency: Semi-annual, Vol.1, n.1-Vol.2, n.1; Jul/Dec
    1965-Jan/Jun 1966. "Publicação suspensa."
    Indexed in BBCS.

COMISSÃO DE EDUCAÇÃO E CULTURA

Created in 1823 as the Commissão de Instrução Pública, in
the Assembléia Constituinte, the commission maintained this
designation until 1930. In 1934 it was redesignated as the
Comissão de Educação e Cultura.

18. Educaçao e cultura. Ano I-, n.1-; 1971-. Brasília, 1971-.
Frequency: Quarterly.

SENADO FEDERAL

19. Relatório da Presidência. Rio; Brasília.
Title varies: See Introduction, p. xxiv.
Frequency: Annual irreg., 1871, 1875, 1878, 1880, 1883-
1886, 1888, 1892-1920, 1951-1953. Annual, 1956-.
Number of vols. varies.
DN:13 M:55.

20. Anais do Senado. Tomo I-; 1823-. Rio, 1876-1959; Brasília,
1960-.
Title varies: Annaes do Senado do Império do Brasil, 1826-
1889. Annaes do Senado da República do Brasil, 1889-
1935. Anais do Senado, 1946-.
Frequency varies: Annual irreg., 1823, 1826-1834, 1837,
1839-1845, 1857-1878, 1880-1918, 1921-1926, 1934-1935.
No legislative session, 1937-1945. Annual irreg., 1946-
1948, 1953-1960. Monthly irreg., Jan/Feb, Feb/Mar,
Apr-Jun, Jul, Aug 1961, Feb-May, Jul-Oct 1965,
Jan-Dec 1968, Oct-Dec 1969, Jan 1970-.
Number of vols. varies.
20a. _____. Índice dos Anais do Senado.
Frequency: Annual, 1956-1960.
Also issued as a separate.
B:3563 DN:13 G:6492 M:54.

21. Resenha legislativa Brasília.
Frequency varies: Bimonthly, Feb/Mar, Apr/May 1965.
Monthly, Jun-Jul 1965. Bimonthly, Feb/Mar-Aug/Sept
1966. Monthly, n. 1-8; Mar-Nov 1967.
Numbering begins with Mar 1967.

22. Revista de informação legislativa. Ano I-, n.1-; março
1964-. Brasília, Diretoria de Informação Legislativa,
1964-.
Frequency varies: Quarterly, n.1-12; 1964-1966. Semi-

22. (Cont'd.)
       annual, n.13/14-15/16; 1967. Quarterly, n.17-; 1968-.
       Indexed in BBCS.
22a. _____. Índice (nos. 1 a 10, março 1964/junho 1966).
       Brasília, 1968. 30p.
22b. _____. Índice (nos. 1 a 20 março 1964/dezembro 1968).
       Brasília, 1969. 50p.

23. Súmula de discursos. março/dezembro 1968-. Brasília, 1968-.
       Frequency: Irreg., Mar/Dec 1968, Oct/Nov 1969.

              TRIBUNAL DE CONTAS DA UNIÃO (TCU)

       Created by Decreto n.966-A of November 7, 1890, as an
auxiliary agency of the legislative branch, the TCU is
responsible for national financial and budgetary supervision.

24. Relatório. Rio; Brasília.
       Title varies: See Introduction, p. xxiv.
       Frequency: Annual irreg., 1893-.
       DN:195 M: 215.

25. Parecer prévio sôbre as contas do Govêrno da República.
       194-. Rio; Brasília.
       Title varies: Parecer prévio sôbre as contas do Presidente
         da República, 194 -1961.   Parecer prévio sôbre as contas
         do Govêrno da República, 1962-.
       Frequency: Annual irreg., 1951, 1953, 1954. Annual, 1956-.
       Not numbered except for 1954, called n.6.
       M:215

26. Revista do Tribunal de contas da União. Ano 1-, n.1-; 1970-
       Research, pareceres, legislation.
       Frequency not stated.

Poder Executivo

PODER EXECUTIVO

Most of the serials included in this Guide have been issued by the executive branch which is composed of the sixteen ministries plus the Presidência da República and the Fundação Getúlio Vargas. The ministries have been created, divided, and renamed through the years, and these changes are described in the concise histories introducing each. Attached to each ministry are numerous autonomous entities which have been assigned the following designations by the government: federal autarchy (autarquia federal), government corporation (sociedade de economia mixta), public business (emprêsa pública), or foundation (fundação). Preceding the listing of serials of each ministry is an approximately hierarchial outline of the agencies subordinated and attached to it. All ministerial agencies and their attached entities are outlined in the Table of Contents in the order in which they are presented in the Guide, and an alphabetical listing of their names (past and current) is provided by the Index.

The broad divisions of the executive branch, in 1971, were as follows:

Presidência da República (PR)
Ministério da Aeronáutica (MAe)
Ministério da Agricultura (MA)
Ministério das Comunicações (MC)
Ministério da Educação e Cultura (MEC)
Ministério do Exército (MEx)
Ministério da Fazenda (MF)
Ministério da Indústria e Comércio (MIC)
Ministério do Interior (MINTER)
Ministério da Justiça (MJ)
Ministério da Marinha (MM)
Ministério das Minas e Energia (MME)
Ministério do Planejamento e Coordenação Geral (MINIPLAN)
Ministério da Saúde (MS)
Ministério do Trabalho e Previdência Social (MTPS)
Ministério dos Transportes (MT)
Fundação Getúlio Vargas (FGV)

The official document of the executive branch is the Diário oficial, 29. The first official newspaper of the Brazilian government began publication in 1808 when the Portuguese crown lifted the ban on printing and established the royal press in Rio de Janeiro. From 1808 to 1822 this newspaper was the Gazeta do Rio, 32. From 1823 until 1833

the Diário do Govêrno, 28, replaced the Gazeta, although
between 1824 and 1831 this newspaper was called the Diário
fluminense. From 1833 to 1840 the official paper was the
Correio official, 27. There was no official journal between
1841 and 1846, official notices were published in the Diário
do Rio de Janeiro, 30, for 1841, and in the Jornal do
comércio, 33, for 1842, and again in the Diário do Rio de
Janeiro from 1843 to 1846. From September of 1846 to July
of 1848, the Gazeta official do Império do Brazil, 31, was
the official paper. There was no official newspaper
between August 1848 and October 1862, and again official
notices were issued in the Diário do Rio de Janeiro. Since
October of 1862, the official newspaper has been the Diário
oficial, 29.

27. Correio official. n.1-   ; 1 julho 1833-30 dezembro
    1840. Rio, 1833-1840.
    Numbering varies: n.1-153; 1833-1835. n.1-151; 1836.
    M:231.

28. Diário do Govêrno. Vol.1, n.1-Vol.21; 2 janeiro 1823-28
    junho 1833. Rio, 1823-1833.
    Title varies: Diário do Govêrno, Vol.1-3; Jan 1823-May 20,
        1824. Diário fluminense, Vol.3-17; May 21, 1824-Apr 23,
        1831. Diário do Govêrno, Vol.17-21; Apr 25, 1831-Jun
        28, 1833.
    M:237.

29. Diário oficial. Ano 1-, n.1-; 1 de outubro de 1862-. Rio,
    1862-1960; Brasília, April 22, 1960-.
    Issued in several sections and parts as follows:

29a._____. Seção I. Parte 1.
    Daily. Principally legislation of the Poder Executivo.

29b._____. Seção I. Parte 1, Suplemento.
    Irreg. suppl. to legislation of the Poder Executivo.

29c._____. Seção I. Parte 2.
    Legislation of the autonomous agencies has been published
        here since June 1959, when Decreto n.46,234 created
        Parte 2. Previously, some of this material had been
        issued in the "Boletim do pessoal" (not included in
        this Guide.)

29d. _____. Seção II.
　　From 1938 to 1957, this section published official
　　material of the Federal District. Created by Decreto-
　　lei n.96 in November 1937, the section was redesignated
　　successively as the "Diário municipal" by Decreto
　　n.13,649 of November 12, 1957, and as the "Diário
　　oficial do Estado da Guanabara," by Decreto n.2 of
　　April 21, 1960. As neither has been a federal document
　　since 1957, these publications are not within the scope
　　of this Guide.

29e. _____. Seção III. Revista da propriedade industrial.
　　This is the official journal of the Instituto Nacional
　　da Propriedade Industrial, see 641.

29f. _____. Seção IV.
　　Created by Decreto-lei n.4,560 of August 10, 1942, this
　　section published legislation of the Conselho
　　Superior de Tarifa, Conselho Primeiro e Segunda da
　　Contribuintes, Conselho Nacional de Águas e Energia
　　Elétria (p. 229), Conselho Nacional de Trânsito (p. 208),
　　Câmara de Reajustamento Econômico, Juntos de Ajuste
　　dos Lúcros Extraordinarios, and the Tribunal Marítimo
　　(p. 226).
　　Since 1808, the Coleção das leis, 2, serves as a partial
　　index to Brazil's official acts. For the period, 1937-
　　1940, see the Guia da legislação federal do Estado
　　Nôvo e índice do Diário oficial de novembro de 1937 a
　　dezembro de 1940. 2d ed. (Rio, 1938-1940). 3 Vols.
　　DN:7 M:36.

30. Diário do Rio de Janeiro. Ano I-LXV; 1 junho 1821-31
　　outubro 1878. Rio, 1821-1878.
　　Official notices appeared in this paper from 1841 to
　　August 31, 1846, and again from August 1848 to October
　　1862.

31. Gazeta official do Império do Brazil. Ano I-II; 1
　　setembro 1846-31 julho 1848. Rio, 1846-1948.
　　M:247.

32. Gazeta do Rio. Ano I, n.1-Ano XIV; 10 setembro 1808-31
　　dezembro 1822. Rio, Impressão Regia, 1808-1822.
　　Includes royal decrees, proclamations, and general
　　　information on activities of the court.
　　Title varies: Gazeta do Rio de Janeiro, 1808-1821. Gazeta

<u>32</u>. (Cont'd.)
    do Rio, 1822.
    Frequency varies: Biweekly, Sept 1808–Jun 1821. 3/week,
      July 1821–1822.

<u>33</u>. <u>Jornal do commércio</u>. Ano I–, n.1–; 1 outubro 1827–.
    Rio, 1827–.

PRESIDENCIA DA REPUBLICA (PR)

Organized by Decreto-lei n.920 of February 1, 1938, and reorganized several times since that date, the Presidência da República is now structured according to Decreto-lei n.200 of February 25, 1967, and Decreto n.60,901 of June 26, 1967.
The following entities have issued serial publications within the scope of this Guide:

Presidência da República (PR)

    Gabinete Civil
        Assessoria Especial
        Agência Nacional
    Departamento Administrativo do Pessoal Civil (DASP)
        Escola de Serviço Público
        Centro de Documentação e Informática (CENDOC)
        Comissão de Acumulação de Cargos
        Serviço de Documentação
    Consultoria Geral da República
    Conselho Nacional da Pesquisas (CNPq)
        Instituto de Pesquisas Espaciais
        Instituto Brasileiro de Bibliografia e Documentação
            (IBBD)
        Instituto de Matemática Pura e Aplicada (IMPA)
        Instituto de Pesquisas Rodoviárias (IPR)
        Instituto Nacional de Pesquisas da Amazônia (INPA)
        Museu Paraense Emílio Goeldi

GABINETE CIVIL

ASSESSORIA ESPECIAL

<u>34</u>. Legislação e funções do Poder executivo. Ano I,
        n.1/10; março/dezembro 1967. Brasília, 1967.
        Only one number issued.

<u>35</u>. Você precisa saber que... lo. vol.-; março a
        setembro 1968-. Brasília, 1968-.
        General information on the activities of the
            Ministries.
        Frequency: Irreg., Vol.1-3; Mar/Sept 1968, Oct
            1968/Mar 1969, Mar/Sept 1969.

AGÊNCIA NACIONAL (AN)

This agency, initially subordinate to the Ministério
da Justiça e Negócios Interiores, was successively
designated as the Departamento Nacional da Publicidade
(May 25, 1931, Decreto n.20,033), and the Departamento
de Propaganda e Difusão Cultural (July 10, 1934, Decreto
n.24,651). On December 27, 1939, the agency became
known as the Departamento de Imprensa e Propaganda,
and it was transferred to the Presidencia da República
(Decreto-lei n.1,915), to which it has remained
subordinated through its succeeding name changes:
Departamento Nacional de Informações (May 25, 1945,
Decreto-lei n.7,582) and the Agência Nacional
(September 6, 1946, Decreto-lei n.9,788).

36. Autoridades brasileiras, n.1-. Rio; Brasília.
     Directory of the principal bureaucratic positions
        in the federal government. (Less useful than
        specific departmental publications, or the non-
        official Visão, 39, 2(July 19, 1971), pp.31-172).
     Frequency: Irreg., n.3-7; 1957, 1959, 1965, 1967, 1970.
     M:37.

DEPARTAMENTO ADMINISTRATIVO DO PESSOAL CIVIL (DASP)

Established as the Conselho Federal do Serviço Público
Civil by Lei n.284 of October 28, 1936, it was reorganized
as the Departamento Administrativo do Serviço Pública
(DASP) by Decreto-lei n.579 of July 30, 1938. Renamed on
February 25, 1967 (Decreto-lei n.200) as the Departamento
Administrativo do Pessoal Civil, it has kept the same
acronym, DASP.

37. Relatório das atividades do DASP. 1939-. Rio, 1940-
     1959; Brasília, 1960-.
     Title varies slightly: See Introduction, p. xxiv.
     Frequency varies: Irreg., 1939--issued in the
        Revista do serviço público, 50. Annual, 1940-1943.
        Not issued, 1944-1948. Annual, 1949-1961. Irreg.,
        1962--issued in the Revista do serviço público,
        50, Apr/Jun 1963.
     M:76.

38. Cultura política; revista mensal de estudos
    brasileiros. Vol.1-, n.1-; março 1941-. Rio, 1941-.
    Issues recorded for 1941-1945.

ESCOLA DE SERVIÇO PÚBLICO

Created as the Cursos de Administração Geral by
Decreto-lei n.2,804 in 1940, it was reorganized and
redesignated as the Escola de Serviço Público by Decreto
n.43,176 of February 4, 1958, and renamed the
Coordenação de Atividades de Aperfeiçoamento before
1971.

39. Escola de serviço público. n.1-4; 19 -1967.
    Brasília, 19 -1967.
    Series (n.3-4; 1967).
    M:241.

CENTRO DE DOCUMENTAÇÃO E INFORMÁTICA (CENDOC)

40. Coleção estudos. n.1-. Brasília, 1970-.
    Series; issued as a separate of Revista do serviço
        público, 50. (n.2-3; 1971).

COMISSÃO DE ACUMULAÇÃO DE CARGOS

Established by Decreto n.35,956 of August 2, 1954,
and dissolved by Decreto n.66,222 of February 17, 1970.

41. Indicador dos pareceres da Comissão de acumulação
    de cargos. Vol. I-VII. Rio, 1958-1969.
    Series (Vol.I-II: 1958, 1960. Vol.III-V; 1967. Vol.
        VI-VII; 1968-1969).
    M:77.

SERVIÇO DE DOCUMENTAÇÃO

42. A biblioteca. Ano I-VI, n.1-11; 1944-janeiro/março
    1959. Rio, 1944-1949.
    Public administration; acquisitions.
    Frequency: Irreg.

43. Boletim de estatística administrativo. Ano 1-, n.1-;
    março 1955-. Rio, 1955-.
    Only one number issued(?).

44. Circulares da Secretaria da Presidência da República.
    1937-. Rio, 1938-.
    Series (Annual, 1937-, and cumulated variously: 1937/
        1939, 1937/1942, 1937/1943, 1937/1945, 1937/1950,
        1938, 1950, 1951/1958, 1959/1964).
    DN:17 M:75, 169.

45. Classificação de cargos no serviço público federal:
    especificação de classes. n.1-. Rio, 1968-.
    Series (n.1-2; 1968, 1970. n.3-4; 1969. n.5; 1971.
        n.7-8; 1969-1970).

46. Ementário de decisões administrativas; pareceres do
    Consultor geral da República e do DASP. Vol.I-, fasc.
    1-; 1953-. Rio, 1956-.
    Subtitle varies slightly.
    Frequency varies: Annual, 1953-1956. Irreg., 1957/
        1958. Annual, 1959-1961. Annual irreg., n.6; 1964 (196
        n.7; 1965 (1967), n.8; 1962 (1967). Annual, n.9-; 1966
    Numbering varies: Vol.I, fasc. I-IV; 1953-1956. Vol.
        II-; 1957/1958-.
    M:75.

47. Ensaios de administração. n.1-. Rio, 1955-.
    Short monographs on juridical and technical
        problems of administration.
    Series (n.21; 1966).
    M:64.

48. Estudos de direito administrativo. Rio, 1960-.
    Series (1960, 1965, 1969).
    Supersedes Pareceres do Consultor jurídico do DASP,
        49.

49. Pareceres do Consultor jurídico do DASP. novembro
    1952-janeiro 1955. Rio, 1952-1955.
    Series.
    Superseded by Estudos de direito administrativo,
        48.

50. Revista do serviço público, Ano I-, Vol.1-;
    novembro 1937-. Rio, 1937-.
    Public administration, government organization,
        personnel, legislation.
    Frequency varies: Monthly irreg., Vol.1-89; 1937-
        1960. Quarterly, Vol.90-91; Jan/Mar-Apr/Jun 1961.

50. (Cont'd.)
    Monthly, Vol.92; Jul-Sept 1961. Quarterly, Vol.
    93-98; Oct/Dec 1961-Oct/Dec 1966. Semi-annual,
    Vol.99-101; 1967-1968. Bimonthly, Vol.102-103;
    Jan/Feb-Mar/Apr 1969. Irreg., Vol.104; May/Dec
    1969. 3/year, Vol.105-; Jan/Apr 1970-.
    Numbering varies: Between 1962 and 1967, each Vol.
    number equals a year. In 1968, 2 Vols. equal a
    year. In 1969, 3 Vols. equal a year. Since 1970,
    one Vol. equals a year.
    Ano numbering dropped beginning in 1969.
    Indexed in BBA, BBCS.
50a. _____. Índice do Ano I-XXVI; 1937-1963.
    Annual irreg. Also issued separately, 1937-1959.
    CLA:55 M:292-293.

CONSULTORIA GERAL DA REPÚBLICA

Created by Decreto n.967 of January 2, 1903.

51. Pareceres da Consultoria geral da República. Tomo I-;
    1903/1905-. Rio, 1911-.
    Title varies slightly: Pareceres do Consultor geral da
    República.
    Frequency varies: Annual irreg., 1903/1905-1960.
    Irreg., Oct 1960/Feb 1961, Mar/Aug 1961, Sept
    1961/Jan 1963, May 1963/Mar 1964, May/Oct 1964,
    Oct/Dec 1964, Jan/May 1965. Annual, 1966-1968.
    Irreg., Jan/Jun 1970, Jul/Oct 1969 (1971).
    Numbering is irreg.
51a. _____. Índice dos Pareceres do Consultor geral,
    I-XI [1903-1919] (Rio, 1931).
    M:72.

CONSELHO NACIONAL DA PESQUISAS (CNPq)

Created by Lei n.1,310 of January 15, 1951, this federal
autarchy has the following institutes attached to it:
the Instituto de Pesquisas Espaciais, the Instituto
Brasileiro de Bibliografia e Documentação, the Instituto
de Matemática Pura e Aplicada, the Instituto de Pesquisas
Rodoviárias, and the Instituto Nacional de Pesquisas da
Amazônia.

52. Relatório. 1951-. Rio, 1951-.,
    Title varies: See Introduction, p. xxiv.
    Frequency: Annual irreg., 1951-1952. Not issued,
    1953-1954. Annual, 1955-1959. Not issued, 1960-
    1963. Annual, 1964-.

53. Conselho nacional de pesquisas. Vol.1, n.1-Vol.3, n.3.
Rio, 1962-1965(?).
Series (Vol.1, n.1-2; 1962. Vol.2, n.1; 1963. Vol.3,
n.1-3; 1964-1965).
Publication suspended.

54. Revista brasileira de tecnologia. Vol.1, n.1-;
setembro 1970-. Distr. by Editôria Edgard Blücher;
Ltd., SP, 1970-.
Frequency: Quarterly.

55. Tecnologia. Vol.1-, n.1-; janeiro/junho 1959-.
Rio, 1959-.
Reports the results of technological research
supported by the CNPq in Brazil.
Frequency: Semi-annual, Vol.1-3; n.1-6; 1959-1961.
M:340.

INSTITUTO DE PESQUISAS ESPACIAIS

Established as the Grupo de Organização da Comissão
Nacional de Atividades Espaciais by Decreto n.51,133
of August 3, 1961, it was reorganized and redesignated
as the Instituto de Pesquisas Espaciais by Decreto
n.68,532 of April 22, 1971.

56. Relatório. São José dos Campos, SP.
Title varies: See Introduction, p. xxiv.
Frequency: Annual irreg.

INSTITUTO BRASILEIRO DE BIBLIOGRAFIA E DOCUMENTAÇÃO
(IBBD)

Established by Decreto n.35,124 of February 27, 1954.

57. Relatório. 1954-. Rio, 1955-.
Title varies: See Introduction, p. xxiv.
Frequency: Annual, 1954-1965. Issued with the
Relatório of the Conselho Nacional de Pesquisas,
52, 1966. Annual, 1967-.
M:307.

58. Bibliografia brasileira de agricultura. Vol.1;
1956/1958. Rio, 1962.
Only one vol.issued.
Superseded by Bibliografia brasileira de ciências
agrícolas, 60.
M:23.

59. Bibliografia brasileiro de botânica. Vol.1-; 1950/
1955-. Rio, 1957-.
Series (Vol.1-4; 1950/1955, 1956/1958, 1959/1960,
1961/1969).
M:23 PAU:1.

60. Bibliografia brasileira de ciências agrícolas. Vol.
1-; 1967/1968-. Rio, 1969-.
Series (Vol.1; 1967/1968. Vol.2; 1969).
Supersedes Bibliografia brasileira de agricultura,
58.

61. Bibliografia brasileira de ciências sociais. Vol.1-,
n.1-; junho/dezembro 1954-. Rio, 1954-.
Includes books and articles on sociology, statistics,
political science, law (until 1966), public
administration, military science, social welfare,
economics, and folklore. Issued in cooperation
with the Fundação Getúlio Vargas.
Frequency varies: Annual, n.1-8; 1954-1961. Irreg.,
n.9/11, 12/13, 14/15; 1962/1964, 1965/1966, 1967/
1968.
Supersedes Bibliografia econômica-social, 1317. Since
1967, law has been covered by Bibliografia
brasileira de direito, 62.
G:144 M:305.

62. Bibliografia brasileira de direito. Vol.1-; 1967/
1968-. Rio, 1970-.
Series.
Prior to 1967, included in Bibliografia brasileira
de ciências sociais, 61.

63. Bibliografia brasileira de documentação. Vol.1-;
1811/1960-. Rio, 1960-.
Series (Vol.1; 1811/1960. Vol.2; 1960/1970--in press,
1971).
M:23.

64. Bibliografia brasileira de física. Vol.1-; 1961/1967-.
Rio, IBBD and Centro Brasileiro de Pesquisas Físicas,
1968-.
Series (Vol.1; 1961/1967. Vol.2; 1968/1969).
Supersedes Bibliografia brasileira de matemática e
física, 66.

65. Bibliografia brasileira de matemática. 1961/1964-.
    Rio, 1965-.
    Series ("Edição preliminar: 5o. Coloquio brasileiro
    de matemática:" 1961/1964).
    Supersedes Bibliografia brasileira de matemática e
    física, 66.

66. Bibliografia brasileira de matemática e física. Vol.
    1-3, n.1- ; 1950/1954-1958/1960. Rio, 1955-1961(?).
    Series (Vol.1-3; 1950/1954, 1900/1957, 1958/1960).
    Only Vol.1 also called n.1.
    Separated into two publications, 64, and 65.
    M:24 PAU:2.

67. Bibliografia brasileira de medicina. Vol.1-; 1937/
    1938-. São Paulo, 1939-1958; Rio, 1960-.
    Title varies: Índice-catálogo médico brasileiro,
    Vol.1-3. Bibliografia brasileira de medicina,
    Vol.4-.
    Frequency varies: Irreg., Vol.1; 1937/1938. Annual,
    Vol.2-3; 1939-1940. Irreg., Vol.4; 1941/1952
    (2 vols.). Annual, Vol.6-7; 1957-1958. Annual,
    Vol.9-. 1965-.
    Continues Índice-Catálogo Médico Paulista, 1860-
    1936, by Jorge de Andrade Maia (São Paulo, Conselho
    Bibliotecário de Estado, 1938). The author was
    also the compiler of the bibliography, Vol.1-7;
    1937/1938-1958.
    M:24 PAU:3.

68. Bibliografia brasileira de química. Vol.1-3; 1950/
    1955-1959/1960. Rio, 1957-1961.
    Series (Vol.1-3; 1950/1955, 1956/1958, 1959/1960).
    Superseded by Bibliografia brasileira de tecnologia:
    química e química tecnologia, 69.

69. Bibliografia brasileira de tecnologia: química e
    química tecnologia. Vol.1-; 1968/1969-. Rio, 1971-.
    Series.
    Supersedes Bibliografia brasileira de química, 68.

70. Bibliografia brasileira de zoologia. Vol.1-; 1950/
    1955-. Rio, 1956-.
    Series (Vol.1; 1950/1955, and suppl Vol.2-4; 1956/
    1958, 1959/1962, 1963/1969).
    M:24 PAU:5.

71. Bibliografias brasileiras sôbre doenças tropicais.
    n.1-. Rio, 1958-.
    Series. See also entry under individual title, 73-
       77, 80-81.
    M:25.

72. Bibliotecas especializadas brasileiras. Rio, 1961-.
    Series (Edição preliminar; 1961. 1a. edição; 1962.
    2a. edição; 1969).

73. Bouba: bibliografia brasileira. 1849/1957-. Rio,
    1958-.
    One of the series, Bibliografias brasileiras sôbre
       doenças tropicais, 71 (n.1).

74. Curare: bibliografia. Rio, 1957-.
    One of the series, Bibliografias brasileiras sôbre
       doenças tropicais, 71.

75. Doença de Chagas: bibliografia brasileira. Rio,
    1958-.
    Series (Vol.1; 1909/1958. Suppl; 1910/1959. Vol.2;
       1954/1961).
    One of the series, Bibliografias brasileiras sôbre
       doenças tropicais, 71 (n.2).
    M:306.

76. Esquistossomose: bibliografia brasileira. Rio, 1958-.
    Series (Vol.1; 1908/1957. Vol.2; 1958/1962).
    One of the series, Bibliografias brasileiras sôbre
       doenças tropicais, 71 (n.3).
    M:306.

77. Febre amarela: bibliografia brasileira. Rio, 1958-.
    Series (Vol.1; 1851/1957).
    One of the series, Bibliografias brasleiras sôbre
       doenças tropicais, 71 (n.4).
    M:306.

78. Fontes de informações. n.1-. Rio, 1968-.
    Series. See also entry under individual title, 83.

79. IBBD notícias. Vol.1-, n.1-; janeiro/fevereiro 1955-.
    Rio, 1955-.
    Title varies: Boletim informativo do IBBD, Vol.1-4;
       1955-1958. Notícias diversas, Vol.1-2; 1961, 1964.

79. (Cont'd.)
    Notícias, Vol.1-4; 1967-1970. IBBD notícias, Vol.
    5-; 1971-.
    Frequency varies: Bimonthly irreg., 1955-1958. Not
    issued, 1959-1960. Irreg., Jan/Jun, Jul/Sept,
    Oct/Dec 1961. Not issued, 1962-1963. Monthly,
    Jan-Oct 1964. Not issued, 1965-1966. Bimonthly,
    Jan/Feb-Jul/Aug 1967. Irreg., Sept/Dec 1967.
    3/year; 1968. Quarterly, 1969-1970. Irreg.,
    1971-.
    J:19 M:305-306, 306-307 Z:45-46.

80. Leishmanioses: bibliografia brasileira. Rio, 1958-.
    Series (Vol.1; 1909/1958. Vol.2; 1956/1961).
    One of the series, Bibliografias brasileiras sôbre
      doenças tropicais, 71 (n.5).
    M:306.

81. Malária: bibliografia brasileira. Rio, 1958-.
    Series (Vol.1; 1884/1957).
    One of the series, Bibliografias brasileiras sôbre
      doenças tropicais, 71 (n.6).
    M:306.

82. Periódicos brasileiros de cultura. Rio, 1956-.
    Series ("Edição preliminar, 1956. Vol.2; 1968).

83. Pesquisas em processo no Brasil. Rio.
    Series (Vol.3; 1964. Annual (not numbered), 1967-).
    Title varies: Guia das pesquisas e levantamentos
      em processo no Brasil, 1964. Pesquisas em
      processo no Brasil, 1967-.
    One of the series, Fontes de informações, 78 (n.1).

INSTITUTO DE MATEMÁTICA PURA E APLICADA (IMPA)

   Created by Decreto n.39,687 of August 7, 1956, IMPA
acquired administrative autonomy on December 19, 1969
(Decreto n.65,919).

84. Relatório. Rio.
    Title varies: See Introduction, p. xxiv.
    Frequency: Annual irreg., 1959-1960, 1968.

85. Notas de matemática. 1-; 1956-. Rio, 1956-.
    Series (n.33; 1965).
    Indexed in BBMF.
    M:261.

86. Noticiário brasileiro de matemática. n.1-; abril
    1959-. Rio, 1959-.
    Frequency: 3/year, n.1-30; Apr 1959-Dec 1968.
    Indexed in BBMF.
    M:261.

    INSTITUTO DE PESQUISAS RODOVIÁRIAS (IPR)

    Created by Decreto n.42,212 of August 29, 1957.

87. Relatório das atividades do IPR no ano de 1958[?]-.
    Rio.
    Frequency: Annual, 1965-.
    Issued in its series, Publicação, 90.

88. Boletim informativo. n.1-3; 1960-1961. Rio, 1960-
    1961.
    Superseded by Boletim técnico IPR, 89.

89. Boletim técnico IPR. Vol.I, n.1-; julho 1962-.
    Rio, 1962-.
    Technical articles on highways.
    Frequency varies: Monthly, 1962-1964. Bimonthly,
      1965-.
    Supersedes Boletim informativo, 88.
    Indexed in BBCS.
    M:127.

90. Publicação. n.1-. Rio.
    Series (n.557; 1970).

    INSTITUTO NACIONAL DE PESQUISAS DA AMAZÔNIA (INPA)

    A federal autarchy, INPA was created by Decreto
    n.31,672 of October 29, 1952, and installed on July
    28, 1954.

91. Relatório. Manaus.
    Title varies: See Introduction, p. xxiv.
    Frequency: Annual irreg., 1958.

92. Amazônia: bibliografia. 1614/1962-. Rio, 1963-.
    Includes books, articles, theses, and pamphlets
    about Amazônia.
    Issued in conjunction with the IBBD.
    Series (Vol.1; 1614/1962. Vol.2--in press, 1971).
    G:177.

93. Amazoniana; limnologia et oecologia regionalis
    systemae fluminis amazonas. Vol.I, fasc. 1-; 1965-.
    Kiel, 1965-.
    Issued in conjunction with the Instituto Max
    Planck para Limnologia, Kiel, West Germany.
    Frequency: Irreg., Vol.1, fasc. 1, 2, 3-4; 1965,
    1967, 1968. Vol.II, fasc 1/2, 3-4; 1969, 1970.
    In Portuguese, English, French, German, and Spanish.

94. Boletim do Instituto nacional de pesquisas da
    amazônia. n.1-. Manaus, 1956-.
    Series (n.1-15; 1956-1961. n.16-34; 1964, 1966-1969).

95. Boletim do INPA: botânica. n.1-. Manaus, 1956-;
    Series (n.1-34; 1956-1969).
    Title varies: Publicação do INPA: botânica, n.1-27;
    1956-1968. Boletim do INPA:botânica, n.28-;
    1969-.
    Indexed in BBB.
    M:131 PAU:44.

96. Boletim do INPA: patalogia tropical. n.1-. Manaus,
    1970-.
    Series (n.1, 2, 3/4; 1970).

97. Boletim do INPA: pesquisas florestais. n.1-.
    Manaus, 1968-.
    Series (n.17; 1970).

98. Boletim do INPA: tecnologia. n.1-. Manaus, 1969-.
    Series (n.1-3; 1969-1970).

99. Cadernos da amazônia. n.1-. Manaus, 1964-.
    Series (n.11; 1968).
    M:131.

100. Publicação: antropologia. n.1. Manaus, 1957.
     One number only issued.
     M:131.

101. Publicação: química. n.1-. Manaus, 1958-.
     Series (n.12; 1968).
     M:132 PAU:44.

102. Publicação. n.1-. Série avulsa. Manaus, 1968-.
     Series.

103. Publicação: viagem filosófica. n.1-3. Manaus, 1958.
     Series.
     M:132.

MUSEU PARAENSE EMÍLIO GOELDI

Founded in Belém in 1866 as the Museu Paraense of the
Sociedade Filomática, it became a State of Pará agency
in 1871. In 1954, the Instituto Nacional de Pesquisas
da Amazônia entered into an agreement with the State of
Pará to assume administrative and scientific responsibility
for the Museum. It has been designated successively as
the Museu Parense História Natural e Ethnographia (1894-
1903), Museu Goeldi (Museu Parense) de História Natural
e Ethnographia (1904-1912), Museu Paraense Emílio Goeldi
de História Natural e Ethnografia (1913-1948), Museu
Paraense Emílio Goeldi (1949-   ).

104. Boletim do Museu paraense Emílio Goeldi, Vol.1, n.1-
     Vol.12; 1894/1896-1956. Belém, 1896-1956.
     Title varies as the name of the Museum varies.
     Frequency varies: Annual irreg., Vol.1, n.1-4; 1894-
         1896. Vol.2, n.1-4; 1897-1898. Vol.3, n.1-2, 3/4;
         1900-1903. Vol.4, n.1, 2/3, 4; 1904-1906. Vol.5,
         n.1-2; 1907-1908. Vol.6-7; 1909-1910. Vol.8; 1911/
         1912. Irreg., Vol.9-12; 1933, 1949, 1955, 1956.
     Superseded by its new series, published in four parts,
         105-108.
104a. _____, Índice: tomos 1-12; 1894-1956. Comp.
     by Clara Maria Galvão (Belém, 1962).
     22p.
     M:14-15 PAU:25.

105. Boletim do Museu paraense Emílio Goeldi. Nova série:
     antropologia. n.1-. Belém, 1957-.
     Series (n.47; 1971).
     Indexed in Biol. Abs., BBCS.
     J:17 M:15 PAU:25.

106.   Boletim do Museu paraense Emílio Goeldi. Nova
       série: botânica. n.1-. Belém, 1958-.
       Series (n.38; 1970).
       Indexed in Biol. Abs., BBZ.
       M:15 PAU:25.

107.   Boletim do Museu parense Emílio Goeldi. Nova série
       geologia. n.1-. Belém, 1957-.
       Series (n.17; 1971).
       Indexed in Biol.Abs.
       M:16 PAU:25

108.   Boletim do Museu paraense Emílio Goeldi. Nova
       série: zoologia. n.1-. Belém, 1957-.
       Series (n.74; 1970).
       Indexed in Biol. Abs., BBZ.
       M:16 PAU:25.

109.   Publicações avulsas. n.1-. Belém, 1964-.
       Series (n.15; 1971).
       M:16.

110.   Publicações do Museu paraense Emílio Goeldi. Série:
       guias. n.1-. Belém, 1962-.
       Series (n.1; 1962; 2d ed.; 1967. n.2; 1965).
          Publication suspended.
       M:16.

MINISTÉRIO DA AERONÁUTICA (MAe)

Established by Decreto-lei n. 2,961 of January 20, 1941.
The following entities have issued serial publication
within the scope of this Guide:

Ministério da Aeronáutica (MAe)

Estado Maior da Aeronáutica
Diretoria de Intendência da Aeronáutica
Diretoria de Saúde da Aeronáutica
Comando de Apoio Militar (COMAM)
    Serviço de Tráfego Aéreo e Navegação
Comando de Formação e Aperfeiçoamento
    Escola de Aperfeiçoamento de Oficiais de Aeronáutica
    (EAOAR)
Departamento de Pesquisas e Desenvolvimento
    Centro Técnico Aeroespacial
        Instituto Tecnológico da Aeronáutica (ITA)
Departamento de Aviação Civil (DAC)

111. Almanaque militar da aeronáutica. Rio.
      "Reservado."
      Title varies: Almanaque do Ministério da aeronáutica,
          1954-1961. Almanaque militar da aeronáutica, 1962-.
      Frequency: Annual, 1954-.

112. Boletim do Ministério da aeronáutica. n.1-; 1938-.
      Rio, Serviço de Material Aeronáutico, 1938-.
      Legislation.
      Frequency: Monthly, 1938-1939, 1942-.
      "Nao tem circulação fora do Ministério."
      M:140.

113. Manual de legislação militar. Brasília, Gabinete.
      1966-.
      This manual is composed of the indexes to the
          Boletins do Ministério da aeronáutica, 112.
      Frequency: Semi-annual, 1966-.

ESTADO MAIOR DA AERONÁUTICA

    Basic legislation is found in the Decreto-lei n.3,730
of October 18, 1941.

114. Boletim extra de informações. Ano I-, n.1-; 1953-.
      Rio, 1953-.
      General information, small in size but useful.
      Frequency: Irreg., n.5,7,11; Dec 1957, Dec 1958,
        2d sem. 1961.

DIRETORIA DE INTENDÊNCIA DA AERONÁUTICA

Organized as the Serviço de Intendência da Aeronáutica
by Decreto-lei n.7,892 of August 23, 1945, it was
redesignated as the Diretoria de Intendência da Aeronáutica
by Decreto n.64,739 of June 26, 1969.

115. Revista de intendência de aeronáutica. Ano I-
      XVIII, n.1-190; setembro 1949-junho 1967. Rio,
      1949-1967.
      Frequency varies: Irreg., n.1-6/8; Sept 1949-Jan/
        Sept 1951. Monthly irreg., n.9-54; Jun 1952-Mar
        1956. Bimonthly irreg., n.55/56-110/111; Apr/
        May 1956-Nov/Dec 1960. Bimonthly, n.112/113-
        118/119; Jan/Feb-Jul/Aug 1961. 3/year, n.120/123-
        128/131; Sept/Dec 1961-May/Aug 1962. Irreg.,
        n.132/134; Sept/Oct 1962. Bimonthly, n.135/136-
        159/160; Nov/Dec 1962-Nov/Dec 1964. Monthly,
        n.161-166; Jan-Jun 1965. Bimonthly, n.167/168-
        171/172; Jul/Aug-Nov/Dec 1965. Irreg., n.173,
        174/175; Jan, Feb/Mar 1966. Monthly, n.176-180;
        Apr-Aug 1966. Irreg., n.181/182, 183-190;
        Sept/Oct, Nov, Dec 1966, Jan, Mar, May, Jun 1967.
      M:290.

DIRETORIA DE SAÚDE DA AERONÁUTICA

Established as the Serviço de Saúde da Aeronáutica
by Decreto-lei n.4,848 of October 20, 1942, it became
the Diretoria de Saúde da Aeronáutica by Decreto n.68,648
of May 21, 1971.

116. Revista médica da aeronáutica. Ano I, Vol.1, n.1-
      Ano XV, n.1/2; março 1949-1o. semestre 1963. Rio,
      1949-1963.
      Medicine in general, tropical medicine in specific,
        hygiene, applied psychology.
      Frequency varies: Quarterly, 1949-1950. Annual, 1951.
        Quarterly, 1952. Annual, 1953-1956. Semi-annual,
        1957-1959. Annual, 1960-1962. Irreg., 1963.

116. (Cont'd.)
Numbering irreg: Ano XII; 1960 misnumbered as Ano
XI. Month and Vol. numbering dropped beginning
with Ano III, n.1/4; 1951.
Indexed in Biol. Abs., Chem. Abs., Ind. Med.
M:294 PAU:804.

COMANDO DE APOIO MILITAR (COMAM)

SERVIÇO DE TRÁFEGO AÉREO E NAVEGAÇÃO

Successively designated as the Serviço de Proteção do
Vôo, and as the Diretoria de Rotas Aéreas, it became
the Serviço de Tráfego Aéreo e Navegação by Decreto-lei
n.200 of February 25, 1967.

117. AIP-Brasil; publicação de informação aeronáutica.
Aeronautical information publication. Rio.
Basic aeronautical information for Brazil, air
traffic control data.
Title varies: MANAV [Manual de auxílio à navegação
aérea], 1953-1963. AIP-Brasil; ..., 1964-.
Frequency varies: Semi-annual, 1953-1967. Annual,
1968-.
In Portuguese and English; "AIP" from the English
translation of the title.
Updated by NOTAM,...,120.

118. Essepevê. Ano I-XIII, n.1-116; outubro 1956-1968.
Frequency varies: Bimonthly irreg., n.1-42/43; 1956-
1960. Quarterly, n.44/46-101/103; 1961-1965.
Semi-annual, n.104/106-113/115; 1966-1967. Irreg.,
n.116; 1968.
Indexed in BBMF.
M:239.

119. Manual de subidas IFR: IFR [instrument flying roles]
departures manual: Brasil. Rio.
Issued with AIP-Brasil;..., 117, 1953-1963.
Frequency varies: Semi-annual, 1953-1963. Annual,
1964-.
Updated by NOTAM,..., 120.

120. NOTAM; resumo mensal. Rio.
      A service for pilots, updating AIP-Brasil;..., 117,
      and Manual de subidas IFR;..., 119. Issued
      in two series: NOTAM, Classe I, and NOTAM, Classe
      II. Classe I notices are sent coded via
      telecommunications for the most rapid dissemination.
      Classe II notices are Classe I decoded.
      Frequency: Monthly, 1947-. Also issued daily.

COMANDO DE FORMAÇÃO E APERFEIÇOAMENTO

ESCOLA DE APERFEIÇOAMENTO DE OFICIAIS DE AERONÁUTICA
                    (EAOAR)

      Established as the Curso de Tática Aérea by Decreto
n.23,598 of September 1, 1947, it was redesignated as
the Escola de Aperfeiçoamento de Oficiais de Aeronáutica
by Decreto n.31,841 of November 26, 1952.

121. Revista da EAOAR. n.1-12; 1956-1961. Base Aérea
      de São Paulo, Cumbicas, SP, 1956-1961.
      Frequency varies: Semi-annual, n.1-3; 1956-1958.
          Irreg., n.4/8; 1957/1958. Semi-annual, n.9-12;
          1959-1961.
      M:285.

DEPARTAMENTO DE PESQUISAS E DESENVOLVIMENTO

CENTRO TÉCNICO AEROESPACIAL

      Founded on November 26, 1953 (Decreto n.34,701) as
the Centro Técnico de Aeronáutica, this agency became
the Centro Técnico Aeroespacial on July 5, 1971 (Decreto
n.68,874). Of its several agencies only the following
Institute issues serial documents within the scope of
this Guide.

INSTITUTO TECNOLÓGICO DA AERONÁUTICA (ITA)

      Established in 1950, and formally created by Lei
n.2,165 of January 5, 1954.

122. Boletim informativo. Vol.1-, n.1-; janeiro/
      fevereiro de 1969-. São José dos Campos, SP , 1969-.
      Cover title: Boletim informativo da Biblioteca central
         do Instituto tecnológico da aeronáutica.

122. (Cont'd.)
     Frequency varies: Irreg., Vol.1, n.1-4; Jan/Feb,
     Mar, Jun/Aug, Sept/Dec 1969. Quarterly, Vol.2,
     n.1-; Jan/Mar 1970-.

123. Ita engenharia; revista de tecnologia e desenvolvimento
     industriais. Vol.I-, n.1-; setembro/outubro 1958-.
     São José dos Campos, SP, 1958-.
     Technical articles and general information on
     aviation, electronics, and industry.
     Title varies: Ita engenharia, 1958-1970. Ita
     engenharia; revista de tecnologia e desenvolvimento
     industriais, 1971-.
     Frequency and numbering vary: Bimonthly, Vol.1-2,
     n.1-4; Sept/Oct 1958-Mar/Apr 1959. Not issued(?),
     1960-1968. Irreg., Vol.0, n.0, Vol.1, n.1; Nov
     1969, Jan/Feb 1970. Monthly irreg., Vol.1,
     n.2-Vol.2, n.3; Mar-Jun, Oct-Dec 1970, Jan-Feb,
     Mar/Apr 1971.
     Supersedes Revista ITA-engenharia, 125.
     M:248 PAU:1048.

124. Ita humanidades; revista do Departamento de
     humanidades do ITA. Vol.1-; 1965-. São José dos
     Campos, SP, 1965-.
     Frequency: Annual.

125. Revista ITA-engenharia. Ano I, n.1; julho/agôsto
     1957. São José dos Campos. SP, 1957.
     Only one number issued
     Superseded by ITA engenharia; ..., 123.

DEPARTAMENTO DE AVIAÇÃO CIVIL (DAC)

This agency began as the Departamento de Aeronáutica
Civil within the Ministério da Guerra on April 22, 1931
(Decreto n.19,902). In 1941, it became part of the
Ministério da Aeronáutica (January 20, Decreto-lei
n.2,961) and a year later was renamed the Diretoria de
Aeronáutica Civil (January 15, 1942, Decreto n.8,535).
On September 12, 1969, it became the Departamento de
Aviação Civil (Decreto n.65, 143).

126. <u>Análise da indústria; transporte aéreo comercial</u>
<u>brasileiro</u>. 1952-. Rio, 1952-.
Statistical analyses of Brazilian commercial air
traffic.
Title varies: (Annual series:) Estudos financeiros,
1952. Balanços das emprêsas de transporte aéreo,
1953. Untitled, 1954. Transporte aéreo comercial
[subtitle varies slightly], 1955-1962. Análise
dos balanços das emprêsas; transporte aéreo
comercial brasileiro, 1963-1964. Análise da
indústria; transporte aéreo comercial brasileiro,
1963-. (Supplement series:) Complementos dos
Estudos financeiros, 1952. Aditamento ao
primeiro relatório, 1952. Estudos econômicos,
1953-1955. Transporte aéreo comercial; atividades
da indústria, 1956-1962. Análise da indústria;
transporte aéreo comercial brasileiro, 1963-1964.
Frequency varies: Annual, with suppl., 1952. Annual,
with quarterly irreg. suppl., 1953-1960. Annual,
with monthly suppl., 1961-1964. Annual, 1965-.
Number of volumes varies: 1 vol., 1952-1962.
2 vols., 1963-1964. 1 vol., 1965-.
First issued with cover beginning in 1955.
M:95.

127. <u>Estatística do tráfego aéreo comercial</u>. 1o. semestre
de 1951-1961. Rio, 1951-1961.
Statistics of Brazilian commercial air traffic.
Frequency varies: Semi-annual, 1951. Annual, 1952-
1961.
M:95.

128. <u>Potencial brasileiro</u>. 1960-. Rio, 1960-.
Statistics of international commercial air traffic.
Frequency: Annual.

129. <u>Registro aeronáutico brasileiro</u>. 1964-. Rio, 1965-.
Registration certificates of Brazilian civil air-
planes.
Frequency: Biennial, with monthly suppls. under
the title, "Alterações no Registro aeronáutico
brasileiro..."

MINISTÉRIO DA AGRICULTURA (MA)

In 1860, this ministry was first established as the Secretaria de Estado dos Negócios da Agricultura, Comércio e Obras Públicas (July 28, Decreto [Imperial] n.1,067) and a year later in 1861 received its designation as a Ministério. Absorbed by the Ministério da Indústria, Viação e Obras Públicas (MIVOP) on November 2, 1892, when that ministry was established (Decreto n. 1,142), it reemerged as the Ministério da Agricultura, Indústria e Comércio (MAIC) in 1906 (December 29, Decreto n.1,606). By Decreto n. 19,433 of November 26, 1930, this ministry was divided into two: the Ministério da Agricultura and the Ministério do Trabalho, Indústria e Comércio.

The Ministério da Agricultura has experienced many reorganizations. The most important of these have been Decreto-lei n.982 of December 23, 1938, Lei Delegada n.9 of October 11, 1962, Decreto n.1,477 of October 26, 1962, Decreto n.62,163 of January 23, 1968, and Decretos n.68,593 and 68,594 of May 6, 1971. This legislation has created, absorbed, dissolved and reorganized the agencies of the Ministério da Agricultura in varying combinations, and their fissions and fusions are described in brief introductory histories. The order in which they are presented here is based on the 1971 reorganization of the Ministério (Decretos n.68,593 and 68,594), with current agencies preceding extinct ones. The following entities have issued serial publications within the scope of this Guide:

Ministério da Agricultura (MA)

Secretaria Geral
    Coordenação de Informação Rural (CIR)
    Coordenação de Assuntos Internacionais de
        Agricultura (CINGRA)
    Subsecretaria de Planejamento e Orçamento (SUPLAN)
        Escritório de Estatística (EAGRI)
            Serviço de Informação da Produção Agrícola
            Serviço de Economia Rural (SER)
            Serviço de Expansão do Trigo
            Equipe Técnica de Estatística Agropecuária (ETEA)

Escritório de Estatística (EAGRI) (cont'd.)
    Comissão Central de Levantamento e Fiscalização
        das Safras Tritícolas
Departamento Nacional de Produção Vegetal (DNPV)
    Divisão de Defesa Sanitária Vegetal (DDSV)
    Divisão de Aviação Agrícola
Departamento Nacional de Produção Animal (DNPA)
    Divisão de Defesa Sanitária Animal
    Divisão de Fisiopatologia da Reprodução e Inseminação
        Artificial Agrostologia
    Plano de Melhoramento da Alimentação e do Manêjo do
        Gado Leiteiro (PLAMAM)
    Comissão Nacional de Avicultura
Departamento Nacional de Pesquisa Agropecuária (DNPEA)
    Divisão de Pesquisa Pedológica
    Escritorio de Pesquisas e Experimentação (EPE)
    Institutos de Pesquisa Agropecuária
        Instituto de Pesquisa Agropecuária do Norte (IPEAN)
        Instituto de Pesquisa Agropecuária do Nordeste
            (IPEANE)
        Instituto de Pesquisa Agropecuária do Leste (IPEAL)
        Instituto de Pesquisa Agropecuária do Centro-Sul
            (IPEACS)
            Instituto de Biologia Animal
            Instituto de Ecologia e Experimentação Agrícola
            Instituto de Zootécnica
        Instituto de Pesquisa Agropecuária do Centro-Oeste
            (IPEACO)
        Instituto de Pesquisa Agropecuária do Sul (IPEAS)
        Instituto de Pesquisa Agropecuária do Oeste (IPEAO)
        Instituto de Pesquisa Agropecuária Meridional
            (IPEAME)
        Centro de Tecnologia Agrícola e Alimentar
            Instituto de Óleos
            Instituto de Fermentação
            Divisão de Tecnologia Agrícola e Alimentar (DTAA)
            Instituto de Química Agrícola
Departamento Nacional de Serviços de Comercialização
    Divisão de Informação de Mercado Agrícola (DIMAG)
    Divisão de Inspeção, Padronização e Classificação (DIPC)
Departamento Nacional de Meteorologia (DEMET)
Departamento de Administração

Secretaria Executiva das Comissões e Conselho

Autonomous Agencies:

Fundo Federal Agropecuária (FFAP)
Comissão de Planejamento da Política Agrícola (CPPA)
Instituto Nacional de Colonização e Reforma Agrária
    (INCRA)
    Instituto Brasileiro de Reforma Agrária (IBRA)
    Instituto Nacional do Desenvolvimento Agrário (INDA)
    Instituto Nacional de Imigração e Colonização (INIC)
Superintendência Nacional do Abastecimento (SUNAB)
    Departamento de Planejamento (DEPLAN)
    Companhia Brasileira de Armazenamento (CIBRAZEM)
    Comissão de Financiamento da Produção (CFP)
Banco Nacional de Crédito Cooperativo S.A. (BNCC)
Superintendência do Desenvolvimento da Pesca (SUDEPE)
    Conselho Nacional de Desenvolvimento da Pecuária
        (CONDEPE)
    Programa de Pesquisa e Desenvolvimento Pesqueiro
        no Brasil
Instituto Brasileiro de Desenvolvimento Florestal (IBDF)
    Departamento do Erva Mate
    Instituto Nacional do Pinho
    Departamento de Recursos Naturais Renováveis (DRNR)
    Jardim Botânico do Rio de Janeiro
    Parque Nacional do Itatiáia

130. <u>Relatório</u>. Rio, 1862-   ; Brasília, 1961(?)-.
    Title varies: See Introduction, p. xxiv. Also:
        Relatório [varies], 1862-   . Atividades [varies],
        1922-1934/1935. Trabalhos realizados..., 1938.
        Atividades no Ministério da agricultura [varies],
        1939-.
    Frequency: Annual irreg., 1862-1894, 1909-1919,
        1921-1934/1935, 1938-1940, 1942-1943, 1946/1950,
        1951-1952, 1954/1955, 1957, 1960.
    DN:31 M:141.

131. <u>Livro anual de agricultura</u>. n.1-. 1967-. Brasília,
    1968(?)-.
    Frequency: Annual, n.1-2; 1967-1968.

132. <u>Revista de economia e estatística</u>. Ano 1-4; julho
    1936-abril 1939. Rio, 1936-1939.
    Frequency: Monthly.
    Superseded by <u>Revista brasileira de estatística</u>, 977.
    M:288.

SECRETARIA GERAL

COORDENAÇÃO DE INFORMAÇÃO RURAL (CIR)

Established as the Seção de Publicações e Bibliotecas
by Decreto n.7,673 of November 18, 1909, it has been
successively redesignated as the Serviço de Publicações
e Bibliotecas by Decreto n.7,912 of March 19, 1910, as the
Serviço de Informações e Biblioteca by Decreto n.8,243
of September 22, 1910, as the Serviço de Informações e
Divulgação by Decreto n.9,195 of November 9, 1911, as the
Serviço de Informações by Decreto n.11,509 of March 4, 1915,
as the Serviço de Publicidade Agrícola by Decreto-lei n.982
of December 23,1938, as the Serviço de Informação Agrícola,
by Decreto-lei n.2,094 of March 28, 1940, as the Serviço
de Documentação by Decreto-lei n.6,914, of September 29,
1944, as the Serviço de Informação Agrícola (SIA) by
Decreto-lei n.9,794 of September 6, 1946, as the Equipe de
Informação Agrícola (EIGRA) by Decreto n.62,163 of
January 23, 1968, as the Escritório de Informação Agrícola
(EIGRA) by Portaria n.42 of February 12, 1968, and as the
Coordenação de Informação Rural by Decretos n.68,593 and
68,594 of May 6, 1971.

133. **Boletim do Ministério da agricultura.** Ano I, n.1-
Ano XXXVI, n.07/12; março/abril 1912-julho/dezembro
1947. Rio, 1912-1947.
Title varies as name of ministry changes.
Frequency: Irreg.
CLA:48 DN:31 M:140.

134. **Carta semanal do Serviço de informação agrícola.** 1a.-
carta; agôsto 1955-. Rio, 1955-.
Frequency: Weekly, n.1-297; Aug 1955-Dec 1962.

135. **Comunicação rural; textos técnicos.** n.1-. Brasília,
Equipe de Informação Agrícola, 1970-.
Series (n.1-3; 1970. n.4-5; n.d.)

136. **Documentário da vida rural.** Vol.1-; janeiro 1952-.
Rio, 1952-.
Series (n.1-8; 1952. n.12-17; 1957-1961. n.18; 1964).
M:198.

137.   Informação agrícola. Ano I-VI, n.1-107; junho 1947-
        1952. Nova série, Vol.I, n.1-Vol.14, n.179/180;
        1953-1960. [N.s. 2] Ano I, n.1- ; outubro 1965-.
        Rio, 1947-.
        Also called "Revista do Ministério da agricultura,"
            1965-1969.
        Frequency varies: Biweekly irreg., n.1-83; 1947-1950.
            Monthly irreg., n.84-107; 1951-1952; N.S., n.1-
            179/180; 1953-1960. Monthly, Ano I, n.1-[Ano II],
            n.3; Oct 1965-Dec 1966. Annual, n.4, 5/6; 1967-
            1968. Irreg., n.7; Mar 1969. Suspended.
        Indexed in BBA.
        M:249.

138.   Notícias bibliográficas. n.1-46; janeiro 1947-
        janeiro/dezembro 1965. Rio, 1947-1965.
        Agricultural legislation, abstracts of technical
            articles in national and international journals,
            recent acquisitions.
        Frequency varies: Irreg., n.1-41; 1947-1960. Semi-
            annual, n.42-43; 1961. Annual, n.44; 1962. Biennial,
            n.45; 1963/1964. Annual, n.46; 1965.
        M:199.

139.   Produtos rurais. n.1-. Rio, 1957-.
        Series (n.16; 1963).
        M:199.

140.   Série clubes agrícolas. n.1-. Rio.
        Series (n.3-29; 1947-1966). Some numbers also issued
            in 2d and 3d editions, e.g., n.1, 3d ed.; 1958.
        M:199.

141.   Série didática. n.1-. Rio.
        Series (n.2-23; 1942-1968).
        M:200.

142.   Série documentária. n.1-. Rio, 1952-;
        Series (n.27; 1967).
        M:200.

143.   Série educação rural. n.1-. Rio.
        Series (n.20; 1961).

144.   Série estudos. n.1-. Rio.
        Series (n.2; 1965--edited in collaboration with the
            Superintendência Nacional do Abastecimento).

145. Série estudos brasileiros. n.1-. Rio.
      Title varies: Estudos brasileiros, n.1- . Série
        estudos brasileiros, n.9- ; 1957-.
      Series (n.3-26; 1952(?)-1968).
      M:198.

146. Série estudos e ensaios. n.1-. Rio.
      Title varies: Estudos e ensaios, n.1- . Série estudos
        e ensaios.
      Series (n.2-32; 1951(?)-1967).
      M:200.

147. Série estudos técnicos. n.1-. Rio, 1950-.
      Title varies: Estudos técnicos, n.1- . Série
        estudos técnicos.
      Series (n.1-12; 1950-1958; n.39; 1967).
      M:199.

COORDENAÇÃO DE ASSUNTOS INTERNACIONAIS DE AGRICULTURA
                       (CINGRA)

    Established in accordance with the provisions of
Decreto Legislativo n.20 of 1956 by Lei Delegada n.9 of
October 11, 1962, as the Escritório Técnico de Agricultura
Brasil-Estados Unidos (ETA), it was dissolved by Decreto
n.66,169 of February 4, 1970, and absorbed by the
Coordenação de Assuntos Internacionais de Agricultura
(CINGRA) by Decreto n.69,358 of October 14, 1971.

148. Relatório do ETA. Rio.
      Title varies: See Introduction, p. xxiv.
      Frequency: Annual irreg., 1960, 1963-1964.

149. Informativo. Ano I-, n.1-; 1957-. Rio, 1957-.
      Title varies: Boletim ETA, 1957-1958. Informativo,
        1959-1967.
      Frequency varies: n.1-31; 1957-1959. Monthly, n.32-
        42; Jan-Nov 1960. Irreg., n.43; Dec 1960/Jan 1961.
        Monthly (?), n.44-53; 1961. Bimonthly, n.54-59;
        1962. Irreg., n.60-70; 1963. Bimonthly, n.71-82;
        1964-1965. Irreg., n.83-87; 1966. Quarterly,
        n.88-91; 1967.
      Numbering begins with Ano IV, n.33; Feb 1960.
      M:115.

SUBSECRETARIA DE PLANEJAMENTO E ORÇAMENTO (SUPLAN)

SUPLAN was created by Decreto n.68,593 of May 6, 1971.
Attached to SUPLAN is the Escritório de Estatística (EAGRI)
(Decreto n.68,593) which absorbed the Escritório de
Estatística, Análises e Estudos Econômicos (ESCO).

ESCRITÓRIO DE ESTATÍSTICA (EAGRI)

Created as the Departamento Econômico by Lei Delegada
n.9 of October 11, 1962, it was absorbed by and successively
reorganized and redesignated as the Escrítorio de
Estatística, Análises e Estudos Econômicos (ESCO) (Decreto
n.62,163 of January 23, 1968) and as the Escritório de
Estatística (EAGRI) (Decreto n.68,593 of May 6, 1971).

150. Agrirrural; boletim técnico mensal. Ano 1-11, n.1-
      118/129; março 1957-janeiro/dezembro 1968. Rio,
      1957-1968.
      Title varies: Agrirural; boletim mensal informativo
         do Serviço de economia rural, Mar 1957-Feb
         1963. Agrirural; boletim mensal informativo do
         Departamento econômico, Mar 1963-Dec 1966.
         Agrirrural; boletim técnico mensal, 1967-1968.
      Spelling of initial word in title (on title page)
         varies: Agrirural, n.1-90; 1957-Sept 1965.
         Agrirrural, n.91-118/129; Oct 1965-1968.
         (Cover not consistent with title page:
         Agrirural, n.1-89; 1957-Aug 1965. Agrirrural,
         n.90-118/129; Sept 1965-1968). No
         explanation for this change in spelling is
         given in the publication.
      Frequency varies: Monthly n.1-49; Mar 1957-Mar 1961.
         Not issued, Apr 1961-Apr 1962. Monthly, n.50-
         117; May 1962-Dec 1967. Irreg., n.118/129; Jan/
         Dec 1968.
      Numbering irreg: Ano 1-6, n.1-83; Mar 1957-Feb 1965.
         No Ano 7. Ano 8-11, n.84-118/129; Mar 1965-
         Jan/Dec 1968.
      Supersedes Boletim do Serviço de economia rural, 156.
         Superseded by Agro-econômico, 151.
      Indexed in BBA, BBCS.
      M:1.

151. Agro-econômico. Ano I, n.1-; janeiro/junho 1969-.
      Brasília, 1969-.
      Frequency varies: Semi-annual, 1969. Quarterly, 1970-.
      Supersedes Agrirrural, 150.

152. Boletim do Departamento econômico. Ano 1-, n.1-;
      1964(?)-. Rio, 1964(?)-.
      Frequency: Monthly, n.5-Ano 6, n.61; Mar 1966-Sept
        1969.

          SERVIÇO DE INFORMAÇÃO DA PRODUÇÃO AGRÍCOLA

   Established by Decreto-lei n.982 of December 23, 1938,
and attached to the Departamento Econômico in 1962.

153. Boletim mensal. Ano I-, n.1-; setembro 1966-. Rio,
        1966-.
      Frequency: Monthly, n.1-16; Sept 1966-Dec 1967.
      Indexed in BBCS.

             SERVIÇO DE ECONOMIA RURAL (SER)

   The SER began on December 23, 1938 (Decreto-lei n.982)
and absorbed the Diretoria de Organização e Defesa da
Produção. Lei Delegada n.9 (October 11, 1962) dissolved
this agency. Part of its functions were absorbed by the
Departamento Econômico in the same year (October 26, 1962,
Decreto n.1,477).

154. Relatório. Rio.
      Title varies: See Introduction, p. xxiv.
      Frequency: Annual irreg., 1958.
      M:174.

155. Agrisac. Ano I-, n.1-; janeiro 1962-. Pôrto Alegre,
      Serviço do Acôrdo de Classificação no Rio Grande do
      Sul, 1962-.
      Statistical data.
      Frequency: Monthly, n.1-16; Jan 1962-Apr 1963.

156. Boletim do Serviço de economia rural. Ano 1-6,
      n.1-9; 1943-1949/1950. Rio, 1943-1951(?).
      Superseded by Agrirrural, 150 .
      M:174.

SERVIÇO DE EXPANSÃO DO TRIGO

This agency, created on January 5, 1944 (Decreto-lei
n.6,170), was dissolved on December 31, 1962 (Lei Delegada
n.9, October 11, 1962) and its functions were absorbed
by the Departamento Econômico (October 26, 1962, Decreto
n.1,477) and by the DPEA (see p. 66).

157. Agritrigo. Ano 1, n.1-; 1958-. Rio, 1958-.
      Frequency: Monthly, n.1-12; 1958.
      M:1.

EQUIPE TÉCNICA DE ESTATÍSTICA AGROPECUÁRIA (ETEA)

ETEA was created by Lei Delegada n.9 of October 11,
1962, fusing the Serviço de Estatística da Produção and
the Serviço de Previsão de Safras. The Serviço de Estatística
da Produção had been established as the Diretoria de Estatística
da Produção, and was redesignated as a Serviço by
Decreto-lei n.982 of December 23, 1938. Initially part
of the Departamento Econômico, the Serviço de Previsão
de Safras merged in 1962 with the Serviço de Estatística
da Produção to create the Equipe Técnica de Estatística
Agropecuária. The ETEA became attached to the Escritório
de Estatística, Análises e Estudos Econômicos by Decreto
n.62,163 of January 23, 1968.
    ETEA has published many series of agricultural
production statistics. These may be conveniently
presented according to the following organization:

    Agricultural Production in General
    Vegetal Products and Derivatives
    Animal Products and Derivatives
    Fish Products and Derivatives
    Mineral Production

            [Agricultural Production in General]

158. Estimativa por amostragem, da produção agrícola.
      Brasília.
      Agricultural production statistics, estimated for
        the coming year.
      Title varies: Estimativa preliminar da produção
        agrícola (apuração por amostragem), 1964-1965.
        Estimativa preliminar, por amostragem, da
        produção agrícola, 1967. Estimativa para o ano

158. (Cont'd.)
      agrícola, 1967/1968. Estimativas para o ano
      agrícola, 1968/1969-1969/1970. Estimativa, por
      amostragem, da produção agrícola, 1970-.
      Frequency: Annual, 1964-.

159. Informativo. Ano I, n.1-; dezembro de 1968-.
      Belém, Diretoria Estadual do Ministério da
      Agricultura, no Pará, Informativo da Produção
      Agropecuária Nacional, Divulgação Estado do Pará,
      1968-.
      Frequency varies: Monthly, Dec 1968-Mar 1971. Not
          issued, Apr 1971. Irreg., May 1971 (2 nos.).
          Monthly, Jun 1971-.
      Numbering irreg: Ano I, n.1-11; Dec 1968-Nov 1969.
          Ano II, n.1-12; Jan-Dec 1970. Ano II, n.13-n.6,
          Jan-Jun 1971. Ano II, n.32-; Jul 1971-.

160. Informativo da produçao agropecuária nacional (IPAN)
      Informativo. Ano I, n.1-; dezembro 1968-. Brasília,
      1968-.
      Meteorological conditions, rain and precipitation,
          situation of agriculture, wholesale prices,
          international trade statistics.
      Frequency: Monthly. (Numbered 1-13, Ano 1; Dec 1968-
          Dec 1969. n.1-12, 1970-.).

161. Previsão agrícola. 1958-. Rio, Serviço Estatística
      da Produção, 1959-.
      Agricultural production statistics, estimated.
      Frequency: Annual, 1958-1961.
      Superseded by Estimativa por amostragem, da
          produçao agrícola, 158.
      CLA:52 M:181.

162. Previsão de safras. Estimativa de consumo aparente;
      estimativas dos excedentes exportáveis. 1o. safra
      de 1964/1965-. Rio, 1965-.
      Crop predictions, estimates of consumption and of
          exportable excess.
      Series in several parts, as follows (publication
          date in paren.):
          1a. safra de 1964/1965: refers to Center-South,
              North and Northeast (1965).
          2a. safra de 1964/1965: refers to Center-West
              and South (Apr 1965).

162. (Cont'd.)
    3a. safra de 1964/1965: refers to Center-West,
      South (Jun 1965).
    4a. safra de 1965/1966: refers to Center-South and
      South (Dec 1965).
    5a. safra de 1964/1965, 1965/1966: refers to
      Center-South, North and Northeast (May 1966).

163. Produção agrícola. 1939/1943-. Rio, 1944-.
    Agricultural production statistics: totals for the
      country.
    Title varies: Produção agrícola: totais do país,
      1939/1943. Produção agrícola do Brasil, 1940/
      1944-1942/1946. Brasil produção agrícola, 1945/
      1949-1952/1956. Produção agrícola, 1957-.
    Frequency: Annual, 1939/1943-1952/1956, 1957-.
    Also issued in a preliminary edition, 1944-1957,
      1966.
    CLA:52 M:181.

164. Produção agrícola dos municípios [do estado], por
    produtos cultivados. Rio, 1950-.
    Agricultural production statistics, by states, as
      follows:
    Frequency: Annual irreg., as follows:
      Alagoas. 1950-1957, 1959-1965.
      Amapá. 1950-1957, 1959-1965.
      Amazonas. 1950-1957, 1959-1966.
      Bahia. 1950-1953, 1955-1957, 1959-1966.
      Ceará. 1950-1953, 1955-1957, 1959-1966.
      Espíritu Santo. 1950-1957, 1959-1966.
      Goiás. 1950-1957, 1959-1966.
      Guanabara. 1956-1957, 1959-1966.
      Maranhão. 1950-1957, 1959-1966.
      Mato Grosso. 1950-1957, 1959-1966.
      Minas Gerais. 1950-1957, 1959, 1962-1966.
      Pará. 1950-1957, 1959-1966.
      Paraíba. 1950-1953, 1956-1966.
      Paraná. 1950-1957, 1959-1966.
      Pernambuco. 1950-1951, 1953-1957, 1959-1966.
      Piauí. 1950-1957, 1959-1966.
      Rio Grande do Norte. 1950-1957, 1959-1966.
      Rio Grande do Sul. 1950-1957, 1959-1962, 1964-1966.
      Rio de Janeiro. 1950-1957, 1959-1966.
      Roraima. 1950-1957, 1959-1966.
      Santa Catarina. 1950-1957, 1959-1966.
      São Paulo. 1950-1957, 1959-1966.
      Sergipe. 1950-1953, 1955-1957, 1959-1966.
      Território do Acre. 1950-1957, 1959-1966.

165. Publicação. n.1-. Brasília, 1968-.
      Series (n.1-22; 1968-1969. Not numbered, 1970-).

166. Safras. Publicação. n.1-. Rio, 1965-.
      Series.

                [Vegetal Products and Derivatives]

167. Cadastro das emprêsas produtoras de óleos, gorduras
      vegetais e subprodutos. 1958-. Rio, 1959-.
      Directory of businesses producing vegetable oils,
          fats, and subproducts.
      Frequency: Annual irreg., 1958-1963, 1965-1968.
      M:178.

168. Óleos e gorduras vegetais. 1935/1945-. Rio, 1946(?)-.
      Vegetal oils and fats produced in Brasil.
      Title varies: Produção brasileira de óleos e
          gorduras vegetais, 1935/1945-1946/1950. Óleos
          vegetais, produção de cada espécie discriminada
          pelas unidades da federação, 1943/1947-1945/1949.
          Óleos vegetais; resultados referentes aos sub-
          produtos fabricados, segundo a matéria prima
          empregada, 1947-1949, and Óleos vegetais e seus
          produtos; produção de cada espécie discriminada
          por município, 1947-1949. Óleos e gorduras
          vegetais e subprodutos, 1950-1955, 1954/1956,
          1956. Oleos e gorduras vegetais, 1957-1958. Óleos
          e gorduras vegetais e subprodutos, 1958. Óleos
          e gorduras vegetais, 1959-1966. Produçao extrativa;
          óleos e gorduras vegetais, 1967. Óleos e gorduras
          vegetais, 1968-.
      CLA:51.

169. Óleos e gorduras vegetais, por zonas fisiográficas.
      1963-. Rio, 1963-.
      Only one number issued(?). Called "primera vez,"
          1963.
      M:180.

170. Produção brasileira de [produto], discriminado por
      municípios, 1950-. Rio, 1950-.
      Series of statistical production totals for each
          of the following products: abacate (avocado),
          abacaxi (pineapple), agave, alfafa (alfalfa),
          algodão aboreo, algodão herbaceo (cotton, alho
          (garlic), amendoim (peanut), arroz (rice),

170. (Cont'd.)
     aveia (oats), azeitona (olive), banana, batata
     doce (sweet potato), batata inglêsa (Irish potato),
     cacau (cocoa), café (coffee), caju (cashew),
     cana de açúcar (sugar cane), caqui (persimmon),
     castanha (chestnut), cebola (onion), centeiro
     (rye), cevada (barley), chá de Índia (common tea),
     coco da Bahia (coconut), fava (bean), feijão
     (bean), feijão soja (soybean), figo (fig), fumo
     (tobacco), juta (jute), laranja (orange), limão
     (lemon), linho semente (flax), maçã (apple), mamona
     (castorbean), mandioca brava, mandioca mansa
     (wild and cultivated cassava), manga (mango),
     milho (corn), marmelo (quince), melancia (water-
     melon), melão (muskmelon), noz (walnut), pera
     (pear), pêssego (peach), pimenta (pepper),
     tangerina, tomate, trigo (wheat), tungue (tung
     oil), uva (grape).

171. Produção de dormentes segundo as regiões
     fisiográficas e as unidades da federação. Rio.
     Frequency: Irreg., 1955/1959, 1960/1963.

172. Produção extrativa vegetal. 1938/1942-. Rio, 1943(?)-.
     Production statistics for 29 selected products.
     Title varies: Produção extrativa vegetal no
        quinquênio, 1938/1942. Produção extrativa vegetal
        brasileira, 1943/1947. Produção extrativa vegetal
        1945/1949-1965. Produção vegetal, 1966 (Also,
        Extrativa vegetal, 1966). Produção extrativa:
        produtos vegetais, 1967-1968. Produção extrativa
        vegetal, 1969-.
     Frequency varies: Irreg., 1938/1942, 1943/1947, 1945/1949.
        Annual, 1949-.
     M:182.

173. Produção florestal. Rio, 1941(?)-.
     Forest products.
     Title varies: Estatística da produção florestal,
        1941-1951. Produção florestal, 1964-1966.
        Produtos florestais, 1967-1968. Produção florestal,
        1969-.
     Frequency: Annual irreg., 1941-1951. 1964-.
     M:179.

174. Relação das emprêsas produtoras de óleos e gorduras
vegetais existentes no Brasil. Rio, 1948.
Directory of businesses producing vegetable oils,
fats, and subproducts.
Possibly a precursor of Cadastro das emprêsas produtoras
óleos, gorduras vegetais e subprodutos, 167.

[Animal Products and Derivatives]

175. Carnes, derivados e subprodutos. Rio.
Statistical data for meat and other animal product
derivatives. See also: Produção de origem animal
[do estado], 181, Matança nos frigoríficos, 178,
Peles e couros de animais silvestres, 180, and
Rebanho bovino, 182.
Title, frequency, and period covered vary as follows:
Aspectos da produçâo de origem animal, por
unidades da federação e segundo os produtos,
1940/1942, 1940/1944, 1942/1944, 1943/1945,
1944/1946.
Produção de carne, totais do país, 1940/1947;
por unidades da federação e segundo os
produtos, 1945/1947.
Aspectos da produção de origem animal..., 1946/
1948, 1947/1949.
Produção brasileira de carne, totais do país,
1940/1948, 1940/1949, 1940/1950; segundo as
unidades da federação, 1946/1948, 1947/1949,
1948/1950.
Aspectos da produção de origem animal..., 1949/
1951-1952/1954.
Estatísticas brasileiras de produção animal,
1949/1951, 1952.
Produçaõ de carne, totais do país, 1940/1951;...
1949/1951.
Produção de origem animal, 1944/1952, 1950/1952.
Produção de carne, totais do país, 1940/1952-
1940/1955;...1951/1953-1953/1955.
Produção brasileira de carne, totais do país,
1940/1953; segundo as unidades da federação
1951/1953.
Produção de origem animal, 1951/1953, 1953/1955.
Número de animais existentes, e produção de
origem animal, 1953/1955.
Gado existente, 1954/1956.
Produçao animal, 1958, 1966.
Carnes, derivados e subprodutos, 1955/1956-
1961/1962, 1963-.
CLA:48, 52 M:178, 181.

176. Estatística das aves existentes no [estado ou
território]. 1957-. Rio, 1958(?)-.
Statistical data for fowl in the 25 states and
territories.
Frequency: Annual irreg., as follows:
Acre. 1957-1962, 1964-1967.
Alagoas. 1957-1962, 1964-1967.
Amapá. 1957-1962, 1964-1967.
Amazonas. 1957-1962, 1964-1967.
Bahia. 1957-1962, 1964-1967.
Ceará. 1957-1962, 1964-1967.
Distrito Federal. 1960-1967.
Espíritu Santo. 1957-1962, 1964-1967.
Goías. 1957-1962, 1964-1967.
Guanabara. 1957, 1958/1959, 1960-1962, 1964-1967.
Maranhão. 1957-1962, 1964-1967.
Mato Grosso. 1957-1962, 1964-1967.
Minas Gerais. 1957-1962, 1964-1967.
Pará. 1957-1962, 1964-1967.
Paraíba. 1957-1962, 1964-1967.
Paraná. 1957-1962, 1964-1967.
Pernambuco. 1957-1962, 1964-1967.
Piauí. 1957-1962, 1964-1967.
Rio Grande do Norte. 1957-1962, 1964-1967.
Rio Grande do Sul. 1957-1962, 1964-1967.
Rio de Janeiro. 1957-1962, 1964-1967.
Santa Catarina. 1957-1962, 1964-1967.
São Paulo. 1957-1962, 1964-1967.
Sergipe. 1957-1962, 1964-1967.
Roraima. 1957-1962, 1964-1967.
Rondônia. 1957-1962, 1964-1967.

177. Laticínios. Rio.
Dairy production statistics.
Title varies: Produção brasileira de laticínios nos
estabelecimentos inspecionados pelo Govêrno
federal, 1948/1950-1950/1952. Produção de
laticínios nos estabelecimentos inspecionados
pelo Govêrno federal, 1951/1953-1955/1956.
Produção de leite, 1954/1956. Laticínios;
produção dos estabelecimentos inspecionados pelo
Govêrno federal, 1955/1957-1960/1962. Laticínios,
1961/1963-.
Frequency: Annual, 1948/1950-1964/1966.
M:180, 182.

178. Matança nos frigoríficos. Rio.
     Statistical data for number of cattle, hogs, sheep,
     goats, and fowl slaughtered monthly, by cold
     storage plants, and by weight of carcass. Partially
     included in Carnes, derivados e subprodutos, 175.
     Title varies: População pecuária e gado abatido,
     1939-1941. Gado abatido nos matadouros municipais
     e estabelecimentos particulares, totais do país,
     1940/1947-1940/1955; segundo as unidades da
     federação, 1945/1947-1953/1955. Matança e pêso
     das caraças, 1956. Matança nos frigoríficos,
     1957/1958-1966/1967.
     Frequency varies: Annual, 1939-1941, 1947-1959.
     Semi-annual 1960-1962, 1964-1965.
     M:180.

179. Pecuária, avicultura, apicultura e sericultura.
     1939-. Rio, 1940(?)-.
     Statistical data for animal husbandry, poultry
     raising, beekeeping, and breeding silkworms.
     Title varies: População pecuária e gado abatido, 1939-191
     População pecuária do Brasil, 1945/1948, 1950/
     1953, 1952/1955, 1955/1957. Matança de aves...,
     1947/1953, 1948/1955. Aves existentes, 1953,
     1954/1956. Pecuária, avicultura, apicultura e
     sericultura, 1957-1969.
     Frequency: Annual irreg., 1939-1941, 1945/1948,
     1947/1953, 1948/1955, 1950/1953, 1952/1955,
     1953, 1954/1956, 1955/1957, 1957-1969.
     CLA:51 M:178, 180.

180. Peles e couros de animais silvestres. Rio.
     Statistical data for skins and leather of wild
     animals.
     Title varies: Produção brasileira de couros e peles,
     1940/1949, 1948/1950. Produção de couros e peles,
     1951/1953-1953/1955. Peles e couros de animais
     silvestres, 1959. Couros e peles de animais
     silvestres, 1960/1961. Peles e couros de animais
     silvestres, 1963-.
     Frequency: Annual irreg., 1940/1949, 1948/1950.
     Annual, 1951/1953-1953/1955. Annual irreg., 1959
     1960/1961. Annual, 1963-1969.
     See also Carnes, derivados e subprodutos, 175.
     M:181.

181. Produçao de origem animal [do estado]. Rio, 1952-.
      Statistical data for meat and other animal product
      derivatives, by state.
      Title varies: Produção de origem animal. Produção
      de carnes, derivados e subprodutos. Produção de
      leite, lã, ovos, mel, etc. Animais existentes.
      Estatística de gado abatido. Estatística de gado
      existente.
      Frequency: Annual, 1952-1967

182. Rebanho bovino, estrutura geral. 1965/1966-1965/1967.
      Rio, 1968-1969.
      Only two numbers published.

      [Fish Products and Derivatives]

183. Cadastro das emprêsas produtoras de conserva, salga,
      e óleo de pescado. Rio.
      Directory of companies in the business of conserving,
      salting, and producing fish oil.
      Title varies: Cadastro dos produtores de conserva,
      salga e óleo de pescado, 1964, 1966. Cadastro das
      emprêsas produtoras de conserva, salga e óleo de
      pescado, 1967-1968.
      Frequency: Annual irreg., 1964, 1966-1968.

184. Estrutura da pesca. 1966-. Rio, 1966-.
      Prior to 1966, included in Pesca, estrutura e
      produção, 187.
      Frequency: Annual, 1966-1969.

185. Indústria pesqueira. 1963-. Rio, 1963-.
      Title varies: Indústria pesqueira, 1963-1966.
      Produção extrativa: indústria pesqueira, 1967.
      Indústria pesqueira, 1968-. Also called
      "Publicação."
      Frequency: Annual, 1963-1969.

186. Pesca. 1964/1966-. Rio, 1966-.
      Prior to 1966, included in Pesca, estrutura e
      produção, 187.
      Title varies: Pesca, 1964/1966. Produção extrativa:
      pesca, 1967. Pesca, 1968-1969.
      Frequency: Annual, 1966-1969.
      M:181.

187. Pesca, estrutura e produção. 1939/1942-1965. Rio,
     1943-1966(?).
     Fishing industry statistics.
     Title varies: Estatística brasileira de pesca, 1939/
     1942-1956. Pesca, estrutura e produção, 1957-1965.
     Frequency: Irreg., 1939/1942, 1939/1946, 1943/1947,1947,
     1944/1948, 1948/1949, 1945/1949, 1950/1954.
     Annual, 1950-1965.
     Superseded by Estrutura da pesca, 184, and Pesca, 186.
     Not in this series, but related, are the following
     publications:
     "Produção brasileira de conserva, salga e óleo
     de peixe." Annual, 1947/1949, 1950, 1952-1955.
     "Produção de conserva, salga e óleo de peixe."
     1951.
     "Produção de pescado, segundo espécies e unidades
     da federação." 1955/1956.
     CLA:52 M:179, 181.

                      [Mineral Production]

188. Beneficiamento e transformação de minerais. Rio.
     Title varies: Indústria siderúrgica e metalúrgica
     no Brasil, 1949-1956. Beneficiamento e
     transformação de produtos extrativos minerais,
     1954/1956-1962/1963. Beneficiamento e
     transformação de minerais, 1964/1965-1966.
     Frequency: Annual irreg., 1949, 1953-1956, 1954/
     1956, 1956-1957, 1962/1963, 1964/1965, 1966.

189. Cadastro carvão mineral. Rio.
     Directory of coal mining businesses.
     Title varies: Cadastro das emprêsas extratores de
     carvão mineral existentes no Brasil, 1956, 1958.
     Cadastros siderúrgica e metalurgia, cimento,
     carvão mineral, 1958, 1960-1962. Cadastros
     cimento, carvão mineral, 1964. Cadastro carvão
     mineral, 1967.
     Frequency: Annual irreg., 1956, 1958, 1960-1962,
     1964, 1967.
     M:178.

190. Cadastro das emprêsas sidrúrgicas e metalúrgicas.
     Rio.
     Directory of metallurgical businesses.

190. (Cont'd.)
Title varies: Cadastro siderúrgica, 1953. Cadastros,
1958, 1960-1962; siderúrgica e metalurgica,
cimento, carvão mineral. Cadastro das emprêsas
siderúrgicas e metalúrgicas, 1959, 1964-1965.
(Running title, 1960-1965: Cadastro das emprêsas
siderúrgicas e metalúrgicas.)
Frequency: Annual irreg., 1953, 1958-1962, 1964-
1965.
M:178.

191. Cadastro dos produtores de cal. 1963-. Rio, 1965-.
Directory of lime-producing businesses.
Frequency: Annual irreg., 1963, 1965-1966.

192. Indústria de cimento: algumas características das
emprêsas produtoras. Rio.
Title varies: Cimento: produção, importação,
exportação e consumo, 1926/1948. Indústria de
cimento: algumas características das emprêsas
produtoras, 1950-1956. See also, Cadastro carvão
mineral, 189.
Frequency: Irreg., 1926/1948. Annual irreg., 1950,
1954-1956.

193. Produção de cal. Rio.
Statistical data for lime production in Brazil.
Title varies: Indústria brasileira de cal, 1940/
1944-1954/1955. Produção de cal, 1964-1966.
Frequency: Irreg., 1940/1944, 1943/1947, 1944/1948,
1944/1950, 1946/1950, 1949/1953, 1954/1955.
Annual, 1964-1966.
M:179.

194. Produção extrativa mineral. 1924/1945-. Rio, 1946-.
Statistical data for the principal species of
minerals extracted.
Title varies: Produção mineral brasileira, 1924/
1945, 1946. Produção brasileira dos principais
produtos minerais, 1947-1948. Produção extrativa
mineral, 1948-1953. Produção de origem mineral,
1944/1955, 1953-1955. Produção de algumas
espécies de origem mineral, 1953/1956. Produção
mineral, 1956-1961. Produção extrativa mineral,
1962-1967.

__194.__ (Cont'd.)
Frequency varies: Irreg., 1924/1945. Annual, 1946-
1953. Irreg., 1944/1955. Annual, 1953-1967.
CLA:52 M:182.

COMISSÃO CENTRAL DE LEVANTAMENTO E FISCALIZAÇÃO DAS
SAFRAS TRITÍCOLAS

__195.__ Anuário estatístico do trigo. Safra 1920/1955-.
Pôrto Alegre, 1956-.
Statistical data for wheat production in the states
of Rio Grande do Sul, Paraná, and Santa Catarina.
Title varies: Trigo: produçao, importaçao e
indústria, seleção de dados estatísticos, 1920/
1955. Produçao de trigo; alguns dados do cadastro
dos estabelecimentos produtores de trigo, 1956/
1957. Levantamento das lavouras tritícolas, n.1-
2; 1962/1963-1963/1964. Levantamento das lavouras
tritícolas do país, n.3-4; 1964/1965-1965/1966.
Anuário estatístico do trigo. Safra 1966/1967-,
n.5-. (Cover title: Trigo nacional: levantamento
das lavouras. Safra 1962/1963-.)
Frequency varies: Irreg., 1920/1955. Annual, 1956/
1957, 1962/1963-.
In one vol., except 1962/1963, which is in 2 vols.

DEPARTAMENTO NACIONAL DE PRODUCÃO VEGETAL (DNPV)

This agency was established as the Departamento Nacional
de Produção Vegetal on March 8, 1934 (Decreto n.23,979).
It was reorganized and redesignated as the Serviço de
Defesa Sanitária Vegetal on October 11, 1962 (Lei Delegada
n.9), but on December 31 of that year, (according to
Decreto n.1,477 of October 26, 1962) the entity was
dissolved and its functions were absorbed by two newly
created agencies, the Departamento de Promoção
Agropecuária and the Departamento de Defesa e Inspeção
Agropecuária. Redesignated on February 12, 1968
(Portaria n.42) as, respectively, the Escritório de
Produção Vegetal and the Escritório de Produção Animal,
they later reverted to their names of 1934: Departamento
Nacional de Produção Vegetal and Departamento Nacional
de Produção Animal (May 6, 1971, Decreto n.68,593).

DIVISÃO DE DEFESA SANITÁRIA VEGETAL

Established as the Divisão de Defesa Sanitária Vegetal by Decreto n.23,979 of March 8, 1934, it has been successively redesignated as the Serviço de Defesa Sanitária Vegetal by Decreto-lei n.982 of December 23, 1938, and as the Equipe Técnica da Defesa Sanitária Vegetal by Portaria n.42 of February 12, 1968. In the general Ministerial reorganization of Decreto n.68,593 of May 6, 1971, the designation reverted to Divisão de Defesa Sanitária Vegetal.

196. Boletim fitossanitário. Vol.I, n.1-; março 1944-.
     Rio, 1944-.
     "Orgão oficial": Plant pathology.
     Frequency varies: Quarterly irreg., (n.1,2,3/4),
        Vol.1-3; 1944-1946. Irreg., Vol.4, n.1/2, 3/4;
        1947/1950, 1950. Vol.5, n.1/2; 1951. Vol.6,
        n.1/2, 3/4; 1952/1955, 1956. Vol.7; 1957. Vol.
        8; 1959. Semi-annual, Vol.9-12; 1963-1964.
        Bimonthly, Vol.13, n.1-6; 1965.
     Indexed in Biol. Abs., BBA.
     M:32   PAU:899.

197. Publicação. n.1-. Rio, 1951-.
     Series (n.6; 1964).
     M:109.

DIVISÃO DE AVIAÇÃO AGRÍCOLA

Designated as the Equipe Técnica de Aviação Agrícola, attached to the Escritório da Produção Agrícola between 1968 and 1971, it was established as the Divisão de Aviação Agrícola by Decreto n.68,593 of May 6, 1971.

198. Io.- boletim informativo da aviação agrícola.
     fevereiro 1970-. Brasília, 1970-.
     History and development of agricultural aviation,
        legislation.
     Frequency: Irreg., I-III; Feb, May 1970, Jul 1971.

DEPARTAMENTO NACIONAL DE PRODUÇÃO ANIMAL (DNPA)

Prior to 1934, this agency was known variously as the Serviço de Veterinária, the Serviço da Indústria Pastoril, and the Diretoria Geral da Indústria Animal. On March 8,

1934, it was established as the Departamento Nacional de
Produção Animal (Decreto n.23,979). It was reorganized
and redesignated on Oct 11, 1962, as the Serviço de
Defesa Sanitária Animal (Lei Delegada n.9), but on
December 31 of that year (according to Decreto n.1,477 of
October 26, 1962) the entity was dissolved and its
functions were absorbed by several newly created agencies:
the Departamento de Promoção Agropecuária, the Departamento
de Defesa e Inspeção Agropecuária, the Superintendência
do Desenvolvimento da Pesca (SUDEPE), and the several
Institutos de Pesquisas e Experimentação Agropecuárias.
The first two of these entities were redesignated on
February 12, 1968 as, respectively, the Escritório de
Produção Vegetal and the Escritório de Produção Animal
(Portaria n.42), but three years later, on May 6, 1971,
they reverted to their names of 1934: Departamento
Nacional de Produção Vegetal and Departamento Nacional
de Produção Animal (Decreto n.68,593).

199. Revista do Departamento nacional de produção animal.
      Ano 1-6, n.1-6; 1934-1939. Rio.
      M:82.

200. Revista da produção animal.   Nova série. n.1-; 1954-.
      Rio.
      Only one number issued(?).
      M:286.

201. Revista de veterinária e zootécnica.   Vol.1-10; 1911-
      1920. Rio, 1911-1920.
      Frequency: Bimonthly irreg.
      M:291.

DIVISÃO DE DEFESA SANITÁRIA ANIMAL

    Established in 1934, as the Divisão de Defesa Sanitária
Animal, within the Departamento Nacional de Produção Animal,
the division was successively redesignated as the Serviço
de Defesa Sanitária Animal in 1938, and as the Equipe
Técnica de Defesa Sanitária Animal in 1968. In the
general ministerial reorganization of Decreto n.68,593
of May 6, 1971, the designation reverted to Divisão de
Defesa Sanitária Animal.

202. Boletim técnico informativo. Ano 1, n.1-; 1964-.
      Rio, 1964-.
      Frequency varies: Ano 1, n.1-2; 1964. Ano 2, n.1-3;
      1964. Ano 3, n.1; 1966. Ano 4, n.1; 1967.

DIVISÃO DE FISIOPATOLOGIA DA REPRODUÇÃO E
INSEMINAÇÃO ARTIFICIAL AGROSTOLOGIA

This agency has been successively designated as the
Serviço de Fisiopatologia da Reprodução e Inseminação
Artificial, as the Divisão de Fisiopatologia da Reprodução
e Inseminação Artificial (in 1938), as the Equipe Técnica
de Fisiopatologia da Reprodução e Inseminação Artificial
(ETEFRIA) (in 1968), and as the Divisão de Fisiopatologia da
Reprodução e Inseminação Artificial Agrostologia (in 1971).

203. Boletim de inseminação artificial. Vol.1-10; julho
      a setembro 1944-1959. Rio, 1944-1959.
      Frequency varies: Irreg., Vol.1-4; 1944-1954. Annual,
      Vol.5-7; 1953-1955. Irreg., Vol.8; 1956/1957.
      Annual, Vol.9-10; 1958-1959.
      Superseded by Resenha da ETEFRIA, 204.
      Indexed in Biol.Abs., Diary Sci. Abs., Ind. Vet.
      M:124 PAU:991.

204. Resenha da ETEFRIA. Ano I-, n.1-; janeiro a fevereiro
      1967-. Brasília, 1967-.
      Articles, news notices, bibliography.
      Frequency varies: Bimonthly (?), n.1-7; 1967-
      Jan/Feb 1968. Quarterly irreg., n.10-13; Mar,
      Sept, Dec 1969, Mar 1970. Quarterly n.14-; Jul
      1970-.
      Supersedes Boletim de inseminação artificial, 203.

PLANO DE MELHORAMENTO DA ALIMENTAÇÃO E DO MANÊJO
DO GADO LEITEIRO (PLAMAM)

Created by Decreto n.52,640 of October 9, 1963.

205. PLAMAM informa. n.1-; março 1964-. Rio, 1964-.
      Statistics, general information. "Distribuição
      interna."
      Frequency varies: Monthly, n.1-10; Mar-Dec 1964.
      Bimonthly, n.12-17; Feb-Dec 1965.

COMISSÃO NACIONAL DE AVICULTURA

Founded as the Comissão de Estudos da Avicultura
Nacional, it was reorganized and renamed as the Comissão
Nacional de Avicultura in 1957 (April 15, Portaria n.450).
Later attached to the Ministério da Agricultura in 1959
(December 31, Decreto n.47,573), it was dissolved on
October 11, 1962 (Lei Delegada n.9).

206. Boletim informativo. Vol. 1-, n.1-; 1961-. Rio, 1961-.
      Frequency: Monthly (?): Vol. 1, n.1-4, 8; 1961-1962.

DEPARTAMENTO NACIONAL DE PESQUISA AGROPECUÁRIA (DNPEA)

   DNPEA was created by Decreto n.68,593 of May 6, 1971,
in the general reorganization of the Ministério da
Agricultura. Prior to this decree, research had been
the responsibility of the Escritório de Pesquisas e
Experimentação (EPE), which was established by Decreto
n.62,163 of January 23, 1968, as part of the then newly
created Escritório Central de Planejamento e Contrôle
(ECEPLAN). EPE had absorbed the Departamento de Pesquisas
e Experimentação Agropecuárias (DPEA), which agency,
established by Lei Delegada n.9 of October 11, 1962, had
itself absorbed several agencies: the Centro Nacional de
Ensino e Pesquisas Agronômicas (CNEPA), the Serviço Nacional
de Pesquisas Agronômicas (SNPA), the Instituto de Biologia
Animal, the Instituto de Zootécnica, the Instituto de Ecologia
e Experimentação Agrícola, the Instituto de Química Agrícola,
and the Serviço de Expansão de Trigo. The first two of these
entities--the CNEPA and the SNPA--had been created by Decreto-
lei n. 982 of December 23, 1938, and by Decreto-lei n.6,155
of December 30, 1943, respectively; for the histories of
the other agencies see pp. 72-73, 78, and 51.

DIVISÃO DE PESQUISA PEDOLÓGICA

   This agency has been successively designated as the
Divisão de Pedologia e Fertilidade do Solo, by Lei Delegada
n.9 of October 11, 1962, as the Equipe de Pedologia e
Fertilidade do Solo by Portaria n.42 of February 12, 1968,
and as the Divisão de Pesquisa Pedológica by Decreto
n.68,593 of May 6, 1971.

208. Boletim técnico. n.1-; fevereiro 1966-. Rio, 1966-.
      Series (n.13; 1970).

ESCRITÓRIO DE PESQUISAS E EXPERIMENTAÇÃO (EPE)

   Known successively as the Centro Nacional de Ensino e
Pesquisas Agronômicas, the Serviço Nacional de Pesquisas
Agronômicas, the Departamento de Pesquisas e Experimentação
Agropecuária, and the Escritório de Pesquisas e
Experimentação, this agency was absorbed by the Departamento
Nacional de Pesquisa Agropecuária (DNPEA) in 1971. (See its
legislative history for further details.)

209. Boletim do Departamento de pesquisas e experimentação
     agropecuárias (DPEA). n.1-; junho 1947-. Rio, 1947-.
     Series (n.1-12; 1947-1950, 1952, 1954, 1957-1960.
        n.13-15; 1963).
     Title varies: Boletim do Serviço nacional de pesquisas
        agronômicas, n.1-13; 1947-1963. Boletim do
        Departamento de pesquisas e experimentação
        agropecuárias, n.14-15; 1963.
     Superseded by Pesquisa agropecuária brasileira, 211.
     Indexed by BBA.
     M:209.

210. Circular do Serviço nacional de pesquisas agronômicas.
     n.1-. Rio, 1952-.
     Series (n.6; 1961).
     M:208.

211. Pesquisa agropecuária brasileira. Vol.1-? Rio, 1966-.
     Research on all types of agricultural subjects.
     Frequency: Annual, Vol.1-5; 1966-1970.
     Supersedes Boletim do DPEA, 209; Comunicado técnico,
        247; Boletim do Instituto de química agrícola,
        275. Issued as separates of Boletim técnico [do
        IPEAN], 216; Boletim técnico [do IPEANE], 233;
        Boletim técnico [do IPEAL], 238; Boletim técnico
        [do IPEACS], 242; Boletim técnico [do IPEAS], 258;
        Boletim técnico [do DTAA], 273.

212. Programa nacional de pesquisas agropecuárias, 1963-;
     primeiro-   reunião de diretores da pesquisa
     agropecuária federal. Imprint varies, 1962-.
     Title varies: Segunda reunião dos diretores da
        pesquisa agropecuária federal: resoluções,
        programa nacional de pesquisas, 1964. Programa
        nacional de pesquisas agropecuárias, 1969-;...
     Imprint varies: Location of meeting is in a
        different city each year.
     Frequency: Annual.

INSTITUTOS DE PESQUISA AGROPECUÁRIA

INSTITUTO DE PESQUISA AGROPECUÁRIA DO NORTE (IPEAN)

Established as the Instituto Agronômico do Norte by
Decreto-lei n.1,245 of May 4, 1939, it was successively
redesignated as the Instituto de Pesquisas e Experimentação

Agropecuárias (IPEAN) (Lei Delegada n.9, October 11, 1962)
and as the Instituto de Pesquisa Agropecuária do Norte
(IPEAN) (Decreto n.68,593, May 6, 1971).

213.   Relatório. Belém.
        Title varies: See Introduction, p. xxiv
        Frequency: Annual irreg., 1963, 1965-1966.

214.   Anuário agrometeorológico. Vol.1-; Ano 1967-.
        Belém, Setor de Climatologia Agrícola, 1968-.
        Title varies: Boletim agrometeorológico, Vol.1-2;
            1967-1968. Anuário agrometeorológico, Vol.3-;
            1969-.
        Frequency: Annual, 1967-.

215.   Boletim agrometeorológico. Vol.1-, n.1-; janeiro
        1970-. Belém, Setor de Climatologia Agrícola, 1970-.
        Frequency: Monthly.
        Supersedes Dados meteorológicos diários, 219.

216.   Boletim técnico. n.1-; dezembro 1943-. Belém, 1943-.
        Series (n.1-39; 1943-1960. n.42-49; 1962-1968.)
        Title varies: Boletim técnico do Instituto
            agronômico do norte, n.1-42; 1943-1962. Boletim
            técnico do Instituto de pesquisas e experimentação
            agropecuária do norte, n.43-45; 1962, 1964.
            Boletim técnico, n.46-; 1966-.
        Issued as a separate of Pesquisa agropecuária
            brasileira, 211, from n.46; 1966.
        Indexed in Biol. Abs., Chem. Abs.
        M:119   PAU:900.

217.   Circular. n.1-; dezembro 1943-. Belém, 1943-.
        Series (n.1; 1943. n.2-4; 1945, 1947, 1954. n.7-9;
            1963-1964. n.10-15; 1967-1969).
        Indexed in Biol. Abs.
        M:119.

218.   Comunicado do IPEAN. n.1-. Belém, 1962-.
        Agricultural extension series (n.1-11; 1962-1964.
            n.12; 1969).

219.   Dados meteorológicos diários. n.1-12; janeiro 1968-
        dezembro 1969. Belém, 1968-1969.
        Frequency: Monthly.
        Superseded by Boletim agrometeorológico, 215.

220. Resenha agrometeorológico. n.1-; abril 1969-.
     Belém, Setor de Climatologia, 1969-.
     Frequency: Monthly. Numbering begins with n.3;
         Jun 1969.

     [The following ten items are all monographic series]
221. Série: botânica e fisiologia vegetal. Vol.1, n.1-;
     Ano 1970-. Belém, 1970-.

222. Série: culturas da amazônia. Vol.1, n.1-; Ano 1970-.
     Belém, 1970-.

223. Série: estudos sôbre bovinos. Vol.1, n.1-; Ano 1970-.
     Belém, 1971-.

224. Série: estudos sôbre bubalinos. Vol.1, n.1-; Ano
     1970-. Belém, 1970-.

225. Série: estudos sôbre forrageiras na amazônia. Vol.
     1, n.1-; Ano 1970-. Belém, 1970-.

226. Série: fertilidade de solo. Vol.1, n.1-; Ano 1971-.
     Belém, 1971-.

227. Série: fitotecnia. Vol.1, n.1-; Ano 1970-. Belém,
     1970-.

228. Série: química de solos. Vol.1, n.1-; Ano 1970-.
     Belém, 1970-.

229. Série: solos da amazônia. Vol.1, n.1-; 1967-.
     Belém, 1967-.
     Series (Vol.1, n.1; 1967. Vol.2, n.1; 1970).

230. Série: tecnologia. Vol.1, n.1-; Ano 1970-.
     Belém, 1970-.

INSTITUTO DE PESQUISA AGROPECUÁRIA DO NORDESTE
(IPEANE)

This agency, established as the Instituto Agronômico
do Nordeste by Decreto-lei n.1,245 of May 4, 1939, has
been successively redesignated as the Instituto de
Pesquisas e Experimentação Agropecuária do Nordeste
(IPEANE) by Lei Delegada n.9 of October 11, 1962, and as
the Instituto de Pesquisa Agropecuária do Nordeste (IPEANE)
by Decreto-lei n.68,593 of May 6, 1971.

231. Boletim agrometeorológico. Vol.1, n.1-; agôsto 1969-.
      Recife, Setor de Climatologia, 1969-.
      Studies of climatic conditions of the region.
      Frequency varies: Irreg., Vol.1, n.1, Aug 1969.
         Bimonthly irreg., Vol.1, n.2-3, Vol.2, n.1-2,
         Vol.3, n.1-2; Sept/Oct, Nov/Dec 1969, Jan/Feb,
         Mar/Apr 1970, Jul/Aug, Sept/Oct 1970.

232. Boletim informativo. n.1-. Recife, 1956-.
      Series (n.5; 1967).

233. Boletim técnico do Instituto de pesquisas e
      experimentação agropecuárias do nordeste. n.1-22;
      setembro 1954-1963. Nova série, n.1-; 1966-.
      Recife, 1954-.
      Series (n.1-14; 1954-1960, n.15-22; 1961-1963. N.S.,
         n.1-6; 1966, n.18-19; 1969).
      Title varies: Boletim técnico do Instituto agronômico
         do nordeste, n.1-17; 1954-1962. Boletim técnico
         do Instituto de pesquisas e experimentação
         agropecuárias do nordeste, n.18-; 1962-.
      Issued as a separate of Pesquisa agropecuária
         brasileira, 211, from n.1; 1966.
      "Nova série" stamped on n.1-6; 1966; not on n.18-
         19; 1969.
      Indexed in Biol. Abs.
      M:119.

234. Circular. n.1-; novembro 1954-. Recife, 1954-.
      Series (n.1; 1954. n.2-7; 1943-1962).
      M:119.

235. Série extensão. n.1-. Recife, 1970-.
      Series (n.1-2; 1970, n.3-6; 1969, n.7-11; 1970).

INSTITUTO DE PESQUISA AGROPECUÁRIA DO LESTE (IPEAL)

   Established as the Instituto Agronômico do Leste by
Decreto n.9,815 of September 9, 1946, it was successively
redesignated as the Instituto de Pesquisas e Experimentação
Agropecuárias do Leste (IPEAL) (Lei Delegada n.9,
October 11, 1962) and as the Instituto de Pesquisa
Agropecuária do Leste (IPEAL) (Decreto n.68,593, May 6,
1971).

236. Relatório. Cruz das Almas, BA.
     Title varies: See Introduction, p. xxiv.
     Frequency: Annual irreg., 1968/1969.

237. Bibliografias. n.1-; 1967-. Cruz das Almas, BA, 1967-.
     Bibliographies of agricultural products such as
         dendê oil, sorghum, cocoa, jute, Zebu cattle,
         manioc.
     Series (n.18; 1969).

238. Boletim técnico. Vol.1-, n.1-. Cruz das Almas, BA,
     1954-.
     Series (n.1-11; 1954-1957, 1959, 1961, 1964-1965,
         1967. n.12-13; 1968-1969).
     Issued as a separate of Pesquisa agropecuária
         brasileira, 211, from n.12; 1968.
     M:118.

239. Circular. n.1-. Cruz das Almas, BA, 1953-.
     Series (n.1-5; 1953-1957. n.6-10; 1961-1965. n.13-
         22; 1969. n.23; 1970).
     M:119.

240. IPEAL. Ano 1-2, n.1-4; setembro 1966-setembro 1967.
     Cruz das Almas, BA, 1966-1967.
     General notices, information.
     Frequency: Irreg., n.1-4; Sept, Oct, Dec 1966, Sept
         1967.

241. Pesquisas e experimentos: comunicado. n.1-;
     04/03/1971-. Cruz das Almas, BA, 1971-.
     Preliminary results of technical studies, on 2-3
         mimeo. pages.
     Series.

INSTITUTO DE PESQUISA AGROPECUÁRIA DO CENTRO-SUL
(IPEACS)

Established as the Instituto de Pesquisas e
Experimentação Agropecuária do Centro Sul (IPEACS) by
Lei Delegada n.9 of October 11, 1962, it absorbed the
Instituto de Biologia Animal, the Instituto de Ecologia
e Experimentação Agrícola, and the Instituto de
Zootécnica. It was later redesignated as the Instituto
de Pesquisa Agropecuária do Centro Sul (IPEACS) by
Decreto-lei n.68,593 of May 6, 1971.

242. Boletim técnico. Vol.1-, n.1-. Campo Grande, RJ,
      1964-.
      Title varies: Boletim do Instituto de pesquisas e
        experimentação agropecuárias do Centro-Sul,
        n.1-11; 1964-1966. Boletim técnico, n.12-; 1966-.
      Series (n.1-35; 1966. n.36-50; 1967. n.51-70; 1968.
        n.71-84; 1969).
      Issued as a separate of Pesquisa agropecuária
        brasileira, 211, from n.12; 1966.

243. Circular. n.1-. Campo Grande, RJ, 1970-.
      Series.

244. Informativo IPEACS. Ano I-, n.1-; março 1971-.
      Campo Grande, RJ, 1971-.
      Notices of activities; reports of research.
      Frequency: Monthly.

                INSTITUTO DE BIOLOGIA ANIMAL

   Created by Decreto n.23,047 of August 8, 1933, and
attached to the Departamento Nacional da Produção
Animal, it was dissolved by Lei Delegada n.9 of October 11,
1962, being thereby absorbed by the IPEACS.

245. Arquivos do Instituto de biologia animal. Vol.1,n.
      1-Vol.4; agôsto 1950-1961. Rio, 1950-1961.
      Frequency varies: Monthly, Vol.1, n.1-3; Aug-Oct
        1950. Not issued, Nov 1950-Apr 1951. Irreg.,
        Vol.1, n.4; May 1951. Not issued, Jun 1951-1958.
        Annual, Vol.2-4; 1959-1961.
      Numbered only by Vol.beginning with Vol.2; 1959.
      M:124.

      INSTITUTO DE ECOLOGIA E EXPERIMENTAÇÃO AGRÍCOLA

   Originally two institutes, the Decreto-lei n.6,155
of December 12, 1943, created one agency, subordinated
to the Serviço Nacional de Pesquisas Agronômicas (SNPA).
It was later dissolved by Lei Delegada n.9 of October 11,
1962, and its functions were absorbed by the IPEACS.

246. Boletim do Instituto de ecologia e experimentação
     agrícolas. Ano 1-, n.1-23. Itaguaí, RJ, 1941-1962.
     Title varies: Boletim do Instituto de experimentação
        agrícola, n.1-5; 1941-1943. Boletim do Instituto
        de ecologia e experimentação agrícolas, n.6-23;
        1944-1962.
     Series (n.1-11; 1941-1953. n.12-20; 1954-1958.
        n.21-23; 1962).
     Indexed in Biol. Abs., BBA.
     M:125 PAU:937.

247. Comunicado técnico. n.1-18; 1957-1962. Itaguaí, RJ,
     1957-1962.
     Series (n.1-9; 1957-1960. n.10-18; 1962).
     Superseded by Pesquisa agropecuária brasileira, 211.
     M:125.

248. Série de divulgação. n.1-2; maio, setembro 1962.
     Itaguaí, RJ, 1962.
     Series.

INSTITUTO DE ZOOTÉCNICA

   Created by Decreto-lei n.8,547 of January 3, 1946,
attached to the Departamento Nacional de Produção Animal,
it was dissolved by Lei Delegada n.9 of October 11, 1962,
being thereby absorbed by the IPEACS.

249. Publicação. n.1-48. Rio, 1948-1962.
     Series.
     Indexed in Biol. Abs.
     M:128.

250. Série monografias. n.1-4; 1939-1961. Rio, 1939-1961.
     Series (n.1-4; 1939, 1961, 1960, 1961. n.1 also
        dated 1952--2d ed?).
     M:128.

INSTITUTO DE PESQUISA AGROPECUÁRIA DO CENTRO-OESTE
(IPEACO)

   Established as the Instituto de Pesquisas e Experimentação
Agropecuárias Centro-Oeste (IPEACO) by Lei Delegada n.9 of
October 11, 1962, it became the Instituto de Pesquisa
Agropecuária do Centro-Oeste (IPEACO) by Decreto-lei
n.68,593 of May 6, 1971.

252. Circular. n.1-; março 1965-. Sete Lagôas, MG, 1957-.
      Series (n.1-2; 1965-1966. n.3-6; 1968. n.7-9; 1969.
        n.10-11; 1970, n.12; 1971).

253. Série pesquisa/extensão. n.1-; março 1971-. Sete
      Lagôas, MG, Programa de Articulação de Pesquisa
      Extensão, 1971-.
      Series (n.1-8; Mar, Apr, May, Aug, Sept 1971).

      INSTITUTO DE PESQUISA AGROPECUÁRIA DO SUL (IPEAS)

   Established as the Instituto Agronômico do Sul by
Decreto-lei n.6,155 of December 30, 1943, it was
successively redesignated as the Instituto de Pesquisas
e Experimentação Agropecuária do Sul (IPEAS) by Lei
Delegada n.9 of October 11, 1962, and as the Instituto
de Pesquisa Agropecuária do Sul (IPEAS) by Decreto-lei
n.69,593 of May 6, 1971.

254. Relatório. Pelotas, RGS.
      Title varies: See Introduction, p. xxiv.
      Frequency: Annual irreg., 1964/1965, 1965/1966.

255. Agrisul. Ano 1, n.1-Ano 2, n.7; janeiro 1955-
      julho 1956. Nova fase. Vol.1, n.1-; julho 1963-.
      Pelotas, RGS, 1955-.
      Title varies: Agrisul; boletim informativo, 1955-
        1956, 1963-May 1967. Agrisul, Jun-Aug 1967.
      Frequency varies: Irreg., 1955-1956. Monthly,
        1963-1967. Numbering dropped beginning with
        Vol.2, n.3; Mar 1964.

256. Agros. Vol.I, n.1-; dezembro 1947-. Pelotas, RGS,
      1947-.
      Frequency: Quarterly irreg., 1948-1959.

257. Boletim agrometeorológico. Vol.1-, n.1-; 1966-.
      Pelotas, RGS, 1966-.
      Frequency unknown: n.1-5; 1966 recorded.

258. Boletim técnico. n.1-; março 1947-. Pelotas, RGS,
 1947-.
 Title varies: Boletim técnico do Instituto agronômico
  do sul, n.1-39; 1947-1961. Boletim técnico, n.40-;
  1962₋.
 Series (n.1-28; 1947-1948, 1951-1960. n.29-39; 1961.
  n.40-51; 1962. n.52-58; 1967).
 Issued as a separate of Pesquisa agropecuária
  brasileira, 211, from n.40; 1962.
 Indexed in Biol. Abs., Chem. Abs., BBA.
 M:119 PAU:901.

259. Circular. n.1-; julho 1946-. Pelotas, RGS, 1946-.
 Series (n.1; 1946. n.4-7; 1956. n.8; 1959. n.9-12;
  1960. n.13-19; 1961. n.20- ; 1963. n.24-26; 1965.
  n.27-30; 1966. n.31-35; 1967. n.36-38; 1968.
  n.39- ; 1969. n.43-44; 1970).
 Indexed in Biol. Abs.
 M:120 PAU:913.

260. Comunicado. n.1-. Pelotas. RGS.
 Series (n.4-7; 1953. n.8; 1955. n.10-12; 1956. n.13-
  15; 1957. n.17-19; 1960. n.21-22; 1962-1963).
 M:120.

261. Indicação de pesquisa. I-, 1-; 23/8/71-. Pelotas,
 RGS, 1971-.
 Frequency: Irreg.(?).

262. Série extensão. n.1-. Pelotas, RGS.
 Series (n.16; Jun 1968, n.18; Sept 1969).

INSTITUTO DE PESQUISA AGROPECUÁRIA DO OESTE (IPEAO)

Established as the Instituto Agronômico do Oeste by
Decreto-lei n.6,155 of December 30, 1943, IPEAO has
been successively redesignated as the Instituto de
Pesquisas e Experimentação Agropecuarias do Oeste (IPEAO)
by Decreto n.63,140 of August 21, 1968, and as the
Instituto de Pesquisa Agropecuária do Oeste (IPEAO) by
Decreto n.68,593 of May 6, 1971.

263. Relatório. Campo Grande, MT.
 Title varies: See Introduction, p. xxiv.
 Frequency: Annual irreg., 1967/1969, 1969/1970.

264. <u>Boletim técnico</u>. n.1-. Campo Grande, MT, 1957-.
     Series (n.1-2; 1957; 1959).

265. <u>Notícias do I.P.E.A.O</u>. n.1-, Ano primeiro-; 09/09/1971-.
     Campo Grande, MT, 1971-.
     General information bulletin.

266. <u>Pesquisa e experimentação: informação preliminar</u>.
     n.1-; 01/04/71-. Campo Grande, MT, 1971-.
     Preliminary reports of research.
     Subtitle varies irreg:...; informação preliminar de
        pesquisa do IPEAO....; indicação de pesquisa do
        IPEAO.
     Frequency: Irreg., n.1-6; Apr-May 1971. n.7-10;
        Sept 1971.

                INSTITUTO DE PESQUISA AGROPECUÁRIA MERIDIONAL
                              (IPEAME)

     Established as the Instituto de Pesquisas e
Experimentação Agropecuárias Meridional (IPEAME) by
Decreto n.63,139 of August 21, 1965, it became the
Instituto de Pesquisa Agropecuária Meridional (IPEAME)
by Decreto-lei n.68,593 of May 6, 1971.

267. <u>Relatório</u>. Curitiba, PR.
     Title varies: See Introduction, p. xxiv.
     Frequency: Annual irreg., 1969/1970.

268. <u>Circular</u>. n.1-. Curitiba, PR, 1969-.
     Series (n.1-2; 1969. n.5-7; 1970. n.8-9; 1971).

269. <u>Série extensão</u>. n.1-. Curitiba, PR, 1970-.
     Series (n.1; 1970. n.17; 1969. Some issues not
        numbered).

        CENTRO DE TECNOLOGIA AGRÍCOLA E ALIMENTAR (CTAA)

     Established by Decreto n.68,593 of May 6, 1971, CTAA
has the following entities attached: the Instituto de
Óleos, the Instituto de Fermentação, and the Divisão
de Tecnologia Agrícola e Alimentar.

INSTITUTO DE ÓLEOS

Established as Curso de Especialização em Óleos
Vegetais e Derivados, then reorganized and renamed
as the Instituto de Óleos in 1931 (September 22,
Decreto n.20,428), it was dissolved in February of 1933.
Reinstated under the name Instituto Nacional de Óleos
on April 12, 1940 (Decreto-lei, n.2,138), it reverted to
the old name of Instituto de Óleos at the end of 1943
(December 30, Decreto-lei n.6,155). Although referred to
as the Instituto de Tecnologia de Óleos in 1969, its
designation in 1971 was Instituto de Óleos. Decreto
n.68,593 of May 6, 1971, included the entity in the newly
created Centro de Tecnologia Agrícola e Alimentar.

270. Relatório. Rio.
      Title varies: See Introduction, p. xxiv.
         Also: O Instituto de óleo em 1950-1951, 1954,
         1956-1958. Problemas gerais; relatório, 1951.
         Técnica analítica; relatório, 1952. Ensinar,
         pesquisar, documentar, cooperar: dificuldades
         e facilidades do I.O. em 1952. Tecnologia;
         relatório, 1953.
      Issued as part of its Boletim, 271, 1944-.
      M:126.

271. Boletim n.1-; junho 1944-. Rio, 1944-.
      Series (n.1-17; 1944-1946, 1949, 1951-1953, 1955,
         1958. Not numbered, 1959-1961. n.17; 1968).
      Title varies: Boletim de divulgação, n.1-4; 1944-
         1946. Boletim, n.5-; 1949-.
      Indexed in Biol. Abs.
      M:126 PAU:1071.

INSTITUTO DE FERMENTAÇÃO

272. Boletim técnico. n.1-. Rio, 1969-.
      Series.

DIVISÃO DE TECNOLOGIA AGRÍCOLA E ALIMENTAR (DTAA)

Established as the Divisão de Tecnologia Agrícola e
Alimentar by Lei Delegada n.9 of October 11, 1962, DTAA
absorbed the Instituto de Química Agrícola. It was
redesignated as the Equipe de Tecnologia Alimentar by
Portaria n.42 of February 12, 1968, and included in the
newly created Centro de Tecnologia Agrícola e Alimentar
by Decreto n.68,593 of May 6, 1971.

273. Boletim técnico. n.1-; março 1966-. Rio, 1966-.
      Series (n.1-3; 1966, 1967, 1970. n.4-6; 1971).
      Issued as separate of Pesquisa agropecuária brasileira,
      211.

INSTITUTO DE QUÍMICA AGRÍCOLA

Established as the Instituto de Química, it was
attached successively to the Diretoria Geral de Pesquisas
Científicas by Decreto n.23,338 of January 11, 1933, and
to the Centro Nacional de Ensino e Pesquisas Agronômicas
by Decreto lei n.982 of December 23, 1938, until being
dissolved by Lei Delegada n.9 of October 11, 1962, and
absorbed by the Divisão de Tecnologia Agrícola e Alimentar.

274. Boletim informativo. Vol.1, n.1-; abril/junho 1961-.
      Rio, Biblioteca, 1961-.
      Agriculture and chemistry; bibliographies and articles.
      Frequency: Quarterly irreg., Vol.1, n.1, 2/3, Vol.
        2, n.1-4; Apr/Jun, Jul/Dec 1961, Jan/Mar-Oct/Dec
        1962.

275. Boletim do Instituto de química agrícola. n.1-62;
      fevereiro 1938-agôsto 1961. Rio, 1938-1961.
      Plant chemistry, soil science.
      Series (n.1-6; 1938-1940. n.7-29; 1948-1952. n.30-
        62; 1954-1961).
      Superseded by Pesquisa agropecuária brasileira, 211.
      Indexed in Bibl. Soil Sci., Soils Fert.
      M:127 PAU:898.

DEPARTAMENTO NACIONAL DE SERVIÇOS DE COMERCIALIZAÇÃO
(DNSC)

Designated successively as the Equipe Técnica de
Estudos da Comercialização e Industrização and as the
Departamento Nacional de Serviços de Comercialização
by Decreto n.68,593 of May 6, 1971. The DNSC has attached
to it the Divisão de Informação de Mercado Agrícola and
the Divisão de Inspeção, Padronização e Classificação.

DIVISÃO DE INFORMAÇÃO DE MERCADO AGRÍCOLA (DIMAG)

According to the regulations of this agency, approved
on February 19, 1954, its name was Serviço de Informação

do Mercado Agrícola (SIMA) (Decreto n.35,081). It has
been successively redesignated as the Assessoria de
Informação do Mercado Agrícola (AIMA) (Lei Delegada n.9
of October 11, 1962) and as the Divisão de Informação de
Mercado Agrícola (DIMAG) (Decreto n.68,593 of May 6, 1971).

276. Anuário estatístico da Assessoria de informação de
     mercado agrícola. Ano 1970-. Rio, 1970-.
     Wholesale market statistics.
     Cover title, 1970: Preços nos mercados atacadistas,
        1970.

277. Boletim informativo. Rio.
     Teletype data of wholesale and retail prices of
        the agricultural market in Brazil. Collected
        by state agricultural agencies.
     Frequency: Daily, with weekly and semi-annual
        cumulations, 1969-1971.

   DIVISÃO DE INSPEÇÃO, PADRONIZAÇÃO E CLASSIFICAÇÃO
                        (DIPC)

According to the regulations of this agency, approved
on March 8, 1934, its name was Serviço de Inspeção de
Produtos de Origem Animal, attached to the Departamento
Nacional de Produção Animal (Decreto n.23,979). It has
been successively redesignated as the Serviço de
Inspeção dos Produtos Agropecuários e Matérias Agrícolas
(SIPAMA) (1938), the Equipe Técnica da Padronização,
Classificação e Inspeção de Produtos de Origem Animal
(ETIPOA) (Portaria n.42 of February 12, 1968), and
the Divisão de Inspeção, Padronização e Classificação
(DIPC)(Decreto n.68,593 of May 6, 1971).

278. Boletim da ETIPOA. n.1-10; maio 1967-agôsto 1970.
     Rio, 1967-1970.
     Title varies: Boletim do SIPAMA, n.1-3; 1967-1968.
        Boletim da ETIPOA, n.4-10; 1969-1970.
     Frequency irreg: n.1; May 1967. n.2-3; May, Nov
        1968. n.4, 5-8, 9-10; Feb, Apr-Jul, Aug 1970.
     Suspended until established in Brasília.

DEPARTAMENTO NACIONAL DE METEOROLOGIA (DEMET)

Throughout its history this agency has been known as the Diretoria de Meteorologia, (1897[?]), the Instituto de Meteorologia (1933[?]), the Serviço de Meteorologia (Decreto-lei n.982, December 23, 1938), the Escritório de Meteorologia (Portaria n.42, February 12, 1968), and the Departamento Nacional de Meteorologia (DEMET) (Decreto n.68,593, May 6, 1971). It has been successively attached to the Ministério da Agricultura, (1897[?]), the Departamento de Aeronáutica Civil (when it was part of the Ministério da Viação e Obras Públicas in (1933[?]), and the Ministério da Agricultura (1938).

279. Boletim agroclimatológico. maio 1967-. Rio, 1967-.
    Frequency varies: Monthly irreg., May, Jun/Jul, Aug-Dec 1967, Jan/Feb, Mar-Dec 1968. Monthly, Jan 1969-Mar 1971. Irreg., Apr/May 1971. Monthly, Jun 1971-.

280. Boletim da biblioteca. Vol.1, n.1-; setembro 1969-. Rio, Biblioteca, 1969-.
    Meteorological almanac, specialized bibliographies, abstracts of articles.
    Frequency varies: Monthly, Sept-Oct 1969. Bimonthly, Nov/Dec 1969-.

281. Boletim climatológico. Vol.I-, n.1-; janeiro a fevereiro de 1970-. Rio, 1970-.
    Frequency: Bimonthly.
    Supersedes Boletim climatológico mensal, 282a.

282a. Boletim climatológico mensal. 1967-dezembro 1969. Rio, 1967-1969.
    Frequency: Monthly, Feb 1967-Dec 1969.
    Superseded by Boletim climatológico, 281.

282b. Boletim meteoro-agrícola do Rio Grande do Sul.
    Vol.1, n.1-; 1920-. Pôrto Alegre, Instituto Regional de Meteorologia Coussirat-Araujo, 1920-.
    Frequency: Irreg., Vol.1-41; 1920-1960. Bimonthly, Vol.42; 1961. Quarterly, Vol.43; 1962.

283. Boletim técnico. n.1-; Ano 1966-. Rio, 1966-.
    Series (n.1-5; 1966. n.6-7; 1967).

DEPARTAMENTO DE ADMINISTRAÇÃO

Established by Decreto-lei n.982 of December 23, 1938.

284. **Diretrizes administrativas**. n.1-5; março 1966-
janeiro 1967. Rio, Seção de Organização, 1966-.
Legislation.
Frequency: Irreg., Mar, Apr, Jul, Oct 1966, Jan
1967. Temporarily suspended.

SECRETARIA EXECUTIVA DAS COMISSÕES E CONSELHO

Established in 1963, its Regimento was approved by
Decreto n.51,890 of April 5, 1963.

285. **Boletim informativo**. n.1-; setembro 1963-. Rio,
1963-.
General information, legislation, meetings,
documentation.
Frequency: Irreg., n.1-11; Sept 1963, May, Aug,
1964, Feb, Jun, Sept 1965, Feb, Jun, Sept 1966,
Jan, May 1967.

FUNDO FEDERAL AGROPECUÁRIA (FFAP)

Created by Lei Delegada n.8 of October 11, 1962.

286. **Relatório**. Rio.
Title varies: See Introduction, p. xxiv.
Frequency: Annual irreg., 1966.

287. **Informativo**. n.1-; dezembro 1962-. Rio, Conselho do FFAP,
Secretaría Executiva, 1962-.
Finance, legislation.
Frequency: Biweekly, n.1-31; Dec 1962-Mar 1964.

COMISSÃO DE PLANEJAMENTO DA POLÍTICA AGRÍCOLA (CPPA)

Created by Lei Delegada n.9 of October 11, 1962.

288. **Agricultura**. n.1-. Rio, 1963-.
Series (n.13;1963).

289. Informativo CPPA. n.1-; 1964-. Rio, 1964-.
      General information, statistics, concise reports.
      Frequency varies: Irreg., n.1; 1964. Bimonthly,
         n.3-6; Feb/Mar-Aug/Sept 1966.
      Indexed in BBCS.

INSTITUTO NACIONAL DE COLONIZAÇÃO E REFORMA AGRÁRIA
(INCRA)

      INCRA was created by Decreto-lei n.1110 of July 9,
1970, as a federal autarchy to replace the Instituto
Brasileiro de Reforma Agrária and the Instituto Nacional
do Desenvolvimento Agrário which were dissolved by the
same act.

290. Boletim do INCRA. Ano 1-, n.1-; 1970-. Brasília,
      1970-.
      Legislation.

INSTITUTO BRASILEIRO DE REFORMA AGRÁRIA (IBRA)

      Created by Lei n.4,504 of November 11, 1964, as a
federal autarchy and attached to the Ministério da
Agricultura by Decreto n.60,900 of June 26, 1967, IBRA
was dissolved and replaced by INCRA, by Decreto-lei
n.1110 of July 9, 1970.

291. Relatório. Rio.
      Title varies: See Introduction, p. xxiv.
         Also: Implantação da reforma agrária; relatório,
         1964/1967. Atividades do IBRA, 1969.
      Frequency: Annual irreg., 1964/1967, 1969.

292. Cadernos do IBRA. Rio.
      Series in several parts as follows:
         Série I: Desenvolvimento da comunidade. n.1-;
            1967-.
         Série II: Apostilhas, conferências, estudos.
            1967-.
         Série VIII: Cadastro de imóveis. n.8-23;
            1967-1969.

293. IBRA informa. Vol.1, n.1-5; outubro 1967-março/
      abril 1968. Rio, 1967-1968.
      Frequency varies: Monthly, n.1-3; Oct-Dec 1967.
         Bimonthly, n.4-5; Jan/Feb, Mar/Apr 1968.

INSTITUTO NACIONAL DO DESENVOLVIMENTO AGRÁRIO
(INDA)

Created by Lei n.4,504 of November 30, 1964, as a
federal autarchy and attached to the Ministério da
Agricultura by Decreto n.60,900 of June 26, 1967, INDA
was dissolved and replaced by INCRA by Decreto-lei
n.1110 of July 9, 1970.

294. Anuário do INDA. 1966-. Rio, 1966-.
      Only one number issued (?).
      Indexed in BBCS.

295. Balanço geral. Rio.
      Frequency: Annual, 1965.

296. A biblioteca informa. Ano 1-, n.1-; janeiro/março
      1969-. Rio, Biblioteca, 1969-.
      Legislation, general information of INDA.
      Only one number recorded.

297. Informações agrárias. n.1-; maio 1966-. Rio,
      Assessoria de Informação Agrária, 1966-.
      Statistical data on agricultural productions.
      Series, issued as loose-leaf pages for a notebook
         provided. Pages recorded for 1966-1967, 1970.

INSTITUTO NACIONAL DE IMIGRAÇÃO E COLONIZAÇÃO (INIC)

INIC was created by Lei n.2,163 of January 5, 1954,
as a federal autarchy, absorbing the Conselho de
Imigração e Colonização, the Departamento Nacional de
Imigração (of the Ministério do Trabalho, Indústria
e Comércio), and the Divisão de Terras e Colonização
(of the Ministério da Agricultura).

298. Anuário brasileiro de imigração e colonização.
      Vol.1-3; 1960-1962/1963. Rio, 1960-1964(?).
      Frequency: Annual irreg., 1960-1961, 1962/1963.
      Numbering varies: Vol.1; 1960. Ano II; 1961. Vol.
         3; 1962/1963.

299. Informações estatísticas. n.1-19; 1955-1958. Rio,
      1955-1958.

300. Revista de imigração e colonização. Ano 1, n.1-Ano
     14/16; janeiro/março 1940-1955. Rio, 1940-1956.
     "Orgão oficial do Conselho de Imigração e Colonização."
     Frequency: Quarterly, Ano 1-8; 1940-1947. Irreg.,
         Ano 11-14/16; 1950-1952, 1955.
     M:57.

SUPERINTENDÊNCIA NACIONAL DO ABASTECIMENTO (SUNAB)

   Created by Lei Delegada n.5, of September 26, 1962,
as a federal autarchy, it was attached successively to
the Presidência da República by Decreto n.51,888 of April
4, 1963, and to the Ministério da Agricultura by Decreto
n.60,900 of June 26, 1967. The following agencies of
SUNAB issue serial documents within the scope of this
Guide: the Comissão de Financiamento da Produção and the
Companhia Brasileira de Armazenamento. (Between 1963 and
1970, the Comissao Nacional de Alimentação, p. 290-291,
was attached to SUNAB).

301. Relatório. Brasília, Serviço de Divulgação.
     Title varies: See Introduction, p. xxiv.
     Frequency: Annual irreg. 1967/1969-.

302. Boletim informativo. Ano I-, n.1-; fevereiro 1965-.
     Rio, 1965-.
     Frequency: Weekly, n.1-71; Feb 1965-Jul 1966.
     Superseded by Boletim informativo SUNAB, 303.

303. Boletim informativo SUNAB. n.1-; junho 1967-. Rio,
     1967-.
     Called "nova fase," replacing Boletim informativo,
         302.
     Numbering irreg: n.1 "edição especial;" Jun 1967.
         n.2 (Ano III, n.46); Mar 1968. n.3; n.d.

SUNAB: DEPARTAMENTO DE PLANEJAMENTO (DEPLAN)

304. Boletim do DEPLAN. Ano I, n.1-; março 1966-. Rio,
     1966-.
     Research studies, preliminary results of the
         problem of food supply in Brazil.
     Cover title, since Vol.2, n.11/12; Sept/Oct 1967:
         SUNAB; boletim do DEPLAN, órgão de divulgação
         do Departamento de planejamento da Superintendência

304. (Cont'd.)
   nacional do abastecimento.
   Supersedes Boletim técnico, 306.
   Frequency varies: Biweekly, Vol.1, n.1-11; Jul-Dec
      1966, Vol.2, n.1-2; Jan 1967. Monthly irreg.,
      Vol.2, n.3/4, 5/6, 7-10, 11/12; Feb, Mar/Apr,
      May-Aug, Sept/Oct 1967. Irreg., n.1/4; May 1968.
      Also: "número especial," 1967, n.m., entitled
      "Anuário informativo," Irreg., n.esp.; Apr,
      Dec 1968, Apr, Jun, Aug, Nov 1969.
   Indexed in BBCS.

305. Boletim do DEPLAN: sumário. Rio.
   Cover title, 1969: Boletim de preços, 1969:
      comércio atacadista e varejista.
   Frequency: Annual (?), 1969.

306. Boletim técnico. Ano I, n.1-; março 1965-.
   São Paulo, 1965-.
   Research studies, preliminary results of the
      problem of food supply in Brazil.
   Superseded by Boletim do DEPLAN, 304.
   Frequency varies: Monthly, n.1-3; Mar-May 1965.
      Bimonthly, n.4-5; Jul/Aug-Sept/Oct 1965.

COMPANHIA BRASILEIRA DE ARMAZENAMENTO (CIBRAZEM)

Created by Lei Delegada n.7 of September 26, 1962,
as a government corporation, it was attached to SUNAB
by Decreto n.62,163 of January 23, 1968, and reorganized
as a public business by Decreto n.68,593 of May 6, 1971.

307. Boletim técnico. Ano 1-, n.1-; janeiro 1966-. Rio,
   1966-.
   Frequency: Quarterly, n.1-2; Jan-Mar 1966.

COMISSÃO DE FINANCIAMENTO DA PRODUÇÃO (CFP)

Created by Decreto-lei n.5,212 of January 21, 1943,
and attached to SUNAB by Decreto n.62,163 of January
23, 1968.

308. Pesquisa; boletim informativo. n.1-. Rio, Serviço
   de Pesquisas Econômicas.
   Frequency: Annual, n.2-3; 1970-1971.
   The Relatório for 1970 of CFP is included in n.3;
      1971.

BANCO NACIONAL DE CRÉDITO COOPERATIVO S.A. (BNCC)

Created by Decreto-lei n.5,893 of October 19, 1943, as the Caixa de Crédito Cooperativo, it was first reorganized and redesignated as the Banco Nacional de Crédito Cooperativo by Lei n.1,412 of August 13, 1951, and then reorganized as a government corporation by Decreto-lei n.60 of November 21, 1966, and attached to the Ministério da Agricultura by Decreto n.60,900 of June 26, 1967.

309. Relatório. Rio.
      Title varies: See Introduction, p. xxiv.
      Frequency: Annual irreg., 1956-1957, 1965-
         1967, 1969.

310. Cooperativismo. Ano I-, n.1-; julho 1946-. Rio,
      1946-.
      Frequency varies: Monthly, n.1-64; Jul 1946-Oct
         1951. Not issued, 1952-1962. Monthly, n.65-74;
         Aug 1963-May 1964.
      Indexed in BBCS.

SUPERINTENDÊNCIA DO DESENVOLVIMENTO DA PESCA
(SUDEPE)

This agency was created by Lei Delegada n.10 of October 11, 1962, as a federal autarchy, absorbing some of the functions of the Departamento Nacional de Produção Animal, and it was attached to the Ministério da Agricultura by Decreto n.60,900 of June 26, 1967.

311. Pesca e pesquisa. Vol.1, n.1-; outubro/dezembro
      1968-. Rio, 1968-.
      Fish and fishing industry in Brazil--studies,
         research, and general information.
      Frequency: Quarterly, Vol.1, n.1-Vol.2, n.2; Oct/
         Dec 1968-Jun 1969. Irreg., Vol.2, n.3; Sept/Dec
         1969.

CONSELHO NACIONAL DE DESENVOLVIMENTO DA PECUÁRIA
(CONDEPE)

Created by Decreto n.61,105 of July 28, 1967.

312. Comportamento do mercado internacional de carnes.
     Rio.
     Frequency: Annual, 1970-1971.

313. Série de estudos econômicos. Rio.
     Series (n.n. 1970).

PROGRAMA DE PESQUISA E DESENVOLVIMENTO PESQUEIRO
NO BRASIL

Established by Decreto n.60,401 of March 11, 1967.

314. Boletim do mercado pesqueiro; dados estatísticos
     e informações gerais. Ano 1, n.1-; janeiro 1969-.
     Rio, 1969-.
     Frequency: Monthly irreg., Vol.1, n.1, 2/3, 4-12,
         Vol.2, n.1/2, 3-12, Vol.3, n.1/2, 3, 4/5, 6-;
         1969-1971.

INSTITUTO BRASILEIRO DE DESENVOLVEMENTO FLORESTAL
(IBDF)

Created as a federal autarchy by Decreto-lei n.289
of February 28, 1967, it absorbed the Instituto Nacional
do Pinho and the Departamento de Recursos Naturais
Renováveis. By Decreto n.61,680 of November 13, 1967,
the IBDF also absorbed the Instituto Nacional do Mate.
Attached to the IBDF are the Jardim Botânico do Rio de
Janeiro and the Parque Nacional de Itatiáia.

315. Relatório. Rio.
     Title varies: See Introduction, p. xxiv.
     Frequency: Annual irreg., 1965. Also: Monthly,
         1969-1971.

316. Anuário brasileiro de desenvolvimento florestal.
     Ano 1, n.1-; 1948-. Rio, Instituto Nacional do
     Pinho, 1949-1968; IBDF, 1969-.
     Brazilian forest resources, botany, silviculture,
         vegetal histology, forest and lumber economics
         and techniques, statistics of production,
         consumption, etc.
     Title varies: Anuário brasileiro de economia
         florestal, Ano 1-18; 1948-1967. Anuário
         brasileiro de desenvolvimento florestal, Ano
         19-; 1968-.

316. (Cont'd.)
      Frequency: Annual. Dating varies: Ano 1-8; 1948-
         1955. Ano 9-17; 1957-1965, refers to 1956-1964.
         Ano 18-; 1967-, refers to 1966-.
      Indexed in Bibl. Soil Sci., BBB.
      M:134 PAU:969.

317. Boletim florestal. Vol.1, n.1-; 1956-. Belo
      Horizonte, Inspetoria Regional Florestal, 1956-.
      Frequency: Annual, 1956-1968.

318. Brasil florestal. Ano 1-, n.1-; janeiro/março
      1970-. Rio, 1970-.
      Frequency: Quarterly.

DEPARTAMENTO DA ERVA MATE

     Created as the Instituto Nacional de Mate by
Decreto-lei n.375 of April 13, 1938, it was dissolved
by Decreto-lei n.281 of February 28, 1967. On that same
date, Decreto-lei n.289 created the Instituto Brasileiro
de Desenvolvimento Florestal. Later that year, by
Decreto n.61,680 of November 13, 1967, the dissolved
Instituto Nacional do Mate was transferred to the IBDF,
and established as the Departamento da Erva Mate.

319. Relatório. n.1-; 1938-. Rio, 1939-.
      Title varies: See Introduction, p. xxiv.
      Frequency: Semi-annual, 1938-1950. Annual, 1955-
         1965.
      M:134.

320. Boletim estatístico. n.1-; julho 1941-. Rio, 1941-.
      Title varies: Boletim do Instituto nacional do
         mate, n.1; 1941. Boletim estatístico, n.2-;
         1941-.
      Frequency varies: Irreg., 1941-1945. Semi-annual,
         1946-1950. Annual, 1951-1965.
      M:133.

INSTITUTO NACIONAL DO PINHO

     Created by Decreto-lei n.3,124 of March 19, 1941, it
was dissolved by Decreto-lei n.289 of February 28, 1967,
being absorbed by the Instituto Brasileiro de Desenvolvimento Florestal.

321. Relatório. Rio.
      Title varies: See Introduction, p. xxiv.
      Frequency: Annual irreg., 1947, 1949, 1965.
      Issued in Arquivos do Serviço florestal, 324,
          Vol.11, for 1957.

322. Exportaçao brasileira de pinho serrado. Rio.
      Frequency: Monthly, each month cumulative from
          January, Oct 1954-Jul 1967. Also: Annual
          cumulation in December, and Semi-annual
          cumulation in June.

          DEPARTAMENTO DE RECURSOS NATURAIS RENOVÁVEIS
                           (DRNR)

      Established as the Instituto Biológico de Defesa
Agrícola on September 15, 1920 (Decreto n.14,356), this
agency has been successively redesignated as the
Instituto de Biologia Vegetal (1934?) and the Serviço
Florestal (December 23, 1938, Decreto-lei n.982). On
October 11, 1962, the Serviço Florestal was absorbed by
the Departamento de Recursos Naturais Revováveis (DRNR)
(Lei Delegada n.9), and it was formally dissolved as of
December 31, 1962 (Decreto 1,477 of October 26, 1962).
On February 28, 1967 the DRNR was dissolved and its
functions were absorbed by the Instituto Brasileiro de
Desenvolvimento Florestal (Decreto-lei n.289).

323. Archivos do Instituto de biologia vegetal. Vol.1,
      n.1-Vol.4, n.1; janeiro 1934-junho 1938. Rio,
      1934-1938.
      Supersedes Arquivos do Jardim botânico do Rio de
          Janeiro, 328, and Boletim, 326.
      Superseded by Arquivos do Serviço florestal, 324.

324. Arquivos do Serviço florestal. Vol.1, n.1-;
      novembro 1939-. Rio, 1939-.
      Frequency varies: Biennial, Vol.1, n.1-2, Vol.2,
          n.1; 1939, 1941, 1943. Annual. Vol.2, n.2-Vol.3;
          1946-1947. Not issued, 1948-1949. Annual, Vol.
          4-10; 1950-1956. Irreg., Vol.11/12; 1957.
      Supersedes Archivos do Instituto de biologia vegetal,323.
      Issued in substitution for Arquivos do Jardim
          botânico, 328, from 1939 to 1946.
      Indexed in Biol. Abs., Chem. Abs., BBA.
      M:205 PAU:970.

325. Boletim. n.1-. Rio, Setor de Inventários Florestais,
      1959-.
      Series (n.1-6; 1959-1963, n.7-13; 1965-1966).
      M:205.

326. Boletim. n.1-8. Rio, Instituto Biológico de Defesa
      Agrícola, 1921-1930.
      Series. Also issued with the subtitle, "Série de
         divulgação," for n.1.
      Superseded by Archivos do Instituto de biologia
         vegetal, 323.
      M:305.

327. DRNR informa. n.1-; 1966-. Rio, 1966-.
      Frequency: Irreg., n.2-3; Dec 1966, Mar 1967.

                   JARDIM BOTÂNICO DO RIO DE JANEIRO

      Created by Decreto [Imperial] of May 13, 1808, as
the Jardim Real, between 1840 and 1889 it was administered
by the Instituto Fluminense de Agricultura. After the
proclamation of the Republic in 1889, the Jardim Botânico
was separated from the Instituto and it has been
successively attached to the Instituto de Biologia
Vegetal (1933-1938), the Serviço Florestal (1938-1962),
the Departamento de Recursos Naturais Renováveis (1962-
1967), and the Instituto Brasileiro de Desenvolvimento
Florestal (1967-   ).

328. Arquivos do Jardim botânico do Rio de Janeiro. Vol.
      I-; 1915-. Rio, 1915-.
      Frequency varies: Irreg., Vol.1-6; 1915, 1917, 1922,
         1925, 1930, 1933. Issued as the Archivos do
         Instituto de biologia vegetal, 323, for 1934 to
         1938, and as the Arquivos do Serviço florestal,
         324, for 1939 to 1946. Annual, Vol.7-12; 1947-
         1952. Irreg., Vol.13; 1953/1954. Annual. Vol.
         14-16; 1956-1958. Irreg., Vol.17-18; 1959/1961,
         1962/1965.
      Annual index of author and title. Indexed in
         Biol. Abs., Bull. Sig., BBB.
      DN:77 M:312 PAU:240.

329. Rodriguesia. Ano 1-, n.1-; Inverno de 1935-. Rio,
      1935-.
      Botanical studies.
      Frequency varies: Quarterly irreg., n.1-27; 1935-
         1952. Annual, n.28/29; 1954. Not issued, 1955.
         Annual, n.30/31-32; 1956-1957. Not issued, 1958.
         Annual irreg., n.33/34, 35/36; 1959, 1960/1961.
         Not issued, 1962-1965. Annual, n.37; 1966. Not
         issued, 1967-1969. Annual, n.38; 1970.
      Indexed in BBB.
      DN:76 M:330 PAU:263.

              PARQUE NACIONAL DO ITATIÁIA

      Created by Decreto n.1,713 of June 14, 1937.

330. Boletim. n.1-; 1949. Rio, 1949-.
      Flora and fauna, climate and soil of Brazil.
      Series (n.1-5; 1949-1956, n.6-8; 1957, 1960, 1965).
      Indexed in BBA.
      M:205 PAU:227.

MINISTÉRIO DAS COMUNICAÇÕES (MC)

The MC was created by Decreto-lei n.200 of February 25, 1967, absorbing the Conselho Nacional de Telecomunicações, the Departamento Nacional de Telecomunicações, and the Departamento dos Correios e Telégrafos, which were formerly attached to the Ministério da Viação o Obras Públicas. In September of 1971, the Ministério das Comunicações announced that a complete reorganization would become effective by January of 1973.

The following entities have issued serial publicationsȘ within the scope of this Guide:

Ministério das Comunicações (MC)

Departamento Nacional de Telecomunicações (DENTEL)
Emprêsa Brasileira de Correios e Telégrafos (ECT)
Companhia Telefônica Brasileiro (CTB)

331. **Boletim da Inspetoria geral de finanças.** Ano I, n.1-; junho 1969-.
General articles, legislation relative to the areas of financial administration, accounting and auditing.
Frequency varies: Monthly, Jun 1969-Dec 1970.
Bimonthly, Jan/Feb 1971-.
Numbering begins with Ano III, n.1; Jan/Feb 1971.

332. **Pareceres da Consultoria jurídica.** Vol.I-; abril/ dezembro 1967-. Brasília, 1967-.
Frequency varies: Vol.I-II; Apr/Dec 1967, Jan/Dec 1968.

DEPARTAMENTO NACIONAL DE TELECOMUNICAÇÕES (DENTEL)

Created by Lei n.4,117 of August 27, 1962, and attached to the Ministério das Comunicações by Decreto-lei n.200 of February 25, 1967.

333. **Boletim informativo.** Rio (?).
Frequency: Bimonthly, 1967-.

EMPRÊSA BRASILEIRA DE CORREIOS E TELÉGRAFOS (ECT)

Created as the Departamento dos Correios e Telégrafos (DCT), fusing the Diretoria Geral dos Correios with the Repartição Geral dos Telégrafos, by Decreto n.20,859 of December 26, 1930, it was reorganized as a public corporation, and redesignated as the Emprêsa Brasileira de Correios e Telégrafos (ECT) by Decreto-lei n.509 of March 20, 1969.

334. Relatório. Rio.
    Title varies: See Introduction, p. xxiv. Also:
       Exposição sucinta das atividades do Departamento
       dos Correios e Telégrafos. 1941-.
    Frequency: Annual irreg., 1862/1863, 1888, 1890-
       1891, 1933-1938, 1941-   , 1964/1967.
    DN:191, 192   M:81, 173.

COMPANHIA TELEFÔNICA BRASILEIRA (CTB)

By Decreto n.11,500 of February 23, 1915, the Rio de Janeiro e São Paulo Telephone Company was granted authorization to function. This authorization was continued by Decreto n.16,222 of November 28, 1923, and the agency was redesignated as the Brazilian Telephone Company. By Decreto n.40,439 of November 28, 1956, under the new designation of Companhia Telefônica Brasileira, the company became nationalized.

335. Relatório. Rio.
    Title varies: See Introduction, p. xxiv.
    Frequency: Annual, 1959-.

336. Sino azul. Ano 1-, n.1-; 1931(?)-. Rio.
    Frequency: Bimonthly, Ano 44, n.1-; Jan/Feb 1971-.
    Beginning with Ano 44, n.1: Jan/Feb 1971, this
       serial is "no longer an organ of purely social
       information, but a vehicle for notices and
       commentaries on telecommunications."

MINISTÉRIO DA EDUCAÇÃO E CULTURA (MEC)

This ministry, established on April 19, 1890, as the Ministério da Instrução Pública, Correios e Telégrafos (Decreto n.346), merged with and was absorbed by the Ministério da Justiça e Negócios Interiores in December of 1892. On November 14, 1930, it was reestablished as a separate entity, and designated as the Ministério da Educação e Saúde Pública (Decreto n.19,402), being successively redesignated as the Ministério da Educação e Saúde (by Lei n.378 of January 13, 1937) and as the Ministério da Educação e Cultura (by Lei n.1,920 of July 25, 1953).

In 1970, when a survey was made of the publications of MEC, there were over one hundred periodicals being issued by the agencies of MEC. Most were judged by the minister to be too irregular in frequency, uneven in quality, expensive in production, and repetitious in content to warrant further support and a halt to all serial publication was decreed by Portaria n.31 of January 21, 1971. As replacements to coordinate and centralize the dissemination of information of all MEC agencies, three new serials have begun publication: Administração e Legislação, 409, Cultura, 410, and Educação, 411.

The following agencies have issued serial documents within the scope of the Guide (prior to 1971). Although closing dates have not always been definitively established, it may be assumed that 1971 was the latest issue unless otherwise noted.

Ministério da Educação e Cultura (MEC)

    Gabinete
        Conselho Nacional de Desportos
    Secretaria Geral
        Instituto Nacional de Estudos Pedagógicos (INEP)
            Centro Brasileiro de Pesquisas Educacionais (CBPE)
            Centro Regional de Pesquisas Educacionais do Recife
            Centro Regional de Pesquisas Educacionais de
                Salvador
            Centro Regional de Pesquisas Educacionais João
                Pinheiro
            Centro Regional de Pesquisas Educacionais Professor
                Queiroz Filho

     Centro Regional de Pesquisas Educacionais Rio
        Grande do Sul
Secretaria do Apoio Administrativo
   Serviço de Documentação
   Serviço de Estatística da Educação e Cultura (SEEC)
Inspectoria Geral de Finanças
Conselho Federal de Educação
Conselho Federal de Cultura
Departamento Nacional de Educação (DNE)
   Campanha Nacional de Educação Rural (CNER)
   Campanha Nacional de Alimentação Escolar (CNAE)
Departamento do Ensino Medio (DEM)
   Diretoria do Ensino Agrícola
   Diretoria do Ensino Comercial
     Campanha de Aperfeiçoamento e Expansão do Ensino
       Comercial
   Diretoria do Ensino Industrial
   Diretoria do Ensino Secundário (DES)
     Campanha de Aperfeiçoamento e Difusão do Ensino
       Secundário
Departamento de Assuntos Universitários (DAU)
   Diretoria do Ensino Superior
     Coordenação de Aperfeiçoamento do Pessoal do
       Nível Superior (CAPES)
Departamento de Desportos e Educação Física
Departamento de Assuntos Culturais (DAC)
   Instituto de Patrimônio Histórico e Artístico
     Nacional (IPHAN)
   Campanha de Defesa do Folclore Brasileiro
Departamento de Apoio
   Diretoria de Documentação e Divulgação

Autonomous agencies:

   Biblioteca Nacional (BN)
   Instituto Nacional do Livro (INL)
     Campanha Nacional do Livro (CNL)
     Comissão do Livro Técnico e do Livro Didático (COLTED)
   Grupo Executivo da Indústria do Livro (GEIL)
   Instituto Benjamin Constant
   Campanha Nacional de Educação dos Cegos
   Museu Histórico Nacional
   Museu Imperial
   Museu Nacional
   Museu Nacional de Belas Artes

Observatório Nacional
Serviço Nacional de Teatro (SNT)
Instituto Joaquim Nabuco de Pesquisas Sociais
Instituto Nacional de Cinema (INC)
Fundação Casa Rui Barbosa
Fundação Nacional de Material Escolar (FENAME)
Mobilização Nacional Contra o Analfabetismo

337. Relátorio. Rio; Brasília.
        Title varies: See Introduction, p. xxiv.
        Frequency: Annual irreg., 1890/91-1891/8192. Issued
            with the Relatório, 812, of the Ministério da
            Justiça e Negócios Interiores between 1892 and
            1929. Annual irreg., 1930-1955, 1956/1960. Annual,
            1961-.
        DN:80 M:145.

338. MEC revista. Ano I-, n.1-; 1o. semestre de 1956-.
        Rio, 1956-.
        Education and culture in Brazil--official policy,
            general notices, activities, book reviews,
            legislation.
        Title varies: MEC, n.1-29; 1956-Jan/Feb 1965.
            Revista MEC, n.30-42; Mar/Apr 1965-Jul/Aug 1968.
            MEC revista, n.43-47; Sept/Nov 1968-Feb/Nov 1970.
        Frequency varies: Semi-annual, 1956. Bimonthly,
            1957-1960. Bimonthly irreg., Dec 1963/Jan 1964,
            Apr/May, Jun/Jul 1964, Jan/Feb, Mar/Apr 1965.
            Irreg., May/Aug, Sept 1965/Jan 1966, Feb/May
            1966, Jul/Sept, Oct/Nov 1966. Bimonthly, Mar/
            Apr-Jul/Aug 1967. Irreg., Sept 1967/Jan 1968,
            Feb/Mar, Jul/Aug, Sept/Nov, Dec 1968/Mar 1969,
            Apr/Sept, Oct 1969/Jan 1970, Feb/Nov 1970.
        Indexed in BBCS.
        J:46 M:257 Z:52.

GABINETE

CONSELHO NACIONAL DE DESPORTOS

Created on January 19, 1939 (Decreto-lei n.1,056) as
the Comissão Nacional de Desportos, it was redesignated
as the Conselho Nacional de Desportos and attached to
the Gabinete do MEC on July 27, 1970 (Decreto n.66,967).

339. <u>Anais</u>. Tomo I-; 1941/1942-. Rio, 1944-.
Legislation, official resolutions and acts.
Frequency irreg. (date of publication irreg., in
parentheses): Tomo I-V, VII-IX; Apr 1941/Jul
1942 (1944), Aug 1942/Dec 1943 (1945), Jan 1944/
Mar 1945 (1949), Apr 1945/May 1946 (1950), Sept
1946/Dec 1947 (1955), Jan 1951/Dec 1952 (1956),
Jan 1953/Dec 1954 (1962), Jan 1955/Dec 1961
(1966).

SECRETARIA GERAL

340. <u>Coleção educação e cultura</u>. n.1-. Rio, 1967-.
Series (n.13; 1970).

INSTITUTO NACIONAL DE ESTUDOS PEDAGÓGICOS (INEP.)

Established by Lei n.378 of January 13, 1937, as the
Instituto Nacional de Pedagogia, it was redesignated as
the Instituto Nacional de Estudos Pedagógicos by
Decreto-lei n.580 of July 30, 1938. Within its
organizational structure are the Centro Brasileiro de
Pesquisas Educacionais and the Centros Regionais de
Pesquisas Educacionais. The INEP was attached to the
Secretaria Geral by Decreto n.66,967 of July 27, 1970.

341. <u>Anuário brasileiro de educação</u>. Vol.1-; 1964-.
Rio, 1966-.
Running title has date misprinted as 1965; Vol.1
pertains to 1964.
Only one number issued (?).

CENTRO BRASILEIRO DE PESQUISAS EDUCACIONAIS (CBPE)

The CBPE was created on December 28, 1955 (Decreto
n.38,460), and although the title of the decree uses the
name Centro Nacional de Pesquisas Educacionais, the text
uses Centro Brasileiro de Pesquisas Educacionais, and
that is how the agency has always been known.

342. <u>Bibliografia brasileira de educação</u>. Vol.1, n.1-;
março 1953-. Rio, 1953-.
Lists and abstracts articles and monographs (from
periodicals, newspapers, books and pamphlets).
Frequency varies: Vol.1, n.1; Mar 1963. Quarterly,

342.   (Cont'd.)
        Vol.2, n.1-Vol.9, n.1; Mar 1954-Mar 1961. Irreg.,
        Vol.9, n.2/3; Jan/Sept 1961. Quarterly, Vol.9,
        n.4-Vol.12, n.1; Dec 1961-Mar 1964. Irreg., Vol.
        12, n.2/3; Jun/Sept 1964. Quarterly, Vol.12,
        n.4-Vol.13, n.4; Dec 1964-1965. Irreg., Vol.14,
        n.1/2; Mar/Jun 1966. Quarterly, Vol.14, n.3-
        Vol.15, n.2; Sept 1966-Jun 1967. Irreg., Vol.15,
        n.3/4; Sept/Dec 1967. Quarterly, Vol.16, n.1-2;
        Mar-Jun 1968. Irreg., Vol.16, n.3/4; Sept/Dec
        1968. Quarterly, Vol.17, n.1-4; 1969.
        Indexed in BBCS.
342a.   _____. Índice cumulativo de autores da
        Bibliografia brasileira de educação, 1953-1963.
        Organizado por Francisca Xavier Queiroz de Jesus
        (Rio, 1968). 110p.
342b.   _____. Índice cumulativo de autores da
        Bibliografia brasileira de educação, 1964-1968.
        Organizado por Malvina Kraizer (Rio, 1969).
        43p.
        J:7   M:23   Z:42.

343.   Boletim informativo. Ano I-, n.1-; agôsto 1957-.
        Rio, 1957-.
        General information.
        Title varies: Boletim mensal, n.1-27; Aug 1957-Oct
           1959. Boletim informativo, n.28-; Nov 1959-.
        Frequency varies: Monthly, n.1-145; 1957-Aug 1969.
           Bimonthly, n.146/147-148/149; Sept/Oct-Nov/Dec
           1969. Monthly, n.150; Jan 1970. Bimonthly, n.151/
           152-157/158; Feb/Mar-Aug/Sept 1970. Quarterly,
           n.159/161-162/164; Oct/Dec 1970-Jan/Mar 1971.
        Ano numbering dropped beginning with n.4.
        M:300.

344.   Educação e ciências sociais. Ano I-VII, Vol.1-10,
        n.1-21; março 1956-dezembro 1962. Rio, 1956-1962.
        Frequency: 3/year.
        J:37   M:240   Z:50.

345.   Publicações. Rio.
        Series in several parts as follows:
345a.   _____. Série I: Guias de ensino. Vol.1-;
           1950(?)-. (Vol.6; 1955).
345b.   _____. Série I: Guias de ensino. A: Escola
           primária. Vol.1-. (Vol.7A; 1960).

345. (Cont'd.)
345c. _____. Série 3: Livros, fonte. Vol.1-; 1957-.
      (Vol.3; 1960).
345d. _____. Série IV: Conferências, educação e
      sociedade. 1-; 1958-.
345e. _____. Série IV: Currículo, programas e
      métodos. Vol.1-.
345f. _____. Série VI: Sociedade e educação. 1-;
      1959-. (Vol.6; 1964). Title varies slightly.
345g. _____. Série VI: Sociedade e educação. I:
      Coleção o Brasil provinciano. 1-; 1962-.
345h. _____. _____. II: Coleção o Brasil
      urbano. n.1-; 1963-.
345i. _____. Série VII: Cursos e conferências. Vol.
      1-; 1958-. (Vol.2; 1960).
345j. _____. Série VIII: Pesquisas e monografias.
      1-, 1960. (Vol.3; 1962).
345k. _____. Série IX: Levantamentos bibliográficos.
      1-; 1959-.
      M:300-301.

346. Revista brasileira de estudos pedagógicos. Vol.I-;
      n.1-; julho 1944-. Rio, 1944-.
      Pedagogy in Brasil, education and society; general
      notices, reviews, legislation.
      Frequency varies: Bimonthly irreg., 1944-1948.
      3/year, 1949-1951. Quarterly, 1952-.
346a. _____. Catálogo da Revista brasileira de
      estudos pedagógicos (do no. 1-Vol.1 (julho de
      1944) ao no. 44-Volume XVI (dezembro de 1951)
      (Rio, 1952). 172p.
346b. _____. Catálogo da Revista brasileira de
      estudos pedagógicos (do no. 1-Vol.I (julho 1944)
      ao no. 70-Vol.XXIX (abril-junho 1958) (Rio, 1959).
      263p.
346c. _____. Índice de autor e assunto. Vol.3:
      ns. 71/100, 1958/1965 (Rio, 1966[?]). 133p.
      DN:104   J:55   M:282-283 Z:54.

CENTRO REGIONAL DE PESQUISAS EDUCACIONAIS DO RECIFE

Created by Decreto n.38,460 of December 28, 1955.

347. Boletim bimestral. Ano I, n.1-; novembro 1957-.
      Recife, 1957-.
      General information, notices, conferences.

347. (Cont'd.)
  Title varies: Boletim mensal, 1957-1961. Boletim
    bimestral, 1962-.
  Frequency varies: Monthly, Ano I, n.1-Ano IV, n.12;
    Nov 1957-Oct 1961. Bimonthly, Ano V, n.1-Ano VI,
    n.4; Feb 1962-Aug 1963. Irreg., Ano VI, n.5/6;
    Oct/Dec 1963. Bimonthly, Ano VII, n.1-Ano VIII,
    n.2; Feb 1964-Apr 1965. Irreg., Ano VIII, n.3/4;
    May/Aug 1965. Bimonthly, Ano VIII, n.5-6; Sept/
    Oct-Nov/Dec 1965.

348. Cadernos região e educação. Vol.I-, n.1-; junho 1961-.
  Recife, 1961-.
  Teacher training, primary education in Pernambuco,
    general notices, conferences.
  Frequency varies: Semi-annual, n.1-6; 1961-1963.
    Annual, n.7/8; 1964. Semi-annual, n.9-; 1965-.
  Indexed in BBCS.

CENTRO REGIONAL DE PESQUISAS EDUCACIONAIS DE SALVADOR

  Created by Decreto n.38,460 of December 28, 1955.

349. Boletim informativo. n.1-; março 1965-. Salvador,
  1965-.
  General information.
  Frequency varies: Monthly, n.1-8; Mar-Oct 1965.
    Bimonthly, n.1-6 (i.e., n.9-14), Jan-Nov 1966.
    Irreg., n.7 (i.e., n.15); Dec 1966. Monthly,
    n.16-22; Mar-Sept 1967. Irreg., n.23; Dec 1967.
    Quarterly, n.24-31; 1968-1969. Bimonthly, n.32-;
    1970-.

CENTRO REGIONAL DE PESQUISAS EDUCACIONAIS JOÃO PINHEIRO

  Created by Decreto n.38,460 of December 28, 1955, as
the Centro Regional de Pesquisas Educacionais de Belo
Horizonte, Portaria Ministerial n.51 of February 15, 1966,
redesignated it as the Centro Regional de Pesquisas
Educacionais João Pinheiro.

350. Boletim do Centro regional de pesquisas educacionais
  João Pinheiro. Ano 1-, n.1-; 1958-. Belo Horizonte,
  1958-.
  Research in progress, general information.

350. (Cont'd.)
     Title varies: Boletim do Centro regional de pesquisas
        educacionais em Minas Gerais, n.1-6; 1958-1965.
        Boletim do Centro regional de pesquisas
        educacionais João Pinheiro, n.7-; 1969-.
     Frequency varies: Irreg., n.1; 1958. Annual, n.2-5;
        1960-1963. Irreg., n.6,7; 1965, 1969.

351. Boletim informativo. Ano I-, n.1/2-; janeiro/fevereiro
     1960-. Belo Horizonte, 1960-.
     General notices, legislation, courses offered.
     Frequency varies: Bimonthly, n.1/2-92; 1960-Jul/Aug
        1970. Irreg., n.93/94; Sept/Dec 1970. Bimonthly
        n.95-; 1971-.
     Numbering varies: n.1/2-57/58; 1960-1964. n.59-;
        1965-.

352. Cadernos de educação. n.1-. Belo Horizonte, 1967-.
     Series (n.7; 1970). Numbered beginning with n.3.

353. Criança e escola. Ano I-, n.1-; setembro 1963-.
     Belo Horizonte, 1963-.
     Activities for primary and normal school teachers.
     Frequency varies: Quarterly, n.1-3; Sept 1963-Mar
        1964. Irreg., n.4/5; Jul/Sept 1964. Quarterly,
        n.6-12; Mar 1965-Sept 1966. Irreg., n.13-15;
        Mar/Jun, Jul/Sept 1967, Apr/Jun 1968. Quarterly,
        n.16-23; Oct/Dec 1968-3d.n. of 1970. Irreg., n.24;
        n.d. Irreg., n.25; 4th n. of 1970. Bimonthly,
        n.26-; Feb/Mar 1971-.
     Ano numbering dropped beginning with n.15; Apr/Jun
        1968.

354. Estudos e pesquisas. n.1-. Belo Horizonte, n.d.-.
     Series.

          CENTRO REGIONAL DE PESQUISAS EDUCACIONAIS
                PROFESSOR QUIERÓZ FILHO

     Created by Decreto n.38,460 of December 28, 1955, as
the Centro Regional de Pesquisas Educacionais de São
Paulo it became the Centro Regional de Pesquisas
Educacionais Professor Queiróz Filho on October 10, 1963,
(Portaria Ministerial n.393).

355. Estudos e documentos. n.1-. São Paulo.
      Series.

356. Pesquisa e planejamento. Ano I-, Vol.1-; 1957-.
      São Paulo, 1957-.
      Frequency varies: Annual, Vol.1-4; 1957-1960. Vol.
         5-6; 1962-1963. Irreg., Vol.7-8; 1964. Annual, irreg.,
         Vol.9-11; 1965, 1966, 1968. Irreg., Vol.12-13; 1970.
      Ano numbering dropped beginning with Vol.5; 1962.

CENTRO REGIONAL DE PESQUISAS EDUCACIONAIS
DO RIO GRANDE DO SUL

Created by Decreto n.38,460 of December 28, 1955.

357a. Boletim. n.1-. Pôrto Alegre, 1969-.
      General activities.
      Series (n.1-2; 1969. n.3-8; 1970).

357b· Boletim do Centro regional de pesquisas educacionais,
      Rio Grande do Sul. n.1. Pôrto Alegre, 1956.
      Only one number issued.
      Superseded (?) by Boletim, 357a.

358. Correio. Ano I-, n.1-; janeiro/fevereiro 1960-.
      Pôrto Alegre, 1960-.
      Title varies: Correio do C.R.P.E., n.1-28; 1960-
         Oct 1962. Correio, n.29-; Nov 1962-.
      Frequency varies: Bimonthly irreg., n.1-7; 1960. Monthly
         irreg., n.8-26, 27-30; Jan-Jul, Sept-Dec 1962.
         Bimonthly, n.31-33; Jan/Feb-May/Jun 1963.
         Monthly, n.34-44; Aug 1963-Jun 1964. Quarterly,
         n.45-61; Sept 1964-Jul/Sept 1968. Plus suppl.:
         1966 (4 nos.), 1967 (3 nos.).
      Indexed in BBCS.

SECRETARIA DE APOIO ADMINISTRATIVO

Created by Decreto n.66,296 of March 3, 1970,
absorbing the Serviço de Documentação.

SERVIÇO DE DOCUMENTAÇÃO

Established in 1931 (January 5, Decreto n. 19,560), as
the Diretoria Geral de Informações, Estatística e Divulgação
this agency has been called the Serviço de Publicadade

(by Lei n.378 of January 13, 1937) and the Serviço de
Documentação (by Decreto-lei n.2,045 of February 20,
1940). It was absorbed by the Secretaria de Apoio
Administrativo by Decreto n.66,296 of March 3, 1970.

359. Arquivos. Ano 1-, n.1-22; janeiro/fevereiro 1947-
     julho/setembro 1970. Rio, 1947-1970.
     Education and culture, activities of MEC, legislation
     and jurisprudence.
     Frequency varies: Bimonthly, n.1-2; 1947. Not issued,
     1948-1964. Quarterly, n.3-22; Oct/Dec 1965-Jul/
     Sept 1970.
     Ano numbering dropped beginning with n.3.
     M:145.

360. Cadernos de cultura. n.1-. Rio, 1952-.
     Series (n.138; 1962).
360a. _____. Catálogo e índice dos volumes 1 a 100
     (1952-1956), comp. by Edson Nery da Fonseca
     (Rio, 1959) 79p. (Cadernos de cultura, n.100-A)
     M:220.

361. Coleção artistas brasileiros. n.1-. Rio, 1950-.
     Series (some volumes unnumbered; n.1-4; 1950-1959).
     M:224.

362. Coleção "aspectos." n.1-. Rio, 1952-.
     Series (n.64; 1966). Some volumes unnumbered.
     M:224.

363. Coleção letras e artes. n.1-. Rio, 1952-.
     Series (n.14; 1964).
     M:227.

364. Coleção teatro. n.1-16. Rio, 1955-1963.
     Series.
     M:228.

SERVIÇO DE ESTATÍSTICA DA EDUCAÇÃO E CULTURA (SEEC)

Established as the Diretoria Geral de Informações,
Estatística e Divulgação by Decreto n.19,560 of January
5, 1931, this agency has had the following names: Serviço
de Estatística da Cultura e Assistência Médico-Social
(Decreto-lei n.1,360, June 20, 1939), Serviço de

Estatística da Educação e Saúde (Decreto-lei n.1,585,
September 8, 1939), and Serviço de Estatística da
Educação e Cultura (Lei n.1,920, July 25, 1953).

365. Relatório. Rio.
   Title varies: See Introduction, p. xxiv.
   Frequency: Annual irreg., 1933-.
   DN:111.

366. O ensino no Brasil. Ano 1-; 1932-1956. Rio, 1939-
   1959.
   General education statistics.
   Frequency: Annual irreg., 1932-1947, 1932/1936,
      1948/1950 (2 Vol.) 1951/1954 (2 Vol.), 1955-1956
      (2 Vol./year).
   B:1507, 1509-1510   M:175.

367. Ensino médio por município. 1956-. Rio, 1957-.
   Secondary education statistics.
   Title varies: Estatística do ensino médio, principais
      aspectos da organização didática, 1956. Estatística
      do ensino médio por município 1958/1957. Ensino
      médio por município, 1961-.
   Frequency: Annual irreg., 1956, 1958/1957, 1961-1962,
      1964, 1965/1964, 1968.
   M:175, 176.

368. Ensino primário. 1955-. Rio, 1956-.
   Primary education statistics.
   Frequency: Annual irreg., 1955-1956 (i.e., Vol.2
      of O ensino no Brasil, 366), 1957-1958.

369. Sinopse estatística do ensino médio: Brasil, estados
   e Distrito Federal. 1954-. Rio, 1955-.
   Secondary education statistics.
   Title varies: Sinopse estatística do ensino médio,
      1954-1965. Sinopse estatística do ensino médio:
      Brasil, estados e Distrito Federal, 1965-.
   Frequency: Annual irreg., 1954-1962, 1964/1963,
      1965/1964, 1966/1965.
   M:176.

370. Sinopse da estatística do ensino por municípios.
   Ano 1-; 1941-. Rio.
   M:177.

371. Sinopse estatística do ensino superior: Brasil,
     estados e Distrito Federal. 1954-. Rio, 1954-.
     Higher education statistics.
     Title varies: Sinopse estatística do ensino
         superior, 1954-1965. Sinopse estatística do
         ensino superior: Brasil, estados e Distrito
         Federal, 1966-.
     Frequency: Annual irreg., 1954-1962, 1964/1963,
         1965/1964, 1966, 1968.
     M:176.

372. Sinopse estatística do ensino primário fundamental
     comun. Rio.
     Frequency: Annual, 1957-1958.
     M:176.

373. Sinopse retrospectiva do ensino no Brasil, 1871/1954-;
     principais aspectos estatísticos do ensino
     extraprimário. Rio, 1956-.
     Primary education statistics.
     Subtitle varies: ...1871/1954; principais aspectos
         estatísticos. ...1871/1956; principais aspectos
         estatísticos do ensino primário. ...1933/1958;
         principais aspectos estatísticos do ensino
         extraprimário.
     Frequency: Series (?), 1871/1954, 1871/1956, 1933/
         1958.

INSPETORIA GERAL DE FINANÇAS

374. Coletânea. setembro/dezembro 1970-. Rio,
     Serviço de Administração, 1970-.
     Legislation. "Coletânea" is the cover title given
         to a collection of publications, entitled
         Boletim. Each Boletim is numbered, but none were
         found as separate items.
     Frequency: Monthly, n.01-04 (not dated), n.05-10;
         Jan-Jun 1971.

CONSELHO FEDERAL DE EDUCAÇÃO

    The council was created by Lei n.4,024 of December
20, 1961. A similarly designated agency, the Conselho
Nacional de Educação was created by Decreto n.19,850 of
April 11, 1931, but the legislation of 1961 does not refer
to the earlier entity.

375. Relatório. Rio.
 Title varies: See Introduction, p. xxiv.
 Frequency: Annual irreg., 1962/1963.

376. Documenta. n.1-; março 1962-. Rio, Secretaria
 Geral, 1962-.
 Legislation, general notices.
 Frequency varies: Monthly irreg., n.1-46; Mar-Dec
 1962, Jan/Feb, Mar-Jul, Aug/Sept, Oct-Dec 1963,
 Jan, Feb/Mar, Apr 1964-Feb 1966. Biweekly, n.
 47-55; Mar-Jun 1966. Monthly, n.56-57; Jul, Aug
 1966. Irreg., n.58-59; Aug/Sept 1966. Irreg.,
 n.60; Sept/Oct 1966. Biweekly, n.61-64; Nov,
 Dec 1966. Irreg., n.65; Jan/Feb 1967. Irreg.,
 n.66-67; Feb/Mar 1967. Irreg., n.68; Apr 1967.
 Biweekly, n.69-72; May-Jun 1967. Irreg., n.73-74;
 Jul/Aug 1967. Irreg., n.75; Aug/Sept 1967. Irreg.,
 n.76-77; Oct-Nov 1967. Biweekly, n.78-79; Dec
 1967. Biweekly irreg., n.80, 81-83, 84-86, 87-89,
 90-91, 92-93, 94, 95-96; Jan, Feb-Mar, Apr-May,
 Jun-Aug, Sept, Oct, Nov, Dec, 1968. Monthly
 irreg., 97/98, 99-107; Jan/Feb, Mar-Nov 1969.
 Irreg., n.108/109; Dec 1969. Monthly irreg.,
 n.110-118; Jan-May, Jun/Jul, Aug, Sept 1970.
 M:58.

377. Súmula. n.1-; janeiro 1964-. Rio, Secretaria Geral,
 1964-.
 Legislation, education in general, conference
 proceedings.
 Frequency varies: Annual, n.1; 1964. Irreg., n.2;
 1965/1966. Annual, n.3-6; 1966-1969.

CONSELHO FEDERAL DE CULTURA

This agency, created on November 21, 1966 (Decreto-
lei n.74) does not appear to be related to the similarly
designated agency, the Conselho Nacional de Cultura,
which was established on July 1, 1936 (Decreto-lei n.526).

378. Cultura. Ano 1-4, n.1-36; julho 1967-junho 1970.
 Rio, 1967-1970.
 Resolutions, opinions and studies of the agency.
 Serves as an instrument of articulation between
 the Conselhos Estaduais and the Conselho Federal.
 Frequency: Monthly.

379. Revista brasileira de cultura; publicação trimestral
      do Conselho federal de cultura. Ano I-, n.1-;
      julho/setembro 1969-. Rio, 1969-.
      Includes articles on the arts, social sciences,
          history, and literature.
      Frequency: Quarterly, n.1-6; Jul/Sept 1969-Oct/Dec
          1970.

DEPARTAMENTO NACIONAL DE EDUCAÇÃO (DNE)

Established as the Departamento Nacional do Ensino
by Decreto n.16,782-A of January 13, 1925, it was
successively redesignated as the Diretoria Geral de
Educação by Decreto n.22,084 of November 14, 1932, and
as the Departamento Nacional de Educação by Lei n.378 of
January 13, 1937. Attached to this agency are the
Campanhas Nacionais de Educação Rural and de Alimentação
Escolar.

380. Relatório. Rio.
      Title varies: See Introduction, p. xxiv.
      Frequency: Annual irreg., 1957-1958, 1966.

CAMPANHA NACIONAL DE EDUCAÇÃO RURAL (CNER)

Established by a Despacho Ministerial of May 9, 1952,
and by the Decreto n.38,955 of March 27, 1952, and attached to
the Departamento Nacional de Educação by Decreto
n.47,251 of November 17, 1959, CNER was dissolved by
Decreto n.51,867 of March 26, 1963.

381. Boletim mensal informativo. Ano 1-, n.1-; janeiro
      1958-. Rio, 1958-.
      Frequency: Monthly, n.1-58; 1958-1962.

382. Revista da Campanha nacional de educação rural.
      Ano 1-8/9, n.1-10; julho 1954-1961/1962. Rio,
      1954-1962.
      Frequency irreg.: n.1-10; Jul 1954, Apr 1955, Jan/
          May 1956, Dec 1956, Jan 1957, Jan, Jul 1958,
          Jan/Jul 1959, Jan/Dec 1960, 1961/1962.
      Indexed in BBA.
      J:63 M:41 Z:57.

CAMPANHA NACIONAL DE ALIMENTAÇÃO ESCOLAR (CNAE)

Created by Decreto n.37,106 of March 31, 1955, as the
Campanha de Merenda Escolar, redesignated successively
as the Campanha Nacional de Merenda Escolar (CNME) by
Decreto n.39,007 of April 11, 1956, and as the Campanha
Nacional de Alimentação Escolar (CNAE) by Decreto
n.56,886 of September 20, 1965, it was attached to the
Departamento Nacional de Educação by Decreto n.45,582 of
March 18, 1959.

383. Relatório. Rio.
      Title varies: See Introduction, p. xxiv.
      Frequency: Annual irreg., 1967.

384. Campanha nacional de alimentação escolar. Ano I,
      n.1/2-Ano XII, n.12; janeiro/fevereiro 1956-1968.
      Rio, 1956-1968.
      Title varies: Merenda escolar, Ano I, n.1-Ano II,
        n.17/18; 1956-May/Jun 1957. Campanha nacional de
        merenda escolar, Ano X, n.1; Apr/May 1965.
        Campanha nacional de alimentação escolar; boletim
        informativo da Campanha nacional de alimentação
        escolar, Ano X, n.2; Dec 1965. Revista da
        Campanha nacional de alimentação escolar, Ano X,
        n.3-10; 1o. trimestre 1966-1968. Campanha
        nacional de alimentação escolar, n.11-; 1968-.
      Superseded by Revista de alimentação e material
        escolar, 385.
      Frequency varies: Bimonthly, Ano I, n.1-; 1956-.
        Quarterly, Ano X, n.3-6; 1966. Annual, Ano XI,
        n.7; 1967. Quarterly, Ano XII, n.8-12; 1968.
      Ano number dropped beginning with n.9; 1968.

385. Revista de alimentação e material escolar. n.1-;
      setembro 1969-. Rio, 1969-.
      Issued in conjunction with the Fundação Nacional de
        Material Escolar.
      Supersedes Campanha nacional de alimentação escolar,
        384.
      Only one number issued (?).

DEPARTAMENTO DO ENSINO MEDIO (DEM)

Established by Decreto n.66,296 of March 3, 1970, the DEM
absorbed the Diretoria do Ensino Agrícola, Diretoria do

Ensino Industrial, Diretoria do Ensino Comerical, and
part of the Diretoria do Ensino Secundário.

386. Boletim. Ano 1-, n.1-; outubro 1970-. Brasília,
      1970-.
      Legislation. Lists persons certificated by the
         Diretorias.
      Frequency: Monthly, n.1-; Oct 1970-.

DIRETORIA DO ENSINO AGRÍCOLA

Established by Decreto n.22,380 of January 20, 1933,
as the Diretoria do Ensino Agronômico, redesignated
successively as the Superintendência do Ensino Agrícola
by Decreto-lei n.982 of December 23, 1938, as the
Superintendência do Ensino Agrícola e Veterinária by
Decreto-lei n.2,832 of December 4, 1940, and as the
Diretoria do Ensino Agrícola by Decreto n.60,731 of May
19, 1967, the Departamento do Ensino Médio absorbed this
agency on August 29, 1970 (Portaria Ministerial n.84).

387. Boletim. Ano I-, n.1-; janeiro 1969-. Brasília,
      1969-.
      Legislation, general notices.
      Frequency varies: Monthly, n.1-3; Jan-Mar 1969.
         Bimonthly irreg., n.4/5-8/9, 10, 11/12; Apr/May-
         Aug/Sept, Oct, Nov/Dec 1969. Monthly, n.13-16;
         Feb-May 1970.

DIRETORIA DO ENSINO COMERCIAL

Established by Lei n.378 of January 13, 1937, as the
Divisão do Ensino Comercial, redesignated as the Diretoria
do Ensino Comercial by Decreto-lei n.8,535 of January
2, 1946, the Departamento do Ensino Médio absorbed this
agency on August 29, 1970 (Portaria Ministerial n.84).

CAMPANHA DE APERFEIÇOAMENTO E EXPANSÃO DO
ENSINO COMERCIAL (CAEC)

Created by Decreto n.35,247 of March 24, 1954, within
the Diretoria do Ensino Comercial.

388. Cadernos da CAEC. n.1-. Rio, 1955-.
      Series (n.7; 1962).

389. Ensino comercial; boletim informativo. n.1-; 1957-.
Rio, 1957-.
The study and teaching of commercial education.
Legislation and general notices.
Frequency varies: Irreg., n.1-14; 1957-1960. Annual,
n.15/16; 1961. Bimonthly, n.17-22; 1962. 3/year,
n.23-25; 1963. Annual, n.26; 1964. Quarterly,
n.27-30; 1965. Semi-annual, n.31,32; 1966.
Bimonthly, n.33-38; 1967.

DIRETORIA DO ENSINO INDUSTRIAL

Created by Lei n.378 of January 13, 1937, as the
Divisão do Ensino Industrial, redesignated as the
Diretoria do Ensino Industrial by Decreto-lei n.8,535
of January 2, 1946, the Departamento do Ensino Médio
absorbed this agency on August 29, 1970 (Portaria
Ministerial n.84).

390. Relatório. Rio.
Title varies: See Introduction, p. xxiv.
Frequency: Annual irreg., 1969.

391. Boletim. Ano 1, n.1-Ano 4, n.8; setembro 1967-
agôsto 1970. Brasília, 1967-1970.
Legislation. Lists of names of certificated persons.
Frequency: Monthly irreg., Sept 1967-Aug 1968,
Sept/Oct, Nov/Dec 1968, Jan 1969-Aug 1970.
Superseded by Boletim, 386, of the Departamento do
Ensino Médio.

392. Ensino industrial. Ano I-, n.1-; novembro 1962-.
Brasília, 1962-.
The study and teaching of vocational, industrial,
and technical education. Legislation and general
notices.
Frequency varies: Irreg., n.1; 1962, n.2-6; 1963,
n.7-9; 1964, n.10-12; 1965, n.13; 1966, n.14-16;
1967, n.17; 1968, n.18-19; 1969.
Indexed in BBCS.
M, Suppl:8.

393. Estatística. n.1-; 1964(?)-. Brasília, Setor de
Documentação, 1965(?)-.
Vocational, industrial, and technical education
statistics.
Frequency: Annual(?), n.6; 1969.

DIRETORIA DO ENSINO SECUNDÁRIO (DES)

Established as the Divisão do Ensino Secundário by
Lei n.378 of January 13, 1937, redesignated as the
Diretoria do Ensino Secundário by Decreto-lei n.8,535 of
January 2, 1946, the Departamento do Ensino Médio and
the Departamento de Ensino Fundamental absorbed this
agency's functions on August 29, 1970 (Portaria
Ministerial n.84).

394. Boletim. n.1-; 1963-. Brasília, 1963-.
     Legislation. Lists of names of certificated persons.
     Frequency: Irreg., n.1-4; 1963-1964.
     Superseded by Boletim, 386, of the Departamento
         do Ensino Médio.

CAMPANHA DE APERFEIÇOAMENTO E DIFUSÃO
DO ENSINO SECUNDÁRIO (CADES)

Created by Decreto n.34,638 of November 17, 1953,
within the Diretoria do Ensino Secundário.

395. Cadernos de orientação educacional. n.1-. Rio, 1960-.
     Series (n.1-25; 1960-1962).
     M:221.

396. Escola secundário. n.1-; junho 1957-. Rio, 1957-.
     Frequency varies: Quarterly, n.1-15; 1957-1960.
         Irreg., n.16-17; Mar-Jun 1961. Irreg.
         (publication date irreg. in paren.), n.18-19;
         1963 (1968). Temporarily suspended.
     Indexed in BBMF, BBQ.
     M:241.

DEPARTAMENTO DE ASSUNTOS UNIVERSITÁRIOS (DAU)

Created by Decreto n.66,296 of March 3, 1970, the
DAU absorbed the Diretoria do Ensino Superior
(Portaria Ministerial n.84, August 29, 1970).

DIRETORIA DO ENSINO SUPERIOR

Created by Lei n.378 of January 13, 1937, as the
Divisão do Ensino Superior, redesignated as the Diretoria do

Ensino Superior by Decreto-lei n.8,535 of January 2, 1946,
the Diretoria was absorbed by the Departamento de
Assuntos Universitários by Portaria Ministerial n.84 of
August 29, 1970.

397.   Coleção universitária de teatro. Rio.
       Series in two parts:
397a.   _____. Série I: Livros de texto. n.1-. Rio,
           1963-.
397b.   _____. Série II: Livros --Fontes. n.1-. Rio.
         M:228.

       COORDENAÇÃO DE APERFEIÇOAMENTO DO PESSOAL
             DE NIVEL SUPERIOR (CAPES)

    This agency was originally established as the Campanha
Nacional de Aperfeiçoamento de Pessoal de Nivel Superior
in 1951 (July 11, Decreto n.29,741). It was redesignated
as the Coordenação de Aperfeiçoamento de Pessoal de Nivel
Superior when it absorbed the Campanha and other agencies
(which have not issued publications within the scope of
this Guide) in 1964 (May 26, Decreto n.53,932). Attached
to the Ministério das Relaçoes Exteriores in 1965 (August
16, Decreto n.56,728), in 1970 it was returned to the
Ministério da Educação e Cultura as an autonomous agency
(June 5, Decreto n.66,662), and a month later (July 27,
1970, Decreto n.66,967) it was attached to the
Departamento de Assuntos Universitários.

398.   Relatório. Rio.
       Title varies: See Introduction, p. xxiv.
       Frequency: Annual irreg., 1964-1965, 1967-1969.

399.   CAPES. Vol.1-, n.1-; dezembro 1952-; Rio, 1952-.
       Higher education in Brasil, including universities,
          teaching, legislation.
       Title varies: CAPES; boletim informativo da Campanha
          nacional do aperfeiçoamento de pessoal do nivel
          superior, n.1-139; 1952-1963. CAPES, n.140-; 1964.
       Frequency varies: Monthly irreg., n.1-97; 1952-1960.
          Monthly irreg., n.98-101, 102/103, 104-109; 1961,
          n.110-14, 115/116, 117-121; 1962, n.122-125,
          126/127, 128-133; 1963, n.134-137, 138/139, 140-
          145; 1964. Monthly, n.146-; Jun 1965-.
       Volume numbering dropped in 1964.
       CLA:48 J:25 M:219 Z:219.

400. CAPES; boletim de informações sôbre bôlsas de estudo.
Ano 1-, n.1-; 1953-. Rio, 1953-.
Scholarship information.
Frequency varies: Irreg., n.1-15; 1953-1960. Annual,
　　　n.16-17; 1961-1962.
M:219.

401. Série estudos e ensaios. n.1-. Rio, 1953-.
Series (n.7; 1957).
M:41.

402. Série informação. n.1-. Rio, 1952-.
Series (n.7; 1960).
M:41.

403. Série levantamentos e análises. n.1-. Rio, 1954-.
Series. (n.24; 1960).
M:41.

DEPARTAMENTO DE DESPORTOS E EDUCAÇÃO FÍSICA

Established as the Divisão de Educação Física by Lei
n.378 of January 13, 1937, it was absorbed by the
Departamento de Desportos e Educação Física, created
by Decreto n.66,296 of March 3, 1970.

404. Boletim técnico informativo. n.1-; janeiro 1968-.
Rio, Divisão de Educação Física, 1968-.
Frequency varies: Bimonthly, n.1-6; Jan-Nov/Dec
　　　1968. Quarterly, n.7-8; Jan/Mar-Apr/Jun; 1969.

DEPARTAMENTO DE ASSUNTOS CULTURAIS (DAC)

Created by Decreto n.66,296 of March 3, 1970, DAC is
composed of the following autonomous agencies: the
Instituto de Patrimônio Histório e Artístico Nacional
and the Conselho Nacional de Desportos.

INSTITUTO DE PATRIMÔNIO HISTÓRICO E ARTÍSTICO NACIONAL

Created by Lei n.378 of January 13, 1937, as the
Serviço do Patrimônio Histórico e Artístico Nacional,
redesignated successively as the Diretoria do Patrimônio
Histórico e Artístico Nacional by Decreto-lei n.8,534 of
January 2, 1946, and as the Instituto de Patrimônio
Histórico e Artístico Nacional, it was attached to the
Departamento de Assuntos Culturais, by Decreto n.66,967
of July 27, 1970.

405. Publicações do patrimônio histórico e artístico
    nacional. n.1-. Rio, 1937(?)-.
    Title varies: Publicações do Serviço do Patrimônio
        histórico e artístico nacional, n.1-
        Publicações do patrimônio histórico e artístico
        nacional.
    Series (n.1-21; 1937(?)-1960. n.23; 1969).
    DN:111 M:102.

406. Revista do patrimônio histórico e artístico nacional.
    n.1-; 1937-. Rio, 1937-.
    History, art, archeology, biography.
    Title varies: Revista do Serviço do patrimônio
        histórico e artístico nacional, n.1-10; 1937-
        1946. Revista do patrimônio histórico e artístico
        nacional, n.11-; 1947-.
    Frequency: Annual, irreg., n.1-11; 1937-1947. n.12-
        14; 1955, 1956, 1959. n.15-17; 1961, 1967, 1969.
406a. _____. Índice da Revista do Serviço do
    patrimônio histórico e artístico nacional
    (números 1 a 10; 1937-1946) (Recife, Biblioteca
    Almeida Cunha, 1954 : Boletim n.1). 18f. Mimeo.
    DN:80, 111 J:83 M:102-103 Z:63.

CAMPANHA DE DEFESA DO FOLCLORE BRASILEIRO

Created by Decreto n.43,178 of February 5, 1958.

407. Cadernos de folclore. n.1-. Rio, 1968-.
    Series (n.10; 1969).

408. Revista brasileira de folclore. Ano I-, n.1-;
    setembro/dezembro 1961-. Rio, 1961-.
    Frequency varies: 3/year, n.1-7; 1961-1963. Annual,
        n.8/10; 1964. 3/year, n.11-; 1965-.
    Indexed in BBCS.
    M:283.

DEPARTAMENTO DE APOIO

Created by Decreto n.66,296 of March 3, 1970. One of
its component parts, the Diretoria de Documentação e Divulgação,
has been charged with the responsibility for disseminating
information of all the agencies of the ministry through
its three publications, 409-411.

DIRETORIA DE DOCUMENTAÇÃO E DIVULGAÇÃO

409. Administração e legislação. Ano I-, n.1-; setembro
      1971-. Brasília, 1971-.
      "Publicação oficial."
      Frequency: Monthly.

410. Cultura. Ano 1-, n.1-; janeiro/março 1971-.
      Brasília, 1971-.
      "Publicação oficial." Summaries in English and French.
      Frequency: Quarterly.

411. Educação. Ano I-, n.1-; abril/junho 1971-. Brasília,
      1971-.
      "Publicação oficial." Summaries in English and
          French.
      Frequency: Quarterly.

BIBLIOTECA NACIONAL (BN)

   The library began with the transfer of the Bibliotheca
Real de Lisboa to the Bibliotheca Real do Rio de Janeiro
in 1810 (Decreto of June 27). Officially founded and
installed on October 29th of the same year by royal
decree it has been called the Bibliotheca Imperial e
Pública, the Bibliotheca Pública e Nacional, and the
Bibliotheca Nacional do Rio de Janeiro.

412. Relatório. Rio.
      Title varies: See Introduction, p. xxiv.
      Frequency: Annual irreg., 1896, 1900-1927, 1930.
          Issued in the Anais da Biblioteca nacional, 413,
          for 1935-1939.
      DN:83.

413. Anais da Biblioteca nacional. Vol.I-; 1876-. Rio,
      1876-.
      Scholarly articles, documents, and official
          correspondence.
      Title varies: Annaes da Bibliotheca nacional, Vol.
          1-50; 1876-1928. Anais da Biblioteca nacional,
          Vol.51-; 1929-.
      Frequency varies: Semi-annual, Vol.1-6; 1876-1878.
          Annual, Vol.7- ; 1879-1892. Not issued, 1893-1895.
          Annual, 1896-1918. Biennial, Vol.41/42, 43/44,
          45; 1919/1920-1922/1923. Annual, Vol.46-75; 1924-

413.   (Cont'd.)
         1953. Not issued, 1954, 1955. Annual (date of
         publication irreg. in paren.), Vol.76-79; 1956-
         1959 (1962, 1964, 1963, 1961), Vol.80-88; 1960-
         1968 (1964, 1964, 1968, 1967, 1971, 1965, 1968,
         1968, 1971).
         In one volume except for Vol.9; 1881 which is in
         3 vols.
413a.   _____. Índice geral alphabetico dos vinte
         primeiros volumes dos Annaes da Bibliotheca
         nacional. In Vol.XX; 1898: 315-337 (1899).
413b.   _____. Índice dos Anais da Biblioteca nacional
         do Rio de Janeiro [Vol.1-LX]. In Vol.LX; 1938:
         317-322 (1940).
         DN:83 M:297.

414.   Boletim bibliográfico. 1886-. Rio, 1886-.
         In several series, as follows:

414a.   Boletim; aquisições mais importantes feitas pela
         Biblioteca nacional. Ano I-III; 1o. trimestre
         1886-4o. trimestre 1888. Rio, 1886-1888.
         Frequency: Quarterly.
         [1st series]

414b.   Boletim bibliográfico da Biblioteca nacional. Ano
         I, n.1-Ano IV, n.2; janeiro/março 1918-1921. Rio,
         1918-1921.
         Lists works acquired by the library published in
             Brazil and other countries.
         Frequency: Quarterly.
         [2d series]

414c.   Boletim bibliográfico. 1945-1950. Rio, 1947-.
         Lists acquisitions of Brazilian publications.
         Frequency: Annual.
         [3d series]

414d.   Boletim bibliográfico. Vol.I-, Tomo I-; 1o. e 2o
         trimestres de 1951-. Rio, 1952-.
         Brazilian national bibliography. Based on legal
             deposit of trade and official publication,
             including books, pamphlets, separates, documents,
             music, maps, etc. Serials are listed in the
             second part of each year.

414d. (Cont'd.)
Frequency varies: Semi-annual, Vol.1, T.1-Vol.15,
   n.2; 1951-1965. "Publicação suspensa."
Numbering begins with Vol.IV, T.I; 1954.
DN:86 G:173 HLAS23:6205 J:8 M:297-298 Z:42-43.
[4th series]

415. Boletim do Ministério da Educação e Saúde Pública.
n.1/2-3/4; 1931. Rio, 1931.
[Not in the series, but part of the national
   bibliography, issued by the BN].

416. Boletim bibliográfico. 1o.-2o. semestre de 1938.
Rio, 1938.
Contains only books printed in Brazil.
Frequency: Semi-annual.
[Also part of the national bibliography, but not
   considered part of the regular series issued by
   the BN].

417. Coleção Rodolfo Garcia. Rio.
Series in two parts:
417a. _____. Série A: Textos (históricos e literarios).
   (n.n. 1966).
417b. _____. Série B: Catálogos e bibliografias.
   (n.n. 1969, 1970).

418. Documentos históricos. n.1-110. Rio, 1928-1955.
Administrative correspondence and other legal
   documents, from Portuguese and Brazilian
   archives, for the 16th to 19th centuries.
Series.
DN:87 G:3249 M:298.

419. Exposição lançamentos do ano 1961-. Rio, 1962-.
Catalog of exhibits of Brazilian book production.
Frequency: Annual.
M:278.

INSTITUTO NACIONAL DO LIVRO (INL)

Created by Decreto-lei n.93 of December 21, 1937.

420. Bibliografia brasileira mensal. 1938/1939-. Rio, 1941-.
Brazilian national bibliography, includes list of
   publishers.

420. (Cont'd.)
     Title varies: Bibliografia brasileira, 1938-1955.
     "Bibliografia brasileira corrente," in Revista
     do livro, 449, 1956-1962. Bibliografia brasileira,
     1963-1966. Bibliografia brasileira mensal, 1967-.
     Frequency varies (publication date in paren.): Annual
        irreg., 1938/1939 (1941), 1940 (1954), 1941 (1952),
        1942/1945 (1953), 1946 (1947), 1947/1952 (1957),
        1953 (1954), 1954 (1956), 1955 (1959). Quarterly,
        1956-1960, in Revista do livro, 449. Semi-annual,
        1961. Annual, 1962-1966. Monthly, Nov 1967-Oct
        1969. Irreg., Nov/Dec 1969. Monthly, Jan 1970-.
     In 1 vol., except 1942/1945 and 1957, in 2 vols.
     DN:106   G:143   HLAS23:6202   M:309.

421. Biblioteca científica brasileira. Rio.
     Series in several parts:

422. _____. Coleção do estudante. n.1-. Rio.
     M:310.

423. _____. Coleção de filologia. n.1-. Rio, 1960-.
     (n.1-7; 1960-1965. n.2-5; 1961-1963, n.7; 1965).
     M:309.

424. _____. Série A: Originais brasileiros. n.1-.
     Rio, 1953-.
     (n.1-4; 1953, 1952, 1953-1954).
     M:310.

425. _____. Série B: Tradição. n.1-. Rio, 1947-.
     (n.1-3; 1947-1948).
     M:310.

426. Biblioteca de divulgação cultural. n.1-. Rio, 1956-.
     Series in two parts, see 427 and 428.
     M:310.

427. _____. Série A, n.I-. Rio, 1956-.
     (n.27; 1961).
     Called Série A beginning with n.III.

428. _____. Série B, n.I-. Rio, 1956-.
     (n.28; 1959).

429. Biblioteca popular brasileira. Vol.1-. Rio, 1942-.
     Series (Vol.1-2; 1942, 1953. n.31-33; 1962-1963).
     M:310.

430. Coleção B-1. Bibliografia. n.1-. Rio, 1942-.
     Series (n.1-13; 1942-1960, with n.11 repeated twice
        in the numbering).
     DN:106 M:310.

431. Coleção B-2. Biblioteconomia. n.1-9. Rio, 1940-1953.
     Series
     DN:106 M:311.

432. Coleção B-3. Biografia. n.1-4. Rio, 1943-1960.
     Series.
     DN:106 M:311.

433. Coleção cidade do Rio de Janeiro. n.1-. Rio.
     Series.

434. Coleção consulta cientifica. n.1-. Rio, 1971-.
     Series.

435. Coleção cultura brasileira. Edições críticas. n.1-.
     Rio, 1969-.
     Series.

436. Coleção cultura brasileira. Literature, Antologias.
     n.1-. Rio, 1969-.
     Series.

437. Coleção cultura brasileira. Série estudos. n.1-.
     Rio, 1968-.
     Series (n.2; 1969).

438. Coleção cultura brasileira. Série literatura. n.1-.
     Rio, 1969-.
     Series.

439. Coleção dicionarios especiais. n.1-. Rio, 1971-.
     Series.

440. Coleção dictionarios especializados. n.1-. Rio.
     Series (n.2; 1968).

441. Coleção documentos. n.1-. Rio, 1971-.
     Series.

442. Coleção estudos literais. n.1-. Rio, 1971-.
Series.

443. Coleção germânica. n.1-. Rio.
Series (translations) (n.2; 1967).

444. Coleção literatura brasileira. n.1-. Rio, 1971-.
Series.

445. Coleção novissimos. n.1-. Rio, 1971-.
Series.

446. Coleção de obras raras. n.1-. Rio, 1944-.
Series (n.1-5; 1945-1957, n.6-7; 1961)
n.2 and n.4 in 2 vols. 2d ed. of n.1 issued in 1952.
M:311.

447. Coleção de traduções de grandes autores brasileiros.
n.1-. Rio, 1955-.
Series (n.2; 1961).
M:311.

448. Coleção vida brasileira. n.1-. Rio, 1954-.
Series (n.25; 1959).
M:228.

449. Revista do livro. Ano I-XIII, n.1-43; janeiro/março
1956-4o trimestre 1970. Rio, 1956-1970.
Literary criticism, history, book news, bibliography.
Included the current national bibliography in n.1-26;
    1956-1964, in the section, "Bibliografia brasileira
    corrente." See also, Bibliografia brasileira
    mensal, 420.
Frequency varies: Quarterly irreg., n.1-20; 1956-
    1960. Semi-annual, n.21/22-23/24; 1961. Not
    issued, 1962-1963. Semi-annual, n.25-26; 1964.
    Annual, n.27/28, 29/30, 31; 1965-1967. Quarterly,
    n.32-43; 1968-1970.
Indexed in BBCS.

449a. _____. Índice dos dois primeiros anos da
Revista do livro, ns. 1-8, por Augusto Meyer.
s.d. 15p.
G:172 HLAS23:6216 J:80 M:292 Z:62-63.

CAMPANHA NACIONAL DO LIVRO (CNL)

Created by Decreto n.48,902 of August 27, 1960, it was dissolved by Decreto n.69,270 of September 23, 1971, and absorbed by the Instituto Nacional do Livro.

450. Noticiário CNL. n.1-; 1970-. Rio, 1970-.
     Frequency: Monthly, n.1-11; 1970-Jun 1971.

COMISSÃO DE LIVRO TÉCNICO E DO LIVRO DIDÁTICO (COLTED)

This agency, created as the Conselho do Livro Técnico e Didático (COLTED) on June 16, 1966 (Decreto n.58,653) was redesignated four months later as the Comissão de Livro Técnico e do Livro Didático (Decreto n.59,355 of October 4, 1966) maintaining the same acronym. COLTED was dissolved by Decreto n.68,728 of June 9, 1971, and absorbed by the Instituto Nacional do Livro.

451. COLTED notícias. n.1-; 1967-. Rio, 1967-.
     General information and notices.
     Frequency irreg.: n.1-3; 1967. n.4; 1968. n.5;
          1969. n.6-8; 1970.
     M:44.

GRUPO EXECUTIVO DA INDÚSTRIA DO LIVRO (GEIL)

Created by Lei n.4,750 of August 12, 1965, and dissolved by Decreto n.68,782 of June 21, 1971.

452. GEIL; boletim informativo. n.1-; janeiro/fevereiro
     1967-. Rio, 1967-.
     Frequency varies: Bimonthly irreg., n.1-5, 6/7,
          8-10; Jan/Feb, Jun, Jul/Aug, Sept/Oct 1967,
          Jan/Feb, Mar/Jun, Jul/Aug, Sept/Oct, Nov/Dec
          1968. 3/year, n.11/12-17/18; Jan/Apr 1969-Jan/
          Apr 1970. Irreg., n.19, 20/21; May/Jun, Jul/Dec
          1970.

INSTITUTO BENJAMIN CONSTANT

The Imperial Instituto dos Meninos Cegos was created on September 10, 1854 (Decreto n.1,428). By 1911 it had become known as the Instituto Benjamin Constant, and it

was subordinated to the Ministério da Justiça e Negócios
Interiores (Decreto n.9,026). On February 20, 1932, the
Ministério da Educação e Saúde Pública received
authorization to reorganize the institute (Decreto n.21,069),
and the institute has remained subordinated to the
education ministry since then.

453. Pontinhos; revista infanto-juvenil para cegos.
    setembro 1959-. Rio, Imprensa Braille, 1959-.
    Magazine for blind children, in Braille.
    Frequency varies: Monthly, Sept 1959-Feb 1965.
       Not issued, 1965-1971. Bimonthly, Jul 1971-.
    Cover is printed, but without date.

454. Revista brasileira para cegos. Ano 1-, n.1-;
    abril 1942-. Rio, Imprensa Braille, 1942-.
    Transcription of current articles from the popular
       press, in Braille.
    Frequency varies: Monthly irreg., n.1-143; 1942-
       Jul 1963, n.144/145, 146-148; Aug/Sept, Oct-
       Dec 1963. Bimonthly, n.149/150-161/162; Jan/Feb
       1964-Jan/Feb 1965. Irreg., n.163-166; Mar/Jun
       1965. Bimonthly, n.167/168-171/172; Jul/Aug-Nov/
       Dec 1965. Bimonthly, 1966-.
    Cover is printed, but without date or number.

455. Tato. Ano 1-, n.1-; setembro 1968-. Rio, 1968-.
    General information bulletin for the non-blind
       public about the blind and blindness.
    Frequency: Quarterly, n.1-2; Sept-Dec 1968.

CAMPANHA NACIONAL DE EDUCAÇÃO DOS CEGOS

Established as the Campanha Nacional de Educação e
Rehabilitação dos Deficitários Visuais by Decreto n.44,236
of August 1, 1958, it was redesignated as the Campanha
Nacional de Educação dos Cegos by Decreto n.48,252 of
May 31, 1960.

456. Relatório. São Paulo, Grupo de Trabalho Técnico.
    Title varies: See Introduction, p. xxiv.
    Frequency: Annual irreg., 1969.

MUSEU HISTÓRICO NACIONAL

Created by Decreto n.15,596 of August 2, 1922.

457.　Anais do Museu histórico nacional. Vol.I-; 1940-.
　　　Rio, 1940-.
　　　Frequency varies: Annual, Vol.1-14; 1940-1953. Not
　　　　　issued, 1954-1965. Annual, Vol.15-17; 1965-1967.
　　　　　Irreg., Vol.18-20; 1968. Annual, Vol.21-; 1969-.
　　　DN:107　J:3　M:314　Z:41.

458.　Estudos e documentos. n.1-. Rio, 1962-.
　　　Series.
　　　M:314.

MUSEU IMPERIAL

Established in 1938 as the Museu Histórico de
Petrópolis and redesignated as the Museu Imperial by
Decreto-lei n.2,096 of March 29, 1940.

459.　Anuário do Museu Imperial. Vol.I-; 1940-.
　　　Petrópolis, RJ, 1940-.
　　　Frequency: Annual, 1940-1950. Annual (publication
　　　　　date irreg., in paren.), 1951 (1955), 1952 (1956),
　　　　　1953 (1956), 1954 (1956), 1955 (1960), 1956 (1960),
　　　　　1957 (1964), 1958 (1970), 1959 (1969).
　　　B:544　DN:107　M:264.

MUSEU NACIONAL

Established in the 1700's as the Casa de História
Natural and popularly known as the Casa dos Pássaros, it
became the Museu Real das Ciências Naturais by Decreto
of June 6, 1808, and it was redesignated as the Museu
Nacional by　Lei n.164 of September 1840.　Although its
incorporation by the Universidade do Brasil in 1946
(January 16, Decreto n.8,689) should exclude it from the
scope of this Guide, an exception has been made to include it.

460.　Relatório. Rio.
　　　Title varies: See Introduction, p. xxiv.
　　　Frequency: Annual irreg., 1874, 1875, 1877, 1919-
　　　　　1921, 1922, 1949. Annual, 1956-1963.
　　　Also issued as its Publicações avulsas, 468, n.19-.
　　　DN:107　M:317.

461. Arquivos do Museu nacional. Vol.I-; 1876-. Rio,
      1876-.
      Natural history, biology, science.
      Title varies: Archivos do Museu nacional do Rio de
          Janeiro. Vol.1-28; 1876-1926, except for Vol.9;
          1895: Revista do Museu nacional do Rio de
          Janeiro. Archivos do Museu nacional, Vol.29-36;
          1927-1934. Arquivos do Museu nacional, Vol.37-;
          1943-.
      Frequency varies: Annual, Vol.1-7; 1876-1882. Irreg.,
          Vol. 8,9; 1892, 1895. Biennial, Vol.10-16; 1897/
          1899, 1901-1911. Irreg., Vol.17, 18/19; 1915, 1916.
          Annual irreg., Vol.20-36; 1917-1934. Not issued,
          1935-1942. Annual irreg., Vol.42-50/51; 1955-1960.
          Not issued, 1961, Annual, Vol.52;1962. Not issued,
          1963-1967. Annual irreg., Vol.53, 54; 1968, 1971.
      Indexed in Biol. Abs., Bull. Sig., BBB, BBZ.
461a. _____. Indice geral dos archivos do Museu
          nacional, Vol.I-XXII; 1876 a 1919. In Vol.XXII;
          1920:275-290. Also issued as a separate.
      DN:108 M:315 PAU:220.

462. Boletim do Museu nacional. Ano I-, n.1-14/17;
      novembro 1923-1938/1941. Rio, 1923-1942(?).
      Series.
      Title varies: Boletim do Museu nacional do Rio
          de Janeiro, Ano 1-Ano 3, n.2; Nov 1923-Jun 1927.
          Boletim do Museu nacional, Ano 3, n.3-n.14/17;
          Sept 1927-1938/1941.
      Frequency varies: Quarterly irreg., 1923-1937.
          Irreg., 1938/1941.
      Superseded by a new series, issued in four parts.
          See 463-466.
462a. _____. Índice: n.1-10. In Ano X; 1934:117-126.
      DN:108 M:315 Z:45.

463. Boletim do Museu nacional. Nova série: antropologia.
      n.1-. Rio, 1942-.
      Series (n.1-18; 1942-1960. n.19-23; 1961-1963.
          n.24; 1971).
      M:315 Z:45.

464. Boletim do Museu nacional. Nova série: botânica.
      n.1-. Rio, 1944-.
      Series (n.1-26; 1944-1952, 1957-1960. n.27-31; 1961-
          1963. n.32-37; 1966-1968. n.39-40; 1971).
      Indexed in Biol. Abs., Bull. Sig., BBB.
      M:315-316 PAU:145.

465. Boletim do Museu nacional. Nova série: geologia.
      n.1-. Rio, 1943-.
      Series (n.1-31; 1943-1946, 1949-1952, 1954-1960.
         n.32-33; 1967. n.35; 1971).
      Indexed in Biol. Abs., Bull. Sig.
      M:315-316 PAU:145.

466. Boletim do Museu nacional. Nova série: zoologia.
      n.1-. Rio, 1942-.
      Series (n.1-223; 1942-1960. n.224-242; 1961-1962.
         n.243-253; 1964. n.254-280; 1966-1971).
      Indexed in Biol. Abs., Bull Sig.
      M:316 PAU:270-271.

467. Catálogo dos peixes. I-IX. Rio, 1954-1962.
      Issued as n.15 in the series, Publicações avulsas,
         468.
      M:316.

468. Publicações avulsas. n.1-. Rio, 1945-.
      Series (n.1-48; 1945-1964. n.50-56; 1965-1971).
         n.15, issued in 11 parts, 1954-1962, entitled
         Catálogo dos peixes, 467.
      M:316.

469. Série livros. I-. Rio, 1960-.
      Series (n.1-2; 1960. n.3; 1966).
      M:317.

MUSEU NACIONAL DE BELAS ARTES

   Established as the Museu da Escola Nacional de Belas
Artes, it became an independent entity and was redesignated
as the Museu Nacional de Belas Artes by Lei n.378 of
January 13, 1937.

470. Anuário. n.1-; 1938/1939-. Rio, 1941-.
      Frequency: Annual, n.1-14; 1938/1939-1952(n.1-2;
         1938/1939-1940 issued together).
      DN:109 M:317.

OBSERVATÓRIO NACIONAL

   Originally created as the Observatório Imperial by
Decreto Legislativo of October 15, 1827, it has carried
the following names since: the Observatório Astronômico

(Decreto-lei n.2,649, October 1, 1840), the Imperial
Observatório do Rio de Janeiro (Decreto n.457, July 22,
1846), the Observatório do Rio de Janeiro (Decreto n.9,
November 21, 1889), the Diretoria de Meteorologia e
Astronomia (Decreto n.7,672, November 18, 1909), and
the Observatório Nacional (Decreto n.14,828, May 25, 1921).
It has been attached successively to various ministries,
as follows: the Ministério da Instrução Pública, Correios
e Telégrafos (Decreto n.346, April 19, 1890), the
Ministério da Guerra (Decreto n.451-A, May 31, 1890),
the Ministério da Indústria, Viação e Obras Públicas
(Decreto n.2,419, December 31, 1896), the Ministério da
Agricultura, Indústria e Comércio (Decreto n.7,501,
August 12, 1909) the Ministério da Educação e Saúde Pública
(later designated as the Ministério da Educação e Saúde
in 1937, and as the Ministério da Educação e Cultura in
1953) (Decreto n.19,444, December 1, 1930).

471. Anuário para 1884/1885-; Ano I-. Rio, 1884-.
     Meteorological data for the coming year.
     Title varies as name of agency varies.
     Frequency: Annual, 1884-1963. Ano 80; 1964 was not
         published. Annual, 1965-.
     DN:109 M:318.

472. Publicações do Serviço astronômico. n.1-. Rio, 1956-.
     Series (n.1-5; 1956-1959. n.20-23; 1965-1968. n.31;
         1969).
     Title varies: Publicação avulsa do Observatório
         nacional, n.1-4; 1956-1958. Publicações do Serviço
         astronômico, n.5-; 1959-.
     M:319.

473. Publicações do Serviço magnético. n.1-. Rio, 1951-.
     Series (n.1-9; 1951-1960. n.10; 1966. n.11-12;
         1963-1964. n.13-14; 1969).
     Title varies: Publicações do Observatório magnético
         de Vassouras, n.1-4; 1951-   . Publicações do
         Serviço magnético, n.5-; 1957-.
     M:319.

SERVIÇO NACIONAL DE TEATRO (SNT)

Created by Decreto-lei n.92 of December 21, 1937.

474. Cadernos de teatro dionysos. Ano 1-. n.1-; 1960-.
Rio, 1960-.
Supplement to Dionysos, 475.
Only one number published(?).

475. Dionysos. Ano I-XIV, n.1-17; outubro 1949-julho
1969. Rio, 1949-1969.
Theatrical studies. "Orgão do Serviço Nacional de
Teatro."
Title irreg.: On cover and title page: Dionysos;
órgão do Serviço nacional de teatro do MEC.
Inside front cover: Dionysos; estudos teatrais.
Frequency varies: Irreg., n.1-5; 1949-1954.
Annual irreg., n.6-11; 1955-1957, 1959-1961.
Irreg., n.12-14; Sept 1965, Feb, Dec 1966.
Annual, n.15-17; 1967-1969.
Numbering irreg.
Supplement, with own title and numbering: Cadernos
de teatro dionysos, 474.

476. Cadernos de teatro. n.1-; 1957(?)-. Rio, O Tablado,
1957(?)-.
Theatrical criticism, techniques, analysis.
Frequency varies: Quarterly(?), n.1-12; 1957-1959.
Semi-annual, n.13-16; 1960-1961. Quarterly,
n.17-42; 1962-1968. Annual, n.43; 1969. Quarterly,
n.44-46; 1970.
Dated beginning with n.13; 1960. Month is added
beginning with n.18; Jun 1960.
Sponsoring agency varies: Instituto Brasileiro de
Educação, Ciência e Cultura (IBECC), n.1-37;
1957(?)-1967. No agency given, n.38-42; Apr/
Jun 1967-Apr/Jun 1968. Conselho Nacional de
Cultura, n.43; 1969. Conselho Nacional de
Cultura and Serviço Nacional de Teatro, n.44; Jan/
Mar 1970. Serviço Nacional de Teatro, n.45-46;
Apr/Jun-Jul/Sept 1970.
This is not an official publication of the SNT,
although it has sponsored and distributed it.

INSTITUTO JOAQUIM NABUCO DE PESQUISAS SOCIAIS

Created as the Instituto Joaquim Nabuco by Lei n.770
of July 21, 1949, and granted administrative autonomy
as a federal autarchy by Lei n.3,791 of August 2, 1960,
it was redesignated as the Instituto Joaquim Nabuco de

Pesquisas Sociais by Lei n.4,209 of February 9, 1963,
and attached to the Ministério da Educação e Cultura
by Decreto n.60,900 of June 26, 1967.

477. Boletim do Instituto Joaquim Nabuco de pesquisas
    sociais. Vol.1-, n.1-; 1952-. Recife, 1952-.
    Frequency varies: Annual, n.1-12; 1952-1963. Irreg.,
       n.13/14, 15, 16/17; 1964/1965, 1966, 1969.
477a. _____. Indice dos volumes 1-12 (1953-1963).
    In Boletim da Biblioteca da Camâra dos Deputados,
       13, Vol.14(2):385-400; May/Aug 1965.
    Indexed in BBCS.
    CLA:46 J:14 M:130 Z:45.

478. Boletim do Instituto Joaquim Nabuco de pesquisas
    sociais. Série I: Antropologia histórica. n.1-.
    Recife, 1964-.
    Series (n.1-2; 1964-1965. n.3-4; 1966. n.5; 1967).
    M:130.

INSTITUTO NACIONAL DE CINEMA

This institute, established as the Instituto Nacional
do Cinema Educativo in 1937 (January 13, Lei n.378),
was absorbed by the Instituto Nacional de Cinema in 1966
(November 18, Decreto-lei n.43) and attached to the
Ministério da Educação e Cultura as a federal autarchy
the next year (June 26, 1967, Decreto n.60,900).

479a. Brasil cinema, 1968-, n.1-; janeiro/junho 1968-.
    Rio, 1968-.
    Catalog of Brazilian films: Title, personnel,
       addresses for distribution and sale.
    Cover title. (Title page: Instituto nacional do
       cinema apresenta (presents, présente) catálogo
       de filmes brasileiros (catalogue of Brazilian
       films, catalogue de films brésiliens).
    Frequency: Semi-annual, n.1-4; 1968-1969.

479b. Filme cultura. Ano I-, n.1-; 1966-. Rio, 1966-.
    Articles and news of national and international
       film movements and activities, reviews.
    Title varies: Filme e cultura, n.1. Filme cultura, n.2-.
    Frequency varies: Bimonthly, irreg., n.1-7; Sept/
       Oct, Nov/Dec 1966, Jan/Feb, Mar/Apr, Jul/Aug,
       Sept, Oct/Nov 1967. Monthly irreg., n.8-11; Mar,

479b. (Cont'd.)
　　　 Apr, Jul, Nov 1968. Bimonthly irreg., n.12-14;
　　　 May/Jun, Nov/Dec 1969, Apr/May 1970. Bimonthly,
　　　 n.15-; Jul/Aug 1970-.

480. Guia de filmes. Ano 1-, n.1-; janeiro 1967-. Rio,
　　　 1967-.
　　　 Frequency varies: Monthly, n.1-12; 1967. Bimonthly,
　　　 n.13-; 1968-.

FUNDAÇÃO CASA DE RUI BARBOSA

　　Established as the Casa de Rui Barbosa by Lei n.5,429
of January 9, 1928, it became a foundation and was
redesignated as the Fundação Casa de Rui Barbosa by
Lei n.4,943 of April 6, 1966.

481. Arquivo da Casa de Rui Barbosa. n.1-. Rio, 1962-.
　　　 Series.
　　　 M:299.

482. Coleção de estudos filológicos. n.1-. Rio, 1956-.
　　　 Series (n.1-2; 1956, n.3; 1960).
　　　 M:299.

483. Coleção de estudos jurídicos, n.1-. Rio, 1956-.
　　　 Series (n.1-3; 1956, 1969, 1960).
　　　 M:299.

484. Coleção de textos da língua portuguêsa moderna.
　　　 Vol.1-. Rio, 1955-.
　　　 Series. (Vol.1-3; 1955-1958. Vol.4, t.1, pt.1-t.2,
　　　　　 pt.2; 1961-1964).
　　　 M:299.

FUNDAÇÃO NACIONAL DE MATERIAL ESCOLAR (FENAME)

　　Established as the Campanha Nacional de Material de
Ensino by Decreto n.38,556 of January 12, 1956, FENAME
was absorbed by the Fundação Nacional de Material Escolar,
created by Lei n.5,327 of October 2, 1967.

485. Revista de alimentação e material escolar.
　　　 Issued in conjunction with the Campanha Nacional
　　　　　 de Alimentação Escolar. See 385.

486. Revista FENAME. n.1-; abril 1969-. Rio, 1969-.
      Only one number issued (?).

MOBILIZAÇÃO NACIONAL CONTRA O ANALFABETISMO

   Established by Decreto n.51,222 of August 22, 1961,
incorporating the Campanhas de Educação de Adultos,
de Educação Rural, de Erradicação de Analfabetismo, de
Merenda Escolar, and others, it was dissolved by
Decreto n.51,867 of March 26, 1963.

487. Ensino visual. n.1-. Rio,
      Series.

488. Jornal de todos. n.1-. 1956-. Rio, 1956-.
      Newspaper for the newly literate.
      Frequency unknown (n.5; ano de 1961 recorded).
      M:256.

MINISTÉRIO DO EXÉRCITO (MEx)

Established as the Ministério da Guerra by Decreto
[Imperial] on March 16, 1808, it became the Ministério
do Exército on February 25, 1967 (Decreto-lei n.200).
The following entities have issued serial publications
within the scope of this Guide:

Ministério do Exército (MEx)

    Secretaria Geral do Exército
      Biblioteca do Exército
      Hospital Central do Exército
    Estado Maior do Exército
      Diretoria Geral do Ensino
        Colégio Militar de Fortaleza
        Colégio Militar do Rio de Janeiro
        Escola de Educação Física do Exército
      Diretoria Geral de Intendência do Exército
      Diretoria do Serviço Geográfico
      Diretoria de Saúde
      Diretoria dos Serviços de Remonta e Veterinária
    Instituto de Biologia do Exército
    Instituto de Geografia e História Militar do Brasil

489. Relatório. 1832-. Rio, 1833-.
    Title varies: See Introduction, p. xxiv.
    Frequency: Annual irreg., 1832-1838/1839, 1840-
      1888/1889, 1890/1891-1923/1924, 1934-1939, 1964/
      1966.
    Report year irregular.
    DN:129 M:150.

490. Almanaque do Exército. 1848/1849-. Rio, 1850-.
    Title varies: Almanaque [or, Almanak] militar, 1858-
      1863. Almanaque do Ministério da Guerra, 1891-
      1941. Almanaque do Exército, 1946/1947-.
    Frequency: Annual irreg., 1858-1863, 1891-1941,
      1946/1947-.
    B:3176 DN:130 M:149.

491. Boletim de relações públicas do Exército. Ano I-,
    n.1-; setembro 1965-. Rio, Gabinete do Ministro, 1965-.
    Frequency: Irreg., n.1-2; Sept, n.3-6; Oct, n.9-10;
      Nov-Dec 1965. Monthly, n.11-23; Feb 1966-Feb 1967.
      Irreg., n.24-25; Mar/Jul, Aug 1967.

492. A defesa nacional. Ano 1-, n.1-; outubro 1913-.
      Rio, 1913-.
      Frequency varies: Monthly irreg., 1913-1942.
         Bimonthly irreg., 1943-1948. Quarterly irreg.,
         1949-1960. Monthly, Jan-May 1961. Irreg., Jun/Jul,
         Aug 1961. Bimonthly, Sept/Oct 1961-Jul/Aug 1962.
         Irreg., Sept, Oct, Nov/Dec 1962. Monthly, Jan-Jul
         1963. Irreg., Aug/Sept, Oct/Nov, número especial,
         Oct, Dec 1963. Bimonthly, Jan/Feb 1964-.
      Indexed in BBA, BBCS, BBQ.
      DN:130 M:237.

493. Noticiário do Exército. Ano I-, n.1-; 18 junho
      1957-. Rio, 1957-.
      Considered as the "Diário oficial do Exército."
      Frequency: Daily, in newspaper format.

               SECRETARIA GERAL DO EXÉRCITO

494. Boletim do Exército. 1865-, n.1-. Rio, 1865-.
      Title varies: Ordens do día, 1865-Aug 1909.
         Boletim do Exército, Aug 1909-.
      Frequency: Weekly.
      M:116.

495. Revista militar brasileira. Ano I-, Vol.I-, n.1-;
      1882-. Rio, Estado Maior do Exército, 1882-1938;
      Secretaria Geral do Exército, 1939-.
      Title varies: Revista militar do Exército brasileiro,
         1882-1886. Revista militar, 1899-1908. Boletim
         mensal do Estado maior do Exército, 1911-1923.
         Revista militar brasileira, 1924-.
      Frequency varies: Monthly, 1882-1888. Suspended, 1888-
         1899. Annual, 1899-1903. Monthly, 1904-1908. Not
         issued, 1908-1910. Semi-annual irreg., 1911-1960,
         except not published between Jul 1938 and Dec 1940.
         Semi-annual, 1961. Not issued, 1962. Irreg., Jan/
         Jun only 1963. Not issued, 1964. Irreg., Jan/Jun,
         Jul/Sept, Oct/Dec 1965. Quarterly, Jan/Mar-Jul/
         Sept 1966. Irreg., número especial, 1966, Oct/Dec
         1966, Jan/Jun 1967. Quarterly, Jul/Sept 1967-Apr/
         Jun 1969. Irreg., Jul/Dec 1969, Jan/Mar 1970,
         Número especial 1970. Quarterly, Apr/Jun 1970-.
495a. _____. "Índice dos assuntos, de autores, e notas
      bibliográficas, 1882-1923," in Coleção Bibliográfico
      Militar [por] Francisco Ruas Santos (Rio,
      Biblioteca do Exército, 1960).
      DN:130 M:295.

BIBLIOTECA DO EXÉRCITO

Established as the Biblioteca do Exército by Decreto
n.8.336 of December 17, 1881, the library was dissolved
by an Aviso of May 6, 1924, then later reorganized as the
Biblioteca Militar in the Ministério da Guerra (by Decreto
n.1,748 of June 26, 1937). It reverted to its original
designation of Biblioteca do Exército in 1949.

496. Boletim da Bibliex. Ano I-, n.1-; julho 1938-.
      Rio, 1938-.
      General information about ministerial activities;
          legislation; library activities, rare materials
          in the collection.
      Title varies: Boletim de informações da Biblioteca
          militar, 1938-   . Boletim; órgão informativo
          da Biblioteca do Exército,   -1960. Boletim da
          Bibliex, 1964-.
      Frequency varies: irreg., n.1-37; Jul 1938-Apr 1960.
          Not issued, May 1960-Dec 1963. Irreg., n.38-50;
          Jan, n.m., Nov 1964, Apr, Oct 1965, Jul 1966,
          Jul-Sept, Dec 1967, May, Aug, Dec 1968, Jan,
          Jul 1969, Jan/Apr, 2o. sem. 1970. Quarterly,
          n.55-; 1o. trim. 1971-.
      Numbering irreg. for n.44; Jul 1967--called Ano
          XXII, but should be Ano XXIV.

497. Coleção General Benício. n.1-. Rio, 1937-.
      Series (n.412; 1971).
      Title varies: Coleção biblioteca militar, 1937-1949.
          Coleção Biblioteca do Exército, 1949-1959.
          Coleção General Benício, 1960-.
      Series title also called, Biblioteca do Exército
          editôra. Publicações.
      M:149, 227.

498. Coleção Taunay. Rio, 1955-.
      Series (n.16; 1964).
      M:27.

HOSPITAL CENTRAL DO EXÉRCITO

Exactly when the hospital was established has not
been determined; however, on August 6, 1891, regulations
were approved for a military hospital (Decreto n.476) and
on March 31, 1911, the regulations for the Hospital Central
do Exército were approved (Decreto n.8,647).

499. Anais do Hospital central do Exército. n.1-;
      1936-. Rio, 1936-.
      Frequency varies: Irreg., n.1-2; 1936, 1937/1938.
          Annual, n.3-10; 1939-1945. Not issued, 1946-
          1966. Annual, n.11, 12/13, 14/15, 16-; 1967-.
      M:304.

ESTADO MAIOR DO EXÉRCITO

Created by Lei n.403 of October 24, 1896.

500. Boletim do Estado maior do Exército. n.1-. Brasília.
      Called "publicação especial," with a limited edition
          of about 100 copies.
      Frequency: Monthly (?), n.1-11; not dated. n.12/71.

501. Boletim de informações. fevereiro 1955-. Rio,
      1955-   ; Brasília, 1960(?)-.
      General information on military, political, and
          international affairs.
      Frequency varies: Monthly, 1955-1968. Bimonthly,
          1969-.

502. Cultura militar. Ano I-, n.1-; agôsto 1948-.
      Rio, 1948-.
      Title varies: Mensário de cultura militar
          n.1-205; 1948-1965. Cultura militar, n.206-;
          1966-.
      Frequency varies: Bimonthly, n.1-147, número especial,
          1948-1960. Irreg., n.148/149, número especial,
          n.150-152, 153/154, número especial; Jan/Feb,
          Mar, Apr-Jun, Jul/Aug, Sept 1961. Bimonthly,
          n.155/156-159/160, número especial, n.161/162-177/
          178, número especial; Sept/Oct 1961-Jan/Feb
          1962, n.m. 1962, Mar/Apr 1962-Jul/Aug, Sept
          1963. Bimonthly, n.179/180-189/190; Oct/Nov 1963-
          Jul/Aug 1964. Irreg., n.191/194, n.195-205; Sept/
          Dec 1964, Jan/Mar-Dec 1965. Bimonthly, n.206-208;
          Jan/Feb-May/Jun 1966. Irreg., n.209-212; Jul/Dec
          1966, 1o. sem. 1967, Jun/Dec 1967, Jan/May 1968,
          1o. sem. 1969.

DIRETORIA GERAL DO ENSINO

Established before 1944 as the Diretoria do Ensino
do Exército, it was attached to the Estado Maior do

Exército in 1946 (March 27, Decreto-lei n.9,100) and was redesignated as the Diretoria Geral do Ensino in 1952 (July 29, Decreto n.31,210).

503. Subsídios pedagógicos. Ano I-, n.1-;   julho 1958-.
      Rio, 1958-.
      Frequency Irreg.: Ano I-III, n.1-7; 1958-1960.
          Ano III, n.8-9; 1961. Ano IV, n.10; 1962.

COLÉGIO MILITAR DE FORTALEZA

Created as the Escola Preparatória de Cadetes by Lei n.3,674 of January 7, 1919, it was redesignated as the Colégio Militar de Fortaleza by Decreto n.166 of November 11, 1961.

504. Anuário do Conselho de ensino. n.1-; 1957-.
      Fortaleza, 1958-.
      Frequency varies: Annual, n.1-6; 1957-1962. Irreg.,
          n.1963/1964. Annual, n.8-9; 1965-1966. Irreg.,
          n.10; 1967/1968.
      Beginning with n.6; 1962, also numbered as "1º do
          Colégio."
      M:150.

COLÉGIO MILITAR DO RIO DE JANEIRO

Founded as the Imperial Colégio Militar in 1889 (March 9, Decreto n.10,202), it had become the Colégio Militar by 1890, and was later called the Colégio Militar do Distrito Federal. It received its present name in 1955 (September 12, Decreto n.37,879).

505. Revista didática do Colégio militar do Rio de
      Janeiro. Ano I-, n.1-; janeiro 1902-. Rio, 1902-.
      Frequency varies: Monthly, Ano 1-5; 1902-1906. Not
          published, 1907-1967. Annual, n.1-2; 1968, Oct
          1969.
      New series begins with Ano I, n.1; 1968.

ESCOLA DE EDUCAÇÃO FÍSICA DO EXÉRCITO

Established by Decreto n.23,252A of October 19, 1933.

506. Revista de educação física. Vol.1-, n.1-; maio
      1932-. Rio, 1932-.
      Frequency varies: Monthly irreg., n.1-84; 1932-1957.
          Irreg., n.93, 94; Jan, Jun 1964.
      In n.93 there appears a note that the publication
          has returned after an absence of four years.
      M:288.

          DIRETORIA GERAL DE INTENDÊNCIA DO EXÉRCITO

      Organized by Decreto n.15,093 of November 3, 1921.

507. Revista de intendência do Exército brasileiro.
      Ano 1-, n.1-; março 1926-. Rio, 1926-.
      Technical and professional articles of interest
          to the military.
      Frequency varies: Bimonthly, 1926-1967. Semi-annual,
          1968-1969.
      M:290.

            DIRETORIA DO SERVIÇO GEOGRÁFICO

      Created as the Serviço Geográfico Militar by Decreto
      n.451A of May 31, 1890, it was redesignated successively
      as the Serviço Geográfico do Exército by Decreto
      n.21,883 of September 29, 1932, and as the Diretoria do
      Serviço Geográfico by Decreto n.21,738 of August 30,
      1946.

508. Anuário da Diretoria do Serviço geográfico. n.1-;
      1948-. Rio, 1949-.
      Scientific and technical articles on geography,
          cartography, geodesia, hydrography, geophysics.
      Title varies: Anuário da Diretoria do Serviço
          geográfico do Exército, n.1; 1948. Anuário do
          Serviço geográfico do Exército, n.2-3; 1949-
          1950. Anuário da Diretoria do Serviço geográfico
          n.4-; 1951/1952-.
      Frequency varies: Annual irreg., n.1-10-; 1948-1960.
          Annual, n.11-17; 1961-1967. Irreg., n.18;
          1968/1969. Annual, n.19-; 1970-.
      Indexed in BBMF.
      M:104 PAU:140.

509. Cartas do Brasil. Rio, Seção de Estudos e Planejamento.
     A catalog of maps and other publications. Not a
     serial. (One catalog located was dated 1969).

DIRETORIA DE SAÚDE

510. Revista de medicina militar. Ano 1, n.1-Ano 42,
     n.1/2; 1915-1953. Rio, 1915-1953.
     Title varies: Boletim [da Sociedade médico-
        cirúrgica militar], Ano 1, n.1-Ano 6, n.2; 1915-
        Aug 1920. Revista médico-cirúrgica militar,
        Ano 6, n.3-6; Sept-Dec 1920. Revista de medicina
        e hygiene militar, Ano 7-16; 1921-1927. Revista
        de medicina militar, Ano 21-42; 1932-1953.
     M:290-291.

DIRETORIA DOS SERVIÇOS DE REMONTA E VETERINÁRIA

In the decades of the 1930's and 1940's, this agency
was first called Serviço de Veterinária, then the
Diretoria dos Serviços de Remonta e Veterinária.

511. Revista militar de remonta e veterinária. Ano 1-19,
     n.1-   ; janeiro 1938-1959. Rio, 1938-1959.
     Title varies: Revista militar de medicina
        veterinária. Revista militar veterinárina.
        Revista militar de remonta e veterinária,
        1942-1959.
     Frequency: Monthly.
     Indexed in Biol. Abs.
     DN:130, 139, M:295.

INSTITUTO DE BIOLOGIA DO EXÉRCITO

Created as the Instituto Militar de Biologia by Decreto
n.1,915 of December 19, 1894, it was redesignated as the
Instituto de Biologia do Exército by Portaria n.8,479
of July 17, 1945.

512. Arquivos do Instituto de biologia do Exército.
     Vol.I-Ano 14/21, n.1-14/21; 1908-1953/1960.
     Rio, 1908-1961.
     Title varies: Arquivos do Laboratório militar de
        bacteriologia e microscopia clínicas, 1908.
        Arquivos do Instituto militar de biologia, 1941-
        1943. Arquivos do Instituto de biologia do
        Exército, 1944-1953/1960.

512.   (Cont'd.)
       Frequency varies: Irreg., Vol.I, n.1; 1908. Not
          issued, 1909-1940. Annual, Vol.2, n.2-Vol.4,
          n.4; 1941-1943. Annual irreg., Ano 5, n.5-Ano 8,
          n.9; 1944-1948. Irreg., Ano 10/13, 14/21; 1949/
          1952, 1953/1960.
       Annual index of authors, Also:
512a. _____. Indice acumulado, Ano 1-9. In Ano 10/13;
          1949/1952.
       Indexed in Biol. Abs., Chem. Abs.
       D:141 M:125 PAU:219.

   INSTITUTO DE GEOGRAFIA E HISTORIA MILITAR DO BRASIL

   Founded in 1936, it was recognized as an official
consultative entity in 1949.

513.   Revista do Instituto de geografia e historia
       militar do Brasil. Ano I-, Vol.I-, n.1-; janeiro
       1941-. Rio, 1941-.
       Geography and military history of Brazil;
          biographies.
       Frequency varies: Annual, n.1-2; 1941-1942.
          Semi-annual, n.3-18; 1943-1950. Annual, n.19/
          20-27/28; 1951-1955. Irreg., n.29/32; 1956/1957.
          Annual, n.33/34; 1958. Semi-annual, n.35-60;
          1959-1970. Irreg., n.61; número especial, 1970.
       J:77 M:251 Z:61.

MINISTÉRIO DA FAZENDA (MF)

Originally established as the Erário Régio by the
Alvará of March 11, 1808, it became the Ministério da
Fazenda by the Decreto of April 22, 1821.
  The following entities have issued serial publications
within the scope of this Guide:

Ministério da Fazenda (MF)

   Comissão de Reforma do Ministério da Fazenda
   Secretaria Geral
       Subsecretaria de Economia e Finanças
       Serviço do Patrimônio da União
   Inspetoria Geral de Finanças (IGF)
   Conselho de Terras da União
   Secretaria da Receita Federal (SRF)
       Departamento de Rendas Internas
       Departamento de Rendas Aduaneiras
       Departamento do Impôsto de Renda
       Departamento de Arrecadação
       Assessoria de Estudos, Planejamento e Avaliação
         (AESPA)
       Conselho de Planejamento e Aperfeiçoamento de
         Administração Fiscal (CONPLAF)
       Centro de Informações Econômico-Fiscais (CIEF)
       Biblioteca do Ministério da Fazenda (BMF)
       Centro de Treinamento e Desenvolvimento do Pessoal
         do Ministério da Fazenda (CETREMFA)

Autonomous agencies:
   Banco do Brasil S.A.
       Carteira de Colonização
       Carteira de Comércio Exterior (CACEX)
       Carteira de Crédito Agrícola e Industrial (CREAI)
   Banco Central do Brasil (BCB)
       Gerência de Coordenação de Crédito Rural e Industrial
         (GECRI)
       Casa da Moeda
   Caixa Econômica Federal (CEF)
       Conselho Superior das Caixas Econômicas Federais
       Caixa Econômica Federal do Rio de Janeiro
       Caixa Econômica Federal do Rio Grande do Sul
       Caixa Econômica Federal de São Paulo
   Serviço Federal de Processamento de Dados (SERPRO)
   Comissão de Coordenação e Implementação de Técnicas
       Financeiras (COCITEF)

514. Relatório. Rio.
      Title varies: See Introduction, p. xxiv.
      Frequency: Annual irreg., 1828-1910, 1912, 1914-
         1921, 1923, 1925-1927, 1935, 1940-1943, 1946-
         1949, 1958.
      DN:114 M:147.

515. Circulares do Ministério da fazenda nacional. Rio.
      Series (1889/1900, 1901/1916, 1911/1915, 1916/
         1918, 1919/1931, 1932/1933, 1934, 1939/1943).
      M:146.

COMISSÃO DE REFORMA DO MINISTÉRIO DA FAZENDA

Established by agreement with the Fundação Getúlio
Vargas by Lei n.4,135 of November 20, 1962, the Comissão
dissolved by March of 1967.

516. Publicação. n.1-35. Rio, 1964-1967.
      Series, in two parts: preliminary drafts for
         Leis, Regulamentos, Regimentos, and Exposições
         de Motivos; and Studies, legislative lists,
         manuals, and other documents destined for the
         functionaries of the MF responsible for
         enforcing the fiscal laws of Brazil.
      M, Addenda:3.

SECRETARIA GERAL

Created by Decreto-lei n.200 of February 25, 1967.

SUBSECRETARIA DE ECONOMIA E FINANÇAS

Created as the Conselho Técnico de Economia e Finanças
on November 25, 1937 (Decreto-lei n.14), it was attached
to the Secretaria Geral on January 23, 1970 (Decreto n.
66,107) and dissolved and absorbed by the newly created
Subsecretaria de Economia e Finanças on January 14, 1971
(Decreto n.68,063).

517. Revista de finanças públicas; estudos, informações
      pesquisas: setores economico e de planejamento
      governmental. Ano I-, n.1-; janeiro 1941-. Rio, 1941-.
      Public finance as related to economic sectors and
         governmental planning.

517. (Cont'd.)
    Title varies: Boletim do Conselho técnico de
        economia e finanças, 1941-1951. Revista de
        finanças públicas..., 1952-.
    Frequency varies: Irreg., n.1-191/192; 1941-1956.
        Bimonthly, n.193-216; 1957-1960. Quarterly,
        n.217-224; 1961-1962. 3/year; n.225-227; 1963.
        Irreg., n.228; Jan/Jun 1964. Quarterly, n.229-230;
        Jul/Sept-Oct/Dec 1964. Monthly, n.231-245; Jan 1965-
        Mar 1966. Irreg., n.246/248, 249/250, 251, 252/253;
        Apr/Jun, Jul/Aug, Sept, Oct/Nov 1966. Monthly,
        n.254-; Dec 1966-. (Suppl., 1967).
    Indexed in BBA, BBCS.
    J:70 M:289 Z:79.

SERVIÇO DO PATRIMÔNIO DA UNIÃO

Originally created as the Diretoria do Domínio da
União by Lei n.2,083 of July 30, 1909, it was redesignated
as the Serviço do Patrimônio da União by Decreto-lei
n.6,871, September 15, 1944. Dissolved and transferred
to the Departamento de Serviços Gerais in 1967 (February
25, Decreto-lei n.200) it reappeared the following year
as the Serviço do Patrimônio da União, attached to the
Secretaria da Receita Federal (Decreto n.63,659 of
November 20, 1968). In January of 1970 it was transferred
to the Secretaria-Geral (Decreto n.66,107).

518. Relatório. Rio.
    Title varies: See Introduction, p. xxiv.
    Frequency: Annual irreg., 1937-1944, 1949-1952,
        1954, 1958, 1959/1960, 1961-1968.

INSPETORIA GERAL DE FINANÇAS (IGF)

Created as the Contadoria Central da República by
Decreto n.15,210 of December 28, 1921, the IGF was
redesignated successively as the Contadoria Geral da
República (Decreto-lei n.1,990 of January 31, 1940) and
as the Inspetoria Geral de Finanças (Decreto n.61,386 of
September 19, 1967).

519. Relatório. Rio.
    Title varies: See Introduction, p. xxiv.
    Frequency: Annual irreg., 1925-1932, 1942-1944,
        1952-1959, 1961-1963, 1965-.
    The Relatório for 1946 1951 is included in
        Balanços gerais da união, 520.

520. <u>Balanços gerais da união</u>... Rio.
     National budget.
     Title varies irreg., in the same manner as
       Relatorios, see Introduction, p. xxiv. Also,
       principal variants: Balanço da receita e
       despeza do Império, 1821-1889. Balanço da receita
       e despeza da República, 1889-1924. Contas do
       exercício financeiro e relatório, 1925-1932.
       Balanço geral da união, 1933-1944. Balanços gerais
       da união, 1945-.
     Frequency: Annual irreg., 1821-1823, 1827-1914,
       1923-.
     Number of vols. varies: Irreg., 1821-1958. 2 vols.,
       1959-. (v.1, Receitas; n.2, Despesas).
     M:73.

521. <u>Boletim da Contadoria geral da república</u>. n.1-371;
     janeiro 1925-outubro 1967. Rio, 1925-1967.
     Frequency varies: Monthly irreg., n.1-290; 1925-
       1960. Bimonthly irreg., n.291, 292/293-296/297,
       298, 299/300, 301; Feb, Mar/Apr-Jul/Aug, Sept,
       Oct/Nov, Dec 1961. n.302, 303/304-307/308, 309/
       311, 312/313 (and suppl); Jan, Feb/Mar-Jun/Jul,
       Aug/Oct, Nov/Dec 1962. n.314, 315/316, 317/318
       (and suppl), 319/321, 322/323, 324/325; Jan,
       Feb/Mar, Apr/May, Jun/Aug, Sept/Oct, Nov/Dec
       1963. Quarterly, n.326-361; 1964-1966.
       Bimonthly, n.362-371; Jan-Oct 1967.
     Superseded by <u>Boletim da Inspetoria geral de
       finanças</u>, <u>522</u>.
     Indexed in <u>BBCS</u>.
     M:72.

522. <u>Boletim da Inspetoria geral de finanças; órgão
     oficial da IGFF</u>. Ano I-, n.1-; novembro/dezembro
     1967-. Rio, 1967-.
     Frequency varies: Monthly, n.1-2; Nov-Dec 1967.
       Bimonthly, n.3/4-37/38; 1968-1970. Monthly,
       n.39-; 1971-.
     Supersedes <u>Boletim da Contadoria geral da
       república</u>, <u>521</u>.

523. <u>Circulares, oficios e telegramas circulares</u>.
     1923-. Rio, 1924-.
     Public finance, financial administration, official
       notices.

523. (Cont'd.)
Title varies.
Frequency: Annual irreg., 1923, 1924/1928, 1928,
1929, 1925/1935, 1930/1932, 1933/1934, 1936/
1937-1938/1939, 1940/1941, 1942, 1944-1953, 1955,
1957, 1959-1961, 1964 (1968).
DN:124.

524. Documentário da Inspetoria geral de finanças. Rio.
Title varies: Documentário da Contadoria geral
da república, 1963-1965. Documentário da
Inspetoria geral de finanças, 1966-1968.
Frequency: Annual, 1963-1968.

CONSELHO DE TERRAS DA UNIÃO

Created by Decreto-lei n.9,760 of September 5, 1946.

525. Revista do Conselho de terras da união. Ano I,
n.1-; IV trimestre 1952-. Rio, 1952-.
History and legislation of property rights of the
state in relation to individuals; Conselho
members' biographies ("Galeria dos Conselheiros").
Frequency and numbering irreg: Ano I, n.1; 4th
quarter 1952, Ano II, n.1; 1st quarter 1953.
Ano VI, n.4; Oct 1957. [s/ano], n.5; Oct 1964.
M:57.

SECRETARIA DA RECEITA FEDERAL (SRF)

Organized as the Thesouro Público Nacional by Lei of
October 4, 1831, it was reorganized and redesignated
successively as the Tesouro Nacional, by Decreto n.4,153
of April 6, 1868, as the Tesouro Federal, by Lei n.2,083
of July 30, 1909, as the Diretoria Geral do Tesouro,
by Decreto n.15,210 of December 28, 1921, as the
Direção Geral da Fazenda Nacional, by Decreto n.24,036
of March 26, 1934, and as the Secretaria da Receita
Federal by Decreto n.63,659 of November 20, 1968. The
Decreto n.63,659 also dissolved the following entities:
the Departamento de Rendas Internas, the Departamento de
Rendas Aduaneiras, the Departamento do Impôsto de Renda,
and the Departamento de Arrecadão. The attributes of
the dissolved departments were redistributed among
other entities of the Secretaria da Receita Federal by
Decreto n.64,041 of January 31, 1969.

526. Relatório. Rio.
      Title varies: See Introduction, p. xxiv.
      Frequency: Annual irreg., 1829-1949.

527. Boletim semanal; legislação; atos normativos [do]
      Ministro da fazenda. n.1-; 1970-. Rio,
      Secretaria da Receita Federal e Coordenadores de
      Sistemas, 1970-.
      Subtitle varies irreg.: uses only "atos normativos
        do Ministro da fazenda."
      Frequency varies: Weekly, n.1-71; 1970-Aug 1971.
        Irreg., n.72-; Oct 1971-. Not dated, n.1-10.
        Dating begins with n.11; 20 de março de 1970.
      Various paging.

DEPARTAMENTO DE RENDAS INTERNAS

     Established as the Diretoria das Rendas Internas by
Decreto n.24,036 of March 26, 1934, redesignated as the
Departamento de Rendas Internas by Lei n.4,502 of
November 30, 1964, it was dissolved and absorbed by the
Secretaria da Receita Federal by Decreto n.63,659 of
November 20, 1968.

528. Relatório. Rio.
      Title varies: See Introduction, p. xxiv.
      Frequency: Annual irreg., 1938, 1947, 1955, 1961,
        1968.

529. Boletim informativo. n.1-21; janeiro 1967-setembro
      1968. Rio, 1967-1968.
      Legislation and jurisprudence, general information.
      Frequency: Monthly.

DEPARTAMENTO DE RENDAS ADUANEIRAS

     Established as the Diretoria de Rendas Aduaneiras by
Decreto n.24,036 of March 1934, redesignated as the
Departamento de Rendas Aduaneiras by Decreto-lei n.37
of November 18, 1966, it was dissolved and absorbed by
the Secretaria da Receita Federal by Decreto n.63,659
of November 20, 1968.

530. Boletim informativo. Ano I-II, n.1-2; 1967-1968.
      Rio, 1967-1968.
      Import taxation.
      Frequency: Annual.

DEPARTAMENTO DO IMPÔSTO DE RENDA

Established as the Diretoria do Impôsto de Renda
by Decreto n.24,036 of March 26, 1934, and successively
redesignated as the Divisão do Impôsto de Renda by
Decreto-lei n.4,042 of January 22, 1942, and as the
Departamento do Impôsto de Renda by Lei n.4,506 of
November 30, 1964, this agency was dissolved and absorbed
by the Secretaria da Receita Federal by Decreto n.63,659
of November 20, 1968.

531. Relatório das atividades do ano de   -. Rio.
     Title varies: Irreg., see Introduction, p. xxiv,
        1928-1943. Relatório das atividades do ano de
        1944-1965.
     Frequency: Annual irreg., 1928, 1942-1944, 1945/1946,
        1947-1948, 1951-1959, 1961-1965.
     M:112.

532. Boletim do Departamento do impôsto de renda. Vol.
     1-3, n.1-5; janeiro/junho 1965-maio 1967. Rio,
     1965-1967.
     Frequency: Semi-annual.
     Indexed in BBCS.

533. Boletim estatístico. n.1-35; junho 1961-novembro 1968.
     Rio, Serviço de Contrôle e Estatística, 1961-
     Apr 1968; Divisão de Imspeção e Fiscalizeção, May-
     Nov 1968.
     Income tax statistics.
     Frequency varies: Monthly, n.1-8; Jun 1961-Jan 1962.
        Irreg., n.9-13; Feb/Mar, Apr, May/Jun, Jul,
        Aug/Sept 1962. Monthly, n.14-16; Oct-Dec 1962.
        Irreg., n.17-19; Jan/Mar, Apr/Jun, Jul/Aug 1963.
        n.20-21; Jan/Mar, Apr/Dec (?) 1964. n.22-23;
        Jan/Aug 1965, Oct 1966. n.24-25; Sept 1967. n.26;
        Oct 1967. Monthly, n.27-35; Mar-Nov 1968.

DEPARTAMENTO DE ARRECADAÇÃO

Created by Lei n.4,503 of November 30, 1964, the
department was dissolved and absorbed by the Secretaria
da Receita Federal by Decreto n.63,659 of November 20,
1968.

534. Boletim informativo. n.1-4; dezembro 1967-março
      1968. Rio, 1967-1968.
      Tax collection.
      Frequency: Monthly.

ASSESSORIA DE ESTUDOS, PLANEJAMENTO E AVALIAÇÃO (AESPA)

Created as the Assessoria de Estudos, Programas e
Avaliação (AESPA) by Portaria n.GB-111 of February 16,
1968, and redesignated as the Assessoria de Estudos,
Planejamento by Portaria n.GB-18 of January 23, 1969,
this agency has maintained the same acronym, AESP,
throughout.

535. Relatório mensal da receita tributária. Vol.1-,
      n.1-; abril 1968-. Rio, Grupo de Previsão,
      Acompanhamento e Contrôle da Receita, 1968-.
      Frequency: Monthly, n.1-10; Apr 1968-Jan 1969.

536. Revista de política e administração fiscal. Vol.1,
      n.1-; janeiro/fevereiro 1969-. Rio, 1969-.
      Tax policy and administration, technical reports,
         legislation, specialized bibliographies.
      Title varies: Revista de administração fiscal,
         Vol.1, n.1; Jan/Feb 1969. Revista de política e
         administração fiscal, Vol.1, n.2-; Mar/Apr 1969-.
      Frequency varies: Bimonthly, Vol.1, n.1-3; Jan/Feb-
         May/Jun 1969. Irreg., Vol.1, n.4/5; Jul/Oct
         1969. Bimonthly, Vol.1, n.6-Vol.2, n.3;
         Nov/Dec 1969-May/Jun 1970. Irreg., "Edição
         especial," 1971.

      CONSELHO DE PLANEJAMENTO E APERFEIÇOAMENTO DE
             ADMINISTRAÇÃO FISCAL (CONPLAF)

Instituted by Portaria n.GB-165 of May 20, 1966.

537. Primerio-   relatório semestral das atividades
      do Conselho de planejamento e aperfeiçoamento da
      administração fiscal (CONPLAF). junho/agôsto 1966-.
      Rio, 1966-.
      Title varies: Relatório trimestral..., 1966-1969.
         Relatório semestral..., 1970-.
      Frequency varies: Quarterly, n.1-14; 1966-1969.
         Semi-annual, n.15-; 1970-.

CENTRO DE INFORMAÇÕES ECONÔMICO-FISCAIS (CIEF)

This agency was organized on January 9, 1900, as the Serviço de Estatística Comercial (Decreto n.3,547), and was later renamed the Serviço de Estatística. In the decade of the 1930's there were several reorganizations of the statistical agencies of the federal government, and on February 4, 1931, the agency of the Ministério da Fazenda, then called the Diretoria de Estatística Comercial, became part of the Departamento Nacional de Estatística which was created by uniting the statistical agencies of the ministries of Agricultura, Educação e Saúde, and Fazenda (Decreto n.19,669). In 1934, the Departamento was dissolved and its functions were distributed to the specialized agencies of the ministries, some of which were already in existence, but others of which were newly created (Decreto n.24,609). The agency of the Ministério da Fazenda in that year was known successively as the Diretoria de Estatística Econômica e Financeira (by Decreto n.24,036 of March 26, 1934), and as the Serviço de Estatística Econômica e Financeira (SEEF) (by Decreto n.24,609 of July 6, 1934). On June 30, 1939, the SEEF became a part of the national network of statistical agencies established by the IBGE (Decreto n.1,360). In the reorganization of the Secretaria da Receita Federal of the Ministério da Fazenda on November 11, 1968, the functions of the SEEF were absorbed by the newly created Centro de Informações Econômico-Fiscais (CIEF), although the SEEF was only formally dissolved on October 1, 1969 (Decreto n.65,252).

538. Anuário econômico-fiscal. Ano 1-; 1970-. Brasília, 1970-.
Economic and fiscal statistics.
Frequency: Annual.

539. Boletim do comércio exterior. Ano I, n.1-; 1969-.
Rio, 1970-.
Foreign trade statistics.
Frequency: Quarterly.
Supersedes Mensário estatístico, 557.

540. Boletim de estatística comercial. Rio.
Title varies: Boletim do Serviço de Estatística comercial, 1900-1906/1907. Boletim de estatística comercial, 1908/1909.
Frequency: Annual, 1900-1908/1909.

541. Boletim da estatística tributária. n.1-; setembro
      1969-. Rio, 1969-.
      Taxation statistics.
      Frequency varies: Monthly, n.1-4; Sept-Dec 1969.
        Semi-annual, 1o. semestre 1971-.

542. Comércio de cabotagem do Brasil. n.1-; 1928/1930-.
      Rio, Serviço de Estatística Econômica e Financeira,
      1932-1967; Centro de Informações Econômico-
      Fiscais, 1968-.
      Sub-title varies slightly:...; por principais
        mercadorias, exportação e importação.
        ...; por principais mercadorias, segundo
        procedências e destinos.
      Frequency varies: Annual, providing triennial
        statistics, 1928/1930-1936/1938. Annual
        irreg., 1938/1939, 1940/1941, 1941/1942-1947/
        1948, 1949, 1950/1951-1951/1952, 1953/1954, 1955/
        1956, 1956, 1956/1957-1959/1960, 1960, 1960/1961.
        Annual, 1961-.
      Not numbered after n.9; 1936/1938.
      DN:126 M:183.

543. Comércio de cabotagem do Brasil; resumo mensal.
      Rio.
      Frequency: Monthly, 1934-1951.
      DN:127 M:183.

544. Comércio exterior do Brasil.
      This title, with its various subtitles, has been
        used for several series of publications issuing
        import and export statistics in a variety of
        formats. The dates noted in the following thirteen
        series are those of issues located; missing
        dates of a series do not imply non-publication
        unless so indicated. For other citations of
        this material, see CLA:49 DN:127-128 M:184-192,
        and IBE's Catálogo de Periódicos e Publicações
        Seriadas (Rio, 1971), pp.40-45.

545. Comércio exterior do Brasil. Exportação; por
      mercadorias segundo os países, por países segundo
      as mercadorias. 1965-. Rio, SEEF, 1965-1967;
      CIEF, 1968-.
      Frequency: Annual.

546. Comércio exterior do Brasil; importação e exportação.
      Rio.
        Subtitle varies:...; importação e exportação, 1902-
        1910/1912. ...; principais mercadorias de
        exportação e importação por portos e países,
        1910/1914....; importação geral de mercadorias,
        1910/1914. ...; exportação direta de mercadorias
        nacionais, movimento marítimo, movimento
        bancário, 1910/1914. ...; importação e exportação,
        1913/1918- 1928/1932. ...; exportação e importação
        de mercadorias, 1932/1936. ...; importação e
        exportação, 1933/1937-1937/1938.
      Frequency: Annual irreg., 1902, 1904-1905, 1907-
        1909, 1910/1912, 1910/1914 (3 vols.), 1913/1918,
        1919/1923, 1924/1928, 1926/1930, 1928/1932,
        1932/1936, 1933/1937, 1937/1938 (2 vols.).

547. Comércio exterior do Brasil; importação e exportação
      segundo a utilização e o grau de elaboração dos
      productos. Rio, SEEF.
      Frequency: Annual, 1938, 1943.

548. Comércio exterior do Brasil. Importação; por
      mercadorias segundo os países, por países segundo
      as mercadorias. 1965-. Rio, SEEF, 1965-1967; CIEF,
      1968-.
      Frequency: Annual.

549. Comércio exterior do Brasil; por mercadorias. Rio,
      SEEF.
      Frequency: Annual, 1941/1943/1944, 1944, 1945/1946-
        1951/1952.

550. Comércio exterior do Brasil; por mercadorias e portos.
      Rio.
      Frequency: Annual, 1929.

551. Comércio exterior do Brasil; por mercadorias segundo
      os países. 1939/1940-1964. Rio, SEEF, 1941-1965.
      Title varies: Comércio exterior do Brasil, 1939/
        1940-1951/1952. Extatística do comércio exterior
        do Brasil; por mercadorias segundo os países,
        1952-1961. Comércio exterior do Brasil; por
        mercadorias segundo os países, 1962-1964.
      Frequency varies: Annual, 1939/1940-1946/1947. Not

551.   (Cont'd.)
       issued, 1947/1948. Annual, 1948/1949-1949/1950.
       Not issued, 1950/1951. Annual, 1951/1952.
       Quarterly, 1951-1964.

552.   Comércio exterior do Brasil; por mercadorias
       segundo os pôrtos. 1939/1940-1959. Rio, SEEF, 1941-
       1959.
       Title varies: Comércio exterior do Brasil, 1939/
           1940-19 . Estatística do comércio exterior do
           Brasil; por mercadorias segundo os pôstos,
           1958-1959.
       Frequency: Annual irreg., 1939/1940-1943/1944, 1944,
           1945/1946-1946/1947, 1948/1949, 1953/1954, 1955/
           1956, 1957-1959.

553.   Comércio exterior do Brasil; por países segundo as
       mercadorias. 1939/1940-1964. Rio, SEEF, 1941-1966.
       Subtitle varies: ...; importação e exportação por
           países segundo as mercadorias, 1939/1940.
           ...; por países segundo as mercadorias.
       Frequency: Annual, 1939/1940-1943/1944, 1944, 1945/
           1946-1946/1947. Not issued, 1947/1948. Annual,
           1948/1949. Not issued, 1949/1950-1950/1951.
           Annual, 1951/1952, 1953/1954, 1955/1956-1958/1959,
           1960-1963.

554.   Comércio exterior do Brasil; por pôrtos segundo
       as mercadorias. Rio, SEEF, 194 -1959.
       Frequency: Annual, 1940/1941-1943/1944, 1944, 1945/
           1946-1946/1947, 1948/1949, 1951/1952, 1953/1954,
           1955/1956-1957/1958.

555.   Comércio exterior do Brasil; resumo por mercadorias.
       Rio.
       Frequency: Annual, 1914/1915-1920/1921, 1928/1929-
           1931/1932, 1939--1940, 1942/1948, and cumulations,
           1918/1922, 1919/1923, 1930/1936, 1932/1936.

556.   Foreign trade of Brazil, according to the Standard
       international trade classification (SITC). Rio.
       Frequency: Annual, 1955/1956-1959/1960, 1961-1968.
       Also issued in Portuguese in 1954, with the title,
           "Comércio exterior do Brasil; segundo os grupos
           de classificação uniforme para o comércio
           international."
       M:192.

557. Mensário estatístico. n.1-219; julho 1951-setembro
      1969. Rio, SEEF, 1951-Mar 1969; CIEF, Apr-Sept 1969.
      Frequency: Monthly.
      Superseded by Boletim do comércio exterior, 539.
      M:195.

558. Movimento bancário do Brasil. 1927/1928-. Rio, 1930-.
      Title varies: Movimento marítimo; movimento bancário,
         1927/1928. Movimento bancário, 1929/1930-1937/
         1938. Movimento bancário do Brasil, 1939/1940-.
      Frequency varies: Annual, 1927/1928-1951/1952. Semi-
         annual, 1952/1953-1958/1959. Annual, 1959/1960-
         1961/1962. Not issued, 1962/1963. Annual, 1963/
         1964-.
      Not numbered, except for 1929/1930-1937/1938: I-IX.
      M:195-196.

559. Movimento bancário do Brasil; resumo mensal. Rio.
      Frequency: Monthly, 1935-1950.

560. Movimento bancário do Brasil; segundo as praças.
      1956-. Rio, 1958-.
      Frequency: Annual, 1956, 1956/1957-1960/1961, 1962-.
      M:196.

561. Movimento marítimo; entradas e saídas de embarcações
      por bandeiras. Rio.
      Frequency: Monthly irreg., Nov 1947-Mar 1950/1951.
      Superseded by Mensário estatístico, 557.

562. Movimento marítimo e fluvial do Brasil. 1927/1928-.
      Rio, 1930-.
      Title varies: Movimento marítimo; movimento
         bancário, 1927/1928. Movimento marítimo, 1929-
         1939. Movimento marítimo e fluvial, 1940/1941-.
      Frequency and inclusive dates vary: Irreg., 1927/
         1928, 1927/1932, 1929/1933, 1930/1934, 1934/1938,
         1939, 1939/1940, 1940/1941. Biennial, 1942/1943-
         1952/1953, 1953/1954-1965/1966.
      Title page and text also in English and French,
         1927/1928-1934/1938.
      For 1871-1872, DN:115 lists "Estatística do
         comércio marítimo do Brazil do exercício de
         1871-1972."
      DN:115 M:196.

563. Noticiário econômico tributário. Ano 1-, n.1-; março
     1970-. Rio, 1970-.
     Taxation and economic conditions.
     Only one number issued(?).

564. Transmissões de imóveis e inscrições hipotecárias
     do Distrito Federal e cidade de São Paulo e resumo
     dos municípios das capitais. Rio,
     Frequency: Semi-annual, 1947/1948-1953/1954.

565. Transmissões de imóveis e inscrições hipotecárias
     dos municípios dos capitais do Brasil. Rio.
     Frequency: Annual, 1952, 1952/1953-1966/1967.
     M:197.

BIBLIOTECA DO MINISTÉRIO DA FAZENDA (BMF)

Created by Decreto-lei n.6,159 of December 30, 1943,
it was administratively attached to the Secretaria da
Receita Federal by Decreto n.63,659 of November 20, 1968.

566. Relatório. Rio.
     Title varies: See Introduction, p. xxiv.
     Frequency: Annual irreg., 1944, 1947-1948, 1951-1968.

567. Boletim informativo da BMF. n.1-; outubro 1947-.
     Rio, 1947-.
     Lists legislation of general interest to the
         Ministério da Fazenda; gives recent acquisitions
         by the library.
     Frequency: Monthly, some numbers being issued with
         two or more bound together.
     Annual index to subjects of interest to the
         Ministério da Fazenda of legislation in the
         Diário oficial, 29.
     Indexed in BBCS.
     M:148.

CENTRO DE TREINAMENTO E DESENVOLVIMENTO DO PESSOAL DO
MINISTÉRIO DA FAZENDA (CETREMFA)

Created as the Cursos de Aperfeiçoamento de Ministério
da Fazenda by Decreto-lei n.7,311 of February 8, 1945,
it became the Centro de Treinamento e Desenvolvimento
do Pessoal do Ministério da Fazenda by Decreto n.60,602
of April 20, 1967, and achieved administrative and
financial autonomy by Decreto n.68,924 of July 15, 1971.

568. Atividades do CETREMFA. 1969-. Rio, 1970-.
     Personnel training, labor market, annual report
         of activities.
     Frequency: Annual.

569. Boletim do CETREMFA. junho 1969-. Rio, 1969-.
     Frequency: Quarterly.

BANCO DO BRASIL S.A.

The Alvará Real of October 12, 1808, created the
first Banco do Brasil, which was liquidated by the Lei
of September 23, 1829. A new Banco do Brasil was
created by Lei n.59 of October 8, 1833, which lasted
for twenty years. Two other banks, the Banco dos
Estados Unidos do Brasil and the Banco Nacional do
Brasil, were fused by the authorization of Decreto
n.1,154 of December 7, 1890, to create the Banco da
República dos Estados Unidos do Brasil, which, later
that month (on December 17) was authorized to fuse
with the Banco do Brasil under the designation of the
Banco da República do Brasil (Decreto n.1,167). In
December of 1905 this bank was reorganized and redesignated
as the Banco do Brasil S.A., and in 1967 it became
attached to the Ministério da Fazenda as a government
corporation (June 25, Decreto n.60,900).

570. Relatório. 1854-. Rio, 1855-1959; Brasília, 1960-.
     Title varies: See Introduction, p. xxiv.
     Frequency: Annual irreg., 1854-.
     CLA:53 DN:119 M:12.

571. Arquivos econômicos. n.1-3. Rio, 1955-1960.
     Series on economic conditions and policy. (n.1-3;
         1955, 1958, 1960).
     CLA:44 M:11.

572. Boletim. Ano 1, n.1-; janeiro/março 1966-. Rio,
     Consultória Técnica, 1966-.
     Analysis by the Banco do Brasil of different sectors
         of the Brazilian economy; finance and economics
         in general; legislation; statistics.
     Title varies: Boletim trimestral, 1966-1969.
         Boletim, 1970-.
     Frequency varies: Quarterly, 1966. 3/year, 1967-
         1969 (Although called "quarterly" for these years,

<u>572</u>.   (Cont'd.)
        n.4 was not issued as it was considered to have
        been substituted by the annual <u>Relatório</u>, <u>570</u>.)
        Quarterly, 1970-.
        CLA:47 M:12

<u>573</u>.   <u>Boletim confidencial</u>. Rio, Consultória Técnica.
        Confidential.
        Frequency: Weekly, 1966-.

<u>574</u>.   <u>Compensão de cheques: movimento em</u> outubro de
        1965/1966-. Rio, Assessoria Técnica, Departamento
        de Contabilidade, 1966-.
        Quantity and value of checks issued, activity
            summarized by city, state, and totals.
        Frequency: Monthly, each month comparing two years.
            Not numbered. On one page.

<u>575</u>.   <u>DESED</u>. n.1-; janeiro 1966-. Rio, Departamento Geral
        de Seleção e Desenvolvimento do Pessoal [DESED],
        1966-.
        Personnel bulletin, for internal distribution,
            "designed to serve as the intermediary between
            the administration and the functionaries of
            the bank."
        Frequency varies: Semi-annual, n.1-2; 1966.
            Quarterly, n.3-10; 1967-1968. Bimonthly, n.11-;
            1969-. (Suppl.: n.19, n.22; May/Jun, Nov/Dec
            1970).

<u>576</u>.   <u>Resenha econômica mensal</u>. Vol.1-4, n.2: setembro
        1948-1951. Rio, Departamento de Estudos Econômicos,
        1948-1951.
        Frequency: Monthly.
        CLA.53 M:13.

<u>577</u>.   <u>Relatório</u>. Rio, Departamento Jurídico.
        Title varies: See Introduction, p. xxiv.
        Frequency: Annual irreg., 1945-1950, 1952-1954,
            1956, 1957. Not published, 1958-1963. Annual,
            1964-.

<u>578</u>.   <u>Relatório</u>. 1961-. Rio, Inspetoria de Agências do
        Exterior do Banco do Brasil S.A., 1962-.
        Title varies: See Introduction, p. xxiv.
        Activities of agencies of the Bank in foreign
            countries.
        Frequency: Annual.

BANCO DO BRASIL S.A.: CARTEIRA DE COLONIZAÇÃO

Although created by Lei n.2,237 of June 19, 1957,
this agency of the Bank only began to function in 1961.

579. Relatório. Rio.
     Title varies: See Introduction, p. xxiv.
     Frequency: Annual, 1962-1964.

BANCO DO BRASIL S.A.: CARTEIRA DE COMÉRCIO EXTERIOR (CAÇEX)

Established as the Carteria de Exportação e Importação
(CEXIM), its functions were absorbed by the Carteira
Exterior (CACEX), created by Lei n.2,145 of December 29,
1953.

580. Relatório. Rio.
     Title varies: See Introduction, p. xxiv.
     Frequency: Annual irreg., 1951, 1969.

581. Boletim da Carteria de exportação e importação.
     Ano I-III, n.1-29; dezembro 1948-maio 1951. Rio,
     1948-1951.
     Frequency: Monthly irreg.
     Superseded by Comércio internacional; boletim mensal
        do Banco do Brasil, 582.
     CLA:45 M:11.

582. Comércio internacional; boletim mensal do Banco do
     Brasil. Nova série. Ano I, n.1-Ano XI, n.4/5;
     agôsto 1951-novembro/dezembro 1961. Rio, 1951-1961.
     Statistics of Brazil's foreign trade, import and
        export prices, international statistics, economic
        and financial legislation, general information
        on the Bank. "Circulação restrita."
     Title varies: Comércio internacional; boletim
        mensal da Carteira de exportação e importação
        do Brasil, Aug 1951-Sept 1953. Comércio
        internacional; boletim mensal do Banco do Brasil,
        Oct 1953-1961.
     Frequency: Monthly irreg.
     Supersedes Boletim da Carteira de exportação e
        importação, 581.
     CLA:49 J:27 M:229 Z:47-48.

583. Comunicado. n.1-. Rio, 1967-.
      Series of resolutions, internal regulations, decrees.

584. Informação semanal da CACEX. Ano 1-, n.1-;
      setembro 1966-. Rio, 1966-.
      Import and export statistics, legislation.
      Issued in 19 series between 1967 and Jun 1970.
          Beginning with n.201 of 27/7/1970, stopped
          begin published in series.
      Frequency: Weekly.

BANCO DO BRASIL S.A.; CARTEIRA DE CRÉDITO AGRÍCOLA
E INDÚSTRIAL (CREAI)

Created in November of 1936 (authorized by Lei n.454
of July 9, 1937), it began to function in 1938. In
1961, various alterations were introduced in its
administrative organization, and in 1971(?) its functions
were divided between the Carteira de Crédito Rural and the
Carteira de Crédito Geral.

586. Relatório. Rio.
      Title varies: See Introduction, p. xxiv.
      Frequency: Annual irreg., 1938/1943 (issued as
          a separate of 1943), 1946-1949, 1951-1964. Not
          published, 1965-1966. Annual, 1967-.

587. Notas e dados estatísticas, exercício de   -.
      Rio, Carteira de Crédito Geral, Gerência de
      Liquidação
      Frequency: Annual, 1961-1967.

BANCO CENTRAL DO BRASIL (BCB)

Created as the Superintendência da Moeda e do
Crédito (SUMOC) by Decreto-lei n.7,293 of February 2,
1945, it was redesignated successively as the Banco
Central da República do Brasil by Lei n.4,595 of
December 31, 1964, and as the Banco Central do Brasil
by Decreto n.278 of February 28, 1967. A federal
autarchy, the BCB was attached to the Ministério da
Fazenda by Decreto n.60,900 of June 25, 1967.

588. Relatório. 1955-1966. Rio, 1956-1967.
Title varies: See Introduction, p. xiv.
Frequency: Annual, 1955-1961. Not issued, 1962.
  Annual, 1963-1966. Since 1967 issued as a
  number of its Boletim, 589 .
CLA:53 M:211.

589. Boletim. Vol.I, n.1-; abril 1965-. Rio, 1965-.
In two sections: (1) Budget of the BCB; (2)
  General statistics of money and credit, public
  finance, foreign economic relations; selected
  economic indexes.
Title varies: Boletim do Banco Central da
  República do Brasil, Apr 1965-Dec 1966.
  Boletim do Banco Central do Brasil, Jan-Jun
  1967. Boletim, Jul 1967-.
Frequency: Monthly.
Supersedes Boletim da Superintendência da moeda
  e crédito, 590.
Supplement issued with subscription: Resoluções;
  circulares; índice remissivo de legislação;...,
  591.
Indexed in BBCS.
CLA:44 M, Suppl.:1.

590. Boletim da Superintendência da moeda e do crédito.
Vol.I, n.1-Vol.XI, n.3; setembro 1955-março 1965.
Rio, 1955-1965.
Frequency: Monthly, Vol.1, n.1-Vol.3, n.10; Sept
  1955-Oct 1957. Irreg., Vol.3, n.11/12; Nov 1957.
  Monthly, Vol.4, n.1-Vol.11, n.3; Jan 1958-Mar
  1965.
Superseded by Boletim, 589.
CLA:47 M:210.

591. Resoluções; circulares; índice remissivo de
legislação; registro de capitais estrangeiros;
relação do ouro, dólar américano e cruzeiro.
Rio.
Title varies greatly, using one or more of the
  above elements in various combinations and order.
Supplement to, and issued with, subscription to
  Boletim, 589.
Resoluções and circulares also issued separately
  and numbered individually.

591. (Cont'd.)
591a. _____ . Síntese das Resoluções do Banco
       Central do Brasil, junho 1965/julho 1969 ([São
       Paulo], Departamento de Estatística e Estudos
       de Bôlsa de São Paulo [s.d.]). 11p.

       BCB: GERÊNCIA DE COORDENAÇÃO DE CRÉDITO RURAL
                   E INDUSTRIAL (GECRI)

592. Crédito rural; dados estatísticos. 1969-. Rio,
      1969-.
      Frequency: Annual.

               BCB: CASA DA MOEDA

   Created by Lei of March 8, 1694, it was installed
provisionally at Bahia, then transferred successively
to Rio de Janeiro in 1698, to Pernambuco in 1700, and
back to Rio in 1702. Reorganized as a federal autarchy,
the Casa da Molda was attached to the Ministério da
Fazenda by Lei n.4,510 of December 1, 1964.

593. Tô aí. n.1-. Rio, 1968-.
      Illustrated pamphlet of the printing and production
         of coin, paper money; and stamps; coining
         statistics.
      Frequency: Irreg., n.1; 1968, n.2; 1969/1970.
      Supersedes Zé moeda, 594.

594. Zé moeda. n.1-3; abril-junho 1967. Rio, 1967.
      Frequency: Monthly.
      Superseded by Tô aí, 593.

            CAIXA ECONÔMICA FEDERAL (CEF)

   Originally, Caixas were established in each of the
twenty-one states and the Federal district; over all was
the Conselho Superior das Caixas Econômicas Federais.
While the state and Federal district Caixas were considered
extinct as of July 31, 1970 (Decreto-lei n.66,303, March
6, 1970) and the Conselho Superior was considered extinct
as of December 31, 1970 (Decreto-lei n.759, August 12,
1969), by the Decreto n.66,303 of March 6, 1970, all were
consolidated into a public corporation, designated as
the Caixa Econômica Federal.

595. Jornal da CEF. Ano 1-, n.1-; novembro 1970-.
      Brasília, 1970-.
      Internal notices.
      Frequency: Monthly.

CONSELHO SUPERIOR DAS CAIXAS ECONÔMICAS FEDERAIS

   Originally created by Decreto n.24,427 of June 19,
1934, the Decreto-lei n.759 of August 12, 1969, states
that this agency shall be dissolved as of December 31,
1970, replacing it and the individual state agencies with
the Caixa Econômica Federal.

596. Relatório. 1940-1969. Rio, 1941-1970.
      Title varies: See Introduction, p. xxiv.
      Frequency: Annual.
      M:70.

597. Revista das Caixas econômicas federais. Ano I-
      XIII, n.1-65; julho/agôsto 1949-outubro/dezembro
      1961. Rio, 1949-1961.
      "Orgão oficial" of the 21 Caixas Economicas
         Federais, and of the Conselho Superior.
      Frequency varies: Bimonthly, n.1-42; 1949-May/Jun
         1956. Quarterly, n.43-65; Jul/Sept 1956-1961.
      M:71.

CAIXA ECONÔMICA FEDERAL DO RIO DE JANEIRO

   Created by Lei n.1,083 of August 22, 1860, it was
absorbed as a "filial" of the Caixa Econômica Federal
by Decreto n.66,303 of March 6, 1970.

598. A Caixa econômica federal do Rio de Janeiro em
      1893(?)-. Rio.
      Title varies: Relatório, 1893(?)-1936 (see
         Introduction, p. xxiv.) A Caixa econômica federal
         do Rio de Janeiro em 1937-.
      Frequency: Annual irreg., 1893-1894, Annual, 1910-.
      M:222.

599. Boletim da Consultório técnico. n.1-23; janeiro
      1948-junho 1953. Rio, 1948-1953.
      Frequency: Quarterly.
      Superseded by Revista da Caixa econômica do Rio
         de Janeiro, 600.

600. Revista da Caixa econômica federal do Rio de Janeiro.
      n.1-43; dezembro 1953-2o. trimestre de 1964. Rio,
      Consultória Técnico, 1953-1964.
      Frequency: Quarterly. Suspended temporarily: n.43;
          2d quarter 1964.
      Supersedes Boletim da Consultório técnico, 599.
      Indexed in BBCS.

      CAIXA ECONÔMICA FEDERAL DO RIO GRANDE DO SUL

601. Relatório. Pôrto Alegre.
      Title varies: See Introduction, p. xxiv.
      Frequency: Annual irreg., 1928, 1931-1950, 1961-
          1968.

      CAIXA ECONÔMICA FEDERAL DE SÃO PAULO

602. Relatório. São Paulo.
      Title varies: See Introduction, p. xxiv.
      Frequency: Annual irreg., 1938-1939, 1945, 1956-
          1964, 1968-.
      DN:120.

      SERVIÇO FEDERAL DE PROCESSAMENTO DE DADOS (SERPRO)

      Created by Lei n.4,516 of December 1, 1964, SERPRO
      was attached to the Ministério da Fazenda as a public
      corporation by Decreto n.60,900 of June 26, 1967.

603. Relatório, 1965-. Rio, 1966-.
      Title varies: See Introduction, p. xxiv.
      Frequency: Annual.

          COMISSÃO DE COORDENAÇÃO E IMPLEMENTAÇÃO DE
              TÉCNICAS FINANCEIRAS (COCITEF)

      This agency was established in 1967, jointly by the
      Ministérios da Fazenda and do Planejamento e Coordenação
      Geral (October 9, Portaria n.496).

604. Relatório COCITEF. 1967-. Rio, 1967-.
      Public finance.
      Frequency varies: Irreg., 1967, Aug/Nov, Dec 1968.
          Bimonthly, Jan/Feb 1969-.

MINISTÉRIO DA INDÚSTRIA E COMÉRCIO (MIC)

On November 26, 1930, Decreto n.19,433 established the Ministério do Trabalho, Indústria e Comércio which then became the Ministério da Indústria e Comércio on July 22, 1960 by the same Lei (n.3,782) which created the Ministério do Trabalho e Previdência Social.

The following entities have issued serial publications within the scope of this Guide:

Ministério da Indústria e Comércio (MIC)

 Coordenação do Planejamento Administrativo (COPLAD)
 Conselho Nacional de Seguros Privados
 Conselho Nacional da Borracha
 Conselho Nacional da Indústria Siderúrgica
 Comissão Executiva do Sal
 Conselho de Desenvolvimento Industrial
 Instituto Nacional de Tecnologia (INT)
 Instituto Nacional de Pêsos e Medidas (INPM)
 Centro de Estudos Econômicos
 Departamento Nacional de Registro do Comércio (DNRC)
 Departamento Nacional da Indústria (DNI)
  Delegacias Estaduais da Indústria e Comércio (DEIC)

Autonomous agencies:

 Instituto Nacional da Propriedade Industrial (INPI)
 Instituto Brasileiro do Café (IBC)
  Departamento Econômico
  Divisão de Estoques e Padronização
  Grupo Executivo de Racionalização da Cafeicultura
   (GERCA)
 Instituto de Açúcar e do Álcool (IAA)
  Divisão de Estudo e Planejamento
   Serviço de Estatística e Cadastro
  Museu do Açúcar
  Grupo Especial Para Racionalização da Agro-
   Indústria Canaveira do Nordeste (GERAN)
 Superintendência da Borracha
 Superintendência de Seguros Privados (SUSEP)
 Emprêsa Brasileira de Turismo (EMBRATUR)
 Companhia Siderúrgica Nacional
 Companhia Nacional de Alcalis

Instituto de Resseguros do Brasil (IRB)
    Comissão Especial de Colocação de Resseguros no
      Exterior (CECRE)
Fábrica Nacional de Motores S.A.

605. Relatório. Rio. Brasília.
Title varies: See Introduction, p. xxiv.
Frequency: Annual, 1966-1969.

606. IC; revista do Ministério da indústria e comércio.
Ano 1, n.1-; julho/setembro 1969-.
Only one number(?).

COORDENAÇÃO DO PLANEJAMENTO ADMINISTRATIVO (COPLAD)

Created by Portaria Ministerial n.217 of May 25, 1970.

607. Boletim COPLAD. Ano I-, n.1-; setembro 1970-. Rio, 1970-.
Small but useful bulltein with information on planning
activities.
Frequency varies: n.1-3; Sept, Oct, Nov/Dec 1970.
Monthly, n.4-; Jan 1971-.

CONSELHO NACIONAL DE SEGUROS PRIVADOS

Established by Decreto-lei n.73 of November 21, 1966.

608. Boletim informativo do Conselho nacional de seguros
privados. n.1-; julho 1968-.
Frequency: Monthly.
608a. _____. Índice remissivo dos assuntos publicados
nos números de 1 a 12 de julho de 1968 a junho de
1969.

CONSELHO NACIONAL DA BORRACHA

Originally created as the Comissão Executiva de Defesa da
Borracha by Lei n.86, September 8, 1947, it bacame the
Conselho Nacional da Borracha by virtue of Lei n.5,227 of
January 18, 1967, which also created the Superintendência
Borracha.

609. Anuário de estatística e informações (nacionais e estrangeiras). Ano 1-16, n.1-17; julho/dezembro 1949-janeiro/dezembro 1964. Rio, 1949-1964.
     Brazilian rubber production statistics and information.
     Title varies: Boletim de estatística e informações, 1949-1961. Anuário de estatística e informações, 1962. Anuário de estatística e informações (nacionais e estrangeiras) 1963-1964.
     Frequency varies: Semi-annual, 1949-1950. Annual 1951-1964.
     Superseded by Anuário estatístico: mercado estrangeiro, 701, and Anuário estatístico, mercado nacional. 702.
     M:45.

610. Mercado da borracha no Brasil; boletim mensal. 1954-. Rio, 1954-.
     General information and statistical data on the rubber market.
     Title varies: Mercado da borracha no Brasil, 1954-Mar 1965. Boletim trimestral; mercado da borracha no Brasil, Apr 1965-Jun 1966. Boletim semestral; mercado da borracha no Brasil, lo. sem. 1966. Boletim mensal; mercado da borracha no Brasil, Jan/Jul 1966-Apr 1970. Mercado da borracha no Brasil; boletim mensal, May 1970-.
     Frequency varies: Monthly irreg., 1954-1960. Monthly, 1961-Mar 1965. Quarterly, Apr 1965-Jun 1966. Irreg., lo. sem. 1966. Monthly, Jul 1966-Dec 1967. Irreg., Jan/Mar 1968. Monthly, Apr 1968-.
     Numbering begins with Ano II, n.13; Jan 1968.
     Dating varies: Jan/Jul, Jan/Aug, Jan/Sept, etc. 1966-Jan/Aug 1968. Sept 1968-.
     Indexed in BBCS.
     M:45.

611. Polímeros; revista de técnica e informação. Ano I-, Vol.1-, n.1-; janeiro/março 1971-. Rio, 1971-.
     Frequency: Quarterly.

CONSELHO NACIONAL DA INDÚSTRIA SIDERÚRGICA

Created by Decreto n.66,759 of June 19, 1970.

612. Relatório. Rio.
      Title varies: See Introduction, p. xxiv.
      Frequency: Annual, 1970.

COMISSÃO EXECUTIVA DO SAL

This commission began as the Instituto Nacional do
Sal (Decreto-lei n.2,300, June 10, 1940), was redesignated
as the Instituto Brasileiro do Sal on May 13, 1957 (Lei
n.3,137), and was absorbed by the newly created Comissão
Executiva do Sal on February 28, 1967 (Decreto-lei n.257).

613. Boletim estatístico. Vol.1-, n.1-; novembro 1942-.
      Rio, 1942-.
      Statistics on Brazilian salt production.
      Frequency varies: Quarterly irreg., Vol.1-16; 1942-
          1958. Irreg., Vol. 17/18; 1959/1960. Quarterly,
          Vol.19-26, n.104; 1961-1968.
      M:134.

614. Boletim do Instituto brasileiro do sal. n.1; 1963-
      n.1; 1964. Rio, 1963-1964.
      Legislation, salt prices, and contracts.
      Title varies: Also called Boletim do pessoal.
          Numbered 161-208; 1963-1966. (n.1-160 principally
          personnel).
      Frequency: Monthly.

615. Brasil salineiro. Ano I-X, n.1-31; setembro 1953-
      outubro 1963. Rio, 1953-1963.
      Frequency varies: Irreg., n.1-19; 1953-1959. Monthly
          n.20-27; Jan-Aug 1960. Not issued, 1961. Irreg.,
          n.28-31; Jul 1962, Jun, Sept, Oct 1963.
      M:36

616. Cadernos do sal. Coleção Raul Caldas. n.1-. Rio,
      1962-.
      Series (n.6; 1963).
      M:221.

CONSELHO DE DESENVOLVIMENTO INDUSTRIAL

Created on July 25, 1951 (Decreto n.29,806) and
dissolved on December 17, 1957 (Decreto n.42,825), this

agency reappeared on April 29, 1964 (Decreto n.53,898) as the Comissão de Desenvolvimento Industrial. It received a new name on August 18, 1969 (Decreto n.65,016), Conselho de Desenvolvimento Industrial.

617. Relatório. Rio.
     Title varies: See Introduction, p. xxiv.
     Frequency: Annual irreg., 1967-1970.

     INSTITUTO NACIONAL DE TECNOLOGIA (INT)

   The institute, created on May 24, 1933 (Decreto n. 22,750) and attached to the Ministério da Agricultura as the Instituto de Tecnologia, changed its name to the Instituto Nacional de Tecnologia when it became attached to the Ministério do Trabalho, Indústria e Comércio on May 22, 1934 (Decreto n.24,277).

618. Relatório. Rio
     Title varies: See Introduction, p. xxiv.
     Frequency: Annual, 1953-1967.
     M:133.

619. Bibliografia brasileira de química tecnológica.
     Vol.1, n.1; 1954.
     Only one number issued: 1922/1953.
     PAU:4 M:24.

620. Boletim do Instituto nacional de tecnologia. Ano I-VII, n.1-15; setembro 1950-janeiro/setembro 1956.
     Rio, 1950-1956.
     Frequency varies.
     M:132.

621. Boletim de metrologia. n.1-6; 1956-1960. Rio, 1956-1960.
     Frequency varies: Irreg., Jan/Mar, Apr/Dec 1956.
        Annual, 1957-1960.
     M:133.

622. Informativo do INT. Ano I, n.1-; 1968-. Rio, 1968-.
     Frequency: 3/year.

623. INT/CNT resumos: borracha e plástico. Vol.1-, n.1-;
      setembro/outubro 1970-. Rio, Centro de Informações
      Tecnológicas and Centro Nacional de Produtividade
      na Indústria, Confederação Nacional da Indústria,
      1970-.
      Frequency: Bimonthly.

624. INT/CNT resumos: minérios e metalurgia. Vol.1-,
      n.1-; janeiro/fevereiro 1971-. Rio, Centro de
      Informações Tecnológicas and Centro Nacional de
      Produtividade na Indústria, Confederação Nacional
      da Indústria, 1971-.
      Frequency: Bimonthly.

INSTITUTO NACIONAL DE PÊSOS E MEDIDAS (INPM)

Created by Decreto-lei n.592 of August 4, 1938.

625. Boletim informativo INPM.   Ano I-, n.1-; janeiro
      1969-. Rio, 1969-.
      Frequency varies: Monthly, n.1-12; 1969. Quarterly,
         n.13-; 1970-.

CENTRO DE ESTUDOS ECONÔMICOS

Created by Lei n.4,048 of December 29, 1961.

626. Boletim. Ano I-, n.1-; novembro 1965-. Rio, 1965-.
      Title varies: Boletim do Centro de estudos econômicos,
         n.1-2. Boletim, n.3-.
      Frequency: Monthly irreg., n.1; Nov 1965. n.2; Dec
         1965/Jan 1966. n.3-8; May, Jun, Aug-Nov, plus
         suppl., Jun, Oct, Nov 1966. n.9, 10, 11/12, 13,
         14/15, 16/17, 18, 19; Jan, Feb, Suppl., Mar/Apr,
         May, Jun/Jul, Aug/Sept, Oct, Nov 1967. n.20;
         Dec 1967/Jan 1968. n.21; Feb/May 1968.
      Indexed in BBCS.

DEPARTAMENTO NACIONAL DE REGISTRO DO COMÉRCIO (DNRC)

Created by Lei n.4,048 of December 29, 1961.

627. Boletim informativo do D.N.R.C. n.1-; 1o. trimestre
      1968-. Rio, 1968-.

627. (Cont'd.)
Legislation and jurisprudence of commercial law;
statistics; general information.
Frequency varies: Quarterly, n.1-8; 1968-1969.
Semi-annual, n.9/10, 11/12; 1970. Irreg., n.1;
Jan 1971.

628. Cadastro nacional; sociedades estrangeiros. 1968-.
Rio, 1968-.
Directory of foreign corporations in Brazil.
Frequency: Irreg. (Functionary in Rio says future
issues planned.)

629. Cadastro nacional: sociedades nacionais com
participação de capital estrangeiro. Vol.I-; 1968-.
Rio, 1968-.
Directory of national corporations which have
foreign capital investments.
Frequency: Irreg. (Functionary in Rio says future
issues planned.)
Title varies: Levantamento das sociedades nacionais
com participação de capital estrangeiro. 1o.;
1968. Cadastro nacional: sociedades nacionais
com participação de capital estrangeiro, Vol.II-;
1968-.

630. Cadastro nacional; sociedades anônimas com
participação de capital estrangiero. Vol.I-; 1967-.
Rio, 1968-.
Directory of national corporations which have
foreign capital investments.
Frequency: Annual, 1967-1968.

DEPARTAMENTO NACIONAL DA INDÚSTRIA (DNI)

This department, created on December 29, 1961 (Lei.
n.4,048), disappeared on March 21, 1969 (Decreto n.64,241),
but its state counterparts (Delegacias Estaduais da
Indústria e Comércio) which were created by the same law
in 1961 have continued to exist.

631. Boletim mensal da legislação econômica brasileira.
AnoI-,n.1-; julho 1967-. Rio, 1967-.
Frequency varies: Monthly, n.1-18; 1967-1968. Irreg.,
n.19/21; Jan/Mar 1969. Monthly, n.22-32; Apr 1969-
Feb 1970.

632. Ementário da legislação econômica brasileira.
      1965-. Rio, 1967-.
      Frequency irreg.: 1965, 2o. sem. 1967.

DELEGACIAS ESTADUAIS DA INDÚSTRIA E COMÉRCIO (DEIC)

633. Boletim da legislação econômica do estado da Bahia.
      Ano I-, n.1-; 1o. semestre 1968-. Rio, 1968-.
      Frequency varies: Irreg., n.1; 1o. sem. 1968.
         Quarterly, n.2-; 3o. trim. 1968-.

634. Boletim da legislação econômica do estado do Ceará.
      Ano I-, n.1-; abril/dezembro 1963/1967-.
      Rio, 1968(?)-.
      Frequency varies: Irreg., n.1; Apr/Dec 1963/1967.
         Semi-annual, n.2-3; 1968. Quarterly, n.4-; 1969-.

635. Boletim da legislação econômica do estado da
      Guanabara. Ano I-, n.1-; janeiro 1968-. Rio, 1968-.
      Title varies: Boletim mensal da legislação econômica
         do estado da Guanabara, n.1-4. Boletim da
         legislação econômica do estado da Guanabara, n.5-.
      Frequency varies: Monthly, n.1-25; 1968-1970. Irreg.,
         n.26-34; Feb/Apr, May/Jun, Jul, Aug/Sept, Oct,
         Nov/Dec 1970, Jan/Feb, Mar/Apr, May 1971.

636. Boletim da legislação econômica do estado de
      Pernambuco. Ano I-, n.1-; janeiro/março 1968-.
      Rio, 1968-.
      Frequency: Quarterly.

637. Boletim da legislação econômica do estado do Rio de
      Janeiro. Ano I, n.1-; 1o. trimestre 1968-. Rio,
      1968-.
      Title varies: Boletim mensal da legislação econômica
         do estado do Rio de Janeiro, n.1-3. Boletim da
         legislação econômica do estado do Rio de Janeiro, n.4-.
      Frequency: Quarterly.

638. Boletim da legislação econômica do Pará. Ano I-,
      n.1-; 3o. trimestre 1969-. Rio, 1969-.
      Frequency: Quarterly.

639.   Boletim regional de legislação econômica:
        Pernambuco, Alagoas, Paraíba, Rio Grande do Norte.
        Ano I-, n.1-; 2o. trimestre 1969-. Rio, 1969-.
        Frequency: Quarterly.

INSTITUTO NACIONAL DA PROPRIEDADE INDUSTRIAL (INPI)

        The institute, created as the Diretoria Geral da
Propriedade Industrial on December 19, 1923 (Decreto
n.16,264), has had a variety of titles. On January 4,
1931 (Decreto n.19,688) it became the Departamento
Nacional da Indústria only to be renamed the Departamento
Nacional da Propriedade Industrial (DNPI) on January 4,
1933 (Decreto n.22,301). Dissolved as a Departamento on
December 11, 1970 (Lei n.5,648), it gained the status of
a federal autarchy under the title Instituto Nacional da
Propriedade Industrial (INPI).

640.   Boletim estatístico e informativo do D.N.P.I. n.1-3,
        1o. semestre 1967- 1o. semestre 1968. Rio, 1967-1968.
        Frequency: Semi-annual.

641.   Diário oficial, Seção III. Revista da propriedade
        industrial. 1885-. Rio, Direção Geral do Comércio
        e Indústria, 1885-1886; Diretoria Geral da
        Indústria, 1907-1909; Diretoria Geral da Propriedade
        Industrial, 1924-1927; Departamento Nacional da
        Propriedade Industrial, 1934-1970; Instituto
        Nacional da Propriedade Industrial, 1970-.
        Patent and trademark information.
        Title varies: Boletim da propriedade industrial,
            1885-1886, 1907-1909. Revista da propriedade
            industrial, Mar/Sept 1924-1927. Diário oficial
            (Seção I). Revista da propriedade industrial.
            Boletim, n.1-297; Jan 1934-Dec 1939 (Also
            called "Apendice ao Diário oficial," n.1-123;
            Jan-May 1934.) Diário oficial, Seção III. Revista
            da propriedade industrial, n.1-; Jan 1940-.
            (Title not indicated, n.1-11.)
        Frequency varies: Monthly, Anno 1-2; 1885-1886,
            Anno 1-3; 1907-1909. Irreg., Vol.I-IV, Mar/Sept
            1924-1927. Daily, n.1-; 1934-.
        M:84, 93, 106.

642. Energia e transporte. Ano I-, n.1-; setembro 1951-.
Rio, 1951-.
Frequency: Bimonthly irreg., n.1-52; 1951-1960.
n.53-93; Jan/Feb 1961-Sept/Oct 1967. n.94-97;
Jan/Feb-May/Jun 1968, Jan/Feb 1969.
M:241.

INSTITUTO BRASILEIRO DO CAFÉ (IBC)

Originally called the Departamento Nacional do Café,
this agency, created on February 10, 1932 (Decreto n.
22,452), achieved the status of a federal autarchy as the
Instituto Brasileiro do Café in the reorganization of
December 22, 1952 (Lei n.1,779).

643. Relatório. Rio.
Title varies: See Introduction, p. xxiv.
Frequency: Annual irreg., 1939-1942, 1944, 1948,
1954, 1958-1959, 1961, 1963, 1965-.
DN:208 M:251.

644. Regulamento de embarques e instruções complementares;
comercialização da safra caféeira. 1936/1937-. Rio,
Departamento Nacional do Café, 1937-1947; Ministério
da Fazenda, 1950-1953; Instituto Brasileiro do Café,
1954-.
Regulations and instructions for exporting the coffee
crop.
Title varies: Regulamento de embarques para a safra,
1936/1937. Regulamento de embarques; safra 1937/
1938-1946/1947. Regulamento de embarques de café,
safra 1949/1950-1958/1959. Comercialização da
safra caféeira, 1958/1959-1964/1965; regulamento
de embarques e instruções complementares. Regulamento de embarques e instruções complementares;
comercialização da safra caféeira, 1965/1966.
Comercialização da safra caféeira, 1966/1967;
regulamento de embarques e instruções complementares. Regulamento de embarques e instruções complementares; comercialização da safra caféeira,
1968/1969-.
Frequency: Annual.
M:251.

IBC: DEPARTAMENTO ECONÔMICO

Brazilian coffee production statistics are issued through
the publications of this department.

645. Anuário estatístico do café. 1934-. Rio, 1935(?)-.
    Title varies: Anuário estatístico, 1934-1938.
        Anuário estatístico do café, 1939/1940-.
    Frequency varies: Annual, 1934-1938. Biennial,
        1939/1940-1943/1945. Not issued, 1946-1960.
    Annual, 1961-1967. Irreg., 1968/1970.
    Indexed in BBCS.
    DN:208 M:250.

646a. Boletim do Departamento econômico. Ano I-, n.1-;
    outubro 1964-. Rio, 1964-.
    Frequency varies: Monthly, n.1-24; Oct 1964-Aug 1966.
        Irreg., n.especial, Sept, Nov 1966. Monthly, n.25-
        48; Sept 1966-Aug 1968. Bimonthly, n.49/50-51/52;
        Sept/Oct, Nov/Dec 1968. Quarterly, n.53/55-; Jan/
        Mar 1969-.
    Supersedes Boletim informativo e estatístico, 649.
    Indexed in BBCS.
    M:250.

646b. Boletim de documentação. Vol.1-, n.1-; julho 1971-.
    Rio, 1971-.
    Bibliographies of coffee, publications received,
        selected journals reviewed.
    Frequency: Monthly.

647. Boletim estatístico. Vol.1-6, n.1-60; julho 1947-
    1952. Rio, 1947-1952.
    Frequency: Monthly irreg.
    Supersedes DNC; revista do Departamento nacional do
        café, 650, and superseded by Boletim estatístico
        do Instituto brasileiro do café, 648.

648. Boletim estatístico do Instituto brasileiro do café.
    Vol.7-12, n.1-71; 1953-1958. Rio, 1953-1958.
    Frequency: Monthly. (Vol. numbering continues that
        of Boletim estatístico, 647, but issue numbering
        is independent.)
    Superseded by Boletim informativo e estatístico, 649.
    CLA:45 M:250.

649. Boletim informativo e estatístico. Ano I-IV,
      n.1-81; março 1958-setembro 1961. Rio, 1958-1961.
      Title varies: Boletim informativo do Instituto
         brasileiro do café, n.1-23; 1958-1959. Boletim
         informativo e estatístico, n.24-81; 1959-1961.
      Frequency varies: Weekly, n.1-75; Mar 1958-Apr 1961.
         Monthly, n.76-81; May-Sept 1961.
      Supersedes Boletim estatístico do Instituto
         brasileiro do café, 648, and superseded by
         Boletim do Departamento econômico, 646a.
      CLA:46 M:251.

650. DNC; revista do Departamento nacional do café.
      Ano I-XIV, n.1-158; julho 1933-agôsto/setembro 1946.
      Rio, 1933-1946.
      Frequency: Monthly irreg.
      Superseded by Boletim estatístico, 647.

              IBC: DIVISÃO DE ESTOQUES E PADRONIZAÇÃO

651. Posição dos estoques governmentais de café. Rio.
      Frequency: Monthly irreg., Jan 1966-1971.
      "Confidential."

              IBC: GRUPO EXECUTIVO DE RACIONALIZAÇÃO
                   DA CAFEICULTURA (GERCA)

      Created by Decreto n.79 of October 26, 1961.

652. Relatório. 1962-. Rio.
      Title varies: See Introduction, p. xxiv.
      Frequency: Annual, 1962-1970.

653. Boletim técnico. n.1-. Rio, 1970-.
      Series.

654. Informativo; boletim mensal do Grupo executivo de
      racionalização da cafeicultura do Instituto brasileiro
      do café. Ano I-, n.1-; janeiro 1971-. Rio, 1971-.
      Frequency: Monthly.

              INSTITUTO DE AÇÚCAR E DO ÁLCOOL (IAA)

      The Instituto, created on June 1, 1933 (Decreto n. 22,789),
   became a federal autarchy attached to the Ministério da
   Indústria e Comércio on July 22, 1960 (Lei n.3,782).

655. Relatório. 1938/1946-. Rio, 1947-.
   Title varies: O Instituto do açúcar e do álcool em
      1947-1954; relatório...; see also Introduction, p. xxiv.
   Frequency: Annual, 1947-.
   M:129.

656. Anuário açucario; safras de 1935-. Rio, 1936-.
   Subtitle varies slightly.
   Frequency varies: Annual, 1935-1942. Biennial, 1943/
      1944, 1945/1947. Annual, 1948/1949-1952/1953.
      Irreg., 1953/1956, 1956/1957, 1959/1960.
      Annual, 1960/1961-1965/1966.
   M:129.

657. Brasil açucareiro. Vol. I-, Ano I-, n.1-; dezembro
   1932-. Rio, 1932-.
   Title varies: Economia e agricultura, 1932-1934.
      Brasil açucareiro, 1935-.
   Frequency varies: Biweekly, Dec 1932-Feb 1934.
      Monthly irreg., Mar 1934-Sept/Dec 1960. Monthly,
      Jan-Jun 1961. Bimonthly, Jul/Aug 1961-Jul/Aug
      1964. Monthly, Sept 1964-Aug 1969. Irreg., Sept/
      Dec 1969. Monthly, Jan 1970-. Also: Suppl., May
      1963, Feb. 1969, Feb 1970.
   Numbered 1-6, 1-6 each year.
   In 1971 a special issue was published in English,
      with articles translated from regular issues, but
      without documentation as to the originals'
      titles, authors, or dates.
657a. _____. Índice alfabético e remissivo dos vols.
      I a XIII (1933-1939) (Rio, 1940). 102p.
   Indexed in Biol. Abs., BBA, BBCS, BBQ.
   M:34 PAU:1079.

658. Coleção canavieira. n.1-. Rio, 1968-.
   Series (n.6; 1971).

659. Coletânea de resoluções da Comissão executiva.
   1945/1949-. Rio.
   Title varies: Resoluções da Comissão executiva,
      1945/1949-1964. Coletânea de resoluções da
      Comissão executiva, 1965-.
   Frequency varies: Irreg., 1945/1949. Annual, 1951-.

660. Documentos para a história do açúcar. Vol.1-. Rio,
   1954-.

660. (cont'd.)
     Series (Vol.1-3; 1954, 1956, 1963).
     M:128-129.

661. Jurídica. Ano I-, Vol.I-, n.1/4-; setembro 1955-.
     Rio, 1955-.
     Legal and social aspects of the administration of
        autcnomous agencies; administrative law,
        agrarian law and policy, and state involvement in
        the economic sphere.
     Title varies: Boletim da Divisão jurídica, n.1/4-74/
        75; 1955-1961. Jurídica, n.76-; 1962-.
     Frequency: Quarterly.
     Indexed in BBCS.
     M:256.

          IAA: DIVISÃO DE ESTUDO E PLANEJAMENTO:
            SERVIÇO DE ESTATÍSTICA E CADASTRO

     Attached to the IAA's Divisão de Estudos e Planejamento,
the Serviço de Estatística e Cadastro issues statistical
reports in various formats with varying titles. These
publications are listed according to the following
arrangement:

     Açúcar--Annual; Retrospective
     Açúcar centrifugado--Annual; Retrospective
     Alcool--Annual; Retrospective
     Alcool e álcool motor

The numbers indicated under each title reflect holdings
in the libraries of the Instituto de Acúcar e Alcool and
of the Instituto Brasileiro de Estatística. Departamental
collections of the IAA were also surveyed. The dates
given are those of the report year for those issues located (with publication date in parentheses).

          [Açúcar: Annual]

662. Boletim estatístico do açúcar (Brazilian sugar
     statistical bulletin). Safra de 1928/29-(Crop 1928/
     1929-). Rio, 1929-.
     Title varies: Quadros   sintéticos, 1928/1929-1963/
        1964. Quadros sintéticos: açúcar, 1963/1964-1967/
        1968. Boletim estatístico do açúcar, 1967/1968-.
        (English translation added beginning with 1968/
        1969.)

662. (cont'd.)
Frequency varies: Annual, 1929-1949. Monthly, 1951-.
Report year is Jun to May.
M:129.

663. Comércio de açúcar, tipos de usina: exportação. Edição
de [ano]. Rio.
Frequency: Annual irreg., 1962, 1965, 1958/1967 (1968).

664. Plano de defesa de safra de [ano]. Rio.
Title varies: Plano da safra de açúcar, 1943/1944-
1959/1960. Plano de defesa de safra de
1960/1961-1965/1966, 1970/1971.
Frequency: Annual, 1943/1944-1965, 1966, 1970/1971.

665. Produção de açúcar, por usina. Safra de [ano].
Rio.
Frequency: Annual, 1956/1957-1958/1959, 1961/1962,
1963/1964-1965/1966.

666. Produção de açúcar, tipos de usina. Safra de [ano] .
Rio.
Frequency: Annual, 1960/1961, 1962/1963-1965/1966.

667. Produção de açúcar na safra de [ano]: usinas,
rendimento industrial, açúcar produzido, canas
esmagadas. Rio.
Frequency: Annual (?): 1966/1967.

668. Resultado final da safra de [ano]: usinas, açúcar
produzida, canas esmagadas, rendimento industrial.
Rio.
Frequency: Annual, 1965/1966, 1967/1968, 1968/1969.

[Açúcar: Retrospective]

669. Produção de açúcar. Safras de 1929/1930 à 1938/1939-:
tipos de usina. Rio, 1960-.
Series: 1929/1930 a 1938/1939 (1960), 1939/1940 a
1948/1949 (1960), 1949/1950 a 1958/1959 (1960),
1953/1954 a 1963/1964 (1964), 1962/1963 a 1966/
1967 (1967).

670. Produção de açúcar: totais por unidades da federação. Safras 1952/1953 a 1961/1963: discriminação dos tipos de usina. Rio, 1962.

671. Produção de açucar no país. Safras de 1956/1957 a 1967/1968 (por unidade da federação, por usina). Rio, 1969.

672. Resultado final das safras de 1948/1949 a 1967/1968: produção de açúcar por tipo, canas moídas, rendimento industrial. Rio, 1969.

673. Produção de açúcar no país: retrospecto (safras de 1962/1963 a 1969/1970, anos civis de 1962 a 1969); sinopse (safra de 1969/1970). Rio, 1971.

674. Produção de açúcar, tipos de usina. Séries retrospectivas e sinopse da safra [ano]. Edição de [ano]. Rio.
     Frequency: Annual irreg., 1960/1961, 1965/1966.

675. Produção de açúcar, tipos de usina. Dados finais das safras [ano] a [ano]. Rio.
     Frequency: Annual, statistics for two years:
          1961/1962 a 1963/1964 - 1967/1968 a 1969/1970.

          [Açúcar centrifugado: Annual]

676. Brasil: produção de açúcar centrifugado: ano civil de 1970; totais por regiões e unidades da federação. Rio.

677. Produção de açúcar [centrifugado] na safra de [ano]. Rio.
     Frequency: Annual, 1969/1970, 1970/1971.

          [Açúcar centrifugado: Retrospective]

678. Brasil: produção de açúcar centrifugado: ano civil [ano] a [ano]. Rio.
     Series: 1957 a 1962, 1963 a 1966, 1964 a 1968.

679. Brasil: produção de açúcar centrifugado: anos civis [ano] a [ano]. Rio.
     Series: 1964 a 1966, 1966 a 1968, 1967 a 1969, 1968 a 1970.

680. Exportação de açúcar centrifugado (anos civis de
     1960 a 1969. Safras de 1959/1960 a 1968/1969). Rio,
     1969.

681. Produção de açúcar centrifugado do país. Safras de
     [ano] a [ano]. Rio
     Series: 1948/1949 a 1968/1969 (1970), 1960/1961 a
        1969/1970 (s.d.).

682. Produção de açúcar centrifugado. Safras de [ano] a
     [ano]. Rio.
     Series: 1959/1960 a 1968/1969.

683. Produção de açúcar centrifugado: dados finais das
     safras de [ano] a [ano]. Rio.
     Series: 1966/1967 a 1968/1969.

684. Produção de açúcar centrifugado (Centrifuged sugar
     production); regiões e unidades da federação (regions
     and states).Safras [ano] a [ano] (Crops [year]-[year]). Rio.
     Series: 1964/1965 a 1967/1968, 1965/1966 a 1968/1969.

                    [Álcool: Annual]

685. Boletim estatístico do álcool (Brazilian alcohol
     statistical bulletin). Safra de 1928/1929 -. (Crop
     1928/1929-). Rio, 1929-.
     Title varies: Quadros sintéticos, 1928/1929-1963/1964.
        Quadros sintéticos álcool, 1963/1964-1967/1968.
        Boletim estatístico do álcool, 1967/1968-.
        (English translation added beginning with 1968/
        1969.)
     Frequency varies: Annual, 1929-1950. Monthly, 1951-
        1964. Quarterly, 1965-Jan/Mar 1967. Irreg., Apr/
        May, Jun/Aug 1967. Monthly, Sept 1967-May 1968.
        Irreg., Jun/Aug 1968. Monthly, Sept 1968-May
        1969. Irreg., Jun/Aug 1969. Monthly, Sept 1969-.
     Report year is Jun to May.
     M:129, 130.

686. Plano do álcool. Rio.
     Frequency: Annual irreg., 1944/1945, 1949/1950, 1951/1952-
        1956/1957, 1959/1960.

687. Plano de defesa da aguardente. Rio.
      Frequency: Annual, 1952/1953-1958/1959.

688. Produção de álcool: totais por unidades da
      federação. Safra de [ano], todos os tipos. Rio.
      Frequency: Annual, 1957/1958-1966/1967.

689. Produção de álcool: totais por regiões e unidades da
      federação. Safra de [ano]. Rio.
      Frequency: Annual irreg., 1961/1962, 1967/1968,
        1969/1970.

690. Produção de álcool: totais por unidades da federação.
      Ano civil de [ano], todos os tipos. Rio.
      Frequency: Annual, 1959-1961, 1963-1968.

        [Álcool: Retrospective]

691. Produção de álcool. Safras 1952/1953 a 1956/1957.
      Rio, 1958.

692. Produção de álcool: por unidades da federação, safra
      e tipo. Rio.
      Frequency: Annual, covering two years, 1966 a 1968,
        1966/1967 a 1968/1969, 1967 a 1969, 1968 a 1970.

693. Produção de álcool no país. Retrospectos da produção
      (safras 1950/1951 a 1969/1970, anos civis 1950 a
      1969), da cana moída (safras 1968/1969 e 1969/1970)
      da distribuição (anos civis 1950 a 1969). Rio, 1971.

694. Produção de álcool: por unidades da federação e
      tipos, anos civis de 1950 a 1967. Rio.

        [Álcool e álcool-motor]

695a. Álcool e álcool-motor (produção e consumo). Rio.
      Frequency: Annual, 1944/1945-1946/1947.

695b. Álcool e álcool-motor: produção e consumo. Safra de
      [ano], ano civil de [ano]. Ano I-. Rio.
      Frequency: Annual irreg., Safra 1954/1955, ano civil
        de 1955. Ano XXIX (1956).

696. Produção: álcool e álcool-motor. Edição de [ano]. Rio.
      Frequency: Annual irreg., 1962-1963, 1967.

697. Produção de álcool-motor: das destilarias e companhias
de gasolina, substância aplicada na mistura
carburante. Ano civil de [ano]. Rio.
Frequency: Annual irreg., 1961-1963, 1965-1966.

MUSEU DO AÇÚCAR

698. Revista do Museu do açúcar. Vol.1-. Recife, 1968-.
History of sugar in Brazil.
Frequency: Irreg., Vol.1; 1968, Vol.2-3; 1969, Vol. 4;
1970.

GRUPO ESPECIAL PARA RACIONALIZAÇÃO DA AGRO-INDÚSTRIA
CANAVEIRA DO NORDESTE (GERAN)

Established by Decreto n.59,033-A of August 8, 1966,
this agency was indirectly dissolved with the transfer of
its resources to the Instituto de Açúcar e Alcool by
Decreto-lei n.1,186 of August 27, 1971.

699. Relatório. Recife.
Title varies: See Introduction, p. xxiv.
Frequency: Annual, 1969.

SUPERINTENDÊNCIA DA BORRACHA

Created by Lei n.5,227 of January 18, 1967.

700. Relatório. Rio.
Title varies: See Introduction, p. xxiv.
Frequency: Annual, 1969/1970.

701. Anuário estatístico: mercado estrangeiro. 1965-. Rio.
Comissão Executiva de Defesa da Borracha, 1965-1966;
Superintendência da Borracha, 1967-.
Title varies: Anuário de estatística e informações
(mercado estrangeiro), 1965-1966. Anuário
estatístico: mercado estrangeiro, 1967-.
Frequency: Annual.
Numbered beginning with Ano I, n.2; Jan/Dec 1967.
Issued in series with Anuário estatístico:
mercado nacional, 702, with "estrangeiro" receiv-
ing even numbering each year, and "nacional"
receiving the odd numbers.
Supersedes Anúario de estatística e informações
(nacionais e estrangeiras), 609.

702. Anuário estatístico: mercado nacional. 1965-. Rio,
      Comissão Executiva de Defesa da Borracha, 1965-1966;
      Superintendência da Borracha, 1967-.
      Title varies: Anuário de estatística e informações
          (mercado nacional), 1965-1966. Anuário
          estatístico: mercado nacional, 1967-.
      Frequency: Annual.
      Numbered beginning with Ano I, n.1; Jan/Dec 1967.
          Issued in series with Anuário estatístico: mercado
          estrangeiro, 701, with "nacional" receiving the
          odd numbers each year, and "estrangeiro" receiving
          the even numbers.
      Supersedes Anuário de estatística e informações
          (nacionais e estrangeiras), 609.

703. Boletim mensal de atividades. Ano I, n.1-6;
      fevereiro/julho-dezembro 1967. Rio, 1967.
      Frequency: Irreg., Feb/Jul 1967. Monthly, Aug-Dec
          1967.

SUPERINTENDÊNCIA DE SEGUROS PRIVADOS (SUSEP)

SUSEP began as the Departamento Nacional de Seguros
Privados e Capitalização on September 2, 1946 (Decreto
n.21,799) and acquired its present name, Superintendência
de Seguros Privados, and its organization on November 21,
1966 (Decreto-lei n.73).

704. Boletim do Departamento nacional de seguros privados
      e capitalização. Ano I, n.1-Ano XIX, n.7/12;
      janeiro 1947-julho/dezembro 1966.
      Legislation, statistics, personnel.
      Frequency varies: Monthly, 1947-Mar 1952. Bimonthly
          irreg., Apr/May 1952-Nov/Dec 1959. Annual, 1960-
          1961. Monthly, 1962-1963. 3/year, 1964. Quarterly,
          Jan/Mar, Apr/Jun 1965. Semi-annual, 2o. sem. 1965-
          Jul/Dec 1966.
      Superseded by Boletim da SUSEP, 705.
      M:90.

705. Boletim da SUSEP. Ano I-. n.1/6-, 1o. semestre 1967-.
      Rio, 1967-.
      Frequency: Semi-annual, 1967. Irreg., Jan/Sept,
      Oct/Dec 1968. Semi-annual, 1969-.
      Supersedes Boletim do Departamento nacional de
      seguros privados e capitalização, 704.

706. Revista da SUSEP. n.1-5; abril 1968-dezembro 1969.
      Rio, Divisão de Relações Públicas, 1968-1969.
      Legislation, general information.
      Frequency: Irreg., n.1-5; Apr, Jun/Jul, Nov/Dec 1968,
      Jan/Feb, Dec 1969.

EMPRÊSA BRASILEIRA DE TURISMO (EMBRATUR)

Created by Decreto-lei n.55 of November 18, 1966.

707. Relatório. Rio.
      Title varies: See Introduction, p. xxiv.
      Frequency: Annual, 1969.

708. Anuário estatístico Embratur. n.1-; 1970-. Rio, 1970-.
      Frequency: Annual.

COMPANHIA SIDERÚRGICA NACIONAL (CSN)

Created by Decreto-lei n.3,002 of January 30, 1941, as
a "sociedade anônima," it was later attached to the
Ministério da Indústria e Comércio as a government
corporation by Lei n.3,782 of July 22, 1960.

709. Relatório, 1941-. Volta Redonda, RJ.
      Title varies: See Introduction, p. xxiv. Cover title:
          Relatório da diretoria, 1942-1968.
      Frequency: Annual.

710. Relatório das atividades da Companhia siderúrgica
      nacional. Volta Redonda, RJ.
      Frequency: Monthly, Jul 1963-.

711. O lingote. Ano I-, n.1-; março 1953-. Rio, Centro
      de Estudos Paulo Monteiro Mendes, 1953-.
      Tabloid with general information, news, photographs.

711.　(cont'd.)
　　　Frequency varies: Biweekly irreg., n.1-91; 1953-1956.
　　　　Monthly irreg., n.92-139; 1957-1960. Irreg.,
　　　　n.140-145; Jan-Feb 1961, Mar/Apr, May/Jun, Jul-
　　　　Aug 1962. Bimonthly, n.146-148; Sept/Oct 1962-
　　　　Jan/Feb 1963. Monthly, n.149-151; Mar-May 1963.
　　　　Irreg., n.152-153; Jun/Jul-Aug/Sept 1963. Monthly, n.
　　　　154-157; Oct 1963-Jan 1964. Irreg., n.158-162;
　　　　Feb/Mar, Apr/Jun, Jul/Aug, Sept/Dec 1963, Jan/Feb
　　　　1964. Monthly, n.163-168; May-Oct 1964. Irreg.,
　　　　n.169; Nov/Dec 1964. Monthly, n.170-174; Jan-May
　　　　1965. Irreg., n.175; Jan/Jul 1965. Monthly, n.176-
　　　　178; Aug-Oct 1965. Irreg., n.179-181; Nov/Dec 1965,
　　　　Jan-Feb 1966. Monthly, n.182-188; Apr-Oct 1966.
　　　　Irreg., n.189-194; Nov/Dec 1966-Feb 1967, Mar/Apr,
　　　　May, Jun/Jul 1967. Monthly, n.195-198; Aug-Nov 1967.
　　　　Bimonthly, n.199-; Jan/Feb 1968-.

COMPANHIA NACIONAL DE ÁLCALIS

　　　This company, created on July 20, 1943 (Decreto-Lei
n.5,684) became attached to the Ministério da Indústria
e Comércio as a government corporation on July 22, 1960
(Lei n.3,782).

712.　Relatório. Rio.
　　　Title varies: See Introduction, p. xxiv.
　　　Frequency: Annual, 1951-.

713.　Relatório da presidência. Rio.
　　　Frequency: Monthly, 1963-.
　　　Includes the Alcalis jornal, 714.

714.　Álcalis jornal. Ano I-, n.1-; junho 1967-. Rio, 1967-.
　　　Frequency: Monthly.
　　　Issued bound with Relatório da presidência, 713.

INSTITUTO DE RESSEGUROS DO BRASIL (IRB)

　　　Created by Decreto-lei n.1,186 of April 3, 1939, this
institute was attached to the Ministério da Indústria e
Comércio as a government corporation by Lei n.3,782 of
July 22, 1960.

715. Relatório. Rio.
     Title varies: See Introduction, p. xxiv.
     Frequency: Annual irreg., 1941-1959, 1967-.
     Called "Balanço geral" between 1960 and 1966.
     DN:213 M:252.

716. Boletim informativo. Ano I-, n.1-; 1964-. Rio,
     Serviço de Relações Públicas, 1964-.
     Legislation, general information.
     Frequency: Monthly.

717. Revista do IRB. Ano I-, n.0-; abril 1940-. Rio, 1940-.
     Insurance programs, statistics, news, legislation.
     Frequency: Bimonthly.
     Numbering begins with Ano I, n.1; Jun 1940.
     Indexed in final number each year.
717a. _____. Indice da matéria publicada pela Revista
     do IRB até 31 de dezembro de 1947 (Rio, 1948).
     56p.
717b. _____. _____ até 31-12-1954 (Rio, 1955).
     88p.
     CLA:55 DN:213 J:75 M:252 Z:60.

         IRB: COMISSÃO ESPECIAL DE COLOCAÇÃO DE
         RESSEGUROS NO EXTERIOR (CECRE)

Created by Decreto n.53,964 of June 11, 1964.

718. Informativo CECRE. Ano I-, n.1-: fevereiro 1969-.
     Rio.
     Frequency: Monthly.

         FÁBRICA NACIONAL DE MOTORES S.A.

Established by 1946, the Fábrica was transferred to the
private sector on January 13, 1967 (Decreto-lei n.103) and
attached to the Ministério da Indústria e Comércio on
June 26 of the same year (Decreto n.60,900).

719. Relatório. Rio.
     Title varies: See Introduction, p. xxiv.
     Frequency: Annual, 1951-.

MINISTÉRIO DO INTERIOR (MINTER)

Established as the Ministério do Reino e Negócios
Estrangeiros in 1821, this ministry was successively
redesignated as the Ministério do Império e Negócios Estrangeiros
in 1822, as the Ministério do Império in 1823, and as the
Ministério do Interior in 1889. In 1892 the Ministério
do Interior merged with the Ministérios da Justiça and da
Instrucção, Correios e Telégrafos to form the Ministério
da Justiça e Negócios Interiores (MJNI). In February 1967,
Decreto-lei n.200 divided the MJNI into the Ministério da
Justiça (MJ) and the Ministério do Interior (MINTER).

The following entities have issued serial publications
within the scope of this Guide:

Ministério do Interior (MINTER)
  Programa de Ação Concentrada (PAC)

Autonomous agencies:
  Regional coordination and planning agencies:
    Superintendência do Desenvolvimento da Amazônia (SUDAM)
    Superintendência do Desenvolvimento da Região
      Centro-Oeste (SUDECO)
    Superintendência do Desenvolvimento da Região Sul
      (SUDESUL)
    Superintendência do Desenvolvimento do Nordeste
      (SUDENE)
      Centro regional de Estatística de Saúde do Nordeste
        (CRESNE)

Sub-regional development agencies:
  Superintendência da Zona Franca de Manaus (SUFRAMA)
  Superintendência do Vale do São Francisco (SUVALE)
  Departamento Nacional de Obras Contra as Sêcas (DNOCS)

Urban development agencies:
  Banco Nacional de Habitação (BNH)
    Serviço Federal de Habitação e Urbanismo (SERFAU)
  Departamento Nacional de Obras de Saneamento (DNOS)

  Regional and sub-regional financial agencies:
    Banco da Amazônia S.A. (BASA)
    Banco do Nordeste do Brasil S.A. (BNB)
      Departamento do Estudos Econômicos do Nordeste (ETENE)
      Setor de Estatística
      Setor de Investigações Agrícolas
  Fundação Nacional do Índio (FUNAI)
    Conselho Nacional de Proteção aos Índios

720. Relatório. 1891(?)-; Brasília, 1968(?)-. Assessoria de
      Documentação.
      Title varies: See Introduction, p. xxiv.
      Frequency: Annual irreg., 1890/1891-1891/1892, 1924/
          1925, 1968-1969.
      DN:143.

            PROGRAMA DE AÇÃO CONCENTRADA (PAC)

      Established by Portaria n.214 of June 11, 1969.

721. Informativo do Programa de ação concentrada. n.0-;
      agôsto 1969-. Rio, 1969-.
      National and regional agencies in coordination with
          state and municipal administrations. General
          information and notices.
      Frequency: Monthly, n.0-2; Aug-Oct 1969.

SUPERINTENDÊNCIA DO DESENVOLVIMENTO DA AMAZÔNIA (SUDAM)

      Created as the Superintendência do Plano de Valorização
Econômica da Amazônia (SPVEA) by Lei n.1,806 of January 6,
1953, it was redesignated as the Superintendência do
Desenvolvimento da Amazônia (SUDAM) by Lei n.5,173 of
October 27, 1966.

722. Relatório. Belém.
      Title varies: Atividades. 1o. Ano-   ; 1953/1954-.
          Relatório das atividades (Varies, See
          Introduction, p. xxiv.), 1969-.
      Frequency: Annual irreg., 1953/1954, 1969-1970.
          Also note monograph, Da SPVEA à SUDAM (1964-1967)
          (Belém, 1968[?])
      M:212.

723. Amazônia, carta mensal. Ano I-, n.1-; novembro 1964-.
      Rio, Agência na Guanabara, 1964-.
      Frequency varies: Monthly, n.1-9; Nov 1964-Jul 1965.
          Irreg., n.10-11; Aug/Nov, Dec 1965. Bimonthly,
          n.1/2-7/8; Jan/Feb-Jul/Aug 1966.

724. Biblioteca da SUDAM informa. Vol.1-, n.1-; maio/
      junho 1969-. Belém, 1969-.
      Legislation, foreign scientific and technical article
          summaries, acquisitions.
      Frequency: Bimonthly.
      Supersedes Boletim da biblioteca, 725.

725. Boletim da biblioteca. Vol.1, n.1-Vol.3, n.2; abril
      1967-março 1969. Belem, 1967-1969.
      Legislation, acquisitions.
      Frequency varies: Irreg., Vol.1, n.1-2; Apr, Mar/May
          1967. Monthly irreg., Vol.1, n.3-4, 5/6, 7; Jun-
          Jul, Aug/Sept, Oct 1967. Vol.2, n.1-6, 7/8, 9;
          Jan-Jun, Jul/Aug, Sept 1968. Vol.3, n.1-2; Jan/
          Feb, Mar 1969. (Vol.1, n.5/6 misnumbered as n.3/4).
      Superseded by Biblioteca da SUDAM informa, 724.

726. Boletim informativo. Ano I-; setembro/outubro 1969-.
      São Paulo, Escritório Regional em São Paulo, 1969-.
      General information on the activities, conferences,
          studies of the regional office.
      Frequency: Bimonthly.

727. Boletim mensal.n.01-; mês de julho-, Ano 1969-.
      Brasília, Escritório Regional do Distrito Federal,
      1969-.
      General information on activities, conferences, and
          studies of the regional office.
      Frequency: Monthly irreg., n.01-05; Aug-Oct, Dec 1969.
          n.01-03; Jan-Mar 1970. Not numbered, May/Jul, Jul,
          Aug 1970, Feb/Mar, Apr, May 1971.

728. Boletim mensal. n.01-; janeiro 1969-. Rio,
      Escritório Regional da Guanabara, 1969-.
      General information on activities, conferences, and
          studies of the regional office.
      Title varies: Boletim informativo. n.01-05; Jan-Mar
          1969. Boletim mensal, n.06-; Jun 1969-.
          (Cover title inconsistent with title page.)
      Frequency: Monthly.
728a. _____. Índice sistemático e índice remissivo
          [1969]. 9p.

729. Cadernos da amazônia. n.1-; 1970-. Belém,
     Departamento de Recursos Naturais, 1970-.
     Series.

730. Coleção Araújo Lima. n.1-25; n.s., n.1-20. Belém,
     1956-   ; 1960-1964.
     Series.
     M:224.

731. Informativo mensal. n.1-;fevereiro 1966-. Manaus,
     Escritório Regional da SUDAM na Amazonas, 1966-.
     General information on activities, conferences, and
         studies of the regional office.
     Frequency varies: Monthly, n.1-10; 1966. Bimonthly,
         n.1-6; 1968. Monthly, n.1-12; 1969, n.1-; 1970-.

732. Resenha informativa. n.1-; abril 1955-. Belém, 1955-.
     Technical information, activities of SPVEA.
     Frequency: Irreg., n.1-3; Apr, May/Jun, Jul/Aug 1955.
         Not issued, 1956-1961. Irreg., n.4-; Jan 1962-.
     M:330.

733. Resoluções do CONDEL: ementário. fevereiro 1968/
     junho 1969-. Belém, Conselho Deliberativo, 1969-.
     Frequency varies: Irreg., Feb 1968/Jun 1969.
         Semi-annual, Jul/Dec 1969-.

734. Reuniões do CONDEL: atas ordinárias. fevereiro 1968/
     junho 1969-. Belém, Conselho Deliberativo, 1969-.
     Frequency varies: Irreg., Feb 1968/Jun 1969. Semi-
         annual, Jul/Dec 1969-.

735. Série recursos naturais. Tomo I-. Belém,
     Departamento de Recursos Naturais, 1959(?)-.
     Series (n.1-5; 1959. Not numbered, 1969-)
     M:212.

736. SUDAM bibliografa (bibliografia da Amazônia). Vol.1-, n.1-
     julho/dezembro 1970-. Belém, 1970-.
     Frequency: Semi-annual.

737. SUDAM documenta (documentos amazônicos). Vol.1, n.1-;
     outubro/dezembro 1969-. Belém, 1969-.
     Frequency varies: Quarterly irreg., Vol.1, n.1, 2/3,
         4; Oct/Dec 1969, Jan/Jun, Jul/Sept 1970. Quarterly,
         Vol.2, n.1; Oct/Dec 1970-.

738. <u>SUDAM em revista</u>. Ano ᴵ, n.1-; setembro 1970-.
Belém, 1970-.
General information, articles, notices.
Frequency varies: Monthly irreg., Ano 1, n.1-2, 3/4;
Sept-Oct, Nov/Dec 1970. Ano 2, n.1/6, 7-;
Jan/Jun, Jul 1971-.
Also: "Edição especial," Oct 1970.

SUPERINTENDÊNCIA DO DESENVOLVIMENTO DA
REGIÃO CENTRO-OESTE (SUDECO)

Established by Lei n.5,365 of December 1, 1967, to
replace the Fundação Brasil Central.

739. <u>Relatório</u>. Brasília.
Title varies: See Introduction, p. xxiv.
Frequency: Annual irreg.

SUPERINTENDÊNCIA DO DESENVOLVIMENTO DA
REGIÃO SUL (SUDESUL)

Although SUDESUL has passed through a variety of names
since its founding as the Superintendência do Plano de
Valorização Econômica da Região da Fronteira Sudoeste on
November 28, 1956 (Lei n.2,976) it has maintained the
same acronym. In 1967 SUDESUL had two names, first, the
Superintendência da Fronteira Sudoeste (Decreto-Lei n.301,
February 28) and second, the Superintendência da Região
Sul (Lei n.5,365, December 1). Then, on May 8, 1969,
Decreto-Lei n.576 named the agency Superintendência do
Desenvolvimento da Região Sul.

740. <u>Boletim informativo</u>. Ano I-, n.1-; 1967(?)-. Pôrto
Alegre, Relações Públicas, 1967(?)-.
Frequency varies: Irreg., n.V-VII; Sept, Nov 1967,
Jan, Aug 1968. Monthly, n.IX-XI; Jun-Aug 1969.

SUPERINTENDÊNCIA DO DESENVOLVIMENTO DO
NORDESTE (SUDENE)

Created by Lei n.3,692 of December 15, 1959 as an
autonomous agency subordinated to the Presidência da
República, it later became attached to the Ministério do
Interior by Decreto n.60,900 of June 26, 1967.

741.   Relatório. Recife.
        Title varies: See Introduction, p. xxiv.
        Frequency: Annual, 1963-.
        Note also: Sudene: dez anos (Recife, 1969).
        M:211.

742.   Artene boletim. Vol. 1-, n.1-; fevereiro 1965-.
        Recife, 1965-.
        Only one number issued (?).

743.   Boletim da biblioteca. Vol.1, n.1-; fevereiro 1964-.
        Recife, 1964-.
        Specialized bibliographies on subjects of interest
          to the Northeast, scientific and technical
          translations, recent acquisitions.
        Frequency varies: Weekly, Feb-May 1964. Biweekly,
          Jun-Aug 1964. Monthly, Sept 1964-Apr 1965.
          Biweekly, Jul 1965. Irreg., Aug 1965. Biweekly,
          Sept 1965-Feb 1966. Monthly, Mar 1966-Jun 1967.
          Not issued, Jul-Dec 1967. Quarterly, Jan/Mar 1968-.

744.   Boletim econômico da SUDENE. Vol.1-, n.1-; outubro/
        dezembro 1962-. Recife, Assessoria Técnica, 1962-.
        Title varies: SUDENE; boletim econômico, 1962-1967.
          Boletim econômico da SUDENE, 1968-.
        Frequency and numbering vary: Vol.1, n.1; Oct/Dec
          1962. Not issued, 1963-1965. Ano II, n.2,3; Jan/
          Mar, Oct/Dec 1966. Ano III, n.1-2; Jan/Mar-Apr/
          Jun 1967. Vol.IV, n.1; Oct/Dec 1968. Vol.V, n.1;
          Jan/Jun 1969.
        Indexed in BBCS.
        M:339.

745.   Boletim de estudos. n.1-4; julho 1967-1968. Recife,
        Divisão de Geologia, Departamento de Recursos Naturais,
        1967-1968.
        Frequency irreg.: Jul, Aug, Oct 1967, n.m. 1968.

746.   Boletim de estudos de pesca. Vol.1-, n.1-; outubro
        1961-. Recife, Departamento de Recursos Naturais,
        1961-.
        Fishery development program in the Northeast, general
          studies and information.
        Frequency varies: Monthly, Vol.1, n.1-Vol.3, n.8;
          Oct 1961-Aug 1963. Bimonthly, Vol.3, n.9/10-Vol.

746. (cont'd.)
     6, n.3; Sept/Oct 1963-May/Aug 1966. 3/year,
     Vol.6, n.4-Vol.7, n.3; Sept/Dec 1966-Sept/Dec
     1967.
     Indexed in BBCS, BBQ.
     CLA:46 M:30.

747. Boletim informativo de compras. Vol.1-, n.1-; junho
     1967-. Recife, Departamento de Administração Geral,
     1967-.
     Prices of material and equipment, legislation.
     Frequency: Irreg., n.1-2; Jun, n.3-6; Jul, n.7-10;
     Aug-Oct 1967.

748. Cooperativismo e nordeste. Ano I-, n.1-; janeiro/
     junho 1966-. Recife, Seção de Cooperativismo,
     Departamento de Agricultura e Abastecimento, 1966-.
     Economic, social, and juridical aspects of
     cooperatives in the Northeast.
     Frequency: Semi-annual irreg., Ano I, n.1; Jan/Jun
     1966. Ano II, n.2/3; Jul 1966/Jun 1967. Semi-
     annual, Ano II, n.4-; Jul/Dec 1967-.

749. Cultura do coqueira. Vol.1-, n.1-; janeiro 1969-.
     Salvador, Instituto Biológico da Bahia, 1969-.
     Issued by SUDENE in collaboration with the Instituto
     Biológico da Bahia.
     Series.
     Title page of n.1 is erroneously dated 1968.

750. Ementário das resoluções do Conselho deliberativo.
     1960/1961-. Recife, 1965-.
     Frequency varies: Biennial, 1960/1961, 1962/1963.
     Annual, 1964-.

751. Hidrogeologia. Recife, Departamento de Recursos
     Naturais, 1963-.
     Series (unnumbered).

752. Informação sôbre o nordeste. n.1-; janeiro 1965-.
     Recife, Serviço de Relações Públicas, 1965-.
     General information, courses offered, brief news
     notices.
     Frequency varies: Monthly, n.1-4; Jan-Apr 1965.
     Weekly, n.1-25; Sept 1965-Apr 1966.

753. Informações pesqueiras. Vol.1-, n.1-3; janeiro/
     fevereiro-maio/junho 1967. Recife, Divisão de
     Recursos Pesqueiros, 1967.
     Technical pages of specific, practical information.
     Frequency: Bimonthly.

754. Pesquisas agropecuárias no nordeste. Vol.1, n.1/2-;
     janeiro/dezembro 1969-. Recife, Divisão de
     Pesquisas e Experimentação Agropecuária, 1969-.
     Research sponsored by SUDENE in the Northeast.
     Frequency varies: Annual, Vol.1; 1969. Semi-
       annual, Vol.2-; 1970-.

755. Io.- plano diretor do desenvolvimento econômico e
     social do nordeste. 1961/1963-. Recife, 1966-.
     Frequency irreg.: 1961/1963 (2d. ed., 1966). 1963/1965.
       1966/1968 (1966). 1969/1973 (1968). (Pub. date in
       paren.).
     Note also: "Primeiro plano diretor de desenvolvimento
       do nordeste." (1960).
     Also called "Série planejamento" (in cataloging in
       source).

756. Projetos aprovados pela SUDENE. Recife, Departamento
     de Industrialização.
     Frequency: Annual, 1962-. Also, compilation for
       1960/1968.

757. Projetos industriais aprovados pela SUDENE. Recife,
     Departamento de Industrialização.
     Frequency: Annual, 1962-.

758. Série: agricultura. n.1-. Recife, Divisão de Pesquisa
     e Experimentação Agropecuária, Departamento de
     Agricultura e Abastecimento, 1962-.
     Title varies: Also called Série: Brasil. SUDENE.
       Agricultura.
     Series (n.6;1967).
     M:212.

759. Série: colonização. 1-. Recife, 1966-.
     Series.
     M:211

760. Série especial. n.1-. Recife, Departamento de
      Recursos Naturais, 1965-.
      Series.

761. Série geologia econômica. n.1-. Recife, Departamento
      de Recursos Naturais, 1964-.
      Series.

762. Série geologia regional. n.1-. Recife, Departamento
      de Recursos Naturais, 1966-.
      Series.

763. Série incentives. 1-. Recife, Translation Center,
      Division of Documents, 1966-.
      Series.
      In English.
      M:211.

764. Série: pedologia. n.1-. Recife, Divisão de Agrologia,
      Departamento de Recursos Naturais, 1969-.
      Series (n.6; 1970).
      Title varies: Also called, Série. Brasil. SUDENE.
         Pedologia.

765. SUDENE; boletim estatístico. Vol.1-3; n.1-4;
      janeiro 1963-abril 1965. Recife, Divisão Central de
      Estatística and Assessoria Técnica, 1963-1965.
      "Circulação interna."
      Frequency: Monthly.
      M:339.

766. Sudene; boletim de recursos naturais. Vol.1, n.1-
      Vol.7, n.1/4; outubro/dezembro 1963-1969. Recife,
      1963-1969.
      Geophysical conditions in the Northeast, technical
         information, current bibliography of the
         Northeast.
      Frequency varies: Quarterly irreg., Oct/Dec 1963,
         Jan/Dec 1964, Jan/Dec 1965, Jan/Mar, Apr/Jun, Jul/
         Dec 1966, Jan/Mar, Apr/Dec 1967. Annual, 1968-
         1969.
      Indexed in BBCS.
      M:338.

767. SUDENE--cadastro de consultores e fornecedores;
      boletim informativo. Vol.1, n.1-; julho 1962.
      Recife, Assessoria Técnica, 1962-.
      Directory of administrative services, agriculture,
          engineering, industries, research, agricultural
          materials, construction, etc.
      Frequency: Monthly irreg., Vol.1, n.1-3; Jul, Aug,
          Dec 1962. Vol.2, n.4, 1-2; Jan 1963. Vol.2, n.3,
          6-12; Feb, Jun-Dec 1963. Vol.3, n.1-2; Jan, Jun
          1964. Vol.3, n.3-4; Jul 1964. Vol.3, n.5, 7, 9-10;
          Aug, Sept, Oct, Nov 1964.

768. Sudene informa; revista bimestral da Superintendência
      do desenvolvimento do nordeste. Ano I, n.1-; 1962-.
      Recife, Divisão de Documentação, 1962-.
      Frequency varies: Quarterly irreg., Vol.1, n.2-Vol.
          2, n.4; Sept/Dec 1962, Oct, Dec 1963. Not
          issued, 1964-Oct 1965. Monthly, Vol.3, n.1-Vol.5,
          n.2; Nov 1965-Feb 1967. Irreg., Vol.5, n.3/4;
          Mar/Apr 1967. Monthly, Vol.5, n.5-8; May-Aug
          1967. Bimonthly, Vol.5, n.9/10-11/12; Sept/Oct-
          Nov/Dec 1967. Monthly, Vol.6, n.1-6; Jan-Jun 1968.
          Bimonthly, Vol.6, n.7/8-; Jul/Aug 1968-.
      Note also: "Edição especial: Dez anos de ação,"
          Ano 7, n.11/12; Nov/Dec 1969.
      Indexed in BBCS.
      M:339.

                  CENTRO REGIONAL DE ESTATÍSTICA DE
                  SAÚDE DO NORDESTE (CRESNE)

769. Relatório. n.1-. Recife, 1968-.
      Issued within its series, Publicação, 771.
      Frequency: Annual.

770. Boletim de estatística de saúde de nordeste. n.1-;
      julho 1969-. Recife, 1969-.
      Issued within its series, Publicação, 771.
      Frequency irreg., n.1-9; Jul, Aug, Oct 1969, Mar,
          Apr, May 1970, Apr, May, Aug 1971.

771. Publicação. n.1-. Recife, 1968-.
      Series (n.24; 1971).

SUPERINTENDÊNCIA DA ZONA FRANCA DE MANAUS (SUFRAMA)

Established first as the Zona Franca na Cidade de
Manaus on June 6, 1957 (Lei n.3,173), SUFRAMA has been
called the Superintendência da Zona Franca de Manaus
since February 28, 1967 (Decreto-lei n.288).

772. Relatório. Manaus.
     Title varies: See Introduction, p. xxiv.
     Frequency: Annual, 1969-.

773. Boletim estatístico. n.1-; outubro 1970-. Manaus,
     Serviço de Estatística, 1970-.
     "Designed to substitute for the earlier 'Suplementos
        estatísticos' which were issued with the Boletim
        de serviço," 774.
     Frequency varies: Monthly, n.1-4; Oct 1970-Jan 1971.
        Irreg., n.5; Jan/Mar 1971.

774. Boletim de serviço. Ano I-, n.1-; julho 1967-.
     Manaus, 1967-.
     Legislation, general information, import statistics
        (after 1970, see Boletim estatístico for import
        statistics).
     Frequency varies: Monthly, n.1-5; Jul-Nov 1967.
        Monthly irreg., n.6-9; Jan-Jul 1968. Irreg.,
        n.10-11; Aug 1968. Monthly, n.12-16; Oct 1968-
        Jan 1969. Irreg., n.17, 18, 19-21; Feb, Mar, Apr/
        May 1969. Bimonthly, n.21-40; Jun 1969-Mar 1970.
        Monthly irreg., n.41, 42, 43-44, 45, 46-47; Apr,
        May, Jun, Jul, Aug 1970. Monthly, n.48-; Sept
        1970-.

SUPERINTENDÊNCIA DO VALE DO SÃO FRANCISCO (SUVALE)

Created as the Comissão do Vale do São Francisco by
Lei n.541 of December 15, 1948, and attached to the
Presidência da República, this agency was dissolved as the
Comissão, reestablished as the Superintendência do Vale
do São Francisco, and attached to the Ministério
Extraordinário para a Coordenação dos Organismos Regionais
on February 28, 1967 (Decreto-lei n.292). It was attached
to the Ministério do Interior by Decreto n.60,900 of June
26, 1967.

775. Relatório.
      Title varies: See Introduction, p. xxiv.
      Frequency: Annual irreg.

              DEPARTAMENTO NACIONAL DE OBRAS CONTRA
                      AS SÊCAS (DNOCS)

      The Comissão Imperial [de obras contra as sêcas] of
      December 7, 1877, established "um programa especial de
      construção de açudes e ferrovias." This was followed in
      May of 1904 by the establishment of three agencies: the
      Comissão de Açudes e Irrigação, the Comissão de Estudos e
      Obras Contra os Efectos das Sêcas, and the Comissão de
      Perfuração de Poços. These three commissions were absorbed
      by the newly created Superintendência dos Estudos e Obras
      Contra os Efeitos da Sêca by Portaria Ministerial of May
      7, 1906. Redesignated successively as the Inspetoria de
      Obras Contra as Sêcas (IOCS) in 1909, as the Inspetoria
      Federal de Obras Contra as Sêcas (IFOCS) in 1919, and as
      the Departamento Nacional de Obras Contra as Sêcas (DNOCS)
      by Decreto-lei n.8,486 of December 28, 1945, the agency was
      successively attached to the Ministério da Viação e
      Obras Públicas in 1945 and to the Ministério do Interior
      by Decreto n.60,900 of June 26, 1967. It was classified
      as a federal autarchy by Lei n.4,229 of June 10,
      1963.

776. Relatório. 1912-. Fortaleza, 1913-.
      Title varies: See Introduction, p. xxiv.
      Frequency: Annual irreg., 1912-1914, 1915/1918,
          1922-1924, 1926-1928, 1931/1933, 1934-.
      DN:194 M:87.

777. Boletim técnico. Vol.1, n.1-; janeiro 1934-. Fortaleza,
      1934-.
      Technical and research articles, translations, on
          subjects relating to soil conservation, allevia-
          tion of land aridity, irrigation. Informative
          notices, legislation, project reports.
      Title varies: Boletim da Inspetoria federal de obras
          contra as sêcas, 1934-1942. Boletim, 1958-1960,
          1965-1969. Boletim técnico, 1970-. Also called,
          1965-1969: "Série. Fomento e produção," "Série.
          Planejamento, estudos e projetos," "Série. Obras."

777. (cont'd.)
Frequency varies: Monthly, Vol.1-4; janeiro 1934-
dezembro 1935. Quarterly, Vol.5-17; Jan 1936-
Mar 1942. Suspended, Apr 1942-Jul 1958. Quarterly,
Vol.18-22; Aug 1958-Nov 1960, but Vol.21, n.9
was not published. Suspended, Dec 1960-Apr 1965.
Irreg., Vol.23-27; Mar, Jun, Jul/Dec 1965, Jan/
Jun, Jul/Dec 1966, Jan/Mar, Apr/Dec 1967, Jan/
Dec 1968, Jan/Mar, Apr/Dec 1969. Semi-annual, Vol.
28-; 1970-.
Numbering irreg.
Indexed in BBCS, Chem, Abs.
DN:194 M:87 PAU:897.

778. Investimentos do D.N.O.C.S. Ano I, n.1-. Rio,
Divisão de Planejamento, Serviço de Economia e
Estatística, 1962(?)-.
Series (?): Ano VI, n.4; Sept 1967.

779. Polígono. Ano I, n.1-. Fortaleza, Divisão de
Estatística e Divulgação, Serviço de Relações
Públicas, 1968(?)-.
Only one number issued (?).

780. Publicação. n.1-. Fortaleza.
Issued in several parts, as follows:
780a. _____. Série I.A: referente à botânica
(vegetação, florestação), 1912-.
780b. _____. Série I.B: referente ao clima. 1910.
780c. _____. Série I.C: referente à pscicultura. 1914-.
780d. _____. Série I.D: referente à hidrologia e
geologia. 1910-.
780e. _____. Série I.E: referente à assuntos gerais
relacionados com o problema das sêcas e
especialmente com as condições agrícolas,
econômicas, sociais e estatísticas da região
flagelada. n.1; 1913 (1960). n.2; 1910.
780f. _____. Série I.F: Publicações destinadas a
divulgar, entre as populações flageladas, mecos
e medidas que atenuem os efeitos das sêcas.
780g. _____. Série I.G: Plantas, mapas, cartas das
bacias dos estados ou regiões flageladas. 1910-.
780h. _____. Série II. H: Memórias, projetos e
orçamentos relativos à barragens, açudagem e
irrigação. 1910-.

<u>780</u>. (cont'd.)

<u>780j</u>. _____ . Série II.J: Memórias, projetos e
orçamentos relativos à abertura de poços. 1926-.

<u>780k</u>. _____ . Série II.K: Memórias, projetos e
orçamentos relativos à vias de transporte.

<u>780ℓ</u>. _____ . Série II.L: Publicações referentes a
processos técnicos de trabalhos e a execução de
obras. 1913-.

<u>780m</u>. _____ . Série II.M: Relatórios dos serviços do
DNOCS. 1913-.
DN:194 M:87.

<u>781</u>. Série circular. n.1-. Fortaleza, Instituto de Bio-
logia e Tecnologia Pesqueira, 1967-.
Series (n.2; 1968).

BANCO NACIONAL DE HABITAÇÃO (BNH)

Established as a federal autarchy by Lei n.4,380 of
August 21, 1964, attached to the Ministério da Fazenda,
the BNH came under the authority of the Ministério do
Interior on June 26, 1967, (Decreto n.60,900). The bank
controls the Serviço Federal de Habitação e Urbanismo
(SERFAU), also a federal autarchy.

<u>782</u>. Relatório. Rio.
Title varies: See Introduction, p. xxiv.
Frequency: Annual, 1966-.
Number of vols. varies: in 1 vol., except for 1968,
1969 in 3 vols.

<u>783</u>. Boletim mensal do Banco nacional de habitação. Ano I-,
n.1-; março 1970-. Rio, 1970-.
Cover title: BNH; boletim mensal.
Frequency: Monthly. Beginning with n.2; 1970, no
month is indicated.
Note also: "Special number: BNH, National Housing
Bank. Monthly Bulletin. Year 10; July 1970." One
number only issued, in English.

<u>784</u>. Estudos. n.1-. Rio, 1966-.
Series (n.10; 1967).

<u>785</u>. Habitação; informativo de atualização do B.N.H.
Tomo I-; 1967-. São Paulo, 1967-.

785. (cont'd.)
Circulars and resolutions of the Conselho de
Administração and of the Diretoria.
Frequency: Annual, in 2 vols., 1967-1970. Irreg.,
"Edição preliminar, 1971 (in 1 vol.).
Tomo number on spine, date on cover.

786. INOCOOP-GB. Ano I-, n.1-; janeiro 1971-. Rio,
Instituto de Orientação às Cooperativas
Habitacionais no Estado da Guanabara [INOCOOP-GN],
Carteira de Projetos Cooperativos, 1971-.
Frequency: undetermined.

787. O sistema basileira de poupança e emprestimo. Ano I-,
n.1-, Análise do 1o. semestre-; setembro 1968-. Rio,
Superintendência de Agentes Financeiras, 1968-.
Frequency: Semi-annual.

SERVIÇO FEDERAL DE HABITAÇÃO (SERFAU)

SERFAU, created as the Serviço Federal de Habitação e
Urbanismo on August 21, 1964 (Lei n.4,380), absorbed both
the Fundação de Casa Popular which had been established on
May 1, 1946 (Decreto-lei n.9,218) and the Serviço Nacional
do Municipios (SENAM) which had been created on March 11, 1961
(Decreto n.50,334).

788. Relatório. Rio.
Title varies: See Introduction, p. xxiv.
Frequency: Annual, 1967-.

789. Boletim informativo do SERFAU. Ano I-, n.1-;
maio/julho 1967-. Rio, 1967-1969; Brasília, 1970-.
Legislation, jurisprudence, general notices,
activities, regional and state coordination.
Title varies: Boletim informativo [do SENAM], Ano
I-III, n.1-28; May/Jul 1967-Jul 1970. Boletim
informativo do SERFAU, Ano III-, n.29-; Aug 1970-.
Frequency varies: Irreg., n.1-5; May/Jul, Aug/Oct,
Nov/Dec 1967, Jan/Mar, Apr/Aug 1968. Monthly,
n.6-; Sept 1968-.

789a. _____. Índice alfabético e remissivo: "Boletins
informativos" de nos. 1 a 20 (Rio, SENAM, 1970).
72p.

DEPARTAMENTO NACIONAL DE OBRAS
DE SANEAMENTO (DNOS)

Established as the Diretoria de Saneamento da
Baixada Fluminense and reorganized and redesignated as the
Departamento Nacional de Obras de Saneamento by Decreto-
lei n.2,367 of July 4, 1940, DNOS became classified as a
federal autarchy by Lei n.4,089 of July 13, 1962 and later
attached to the Ministério do Interior by Decreto
n.60,900 of June 26, 1967.

790. Saneamento; revista técnica e informativo do DNOS.
      Ano I-, n.1-; janeiro 1946-. Rio, 1946-.
      Title varies: Sanevia; boletim técnico, n.1-27;
        1946-1965. Saneamento; revista técnica trimestral
        do DNOS, n.28-31; 1966. Saneamento; revista
        técnica do DNOS, n.32-33; 1967. Saneamento;
        revista técnica e informativo de DNOS, n.34-; 1968-.
      Frequency varies: Irreg., n.1-11; 1946-1951. Annual,
        n.12-15; 1952-1955. Semi-annual, n.16-19; 1956-
        1957. Annual, n.20-27; 1958-1965. Quarterly,
        n.28-31; 1966. Irreg., n.32-34; Jan/Jul, Aug/Dec
        1967, Jan/May 1968. Not issued, Jun 1968-Jun 1969.
        Quarterly, n.35-; Jul/Sept 1969-.
      M:335.

BANCO DA AMAZÔNIA S.A. (BASA)

Established as the Banco de Crédito da Borracha S.A.
by Decreto-lei n.4,451 of July 9, 1942, and redesignated
successively as the Banco de Crédito da Amazônia S.A. by
Lei n.1,184 of August 30, 1950, and as the Banco da Amazônia
S.A. (BASA) by Lei n.5,122 of September 28, 1966, this
government corporation became attached to the Ministério
do Interior by Decreto n.60,900 of June 25, 1967.

791. Relatório. Belém.
      Title varies: See Introduction, p. xxiv.
      Frequency: Annual, 1947-.

792. Anuário BASA: 1971. Belém.
      This is not a serial publication but a monograph
        entitled Amazônia; estatísticas básicas; it
        provides a quantitative synthesis of the Amazon-
        ian economy, 1959-1968. The cover was erroneous-
        ly printed and bound to the monograph by mistake.
        (Information from the BASA library in Belém.)

793. Documento. n.l-. Belém.
      Series (n.9; 1969).
      Temporarily suspended in order to publish Revista
      econômica do BASA, 795.

794. GECOP informativo. Ano I-, n.l-; fevereiro 1969-.
      Belém, Gerência de Cooperativismo [GECOP], 1969-.
      Cooperatives and cooperativism, General articles,
         notices, information.
      Frequency varies: Monthly, n.l-11; Feb-Dec 1969.
         Irreg., n.12/13; Jan 1970. Monthly, n.14-26;
         Feb 1970-Feb 1971. Irreg., n.27/28; Mar/Apr 1971.
         Monthly, n.29-; May 1971-.

795. Revista econômica do BASA. Vol.1-, n.l-; setembro/
      dezembro 1970-. Belém, Departamento de Estudos
      Econômicos, 1970-.
      Economy of Amazônia, regional surveys, current
         statistics, economic indexes.
      Frequency: 3/year.

          BANCO DO NORDESTE DO BRASIL S.A. (BNB)

   The bank was established as a government corporation
by Lei n.1,649 of July 19, 1952, and attached to the
Ministério do Interior by Decreto n.60,900 of June 26,
1967. The following divisions of the Bank issue serial
documents within the scope of this Guide:

   Departamento de Estudos Econômicos do Nordeste (ETENE)
   Assessoria
      Setor de Estatística
   Departamento Rural
      Setor de Investigações

796. Relatório. Exercício de 1954-. Fortaleza, 1955-.
      Frequency: Annual.

797. BNB--notícias. Ano I-, n.l-; julho 1969-. Fortaleza,
      1969-.
      Statistics; general information.
      Cover title: Notícias.
      Frequency: Monthly. Numbered 01-03, 4-.

798. Informações pluviométricas selecionadas do polígono
      das sêcas em 1960-1961. Fortaleza.
      Frequency: Annual.

799. Orçamento de aplicações para 1960-. Fortaleza, 1960-.
      Investments and loans.
      Frequency: Annual irreg., 1960-1961, 1963-1964,
          1967-1968.

800. Publicação. n.1-. Fortaleza.
      Series (n.10-120; 1956-1965).
      M:13.

              BNB: DEPARTAMENTO DE ESTUDOS ECONÔMICOS
                      DO NORDESTE (ETENE)

801. Índices econômicos regionais. Ano I-II, n.1-7;
      dezembro 1968-julho 1969. Fortaleza, 1968-1969.
      Frequency: Monthly.
      Superseded by Revista econômica, 802.

802. Revista econômica. Ano I-, n.1-; julho/setembro 1969-.
      Fortaleza, 1969-.
      Economic statistics for the Northeast, financial
          activities, railroads, electricity.
      Frequency: Quarterly.
      Supersedes Indices econômicos regionais. 801.

803. Sondagem conjuntural na indústria de transformação
      do nordeste. n.1-; abril 1968-. Fortaleza, 1968-.
      Industrial production statistics.
      Frequency: Quarterly.

              BNB: ASSESSORIA: SETOR DE ESTATÍSTICA

804. Boletim de estatísticas internas. Ano I-, n.1-;
      agôsto 1966-. Fortaleza, 1966-.
      Analyses of statistics, legislation, general
          economic indexes of BNB.
      Frequency: Monthly.

805. Indicadores do BNB. Ano I-, n.1-; maio 1969-.
      Fortaleza, 1969-.
      Statistics.
      Frequency: Monthly.

BNB: DEPARTAMENTO RURAL: SETOR DE
INVESTIGAÇÕES AGRÍCOLAS

806. Boletim de informação agropecuária. Ano I,
n.1-; setembro 1965-. Fortaleza, 1965-.
Agriculture and animal husbandry, prices of produce
and stock, credit and financing.
Frequency varies: Monthly, 1965-1967. Quarterly, 1968-.
Numbering irreg.: In 1966, n.2; Feb misdated as
May. In 1967, n.1 misdated as 1966. Cover uses
numbering, 67/01-. Title page is as above.

807. Mercados agrícolas: informações. Ano I, n.1-;
setembro 1961-. Fortaleza, 1969-.
Prices received by farmers, prices of stock, prices
paid by exporters, median prices received by
stock breeders.
Frequency: Monthly.

FUNDAÇÃO NACIONAL DO ÍNDIO (FUNAI)

Established as the Serviço de Proteção aos Indios (SPI)
to replace the Comissão de Linhas Telegráficas Estratégicas
de Mato Grosso ao Amazonas by Decreto n.8,072 of June 20,
1910, this agency has been attached successively to the
Ministério do Trabalho, Indústria e Comércio (in 1910),
to the Ministério da Guerra (by Lei n.24,700 of July 12,
1934), and to the Ministério da Agricultura (by Decreto-
lei n.1,736 of November 3, 1939).
Lei n.5,371 of December 5, 1967, dissolved the SPI, the
Conselho Nacional de Proteção aos Indios, and the Parque
Nacional de Xingú, and created the Fundação Nacional do
Indio (FUNAI), attached to the Ministério do Interior.

808. Relatório. 1910-. Rio, 1911-.
Title varies: See Introduction, p. xxiv.
Frequency: Annual irreg.

809. Boletim administrativo. Ano I, n.01-; 28 junho 1968-.
Rio, Departamento de Administração, 1968-.
Legislation, budget, personnel.
Frequency: Weekly irreg.

CONSELHO NACIONAL DE PROTEÇÃO AOS INDIOS

Established by Decreto-lei n.1,794 of November 22, 1939,
the Conselho was dissolved by Lei Delegada n.9 of October
11, 1962 (and again by Lei n.5,371 of December 5, 1967).

810. <u>Publicação</u>. n.1. Rio, 1907-.
     Series (n.110; 1955).
     M:69.

811. <u>Publicação</u>. <u>Nôva série</u>. n.1-. Rio, 1964-.
     Series.
     M:69.

MINISTÉRIO DA JUSTICA (MJ)

Created by the Decreto [Imperial] of March 11, 1808, as the Ministro e Secretário de Estado dos Negócios do Brazil e da Fazenda, the Secretaria de Estado dos Negócios was later divided into two entities, one with the same name, and a new one, designated as the Secretaria de Estado dos Negócios da Justiça, by the Lei of August 23, 1821. On October 30, 1891, it became the Ministério da Justiça e Negócios Interiores (MJNI) by virtue of Lei n.23 of October 30, 1891, which reorganized the federal administration. The general reorganization of February 25, 1967 divided the ministry into the Ministérios da Justiça (MJ) and do Interior (MINTER) (Decreto-lei n.200).

The following entities have issued serial publications within the scope of this Guide:

Ministério da Justiça (MJ)

    Secretaria Geral
    Departamento de Administração
    Conselho Nacional do Trânsito (CONTRAN)
    Conselho Penitenciário Federal
    Departamento da Justiça
    Serviço de Documentação
    Serviço de Estatística Demográfica, Moral e Política
      (SEDMP)

Autonomous agencies:

    Arquivo Nacional (AN)
    Departamento de Imprensa Nacional (DIN)
    Departamento de Polícia Federal
      Academia Nacional de Polícia
    Ministério Público da União
      Procuradoria Geral da República
      Ministério Público da União Junto à Justiça do Trabalho
        Procuradoria Geral da Justiça do Trabalho
    Fundação Nacional do Bem Estar do Menor (FNBEM)

SECRETARIA GERAL

812. Relatório. Rio.
     Title varies: See Introduction, p. xxiv.
     Frequency: Annual irreg., 1832-1957, 1969/1970.
     DN:144 M:152, 165-166.

DEPARTAMENTO DE ADMINISTRAÇÃO

813. Relatório. Rio.
     Title varies: See Introduction, p. xxiv.
     Frequency: Annual irreg., 1840-1927, 1947-1949.

814. Boletim de Centro de estudos. n.1-; 1967-. Rio,
     Centro de Estudos, Divisão de Pessoal, Seção de
     Assistência Médica e Social, 1967-.
     Frequency: Annual.

CONSELHO NACIONAL DE TRÂNSITO (CONTRAN)

     Established by Decreto-lei n.2,994 of January 28, 1941.
Legislation and official notices of CONTRAN are published
in Diário oficial, Seção IV. listed under number 29f above.

815. Relatório. Rio.
     Title varies: See Introduction, p. xxiv.
     Frequency: Annual, 1942-1945.
     DN:149 M:70.

816. Boletim. n.1-; novembro 1969-. Rio, 1969-.
     Legislation.
     Supersedes ("nova fase") the Boletim do Conselho
           nacional do Trânsito, 817.
     Frequency: Monthly.

817. Boletim do Conselho nacional do trânsito. n.1-90;
     março 1942-julho/dezembro 1965. Rio, 1942-1965.
     Legislation.
     Continued by Boletim, 816.
     Frequency varies: Quarterly, n.1-24; 1942-1947. Irreg.,
           n.25/36, 37/38, 39-41, 42/44; 1948/1950, Jan/Jun,
           Jul/Aug, Dec 1951, Mar, Apr/Dec 1952. Irreg.,
           n.45/48, 49/52, 53, 54/58, 59/64; Jan/Dec 1953,
           Jan/Dec 1954, Mar 1955, Apr 1955/Jun 1956, Jul
           1956/Dec 1957. Irreg., n.65, 69/71, 72/75, 76/78, 79,
           80/81; Jan/Mar 1958, Jan/Sept 1959, Oct 1959/Sept
           1960, Oct 1960/Jun 1961, Jul/Sept 1961, Oct/Dec 1961.
           Jan/Jun, Jul/Dec 1962, Jan/Jun 1963, Jul 1963/Jun
           1964, Jul 1964/Jun 1965, Jul/Dec 1965 (n.90; Jul/
           Dec 1965 published in 1968).
     DN:149 M:70.

CONSELHO PENITENCIÁRIO FEDERAL

Although established by Decreto n.16,667 of November 16, 1924, as the Conselho Penitenciário do Distrito Federal, it was later redesignated as the Conselho Penitenciário Federal by Decreto n.64,416 of April 28, 1969.

818. Arquivos penitenciários do Brasil. n.1-   ;
1940-1958. Rio, 1940-1958.
Frequency: Quarterly, 1940-1944. Not issued, 1945-1957. Irreg., 1958.
Superseded by Revista do Conselho penitenciário do Distrito Federal, 819.

819. Revista do Conselho penitenciário do Distrito Federal.
Ano I-, n.1-; julho/setembro 1963-. Rio, 1963-.
"Publicação oficial."
Frequency varies: Irreg., n.1-2; Jul/Sept 1963, Oct 1963/Mar 1964. Quarterly, n.3-13; Apr/Jun 1964-Oct/Dec 1966. Irreg., n.14-15; Jan/Feb, Mar/Dec 1967. Quarterly, n.16-21; Jan/Mar 1968-Apr/Jun 1969. Irreg., n.22; Jul/Dec 1969. Quarterly, n.23-; Jan/Mar 1970-.
Supersedes Arquivos penitenciários do Brasil, 818.
Indexed in BBCS.

DEPARTAMENTO DA JUSTIÇA

Established originally as the Diretoria da Justiça e Interior, the department has changed its name twice since: first it appeared as the Departamento do Interior e Justiça on June 29, 1943 (Decreto-lei n.5,630) and then it became the Departamento da Justiça on February 5, 1968 (Decreto n.62,233).

820. Relatório. Rio.
Title varies: See Introduction, p. xxiv.
Frequency: Annual irreg., 1968-.

SERVIÇO DE DOCUMENTAÇÃO

821.   Catálogo da biblioteca: direito (1941-1955). Rio,
       1961. 572p.
821a. _____. 1o.-   suplemento, 1956-. Rio, 1958-.
       Frequency varies: Annual, n.1-5; 1956-1960. Irreg.,
       n.6-7; 1961/1962, 1963/1965 (date of publication
       irreg.: 1963,1967).

822.   Jus documentação. Ano I-, n.1-; janeiro 1948-. Rio,
       1948-.
       Legislation of the Executive and Legislative powers
       of interest to the Ministério da Justiça and of
       a general character. Beginning in 1965 also
       includes Circulares of the Presidência da República
       and Portarias of the Ministério da Justiça.
       Cover title: Jus documentação; boletim informativo.
       Frequency varies: Monthly, Ano I-XI; 1948-1958.
       Quarterly, Ano XII-; 1959.
       An extra number was issued in 1964 called, "n.5:
       Suplemento: Ementário de 1964."
       Indexed annually in the last volume of the year,
       1956-1969.
822a. _____. Indice de 1948-1955. In n.4; 1955.
       Indexed in BBCS.
       M:256.

SERVIÇO DE ESTATÍSTICA DEMOGRÁFICA, MORAL E POLÍTICA (SEDMP)

     Established by Decreto-lei n.1,360 of June 20, 1939.

823.   Crimes e contravenções (estado da Guanabara)...
       1o.-; 1942-. Rio, 1948-.
       Title varies: Crimes e contravenções, 1942; primeiro
       apuração estatística de aspecto judiciário. Crimes
       e contravenções, 1942/1946; apuração estatística
       de aspecto judiciário. Crimes e contravenções
       (Distrito Federal), 1947-1959; apuração estatíst-
       ica de aspecto judiciário. Crimes e contravenções
       (estado da Guanabara), 1960-   ; apuração
       estatística de aspecto judiciário.
       Frequency varies: Irreg., 1942, 1942/1946. Annual,
       1947-. Publication date irreg. (in paren.): 1942
       (1958), 1942/1946 (1950), 1947 (1950), 1948-1955
       (1952-1959), 1956, 1957 (1961), 1958-1960 (1962-
       1964), 1961(1966), 1962 (1967), 1963-1965 (1970).

823. (Cont'd.)
      Retrospective summaries issued under the following
          titles: Crimes e contravenções (Distrito Federal),
          1945/1955 (Rio, 1961). 207p.
      Crimes e contravenções (ex-Distrito Federal),
          1942/1959 (Rio, 1970). 247p.
      M:182.

824. Crimes e contravençoes (estado da Paraíba), 1956-;
      apuração estatística de aspecto judiciário. Rio, 1961-.
      Frequency varies and date of publication irreg.
          (in paren.): Irreg., 1956 (1961), 1957/1960 (1963),
          1961/1962 (1966). Annual, 1963-1965 (1967-1969),
          1966 (1971)-.

825. Estatística do culto católico. 1946/1950-. Rio,
      1951(?)-.
      Title varies: Estatística do culto católico romano,
          por paróquias das provincias eclesiasticas do
          Brasil, 1946/1950 (each province issued individually).
          Estatística do culto católico romano, das
          provincias eclesiasticas do Brasil, 1951/1952-1954.
          Estatística do culto católico romano, provincias
          eclesiasticas do Brasil, 1955-1964. Estatística do
          culto católico, provincias eclesiasticas, 1965-.
      Frequency varies and date of publication irreg. (in
          paren.): Irreg., 1946/1950 (1951[?]), 1951/1952 (1958).
          Annual, 1953 (1956), 1954 (1957), 1955-1956 (1958),
          1957-1959 (1959-1961), 1960 (1963), 1961 (1965),
          1962-1963 (1965), 1964-1965 (1967), 1966 (1969),
          1967 (1970).

826. Estatística do culto espírita do Brasil. 1959-1964.
      Rio, 1962-1967.
      Frequency: Annual, publication date irreg. (in paren.):
          1959 (1962), 1960-1961 (1964), 1962 (1966), 1963
          (n.d.), 1964 (1967).
      Issued in two parts, beginning with 1965. See succeeding
          two items.

827. Estatística do culto espírita do Brasil (ramo
      Kardecista). 1965-. Rio, 1969-.
      Frequency: Annual, publication date irreg. (in
          paren.): 1965-1966 (1969).

828. Estatística do culto espírita do Brasil (ramo
      Umbandista). 1965-. Rio, 1969-.
      Frequency: Annual, publication date irreg. (in
          paren.): 1965, 1966 (1969).

829. Estatística do culto protestante do Brasil. 1956-.
      Rio, 1959-.
      Frequency: Annual, publication date irreg. (in
          paren.): 1956, 1957 (1959, 1960), 1958, 1959
          (1961), 1960 (1963), 1961 (1965), 1962, 1963,
          (1966), 1964-1966 (1967-1969).
      M:183.

830. Registro civil, ano 1959-. Rio, 1964-.
      Vital statistics.
      Frequency: Annual, publication date irreg. (in
          paren.): 1959-1961 (1964), 1962 (1965), 1963,
          1965 (1967).
      Apparently not related to the publication of the
          same title, issued annually by the Diretoria
          Geral de Estatística between 1894 and 1900.

ARQUIVO NACIONAL (AN)

Created by the Constituição of March 25, 1824, as the
Archivo Público, it was successively redesignated as the
Archivo Público Nacional by Decreto n.10 of November 21,
1889, and as the Arquivo Nacional by Decreto n.9,197 of
December 9, 1911.

831. Relatório. Rio.
      Title varies: See Introduction, p. xxiv.
      Frequency: Annual irreg., 1948-1954.

832. Instrumentos do trabalho. n.1. Rio, 1960-.
      Also called: "3a. série: instrumentos do trabalho."
      Séries (n.3; 1962).

833. MAN: mensário do Arquivo nacional. Ano I-, n.1-;
      janeiro 1970-. Rio, 1970-.
      Legislation, general notices, and information.
      Frequency: Monthly.

834. Publicações do Arquivo nacional. Vol.1-. Rio, 1886-.
     Also called: "1a. série: publicações do Arquivo
        nacional."
     Series (Vol. 66; 1969) ("Reimpresso," 1922.)
     Title varies: Publicações do Arquivo público nacional,
        n.1-11. Publicações do Arquivo nacional, n.13-.
     Some vols. unnumbered.
834a. _____. Índice alfabético dos assuntos
        tratados, Vols. 1-17; 1886-1917. In Vol. 17;
        1917: 275-295.
834b. _____. _____. Vols. 1-37; 1886-1940 (Rio,
        1944). 22p.
     DN:147 M:38.

835. Publicações técnicas. Rio, 1958-.
     Also called: "2a. série: publicações técnicas."
     Series in two parts:
        a) Impressos. 1958-.
        b) Mimeografadas. n.1-. 1959-.
     M:38.

DEPARTAMENTO DE IMPRENSA NACIONAL (DIN)

   Established as the Impressão Régia by Decreto of May
13, 1808, the press became, successively, the Real
Oficina Tipográfica by Decreto of February 17, 1815, the
Imprensa Nacional by Decreto n.9,381 of February 21, 1885,
and the Departamento de Imprensa Nacional by Lei n.592
of December 23, 1948. Attached initially to the
Ministério da Fazenda, the national press was transferred
to the Ministério da Justiça e Negócios Interiores by
Decreto n.19,555 of December 31, 1930.

836. Relatório. Rio.
     Title varies: See Introduction, p. xxiv.
     Frequency: Annual irreg., 1899-1902, 1911/1912, 1913/
        1914-1914/1915, 1915-1921, 1923-1927, 1936-1942
        1948-1954.
     DN:150 M:80.

837. Arquivos do Ministério da justiça. Ano I-, n.1-;
     junho 1943-. Rio, 1943-.
     Decisions, opinions, legislation, jurisprudence.
     Title varies slightly as name of Ministry changes.

837. (cont'd)
      Frequency varies: Bimonthly, n.1-16; 1943-1945.
         Quarterly, n.17-; 1946-.
837a. _____. Índice, 1943-1944, Anos I-II, nos. 1 a
         10 (Rio, 1945).
      M:151.

838. Boletim bibliográfico. Ano I-IV, n.1-48; abril 1941-
      março 1945. Rio, 1941-1945.
      Legislation, current acquisitions of the library.
      Frequency: Monthly.
      Superseded by Mostra de livros..., 840.
      M:78.

839. Divulgação. Rio.
      Legislation, proposed legislation.
      Series, numbering and dating irreg. (n.1,158; 1971).
      M:79.

840. 1a.-   Mostra de livros. Comemoraçao do 134o.-
      aniversário da fundação do estabelecimento. Edições
      de 13-5-1941 a 13-5-42; 1943-. Rio, 1942-.
      Lists publications of the national printing office.
      Cover title of the first list: Catálogo de
         publicações; esposição anual da Imprensa nacional,
         13/5/1941-13/5/1942.
      Frequency: Annual.
      Supersedes Boletim bibliográfico, 838.
      Beginning with the 29a edição; 1969, there are two
         parts: works printed in Guanabara, and works
         printed in Brasília.
      DN:151 G:3767 M:79.

841. Relação de obras. Rio, Seçao de Vendas.
      Lists works for sale, printed by the DIN.
      Title varies: Catálogo de publicações, 1942-1945.
         Relação de obras, 1963-.
      Frequency varies. Monthly irreg., 1942-1945. Annual
         irreg., 1963, 1966, 1968.

DEPARTAMENTO DE POLÍCIA FEDERAL

   Established as the Departamento Federal de Segurança
Pública by Decreto-lei n.6,378 of March 28, 1944, it was
redesignated as the Departamento de Polícia Federal by
Decreto-lei n.200 of February 25, 1967.

842. Arquivos do Departamento federal de segurança pública.
      n.1-36; 1945-1958. Rio, 1945-1958.
      Frequency varies: Bimonthly, n.1-6, 1945. Quarterly,
        n.7-10; 1946-1947. Irreg., n.15/18, 19/22, 23-25;
        1948-1951. n.27/28-29/30; 1952. n.31/32-33/34; 1956.
        n.35/36; 1958.
      M:81.

843. Boletim de relações públicas. n.01-; Ano 1970-.
      Brasília, Serviço de Relações Públicas, 1970-.
      Frequency not indicated.

844. Crimes e contravenções no Distrito Federal em 1964/
      1966-. Brasília, Instituto Nacional de Identificação,
      1968-.
      Frequency not indicated.

ACADEMIA NACIONAL DE POLÍCIA

Created by an act of the chief of police of the Distrito
Federal in 1960, it was officially established by Lei
n.4,483 of November 16, 1964, and attached to the
Departamento de Polícia Federal.

845. Revista da Academia nacional de polícia. Ano 1-,
      n.1-; 1971-. Brasília, 1971-.
      Running title: "Revista da ANP."
      Frequency not indicated.

MINISTÉRIO PÚBLICO DA UNIÃO

Organized by Decreto-lei n.986 of December 27, 1938
as the Ministério Público Federal, and redesignated as the
Ministério Público da União by Decreto n.64,416 of April
28, 1969, the agencies of this entity which have issued
serial publications within the scope of this Guide are
listed below.

PROCURADORIA GERAL DA REPÚBLICA

Designated successively as the Procuradoria Federal da
República and the Procuradoria Geral da República.

846. Relatório dos trabalhos do ano de   . Rio.
      Frequency: Annual irreg. (publication date irreg.
         in paren.): 1949 (1951), 1955- 1956 (?), 1959
         (1968).

MINISTERIO PÚBLICO DA UNIÃO JUNTO À JUSTIÇA DO TRABALHO

   PROCURADORIA GERAL DA JUSTIÇA DO TRABALHO

847. Boletim da Procuradoria geral da justiça do trabalho.n.1-. Rio.
      Frequency varies: Irreg., n.1-14;   -1962, n.15-
         21; Jan/Mar, Apr/Mar, Jun-Aug, Sept/Oct (?), Nov/
         Dec (?) 1963. n.22-25; Jan, Feb/Apr (?), May/Oct,
         Nov/Dec (?) 1964. n.26, 27; Jan/Mar, Apr/Dec 1965.
         Semi-annual, n.28-29; Jan/Jun, Jul/Dec 1966. n.29,
         30; Jan/Jun, Jul/Sept 1967. Annual, n.31; Jan/
         Dec 1968. Irreg., n.32; Jan/Oct 1969.
      Superseded by Revista de direito do trabalho, 848.

848. Revista de direito do trabalho. Ano I-, n.1-; janeiro
      1971-. Rio, 1971-.
      Frequency not indicated.
      Supersedes Boletim da Procuradoria geral da justiça
         do trabalho, 847.

   FUNDAÇÃO NACIONAL DO BEM ESTAR DO MENOR (FNBEM)

   FNBEM has passed through an impressive series of name
changes since its establishment as the Juizes dos Orfãos
by the Alvará of October 24, 1814. Beginning with the
Abrigo de Menores do Distrito Federal in 1924 (Decreto
n.16,444 approved its regulations on April 2), and going
on to the Instituto Sete de Setembro on September 30,
1929 (Decreto n.18,923), the Serviço de Assistência à
Menores on November 5, 1941 (Decreto-lei n.3,799), the
Instituto Nacional de Assistência de Menores in August 1955
(Mensagem Presidencial n.383), the agency finally ended
with the designation Fundação Nacional do Bem-Estar do
Menor on December 1, 1964 (Lei n.4,513).

849. Relatório. Rio.
      Title varies: See Introduction, p. xxiv.
      Frequency: Annual irreg., 1968.

850. Arquivos. 1-   ; 1942-1946. Rio, 1942-1946.
M:173.

851. Brasil jovem; revista da Fundação nacional do bem-
estar do menor. Ano I-, n.1-; 1966-. Rio, 1966-.
Frequency varies: Semi-annual, n.1-2; 1966. 3/year,
n.3-8; 1967-1968. Quarterly, n.9-; 1969-.

MINISTÉRIO DA MARINHA (MM)

Established by the Decreto [Imperial] of March 11,
1808, the following entities of this ministry have issued
serial publications within the scope of this Guide:

Ministério da Marinha (MM)

Estado Maior da Armada
Estado de Guerra Naval
Serviço de Documentação Geral da Marinha
Diretoria de Comunicações e Eletrônica da Marinha
Diretoria de Hidrografia e Navegação
Diretoria de Portos e Costas
Diretoria de Saúde da Marinha
Diretoria de Pessoal Militar da Marinha
Centro Naval de Estudos e Pesquisas Odontológicas
Instituto de Pesquisas da Marinha

Autonomous agency

Tribunal Marítimo

852. Relatório. Rio.
Title varies: See Introduction, p. xxiv.
Frequency: Annual irreg., 1845-.
Labelled as "confidencial."
M:154.

853. Almanaque para 1855-. Rio, 1855-.
Title varies in its spelling: Almanak, Almanack,
Almanaque.
Frequency: Annual, in one vol., 1855-1958; in two vols.,
1959-.

854. Nó mar; notícias da Marinha. Ano I-, n.1; outubro 1965-.
Rio, Serviço de Relações Públicas, 1965-.
Title varies: Notícias da Marinha, 1965-1967. Nó mar;...,
1967-.
Frequency: Weekly.

ESTADO MAIOR DA ARMADA

Established by decree of December 7, 1796.

855. Boletim técnico informativo sôbre transportes
     marítimo. Vol.1-, n.1-; 1966(?)-. Rio, 1966(?)-.
     Frequency: Irreg., issued without indication of
        month, n.2-5; 1966.

                 ESCOLA DE GUERRA NAVAL

     Created by Decreto n.10,787 of February 25, 1914.

856. Revista da Escola de guerra naval. n.1-; outubro 1968-.
     Rio, 1968-.
     Only one number issued?

        SERVIÇO DE DOCUMENTAÇÃO GERAL DA MARINHA

857. A marinha em revista. Vol.1-, n.1-; junho 1947-.
     Rio, 1947-.
     Frequency varies: Monthly irreg., n.1-160; 1947-1960.
        Monthly, n.161-164; Jan-Apr 1961. Bimonthly,
        n.165-181; May/Jun 1961-Jan/Feb 1964. Irreg.,
        n.182; Mar/Jun 1964. Bimonthly, n.183-209; Jul/
        Aug 1964-Nov/Dec 1968. Quarterly, n.210-;
        Jan/Mar 1969-.
     M:258.

858. Navigator; subsídios para a história marítima no
     Brasil. n.1-; junho 1970-. Rio, 1970-.
     Frequency: Semi-annual.
     Supersedes Subsídios para a história marítima do
        Brasil, 860.

859. Revista marítima brasileira. Ano I-IV, n.1-; março
     1851-1855. [N.s.] Ano I-, n.1-; julho 1881-. Rio,
     1851-1855, 1881-.
     Brazilian naval history.
     Frequency varies: Monthly, 1851-1855. Quarterly, 1881-.
     Indexed in BBCS, also in last number of Ano (usually)
     DN:152 J:90 M:294 Z:65.

860. Subsídios para a história marítima do Brasil. Vol.
     I-XXIII, n.1-23; 1938-1967. Rio, 1938-1967.
     Brazilian maritime history: articles, chronologies,
        and documents.

860. (cont'd.)
Frequency varies: Annual irreg., Vol. I-XVIII,
1938-1959/1960. Biennial, Vol. XIX-XX;
1961/1962-1963/1964. Annual, Vol. XXI-XXIII;
1965-1967.
Superseded by Naviagator; subsídios para a história
marítima no Brasil, 858.
J:94 M:174 Z:66.

DIRETORIA DE COMUNICAÇÕES E ELETRÔNICA DA MARINHA

Created by Decreto-lei n.9,357 of June 13, 1946, as the
Diretoria de Comunicações da Marinha.

861. Previsões ionoféricas (MVF/Rio). n.1-; dezembro
1955-. Rio, 1955-.
Frequency: Monthly.

DIRETORIA DE HIDROGRAFIA E NAVEGAÇÃO(DHN)

Established as the Repartição de Pharões on January 26,
1876 (Decreto n.6,108), this agency was joined by two
related agencies, one on February 2, 1876, the Repartição
Hidrográfica (Decreto n. 6,113), and the other on April
4, 1888, the Repartição Central Meteorológica (Decreto
n.9,916). These three units were united under the
designation, Repartição de Carta Marítima on November 7,
1891 (Decreto n.658) which, in turn, was successively
redesignated as the Superintendência de Navegação on
May 29, 1902 (Decreto n.6,964), as the Diretoria de
Navegação on December 5, 1923 (Decreto n.16,237), and
finally as the Diretoria de Hidrografia e Navegação on
June 13, 1946, (Decreto-lei n.9,356).

862. Relatório. Rio.
Title varies: See Introduction, p. xxiv.
Frequency: Annual, 1967-.

863. Almanaque náutico. n.1; 1946-. Rio, 1946-.
Frequency varies: Irreg., n.1-2; Jan, May/Dec 1946.
[n.3]; Jan 1947. Annual, 1948-. Not numbered after
n.2.
M:98.

864. Anais hidrográficos. Tomo I-; 1933-. Rio, 1933-.
      Frequency varies: Annual Tomo I-VIII; 1933-1940.
         Irreg., Tomo IX-XVII; 1941/1942, 1943, 1944,
         1945/1946, 1947/1952, 1953/1955, 1956, 1957,
         1958/1959. Annual, Tomo XVIII-XXIV; 1960-1966.
         Irreg., Tomo XXV: 1967/1968. Annual, Tomo XXVI-;
         1969-.
864a. _____. Índice de autores y materias para
         vols.1-15. In Vol. 16; 1957.
      DN:156   M:101   PAU:137.

865. Avisos aos navegantes. janeiro 1889-. Rio, 1889-.
      Updates nautical charts and maps; Lista de faróis,
         871. (English edition entitled: Notices to Marines,
         872.)
      Title varies: Repartição da carta marítima; avisos
         aos navegantes, 1889-   . Avisos aos navegantes.
      Frequency varies: Monthly, Jan 1889-Apr 1935. Biweekly,
         May 1935-.
      DN:156   M:98.

866. Boletim do arquivo técnico. 1/61-4/66; julho 1961-
      dezembro 1966. Rio, 1961-1966.
      Hydrography, general information about the DHN.
      Frequency varies: Irreg., Jul 1961, Nov 1962, Mar,
         Sept 1963. Quarterly, 1964-1965. Irreg., Jun
         1966. Quarterly, Sept, Dec 1966.
      Superseded by "Hidromar, boletim de notícias," a
         bulletin strictly internal in nature.

867. Cartas de correntes de maré... Rio, 1962-.
      Charts of currents and tables of water heights.
      Series (1966). Numbered DG-I-1.
      Each issue refers to a different part of Brazil's
         coast.

868. [Cartas náuticas]. n.1-. Rio, 1924-.
      Nautical charts.
      Series, some charts issued in several editions
         (scale varies).
      M:98.

869. I-   Comissão oceanográfica. 1956-. Rio, 1956-.
Reports results of research of cruises made by
navy ships studying ocean conditions.
Series (XXX, refers to 1966, published in 1970).
Also called Publicação DG-06-I.

870. Lista de auxílios-rádio. 1936-. Rio, 1936-.
Title varies: Lista de sinais de rádio para a navegação
Brasil, 1936, 1942. Lista de auxílios-rádio, 1949,
1952, 1955, 1958. Lista de auxílios-rádio a
navagação marítima, 1963, 1967.
Series, DH8-1 - DH8-3; 1936, 1942, 1949. DH8-I-4 -
DH8-I-6; 1952, 1955, 1958. DH8-7 - DH8-8;
1963, 1967.
Supplements issued irreg.: n.1-2; 1937 (in 2 vols.),
n.1; 1943. n.1; 1950. n.1 1953. n.1; 1956. n.1-2;
1960 (in 2 vols), n.3; 1961. n.1-2; 1964-1965.
n.1-4; 1967-1970.
DN:156 M:101.

871. Lista de faróis, Brasil. 1896-. Rio, 1896-.
List of lighthouses and beacon lights.
Title varies: Illuminação de costa, portos, barras,
rios e lagoas navegáveis, 1896-1912. Lista de
pharões, 1923. Lista de faróis, faroletes e
bóias luminosas, 1931. Lista de pharões, 1936-1938.
Lista de faróis, 1933, 1942. Lista de faróis,
Brasil, 1946-.
Series, 1896. Annual, 1899-1911/1912. Irreg., 1923,
1931, 1933/1934. A basic vol. issued every 3-4
years, 1936-, with annual supplements, 1937-.
Numbered DH-2-1-12, 1933/1934-.
Updated by Avisos aos navegantes, 865.
DN:156-157 M:102.

872. Notices to marines. n.1-; janeiro 1949-. Rio, 1949-.
English edition of Aviso aos navegantes, 865.
Frequency: Biweekly.
M:99.

873. Roteiro Brasil. 1924-. Rio, 1924-.
Series in several parts: Pt. 1,2; 1924. Pt.1,3; 1932.
Vol. único; 1936,1943,1948,1954. Pt. 1-3; 1958.
Vol. único; 1965, 1968.

873. (cont'd.)
      Supplements: n.1; 1936. n.1-3; 1938, 1939, 1941.
         n.1-2; 1945-1946. n.1-4; 1948-1950, 1952.
         n.1-2; 1955, 1957. n.1; 1961. n.1; 1962.
         n.1-3; 1968-1970.
      Numbered DH1 - DH1-8; 1924-1968.
      DN:156 M:100.

874. Tábuas das marés para o ano de 1913-   ; costa do
      Brasil e portos estrangeiros. Rio, Diretoria de
      Meteorologia e Astronomia, Ministério de Agricultura,
      Indústria e Comércio, 1913-1919; Observatório
      Nacional, Ministério da Educação e Saúde, 1927-1963
      (MEC, 1953-1963); Diretoria de Hidrografia e
      Navegação, 1964-.
      Frequency : Annual.

                DIRETORIA DE PORTOS E COSTAS

875. Boletim da Diretoria de portos e costas. n.1-; janeiro
      1971-. Rio, 1971-.
      Frequency: Monthly.

                DIRETORIA DE SAÚDE DA MARINHA

      Designated as the Diretoria de Saúde Naval in the
   Regulamento (Decreto n.18,508) of 1945, it was
   redesignated as the Diretoria de Saúde da Marinha by the
   Regulamento (Decreto n.32,488) of March 30, 1953.

876. Arquivos brasileiros de medicina naval. Ano I-XXIV,
      n.1-84; 1940-1963. Rio, 1940-1963.
      Frequency varies: Quarterly irreg., n.1-71; 1940-
         1958. Quarterly, n.72-75; 1959. Semi-annual,
         n.76/77-82/83; 1960-1961. Not issued, 1962. Irreg.,
         n.84; 1963.
      Numbering varies: Consecutive, n.1-72; 1940-Jan/Mar
         1959. Numbered 2-4; Apr/Jun-Oct/Dec 1959. Numbered
         1/2, 3/4 each year, 1960-1961. The final
         number issued under original sequence, n.84;
         1963.
      Indexed in Chem Abs., Ind. Med.
      M:7 PAU:315.

DIRETORIA DO PESSOAL MILITAR DA MARINHA

877. Boletim mensal dos oficiais dos corpos e quadros da
      Marinha. n.1-; janeiro 1924-. Rio, 1924-.
      "Reservado."
      Frequency: Monthly irreg., 1924-1960.

878. Boletim do Ministério da marinha. n.1-; 1833-. Rio,
      Imprensa Naval, 1833-.
      Legislation; personnel.
      Title varies: Ordens do dia, 1833-1927. Boletim do
          Ministério da Marinha, 1928-.
      Frequency varies: Weekly, 1918-1944. Quarterly, 1945-
          1950. Bimonthly irreg., 1951-1957. Weekly   -
          1970.
      M:153.

CENTRO NAVAL DE ESTUDOS E PESQUISAS ODONTOLÓGICAS

879. Revista naval de odontologia. Vol. 1-5, n.1-18, n.
      especial; 1953/1954-1958, 1961. Rio, 1954(?)-1958,
      1961.
      Frequency varies: Quarterly irreg., 1953/1954-1958.
          Irreg., 1961.
      M:296.

INSTITUTO DE PESQUISAS DA MARINHA

Established by Decreto n.46,426 of July 14, 1959.

880. Notas técnicas. n.1-35. Rio, 1962-1966.
      Series.
      Superseded by Publicação, 881.
      Indexed by BBZ.
      M:126.

881. Publicação. n.01-. Rio, 1967-.
      Series (numbered 01, 002-.)
      Supersedes Notas técnicas, 880.
      Indexed in Biol. Abs.

TRIBUNAL MARÍTIMO

Established by Decreto n.20,829 of December 21, 1931, as
the Tribunal Marítimo Administrativo, it later became the
Tribunal Marítimo by Lei n.2,180 of February 5, 1954.

Legislation and official notices for the Tribunal Marítimo
are published in <u>Diário oficial</u>. <u>Seção</u> <u>IV</u>. listed under
n. <u>29f</u> above.

<u>882</u>.   <u>Anuário de jurisprudência</u>. Vol I-; 1934/1936-. Rio,
1936-.
Frequency varies: Irreg., Vol. I-III; 1934/1936,
1936/1940, 1940/1945. Annual, Vol. IV-; 1946-.
In one vol., except for Vol. XVI and XVIII; 1958
and 1960.
Indexed in each Vol.
DN:158   M:4.

MINISTÉRIO DAS MINAS E ENERGIA (MME)

Prior to its establishment by Lei n.3,782 of July 22, 1960, the functions of the Ministério das Minas e Energia (MME) were the responsibility of the Ministérios da Agricultura, da Viação e Obras Públicas, and of the Presidência da República.

The following entities have issued serial publications within the scope of this Guide:

Ministério das Minas e Energia (MME)

    Conselho Nacional do Petróleo (CNP)
    Departamento Nacional de Águas e Energia Elétrica
      (DNAEE)
      Conselho Nacional de Águas e Energia Elétrica (CNAEE)
    Departamento Nacional da Produção Mineral (DNPM)
      Divisão de Fomento da Produção Mineral
      Divisão de Geologia e Mineralogia
      Laboratório da Produção Mineral
      Comissão do Plano do Carvão Nacional

Autonomous agencies:

    Centrais Elétricas Brasileiras S.A. (ELETROBRÁS)
      Companhia Hidro-elétrica do São Francisco (CHESF)
      Companhia Hidréletrica do Vale do Paraíba (CHEVAP)
    Comissão Nacional de Energia Nuclear (CNEN)
      Instituto de Engenharia Nuclear
    Companhia Vale do Rio Doce S.A. (CVRD)
    Petróleo Brasileiro S.A. (PETROBRAS)
      Frota Nacional de Petroleiros (FRONAPE)
      Petrobrás Química S.A.

883. Relatório. Rio.
      Title varies: See Introduction, p. xxiv.
      Frequency: Annual, 1962-.

          CONSELHO NACIONAL DO PETRÓLEO (CNP)

Created by Decreto-lei n.395 of April 29, 1938, it was later attached to the MME by Lei n.3,782 of July 22, 1960.

884. Relatório. 1944-. Rio, 1946-.
      Title varies: See Introduction, p. xxiv.
      Frequency: Annual, 1944-1955, 1956/1959, 1962, 1968.

885. Atualidades do Conselho nacional do petróleo.
      Informativo da Assessoria de relações públicas do
      Conselho nacional do petróleo. Ano 1-, n.1-;
      setembro 1968-. Rio, 1968-.
      Subtitle varies: Informativo mensal, n.1-4.
         Informativo da Assessoria de relações públicas...,
         n.5-.
      Frequency varies: Monthly, n.1-4; Sept-Dec 1968.
         Quarterly, n.5-6; Jan/Mar-Apr/Jun 1969.
         Bimonthly, n.7-; Jul/Aug 1969-.

                DEPARTAMENTO NACIONAL DE ÁGUAS E
                   ENERGIA ELÉTRICA (DNAEE)

      On February 7, 1933, this agency was established
within the Instituto Geológico e Mineralógico do Brasil
(Decreto n.22,508), and in July of that year it was named
as the Diretoria de Águas. In the following year, on March
8, 1934, with the reorganization of the Departamento
Nacional de Produção Mineral, the agency was renamed as
the Serviço de Águas (Decreto n.23,979), and four years
later, in the reorganization of December 23, 1938, the
agency became the Divisão de Águas (Decreto-lei n.982).
Finally, the agency was absorbed by the Departamento
Nacional de Águas e Energia Elétria (DNAEE), which was
created on December 17, 1965 (Lei n.4,094). DNAEE also
absorbed the Conselho Nacional de Águas e Energia Elétrica
on July 18, 1969 (Decreto-lei n.689).

886. Águas e energia elétrica. Ano I-XV, n.1-50; agôsto
      1949-janeiro/ ezembro 1965. Rio, 1949-1965-.
      Frequency varies: Quarterly irreg., n.1-40/41; 1949-
         1960. Irreg., n.42/43, 44, 45/46, 47-50; Nov/Dec
         1961, Nov/Dec 1962, Jan/Jun 1963, Jan/Mar, Apr/
         Jun 1964, Jan/Mar, Jan/Dec 1965.
      Supersedes Boletim do C.N.A.E.E., 890.
      Superseded by Boletim do Conselho nacional de águas
         elétrica, 891.
      Indexed in BBCS.
      M:2.
887. Avulso. n.1-. Rio, 1934-.
      Series (n.1-5; 1934-1941, n.9-11; 1963-1966).
      M:107.

888. Boletim estatístico. Ano I-, n.1-; janeiro/março 1968-.
Rio, 1968-.
Installation, production, distribution, consumption,
etc. of electrical energy in Brasil. General
notices and information, legislation.
Frequency varies: Quarterly, n.1-4; 1968. Semi-
annual, n.5/6-9/10; 1969-Jan/Jun 1970. Quarterly,
n.11-; Jul/Sept 1970-.

889. Boletim fluviométrico. n.1-; 1942-. Rio, 1942-.
Title varies: Anuário fluviométrico, n.1-7. Boletim
fluviométrico, n.8-.
Frequency irreg.: n.1-5; 1942-1944. n.6-7; 1945.
n.8; 1941/1945. n.9-10; 1950-1951. n.11-12; 1953.
n.13-15; 1956, 1958, 1962. n.16; 1953/1963. n.17;
1966. n.19-24; 1970.
DN:44 M:108.

CONSELHO NACIONAL DE ÁGUAS E ENERGIA
ELÉTRICA (CNAEE)

CNAEE began as the Conselho Nacional de Águas e Energia
on May 18, 1939 (Decreto-lei n.1,285), but was quickly
renamed the Conselho Nacional de Águas e Energia
Elétrica on August 23, 1939 (Decreto-lei n.1,534). On
July 18, 1969 (Decreto-lei n.689), the Departamento
Nacional de Águas e Energia Elétrica absorbed CNAEE.
Official notices and legislation of the CNAEE appear in
Diário oficial, Seção IV which is listed under n.29f
above.

890. Boletim do C.N.A.E.E. Ano I-VI, n.1-6; 1941-1945.
Rio, 1941-1945.
Superseded by Águas e energia elétrica, 886.
DN:16 M:59.

891. Boletim do Conselho nacional de águas e energia
elétrica. n.1-3; janeiro/setembro 1967-abril/junho
1968. Rio, 1967-1968.
Title varies: Boletim do CNAEE, n.1. Boletim do
Conselho nacional de águas e energia elétrica,
n.2-3.
Frequency irreg.: n.1; Jan/Sept 1967, n.2; Oct 1967/
Mar 1968, n.3; Apr/Jun 1968.

891. (cont'd.)
      Supersedes Águas e energia elétrica, 886.
      Superseded by Boletim estatístico, 888.
      (Do not confuse with the earlier publication,
         Boletim do C.N.A.E.E., 890.)

DEPARTAMENTO NACIONAL DA PRODUÇÃO
MINERAL (DNPM)

Created first as the Diretoria Geral de Produção
Mineral within the Ministério da Agricultura on July 28,
1933 (Decreto n.23,016), the agency was renamed as the
Departamento Nacional da Produção Mineral on March 8 of
the next year (Decreto n.23,979). On July 22, 1960, it
was attached to the MME by Lei n.3,782. Within the DNPM
are the following entities: The Divisão de Geologia e
Mineralogia, the Divisão de Fomento de Produção Mineral,
and the Laboratório da Produção Mineral. The DNPM
absorbed the Comissão do Plano do Carvão Mineral by
Decreto n.63,951 on December 31, 1968.

892. Relatório. Rio.
      Title varies: See Introduction, p. xxiv.
      Frequency: Annual irreg., 1934, 1939-1949, 1951-1952,
         1957-1961, 1967.
      DN:44 M:84.

893. Avulso. n.1-. Rio, 1936-.
      Series (n.85; 1960).

894. Memoria. n.1-. Rio, 1960-.
      Series.

895. Publicação especial. n.1-. Rio, 1958-.
      Geological studies and investigations of the mineral
         resources of the "Quadrilátero Ferrífero no
         Centro de Minas Gerais."
      Series (n.8; 1969).
      CLA:52 M:83.

DIVISÃO DE FOMENTO DA PRODUÇÃO MINERAL

Established on March 8, 1934, (Decreto n.23,979) as
the Serviço de Fomento da Produção Mineral in the

Ministério da Agricultura, it was redesignated as the
Divisão de Fomento da Produção Mineral by Decreto-lei
n.982 of December 23, 1938.

896. Relatório da diretoria. Rio.
      Frequency: Annual irreg., 1933/1934-1934/1935, 1936-
         1954, 1955/1957, 1958/1960, 1961-1966.
      Issued within its series entitled, Boletim, 898.
      DN:45 M:109.

897. Avulso. n.1-. Rio, 1936-.
      Series (n.98; 1969).
      Partially indexed in Nickles. Titles for n.1-75
         (1934-1946) listed in DN:47-48.
      DN:47-48 M:109 PAU:1110.

898. Boletim. n.1-. Rio, 1934-.
      Series (n.139; 1970).
      Indexed in Chem.Abs. Partially indexed in Nickles.
         Titles for n.1-80 (1934-1946) listed in DN:45-47.
      DN:45-47 M:109 PAU:1111.

899. Memória. n.1-. Rio, 1964-.
      Series.

              DIVISÃO DE GEOLOGIA E MINERALOGIA

   This agency was established in 1907 as the Serviço
Geológico e Mineralógico in the Ministério da Viação e
Obras Públicas, and in 1910, it was transferred to the
Ministério da Agricultura, Indústria e Comércio. In 1933,
there were two reorganizations of the agriculture ministry
(called Ministério da Agricultura since November 26, 1930,
Decreto n.19,433). The Serviço became, in the first, the
Instituto Geológico e Mineralógico do Brasil, but in the
second, its name reverted to the Serviço Geológico e
Mineralógico, and it was attached to the newly created
Diretoria Geral da Produção Mineral (later called the
Departamento Nacional de Produção Mineral). Five years
later, on December 23, 1938, the agency was redesignated
as the Divisão de Geologia e Mineralogia (Decreto-lei n.982).

900. Relatório anual do diretor. 1919-. Rio, 1920(?)-.
      Title varies when three or more Relatórios issued
         together, as: Relatórios anuais do diretor
         (1946/1950, 1963/1965).
      Frequency: Annual.
      DN:49 M:111.

901. Avulso. n.1-. Rio, 1917-.
      Series (n.41; 1966).

902. Bibliografia e índice do ferro no Brasil. Rio.
      Series (?), issued within its series entitled,
      Boletim, 904 (e.g., n.212; 1961).

903. Bibliografia e índice da geologia do Brasil, 1641/
      1940-. Rio, 1943-.
      Series, issued within its series entitled Boletim,
      904, with dates of coverage and publication as
      follows: n.111, 1641/1940; 1943, 2d ed. in n.204;
      1959. n.117, 1941/1942; 1948. n.131, 1943/1944;
      1949. n. 164, 1945/1950; 1957. n.177, 1951/1955.
      n.187, 1956/1957; 1959. n.206, 1941/1950; 1960.
      n.210, 1958/1959; 1960. n.220, 1960/1961. n.238,
      1951/1960.
      M:110.

904. Boletim. n.1-. Rio, 1920-.
      Series (n.1-210; 1920-1960. n.211-244; 1961-1969).
      Indexed in Chem.Abs., Eng. Ind. Titles for n.1-120
      (1920-1946) listed in DN:49-52.
904a. _____. Resumo dos Boletins publicados pela
      Divisão de Geologia e Mineralogia (n.1-99), [by]
      José Menescal Campos. In its Boletim, n.110
      (1946), pp.51-188.
904b. _____. _____(101-199), [by] José Menescal
      Campos. In its Boletim, n.200 (1968) 64p.
      DN:49-52 M:110 PAU:141.

905. Monografia. n.1-. Rio, 1913-.
      Series (n.19; 1966).
      Partially indexed in Nickles. Titles for n.1-12
      (1913-1941) listed in DN:53.
      DN:53 M:111.

906. Notas preliminares e estudos. n.1-. Rio, 1936-.
      Series (n.147; 1969).
      Indexed in Biol. Abs.
      DN:53 M:164.

LABORATORIO DA PRODUÇÃO MINERAL

Established as the Laboratório Central da Produção

Mineral in the Ministério da Agricultura it was redesignated as the Laboratório da Produção Mineral on March 8, 1934,
(Decreto n.23,979). The agency was dissolved by Decreto
n.67,583 of November 16, 1970.

907. Relatório. Rio.
     Title varies: See Introduction, p. xxiv.
     Frequency: Annual irreg., 1946, 1961/1962, 1953/1962.

908. Avulso. n.1-. Rio, 1937-.
     Series (n.15; 1967).
     DN:54 M:136.

909. Boletim. n.1-. Rio, 1940-.
     Series (n.45; 1965).
     DN:54 M:137.

COMISSÃO DO PLANO DO CARVÃO NACIONAL

This commission began as the Comissão Executivo do Plano
do Carvão Nacional on June 11, 1953 (Lei n.1,886), had its
name changed to the Comissão do Plano do Carvão Nacional on
December 24, 1960 (Lei n.3,860), and became attached to the
MME on August 4, 1964 (Lei n.4,374). By December 31, 1970,
the Comission was to have been absorbed by the Departamento
Nacional da Produção Mineral and the Conselho Nacional do
Petróleo (Decreto n.63,951 of December 31, 1968).

910. Relatório. Rio.
     Title varies: See Introduction, p. xxiv.
     Frequency: Annual irreg., 1956.

CENTRAIS ELÉTRICAS BRASILEIRAS S.A. (ELETROBRÁS)

Authorized by Decreto-lei n.8,031 of October 3, 1945,
Electrobrás was established as a government corporation by
Lei n.3,890A of April 25, 1961, and then attached to the
MME by Decreto n.60,900 of June 26, 1967.
Of its several subsidaries, two publish substantial annual
reports: the Companhia Hidro-elétrica do São Francisco and
the Companhia Hidroelétrica do Vale da Paraíba.

911. Relatório. 1962-. Rio, 1963?-.
     Title varies: See Introduction, p. xxiv.
     Frequency: Annual, 1962-1969.

912.   <u>Eletrobrás jornal</u>. Ano I-, n.1-; junho 1966-. Rio, 1966-.
     Newspaper, in tabloid format; very informative.
     Title varies: Eletrobrás; jornal interno, n.1-12; 1966-1968. Eletrobrás jornal, n.13-; 1969-.
     Frequency varies: Irreg., n.1-12; Jun, Sept, Dec 1966, Jan, Mar, May, Sept, Dec 1967, Feb, Jun, Jul/Aug, Sept/Dec 1968. Bimonthly, n.13-; Jan/Feb 1969-.

913.   <u>Revista brasileira de energia elétrica</u>. n.1-; agôsto 1963-. Rio, 1963-.
     Cover title: Energia elétrica, begins with n.9; Jan/Dec 1968.
     Frequency varies: Irreg., n.1; Aug 1963. Bimonthly, n.2-5; Sept/Oct 1963-Mar/Apr 1964. Irreg., n.6-8; May/Sept, Oct/Dec 1964, Apr/Dec 1965. Not issued, 1966-1967. Irreg., n.9-13; Jan/Dec 1968, May,Jul 1969, Nov 1969/Mar 1970, Apr/Aug 1970. Quarterly, n.14-; Sept/Dec 1970-.

COMPANHIA HIDRO-ELÉTRICA DO SÃO FRANCISCO (CHESF)

Authorized as a government corporation by Decreto-lei n.8,031 of October 3, 1945.

914.   <u>Relatório</u>. 1948-. Rio, 1949(?).
     Title varies: See Introduction, p. xxiv.
     Frequency: Annual irreg., 1948-1950, 1952-.

COMPANHIA HIDRELÉTRICA DO VALE DO PARAÍBA (CHEVAP)

Established as a government corporation on September 9, 1960.

915.   <u>Relatório</u>. Rio.
     Title varies: See Introduction, p. xxiv.
     Frequency: Annual, 1962-1963.

COMISSÃO NACIONAL DE ENERGIA NUCLEAR (CNEN)

Created by Decreto n.40,110 of October 10, 1956, within the Presidência da República and attached to the Ministério das Minas e Energia by Lei n.3,782 of July 22, 1960, it became a federal autarchy by Lei n.4,118 of August 27, 1962.

916. Relatório. Rio.
      Title varies: See Introduction, p. xxiv.
      Frequency: Annual, 1966-1970, and monthly irreg.,
          see next item, 917.
      M:46.

917. Relatório [mensal]. Rio.
      Frequency varies: Irreg., May/Jun, Jun/Jul 1968.
          Monthly, Aug 1968-Feb 1969. Bimonthly, Mar/Apr-
          Nov/Dec 1969. Irreg., Jan, Apr/May 1970.
          Monthly, Jun 1970-.

918. Avulso. n.1-. Rio, 1958-.
      Title varies: Estudo avulso, n.1-3, Avulso, n.4-.
      Series (n.4; 1960).

919. Boletim de energia nuclear. Vol.1-, n.1-; outubro
      (?) 1968-. Rio, 1968-.
      Issued in cooperation with the Instituto de
          Pesquisas Radioativas da Universidade Federal
          de Minas Gerais.
      Frequency: Monthly irreg., n.3-15; Dec 1968-Dec 1969.
          n.18-20; Oct-Dec 1970.

                  INSTITUTO DE ENGENHARIA NUCLEAR

920. Relatório. Rio.
      Title varies: See Introduction, p. xxiv.
      Frequency: Annual irreg., 1969.

              COMPANHIA VALE DO RIO DOCE S.A. (CVRD)

      Established by Decreto-lei n.4,352 of June 1, 1942, it
was attached to the MME as a government corporation by
Decreto n.60,900 of June 26, 1967.

921. Relatório da diretoria, exercício de 1943-. Rio,
      1944(?)-.
      Frequency: Annual irreg., 1943-1959. Annual, 1960-
      1963, 1965-.

              PETRÓLEO BRASILEIRO S.A. (PETROBRÁS)

      PETROBRÁS began as the Refinaria Nacional de Petróleo
on September 16, 1946 (Decreto-lei n.9,881), and received

authorization as a government corporation under the name
Petróleo Brasileiro S.A. (Petrobrás) on October 3, 1953
(Lei n.2,004). Decreto n.60,900 attached Petrobrás to
the Ministério das Minas e Energia on June 26, 1967.

922. Relatório. Rio.
Title varies: See Introduction, p. xxiv.
Frequency: Annual, 1955-.

923. Boletim de desenvolvimento de pessoal. Vol.1-, n.1-;
janeiro/março 1968-. Rio, Serviço de Pessoal, 1968-.
Development and training of Petrobrás personnel.
Frequency: Quarterly.

924. Boletim econômico e estatístico. Ano I, n.1-;
agôsto 1957-. Rio, Consultória Econômica, 1957-.
Frequency varies: Irreg., Ano I, n.1-3; Aug, Sept/
Oct, Nov/Dec 1957. Monthly, Ano II, n.4-Ano VII,
n.6; Jan 1958-Jun 1963. Irreg., Ano VII, n.7/8;
Jul/Aug 1963. Monthly, Ano VII, n.9-Ano VIII, n.1;
Sept 1963-Jan 1964. Irreg., Ano VIII, n.2/3, 4/5,
6, 7/8, 9/12, Ano IX, n.1/4; Feb/Mar, Apr/May,
Jun, Jul/Aug, Sept/Dec 1964, Jan/Apr 1965.

925. Boletim estatístico: compras de materiais e equipa-
mento. Ano 1-3, n.1-36; julho 1963-junho 1966. Rio,
Escritório Central de Compras, Setor de Registro e
Estatística, 1963-1966.
Frequency: Monthly.
Superseded by Boletim estatístico do SERMAT, 926.

926. Boletim estatístico do SERMAT. Vol.1, n.1-; julho
1966-. Rio, Serviço de Material [SERMAT], Divisão de
Estudos, Coordenação e Contrôle, 1966-.
Labelled as "reservado" irregularly.
Frequency: Monthly.
Numbering varies: Called, Vol.1, n.1-18; Jul 1966-
Dec 1967. Vol.1, n.1-12; Jan-Dec 1968; Vol.1, n.1-
12; Jan-Dec 1969. With Vol.8, n.1; Jan 1970, the
numbering returns to conform with the Boletim
estatístico: compras de matériais e equipamentos,
925. Numbered 1-12 within the year, 1970-.

927. Boletim informativo. n.1-25; fevereiro 1967-agôsto
     1968. Vol.1-, novembro 1969-. Rio, Serviço de
     Planejamento, 1967-.
     Title varies: Informativo, n.1-12; Feb-Aug 1967.
       Boletim informativo, n.13-; Nov 1967-.
     Frequency varies: Semi-monthly, n.1-7; Feb-May 1967.
       Irreg., n.8-10; Jun 1967. Monthly irreg., n.11-14;
       Jul, Aug, Nov 1967, Mar 1968. Irreg., n.15-17;
       Apr 1968. Semimonthly, n.18-25; May-Aug 1968.
       Irreg., n.1-3; Nov 1969, Jul, Aug 1970.

928. Boletim do SEORG. Vol.1, n.1-;   maio/junho 1966-. Rio,
     Serviço de Organização e Gerência Administrativa
     [SEORG], 1966
     Frequency varies: Bimonthly, 1966-1967. 3/year, 1968.
       Semi-annual, 1969. Quarterly, 1970.

929. Boletim do Setor de documentação. n.1-; novembro 1969-.
     Rio, Setor de Documentação. 1969-.
     Frequency: Monthly irreg., n.1-4; Nov 1969, Jul-Sept 1970.

930. Boletim técnico da Petrobrás. Vol.1, n.1-; outubro
     1957-. Rio, Divisão Técnica e Patentes, 1957-.
     Technology and exploration, drilling and production
       of petroleum, petrochemistry.
     Distribution "restrita."
     Frequency varies: Quarterly irreg., Vol.1-3; 1957-
       1960. Semi-annual, Vol.4; 1961. Quarterly, Vol.5-6,
       n.2; 1962-1963. Irreg., Vol.6, n.3/4; 1963. "N.
       especial;" Feb 1964. Quarterly, Vol.7-9, n.2; 1964-
       1966. Irreg., Vol.9, n.3/4; 1966. Quarterly, Vol.10,
       n.1-2; 1967. Irreg., Vol.10, n.3/4; 1967. Quarterly,
       Vol.11-; 1968-.
     Numbering varies: Ano I-II, Vol.3-.
     Indexed in BBQ.

931. Cadernos técnicos SEDEP. n.1-. Rio, Setor de Desenvolvi-
     mento de Pessoal e Documentação [SEDEP], 1969-.
     Series (n.3; 1969).

932. Ciência-técnica-petróleo. Seção: equipamento de petróleo.
     Publicação. n.1-. Rio, Centro de Pesquisas, 1964(?)-.
     Series (n.2; 1965).

933. Ciência-técnica-petróleo. Seção: exploração de petró-
     leo. Publicação. n.1-. Rio, Centro de Pesquisas, 1964(?)-.
     Series (n.4; 1967).

934. Ciência-técnica-petróleo. Seçao: lavra de petróleo.
     Publicação n.1-. Rio, Centro de Pesquisas, 1966-.
     Series.

935. Ciência-técnica-petróleo. Seção: refinação de petróleo.
     Publicação. n.1-. Rio, Centro de Pesquisas, 1965-.
     Series.

936a. Coleção bibliográfica do Setor de documentação da
     Divisão de desenvolvimento de pessoal. 1968-. Rio, 1968-.
     Bibliographies used in courses and meetings of
         Petrobrás, bibliographies by Petrobrás staff.
     Frequency: Annual.

936b. Coleção ouro negro. n.1-. Rio, 1965-.
     Series: n.1-Petróleo: legislação básica; 1965.
         n.2-0 mundo fabuloso do petróleo; 1965, 1966.
         n.3-Petrobrás: quando, quanto, que é; 1965-1967.
         n.4-Carta no mundo maravilhoso do petróleo; 1965.

937. Ementário da legislação de petróleo. Vol.1, n.1-;
     janeiro/junho 1967-. Rio, Serviço Jurídico, 1967-
     Frequency varies: Annual, Vol.1-2; 1967-1968. Semi-
         annual, Vol.3-; 1970-.
     Also note the cumulation: Ementário da legislação de
         petróleo: retrospectiva, 1938-1971 (Rio,1971). 31p.

938. Índice do ementário legislativo do Serviço jurídico.
     Rio, Serviço Jurídico SEJUR.
     Cover title. (Title page: Ementário legislativo do
         SEJUR; índice alfabético remissivo.)
     Frequency: Semi-annual, Jul/Dec 1969-. Not numbered.

939. Informação técnica. n.1-. Rio, Serviço de Material,
     1968-.
     Technical information on inspection, standardization,
         and normalization of material and equipment used
         by Petrobrás.
     Series (n.13; 1971).

940. Informativo comercial e financeiro. Vol.1, n.1-;
     1965-. Rio, Gabinete da Presidência, 1965-.
     Labelled as "restrita."
     Frequency: Weekly.

941. Mensário estatístico. Ano I-, n.1-; março 1964-.
     Rio, Conjunto Petroquímico Presidente Vargas, 1964-.
     Frequency: Monthly, n.1-22; Mar 1964-Dec 1965.

942. Mensário estatístico da RPBC. Vol.1, n.1-. Rio,
     Refinaria Presidente Bernardes, Assessoria de
     Organização e Métodos.
     Labelled as "confidencial" through Dec 1960.
     Frequency: Monthly, Jul 1959-Apr 1968.
     Numbering begins with Vol.11, n.4; Apr 1968.

943. Petrobrás. Ano 1, n.1-; outubro 1954-. Rio, 1954-.
     General information on the activities and studies
        of Petrobrás--its exploration, industrial, and
        commercial services.
     Frequency varies: Weekly, n.1-54, 1954-1955. Biweekly
        irreg., n.55-178; 1955-1960. Monthly, n.179-196;
        1961-Jun 1962. Bimonthly, n.197-207; Aug 1962-
        Mar/Apr 1964. Irreg., n.208/209; May/Aug 1964.
        Bimonthly, n.210-221; Sept/Oct 1964-Jul/Aug 1966.
        Irreg., n.222; Sept/Dec 1966. Bimonthly,
        n.223-; Jan/Feb 1967-.
     Ano numbering is irreg.

944. Repetro jornal. n.1-; agôsto 1959-. Rio, Refinaria
     Presidente Bernardes, 1959-.
     Title varies: Repetro, Aug 1959-May 1960. Repetro
        jornal, Sept 1960-.
     Frequency: Monthly irreg., n.1-10; Aug 1959-May 1960.
        n.1-31; Sept 1960-Jul 1962, Oct 1962-May 1963.

945. Resumo estatístico do Departamento de exploração
     e produção. Ano I-, n.1-. Rio, Departamento de
     Exploração e Produção, Divisão de Planejamento.
     Labelled as "confidencial."
     Frequency: Monthly(?), n.12; Jan 1959. Ano IX; Jan
        1967.

946. Resumos indicativos da indústria de petróleo. Vol.1,
     n.1-; maio 1963-. Rio, Biblioteca Central, Centro
     de Aperfeiçoamento e Pesquisas de Petróleo, 1963-.
     Abstracts technical articles relevant to the petro-
        leum industry. Each page has three abstracts on
        heavy paper which may be torn out.
     Absorbs and supersedes three independent publica-
        tions: Resumos indicativos [da Biblioteca central].
        n.1-34; 1960-1962. Resumos indicativos [do Setor
        de pesquisas do Curso de refinação]. n.1;
        1959-n.12; 1962. Resumos indicativos [da
        Biblioteca dos Cursos de geologia, perfuração e
        produção de petróleo]. n.1-5; 1960-1961.
     Title and frequency of the above vary slightly.
     Frequency varies: Monthly, Vol.1, n.1-4; 1963.
        Bimonthly, Vol.1, n. 5/6-7/8; 1963. Quarterly,
        Vol.2, n.1/3-10/12; 1964. Bimonthly, Vol.3,
        n.1/2-7/8; 1965. Irreg., Vol.3, n.9/12; 1965.
        Vol.4, n.1/2, 3/6; 1966. Bimonthly, Vol.4, n.
        7/8-Vol.6, n.5/6; 1966-1968. Quarterly, Vol.6,
        n.7/9, 10/12; 1968. 3/year, Vol.7, n.1/4-; 1969-.
     Indexed in BBCS.

947. Revista do Serviço de pessoal. Ano I-, n.1-; 1959(?)-.
     Rio, Serviço de Pessoal, 1959(?)-.
     Personnel administration, legislation and juris-
        prudence, statistical data on personnel.
     Title varies: Mensário de pessoal, n.1-68; 1959-
        Jul/Sept 1967. Revista do Serviço de pessoal,
        n.69-; Oct/Nov 1967-.
     Frequency varies: Monthly, n.1-40; 1959-1962. Not
        published, 1963. Monthly, n.41-56; May 1964-
        Aug 1965. Irreg., n.57-59; Sept/Oct Nov/Dec 1965,
        Jan 1966. Bimonthly, n.60-63; Feb/Mar-Aug/Sept
        1966. Irreg., n.64-65; Oct, Nov/Dec 1966.
        Quarterly, n.66-71; Jan/Mar 1967-Apr/Jun 1968.
        Bimonthly, n.72-; Jul/Aug 1968-.

948. Segurança industrial informativo. n.1-; 1963-. Rio,
     Assessoria de Segurança Indústrial, 1963-.
     Frequency varies: Irreg., n.6,8; Feb, Jul 1964.
        n.14; Aug 1965. Monthly, n.21-25; Jul-Dec 1966.
        Monthly irreg., n.28-31; Jun, Jul, Oct, Dec 1967.

948. (cont'd.)
n.33-35; Jul, Sept, Dec 1968. n.36-39; May, Aug,
Oct 1969. n.40-41; Aug 1970 (mis-dated as 1971).
n.42; Oct 1970. n.43; Oct 1971. n.44-46; Nov
1971.

FROTA NACIONAL DE PETROLEĬROS (FRONAPE)

Created by Decreto n.28,050 of April 25, 1950, it was
attached to Petrobrás by Lei n.2,004 of October 3, 1953.

949. Boletim estatístico. Ano 1-, n.1-; janeiro 1957-.
Rio, Setor de Orçamento e Estatístico, 1957-.
Labelled as "reservada."
Frequency varies: Irreg., n.1-26; 1957-1960. n.27-
36; Apr, Jun, Sept, Nov, Dec 1961, Feb, Apr, Jun,
Aug, Oct 1962. Quarterly, n.38-40; 1963. Semi-
annual, n.43-44; 1965. Quarterly, n.45-; 1966-.
Dating varies: n.2-36; Jan/Apr, Jan/Jun, Jan/Aug
1961, etc.-Jan/Oct 1962. n.39; 1o. semestre 1963.
no.40; Jan/Sept 1963. n.41-48; irreg. n.49-52;
1o. trimestre, 1o. semestre, 3o. trimestre, 2o.
semestre 1967.

950. FRONAPE; boletim técnico e informativo da Frota
nacional de petroleiros. Ano I-, n.1-; outubro 1954-.
Rio, 1954-.
Title varies: Fronape; boletim informativo da Frota
nacional de petroleiros, n.1-128; 1954-Jun 1962.
FRONAPE; boletim técnico e informativo da Frota
nacional de petroleiros, n.129-; Jul 1962-.
Frequency varies: Irreg., n.1-107; 1954-Sept 1960.
Monthly, n.108-150; Oct 1960-Apr 1964.

951. _____. Suplemento do Boletim FRONAPE. n.1-;
setembro 1962-. Rio, 1962-.
Frequency varies: Monthly, n.1-19; 1962-1964. Irreg.,
n.22-25; Nov 1965, Sept, Dec 1966, Jan 1967.
Not dated, n.27-.
"Distribution is not directed to the general public,
but is limited to the ships, workshops and
technical agencies of FRONAPE."

PETROBRÁS QUÍMICA S.A.

Established by Decreto n.61,981 of December 28, 1967.

<u>952</u>.   Relatório. Rio.
        Title varies: See Introduction, p. xxiv.
        Frequency: Annual irreg., 1968.

MINISTÉRIO DO PLANEJAMENTO E COORDINAÇÃO GERAL
(MINIPLAN)

In September of 1962, Lei Delegada n.1 (September 25,
1962) and Decreto n.1,422 (September 27, 1962) created
the position of Ministro de Estado Extraordinário Responsá-
vel pelo Planejamento, redesignated as the Ministro de
Estado Extraordinário para o Planejamento e Coordenação
Econômica by Decreto n.53,914 of May 11, 1964. Established
as the Ministério do Planejamento e Coordenação Geral
(MINIPLAN) by Decreto-lei n.200 of February 25, 1967,
MINIPLAN later absorbed the Conselho Nacional de Econômica
by Lei n.5,331 of October 11, 1967.
The following entities have issued serial publications
within the scope of this Guide:

Ministério do Planejamento e Coordinação Geral (MINIPLAN)

    Subsecretaria de Orçamento e Finanças
    Subsecretaria de Cooperação Econômica e Técnica
        Internacional
    Conselho Nacional de Economia

Autonomous agencies:

    Fundação Instituto Brasileiro de Geografia e Estatística
        (IBGE)
        Instituto Brasileiro do Estatística (IBE)
            Centro Brasileiro de Estudos Demográficos (CBED)
            Centro de Documentação e Informação Estatística
                (CENDIE)
            Grupo Executivo de Pesquisas Domiciliares (GEPD)
            Departamento de Estatísticas Industrias, Comerciais
                e de Serviços (DEICOM)
            Laboratório de Estatística
            Departamento de Divulgação Estatística (DEDIVE)
            Departamento de Censos (DECEN)
        Instituto Brasileiro de Geografia (IBG)
            Departamento de Documentação, Divulgação Geográfica
                e Cartográfica (DEDIGEO)
    Banco National do Desenvolvimento Econômico (BNDE)
        Agência Especial de Financiamento Industrial
            (FINAME)
    Instituto de Planejamento Econômico e Social (IPEA)

953.   Relatório das atividades administrativas. 1964/1966.
       Rio, 1967(?).
       Only one number issued (?).

954.   Relatório das atividades. n.1-; março/agôsto 1967-.
       Rio, Coordenação dos Setores Técnicos, 1967-.
       Frequency varies: Irreg., n.1; Mar/Aug 1967.
          Monthly, n.2-12; 1967-Jul 1968.

955.   Boletim de informações legislativas. Ano 1-3, n.1-
       91; agôsto 1964-junho 1966. Rio, 1964-1966.
       Legislation on economic and financial subjects
          discussed by the Congress.
       Frequency: Daily irreg.

956.   Boletim informativo. Ano 1-7, Vol.1-23, n.1-12;
       junho 1964-setembro 1970. Rio, 1964-1970.
       Legislation, general information, activities.
       Frequency: Weekly. Mimeo.
       Superseded by Boletim de serviço, 957.

957.   Boletim de serviço. Ano 1, Vol.1, n.1-; outubro
       1970-. Rio, Setor de Documentação, 1970-.
       Personnel, internal. Supersedes Boletim informativo,
          956.
       Frequency: Biweekly.

958.   Coletânea de legislação até 31 de maio de 1965.
       Rio, Setor de Documentação, 1965. 240p.
       Legislation for April-May 1965.
958a. _____. Suplemento de junho [de 1965]-fevereiro
          de 1967. Rio, Setor de Documentação, 1965-1967.
       Legislation on economic and financial matters.
       Frequency: Monthly.

959.   Informativo reforma administrativa. Ano 1, n.1;
       agôsto 1967. Rio, Escritório da Reforma Administrativa,
       1967.
       Collection of legislation and notices regarding
          the general administrative reform of the
          government, to August 31, 1967. It was planned
          to be periodical, but only one number appeared.

960. Ordens de serviço de [1964]-. Rio, Setor de
      Documentação, 1966-.
      Regulations collected, with numerical and subject
         indexes.
      Frequency: Annual irreg. (publication date irreg.
         in paren.): 1964 (1967), 1965 (1966), 1966 (1967),
         1969 (1970).

SUBSECRETARIA DE ORÇAMENTO E FINANÇAS

   Designated as the Setor de Orçamento e Finanças until
Portaria n.20 of March 2, 1971 reorganized and redesignated
the agency as the Subsecretaria de Orçamento e Finanças,
this agency's serial documents listed here present federal
budget data.

961. Balanço dos investimentos públicos, 1965-. Rio.
      Grupo de Acompanhamento do Programa de Investimentos,
      1966-.
      Frequency: Annual, 1965-1966.

962. Balanço orçamentário consolidado do govêrno federal,
      1964-. Rio, 1965-.
      One number only recorded.
      Complements Consolidação orçamentária do Govêrno
         federal, 964.

963. Bases da proposta orçamentária para 1969-.
      Brasília, 1968-.
      Proposed federal budget.
      Frequency: Annual.

964. Consolidação orçamentária do Govêrno federal. 1964-.
      Rio, 1964-.
      Frequency: Annual, 1964-1965.
      For 1964, complements the Balanço orçamentário
         do Govêrno federal, 962. For 1965, complements
         the Programa de investimentos públicos, 965.
      M:166.

965. Programa de investimentos públicos, 1965-. Rio, 1965-.
      Frequency: Annual, 1965-1967.
      For 1965, complements the Consolidação orçamentária do
         Govêrno federal, 964. Also for 1965, the following

965. (Cont'd.)
      publications were issued: Programa de investimentos
      públicos: distribuição regional. Rio, 1965.
      Acompanhamento do programa de investimentos
      públicos. Rio, Jan-Sept 1965 (monthly).
      M:166.

966. Proposta orçamentária para o exercício de 19 -
      Rio, Departamento de Imprensa Nacional,   ;
      Departamento Administrativo do Serviço Público,
      1930-1964. Brasília, Setor de Orçamento e Finanças,
      1965-1971; Subsecretaria de Orçamento e Finanças, 1971-.
      Proposed federal budget.
      Title varies: Proposta da receita geral... Proposta
         de orçamento da despesa... Proposta orçamentária
         para... 1941-. Half-title: Mensagem do
         Presidente da República ao Congresso nacional
         apresentando a proposta orçamentária...
      Also published in Diário do Congresso nacional, 4.
      Frequency: Annual, issued the year preceeding the
         budget year.
      Number of Vols., including Annexes, varies: 1960 (11
         Vols.), 1961 (11 Vols.), 1962 (13 Vols.), 1963
         (10 Vols.), 1964 (2 Vols.), 1965-1968 (1 Vol.),
         1969 (9 Vols.).
      A similar publication was issued for 1971 with the
         title, Projeto de lei orçamentária anual,
         exercício financeiro de 1971 (Brasília, 1970).
      M:112.

SUBSECRETARIA DE COOPERAÇÃO ECONÔMICA E TÉCNICA INTERNACIONAL

      This entity, created by Decreto n.1,040 of May 23,
1962, as the Comissão de Coordenação da Aliança Para o
Progresso, became subordinated to the Ministério do Estado
Extraordinário para Planejamento e Coordenação Econômico
by Decreto n.53,914 of May 11, 1964. It was dissolved by
Decreto n.67,154 of September 10, 1970, and its attributes
were transferred to the Subsecretaria de Cooperação Econômica
e Técnica Internacional.

967. Boletim informativo. Vol.1, n.1-. 1963-. Rio, 1963-.
      Frequency: Biweekly, 1963-1964.

CONSELHO NACIONAL DE ECONOMIA

Instituted by Article 205 of the Constitution of
1946, the Conselho Nacional de Economia was dissolved
by Article 181 of the Constitution of 1967. MINIPLAN
absorbed its attributes by Lei n.5,331 of October 11,
1967.

968. Exposição geral da situação economica do Brasil,
     1951-1965. Rio, 1952-1965.
     Frequency: Annual.
     M:59.

969. Revista do Conselho nacional de economia; órgão
     oficial do C.N.E. Ano I, n.1-Ano XV, n.2; maio
     1952-setembro/dezembro 1966. Rio, 1952-1966.
     Economic policy, activities, resolutions, conferences
         and debates of the Conselho; bibliography.
     Frequency varies: Bimonthly irreg., 1952-1959. Irreg.,
         Jan/Apr, May/Jun, Jul/Dec 1960, Jan/Jun 1961.
         Quarterly, Jul/Sept, Oct/Dec 1961. Bimonthly,
         Jan/Feb 1962-Jan/Feb 1963. Irreg., Mar/Aug,
         Sept/Oct, Nov/Dec 1963. Jan/Sept, Oct/Dec 1964.
         3/year, 1965. Irreg., Jan/Aug, Sept/Dec 1966.
     Indexed in BBA, BBCS, BBQ.
     CLA:54 J:73 M:60 Z:60.

FUNDAÇÃO INSTITUTO BRASILEIRO DE GEOGRAFIA E ESTATÍSTICA (IBGE)

In Brazil's administrative organization, the IBGE occupies a unique position. It is not, properly speaking, a federal agency, but a complex, autarchial federative system. It is divided into two parallel institutes: the Instituto Brasileiro de Geografia (IBG) and the Instituto Brasileiro de Estatístico (IBE), and one school: the Escola Nacional de Ciências Estatísticas.[1] Also affiliated with the Fundação IBGE are the statistical agencies of the ministeries,[2] the states and territories,[3] and some of the autonomous federal institutes.[4] These agencies are responsible for the statistical, geographic, and cartographic studies relevant to economic and social planning for the country.

The legislative history of the Fundação IBGE begins in 1870 when a law was passed requiring that a census be taken every ten years. The following year, in 1871, the Diretoria Geral de Estatística was established under the Ministério da Agricultura and on January 9, 1900, the Serviço de Estatística Comercial began to function in the Ministério da Fazenda (Decreto n.3,547).

In the decade of the 1930's there were several reorganizations of the statistical agencies of the federal government. On February 4, 1931, the Departamento Nacional de Estatística was established, absorbing the agencies of the ministries of Agricultura (the Diretoria Geral de Estatística), of Fazenda (the Diretoria de Estatística Comercial), and of Educação e Saúde Pública (the Diretoria Geral de Informações Estatísticas e Divulgação) (Decreto n.19,669). On July 6, 1934, the Departamento Nacional de Estatística was dissolved and its functions were distributed to the specialized agencies of the ministries, some of which were already in existence, others of which were newly created (Decreto n.24,609). Also established on that date,

---

1 The school does not issue serial documents within the scope of this Guide.

2 For example, the Serviço de Estatística Demografica, Moral e Política of the Ministério da Justiça, the Serviço de Estatística da Educação e Cultura of the Ministério da Educação e Cultura, the Serviço de Estatística da Saúde of the Ministério da Saúde, plus several others.

3 State agencies are not within the scope of this Guide.

4 One example is the Instituto Brasileiro do Café.

and by that decree, were the Instituto Nacional de
Estatística (INE) and the Conselho Nacional de Estatística
(CNE). Three years later, on March 24, 1937, the Conselho
Brasileiro de Geografia (CBG) was established, incorporated
in the Instituto Nacional de Estatística (Decreto n.1,527).
On January 26, 1938 the INE was renamed the Instituto
Brasileiro de Estatística (IBE), and the Instituto Brasileiro
de Geografia e Estatística (IBGE) was created (Decreto-lei
n.218). At the same time, and by the same decree-law, the
Conselho Brasileiro de Geografia became the Conselho Nacional
de Geografia (CNG), modifying its name to conform with
that of the CNE. On February 13, 1937, Decreto-lei n.161
authorized the Poder Executivo to institute the IBGE as a
foundation, dissolving at the same time the Conselhos
Nacionais de Estatística e Geografia (CNE and CNG). On
June 26, 1967, the Fundação IBGE became attached to the
Ministério do Planejamento e Coordenação Geral (Decreto
n.60,900).

970.   Relatório. Rio, Diretoria Geral de Estatística,
        1872-1917; Conselho Nacional de Estatística, 1937-
        1958.
        Title varies: See Introduction, p. xxiv.
        Frequency: Annual irreg., 1873, 1897-1917. Not
            published, 1918-1921. Annual irreg., 1922-19--,
            1937-1950, 1953-1954, 1958.
        DN:24, 61 M:106, 122.

        INSTITUTO BRASILEIRO DE ESTATÍSTICA (IBE)

971.   Anuário estatístico do Brasil. Ano I-, Vol.I-;
        1908/1912-. Rio, Diretoria Geral de Estatística,
        Ministério de Agricultura, Indústria e Comércio,
        1916; Conselho Nacional de Estatística, 1936-1966;
        Instituto Brasileiro de Estatística, 1967-.
        Frequency varies: Ano I, Vol.I-III; 1908/1912. Not
            issued, 1913-1935. Annual, 1936-1938. Irreg.,
            1939/1940, 1941/1945. Annual, 1946-.
        Issued in 1 vol., except for Ano I: in 3 vols.
        Updated by Atualidade estatística do Brasil, 972,
            for 1968-1970, and by Sinopse estatística do
            Brasil, 1013, for 1971-.
        See also O Brasil em números, 982.
        A separate was issued in 1938 entitled "Sinopse
            estatística do Brasil..."
        CLA:44 DN:27, 29.

972. Atualidade estatística do Brasil. Vol.1-3; 1968-
     1970. Rio, 1968-1970.
     Updates the Anúario estatístico do Brasil, 971.
     Frequency: Annual.
     Superseded by Sinopse estatística do Brasil, 1013.

973. Boletim estatístico. Ano I, n.1-; janeiro 1943-.
     Rio, Conselho Nacional de Estatística, 1943-Apr/Jun
     1967; Instituto Brasileiro de Estatística, Jul/Sept
     1967-.
     Statistics (national, regional and municipal) of
        population, agricultural production, transporta-
        tion, prices, banking, cost of living index, etc.
     Frequency: Quarterly.
     Indexed in BBCS.
     CLA:45 M:32.

974. Legislação: resoluções da Assembléia-geral. n.1-;
     1936-. Rio, Conselho Nacional de Estatística, 1937-.
     Title varies: Resoluções da Assembléia-geral do
        Conselho Nacional de Estatística, 1936-1960.
        Legislação, resoluções da XXI-   Assembléia-
        geral, 1961-   , ns.776-   .
     Frequency: Annual.
974a. _____. Índice resoluções da Assembléia-geral,
        1936-1956 (Rio, 1957).
974b. _____. Resoluções da Assembléia-geral do CNE,
        1936/1963; índice geral por assuntos, ementário
        (Rio, 1965).

975. Legislação: resoluções da Junta executiva central;
     resoluções da Comissão censitária. n.1-; 1937-.
     Rio, Conselho Nacional de Estatística, 1938-.
     Title varies: Resoluções aprovadas pela Junta
        executiva central do Conselho Nacional de
        Estatística, no ano de 1937-1938. Resoluções da
        Junta executiva central do Conselho Nacional de
        Estatística, no ano de 1939-1951. Resoluções
        da Junto executiva central, 1952-1960. Legislação;
        resoluções da Junta executiva central; resoluções
        da Comissão censitária, 1961-.
     Frequency: Annual.
975a. _____. Índice: resoluções da Junta executiva
        central, 1937-1956 (Rio, 1957).

975. (Cont'd.)
975b. _____. Resoluções da Junta executiva central
    e da Comissão censitária nacional, 1937-1963:
    índice geral por assunto-ementário Rio, 1965
    M:66.

976. Resoluções do Conselho diretor: legislação. n.1-.
    Rio, Instituto Brasileiro de Estatística, 1968-.
    Frequency: Annual.

977. Revista brasileira de estatística. Ano 1-, n.1-;
    janeiro/março 1940-. Rio, 1940-.
    "Orgão oficial" of the Conselho Nacional de
      Estatística and the Sociedade Brasileira de
      Estatística, 1940-1967; of the Fundação IBGE,
      Instituto Brasileiro de Estatística and
      Sociedade Brasileira de Estatística, 1967-.
    Supersedes Revista de economia e estatística, 132.
    Frequency varies: Quarterly, 1940-1956. Semi-
      annual, 1957-1965. Quarterly, 1966-.
    Indexed in BBCS, BBMF.
    CLA:54 DN:27 J:54 M:282 Z:53-54.

978. Revista brasileira dos municípios. Ano I-, n.1/2-;
    janeiro/junho 1948-. Rio, 1948-.
    "Orgão oficial" of the Conselho Nacional de
      Estatística and Associação Brasileira dos
      Municípios, 1948-1966; of the Fundação IBGE,
      Instituto Brasileiro de Estatística, and
      Associação Brasileira dos Municípios, 1967-1968.
    City and regional planning, general notices,
      legislation, bibliography.
    Frequency varies: Semi-annual, n.1/2-3/4; 1948.
      Quarterly, n.5-36; 1949-1956. Semi-annual, n.37/
      38-47/48; 1957-1959. Annual, n.49/52; 1960.
      Semi-annual, n.53/54-83/84; 1961-1968.
      Temporarily suspended.
    Indexed in BBCS.
    CLA:54 M:285 Z:56.

CENTRO BRASILEIRO DE ESTUDOS DEMOGRÁFICOS (CBED)

Created on November 16, 1967, by IBE's Resolução COD/7/67.

979. Boletim demográfico CBED. Vol.1-, n.1-; julho/
      setembro 1970-. Rio, 1970-.
      The first number reports the most important and
        essential demographic data of the censuses from
        1940 to 1960. Succeeding numbers present
        current basic facts about Brazilian demography
        and its position internationally.
      Frequency: Quarterly.

980. Estudos e análises. Rio.
      Series (n.2-7; 1969, n.8; 1970).

      CENTRO DE DOCUMENTAÇÃO E INFORMAÇÃO ESTATÍSTICA
                      (CENDIE)

      Designated as the Diretoria de Documentação e Divulgação
  (DDD) until August 13, 1969, when IBE's Resolução
  COD/147/69 created CENDIE.

981. Boletim trimestral da Biblioteca Waldeman Lopes.
      Vol.1, n.1-; outubro/dezembro 1970-. Rio, 1970-.
      Information retrieval and documentation, recent
        acquisitions.
      Frequency: Quarterly.

982. O Brasil em números. Vol.1-2; 1960-1966. Rio, 1960-
      1966.
      Also called, "Apendice do Anuário estatístico do
        Brasil," 971.
      Superseded by Brasil; séries estatísticas retrospectivas,
        1012.
      Frequency irreg: Vol.1; 1960, Vol.2; 1966.
      M:121.

983. Coleção de monografias. n.1-; 1956-. Rio, 1956-.
      Series (n.497; 1969).
      Small pamphlets with statistical data on Brazilian
        cities.
      Also called "Monografias municipais" and "Série de
        monografias municipais."
      A "Série B" also issued beginning in 1961. (n.144;
        1968).
      M:60.

984. Divisão territorial do Brasil. 1939/1943-. Rio,
Conselho Nacional de Estatística, 1940-1964; Centro
de Documentação e Informação Estatística, 1968-.
Administrative and political divisions of Brazil.
Title and frequency vary (date of publication in
   paren.) as follows:
Divisão territorial dos Estados Unidos do Brasil;
   quadro territorial, administrativo e judiciário das
   unidades da Federação, fixado para o quinquênio,
   1939/1943... (1940, 2d ed., 1942).
Divisão territorial do Brasil; quadro da divisão
   administrativa regional...para vigorar de 1944 a
   1948 (1945).
Divisão territorial do Brasil; quadro administrativo,
   1948.
Divisão territorial do Brasil, 30-IX-1949; edição
   provisória.
Divisão territorial do Brasil; quinquênio 1949/1953;
   edição provisória.
Divisão territorial do Brasil, situação administrativa
   vigente em 1o.-VII-1950.
Divisão territorial do Brasil, municípios e distritos
   instalados em 31-XII-1953.
Divisão territorial do Brasil, quadro vigente em
   31-XII-1954.
Divisão territorial do Brasil, quadro vigente em
   1o.-VII-1955.
Divisão territorial do Brasil em 1o.-VII-1960.
Divisão territorial, quadro municipal em 31-XII-1962.
Divisão territorial do Brasil, alterações ocorridas
   no período de 1-1-1961 a 30-6-1963.
Divisão territorial do Brasil [em 31-XII-1963, e
   alguma informação até 31-XII-1964].
Divisão territorial do Brasil, quadro municipal e
   distrital: situação em 31-XII-1968 [edição
   preliminar].
DN:25 M:61.

985. Flagrantes brasileiras. n.1-. Rio, Conselho Nacional
de Estatística, 1955-1967; Diretoria de Documentação
e Divulgação, 1968-1969; Centro de Documentação
Estatística, 1969-.
Short monographs, giving statistical data on aspects
   of Brazil's economy.

985. (Cont'd.)
      Series (n.39; 1970).
985a. _____ . Índice, números 1 a 15 [1955-1959]
      ([n.d.]). 28p.
985b. _____ . Índice, números 16 a 30 [1960-1966?]
      (1969). 48p.
      M:243.

GRUPO EXECUTIVO DE PESQUISAS DOMICILIARES (GEPD)

Created by Decreto n.61,053 of July 24, 1967.

986. Pesquisa nacional por amostra de domicílios;
      resultados preliminares. Região I-. 4o. trimestre
      de 1967-. Rio, 1967-.
      A series of the statistical results of residential
      survey research of population, housing, salary,
      and education.
      Title varies: In addition to the entry here, the
      publication may also have the title, População,
      habitação, mão-de-obra, salário, instrução, with
      any of these elements appearing irregularly in
      a variety of orders.
      Frequency: Quarterly, for each of seven regions.
      Regions and dates of beginning publication as
      follows:
986a. _____ . Região I: Estado de Guanabara e Rio
      de Janeiro. 4th quarter, 1967-.
986b. _____ . Região II: Estado de São Paulo. 4th
      quarter, 1967-.
986c. _____ . Região III: Estados de Paraná, Santa
      Catarina e Rio Grande do Sul. 1st quarter, 1968-.
986d. _____ . Região IV: Estados de Minas Gerais e
      Espírito Santo. 1st quarter, 1968-.
986e. _____ . Região V: Estados de Maranhão, Piauí,
      Ceará, Rio Grande do Norte, Paraíba, Pernambuco,
      Alagoas, Sergipe, Bahia. 3d quarter, 1968-.
986f. _____ . Região VI: Distrito Federal. 4th
      quarter, 1968-.
986g. _____ . Região VII: Demais Unidades da Federação.
      4th quarter, 1968-.

DEPARTAMENTO DE ESTATÍSTICAS INDUSTRIAIS, COMERCIAIS E DE SERVIÇOS (DEICOM)

Created by the internal Resolução do Conselho Diretor, COD/25/68 of January 7, 1968, absorbing part of the Diretoria de Levantamentos Estatísticos.

987. Comércio interestadual; exportação por vias internas. Rio, 1955-.
    A series on inter-state commerce by state and by export production.
    Title varies. Cover title inconsistent with title page. Major variants, with approximate dates, follow:
    Exportação do [estado] por vias internas, 1954-1959. (Cover title: Comércio por vias internas; exportação de [estado], 1954-1960). Comércio interestadual por vias internas; exportação do [estado], 1962. Comércio por vias internas; exportação: [estado], 1960-1961, 1963-1966 (cover title: Comércio interestadual por vias internas: exportação do [estado], 1961-1965). Exportação do [estado]; comércio por vias internas, 1967. Comércio interestadual; exportação por vias internas: [estado], 1968-.
    Frequency: Annual irreg., as follows, by state:
      Acre, 1959/1960-. (1963-).
      Alagoas, 1961-. (1965-).
      Amapá, 1961-. (1963-).
      Amazonas, 1959/1960-. (1962-).
      Bahia, 1954-. (1956-).
      Ceará, 1954-. (1956-).
      Espírito Santo, 1954-. (1956-).
      Goiás, 1961-. (1965-).
      Guanabara, 1954-. (1955-).
      Maranhão, 1954-. (1956-).
      Mato Grosso, 1954-. (1956-).
      Pará, 1958-. (1964-).
      Paraíba, 1961-. (1965-).
      Paraná, 1954-. (1956-).
      Pernambuco, 1954-. (1956-).
      Piauí, 1958-. (1960-).
      Rio Grande do Norte, 1954-. (1956-).
      Rio Grande do Sul, 1954-. (1956-).

987. (Cont'd.)
    Rio de Janeiro, 1954-. (1956-).
    Rondônia, 1959/1960-. (1962-).
    Roraima, 1959/1960-. (1963-).
    Santa Catarina, 1954-. (1956-).
    Sergipe, 1954-. (1956-).
    M:63-64.

988. Comércio interestadual: exportação por vias internas:
    Guanabara. n.1-; janeiro/março 1953-. Rio, 1953-.
    Title varies: Comércio interestadual por vias
        internas; exportação do Distrito Federal, 1953.
        Since 1954, title variations follow the same
        modifications as the annual series.   Called
        Distrito Federal, 1953-1959, Guanabara, 1960-.
    Frequency varies: Quarterly, 1953-1962. Semi-
        annual, 1967-.
    M:63.

989. Indústria da construção; inquérito mensal sôbre
    edificações. janeiro 1965-. Rio, Comissão de Estudos
    da Indústria da Construção, 1965- 1967; Departamento
    de Estatísticas Indústrias, Comerciais e de Serviços, 1968-
    Data on the construction industry.
    Frequency: Monthly, plus annual.

990. Indústria da construção; preços de material de
    construção no comércio atacadista e salários na
    indústria da construção. novembro 1968/janeiro
    1969-. Rio, 1969-.
    Frequency varies: Irreg., Nov 1968/Jan 1969, Jan/
        Mar, Jan/Jun, Feb/Apr, Feb/Jul, Mar/May 1969.
        Monthly, including data for six months, Mar/
        Aug 1969-.

991. Indústrias de transformação. 1962-. Rio, 1962-.
    Title varies: Registro industrial, 1962. Produção
        industrial brasileira, produção física, 1962/
        1964. Indústrias de transformação: Brasil,
        1963/1964, 1964/1965. Inquéritos econômicos;
        indústrias de transformação, 1965-1966. Indústrias
        de transformação, 1967-1969.
    Frequency varies: Annual irreg., 1962, 1962/1964,
        1963/1964, 1964/1965, 1965-1969. Also issued
        quarterly, 1967-1968.

991.   (Cont'd.)
       Published in a preliminary form, with the following
          titles and dates: Indústrias de transformação;
          dados gerais: Brasil, 1964/1965 (1967).
          Inquéritos econômicos; indústrias de transformação;
          produção física, 1966 (Mar, Jun 1967). Indústrias
          de transformação, Jun/Sept 1968 (1969).
       Separates also issued for São Paulo in 1967, 1968,
          for Guanabara in 1968, and for Rio Grande do
          Sul in 1968.

992.   Indústrias de transformação; pesquisa mensal.
       janeiro/julho 1968-. Rio, 1968-.
       Statistics for persons employed, salaries, value
          and quantity of production and of sales;
          for 120 selected products in the states of São
          Paulo, Guanabara, Minas Gerais, Rio Grande do
          Sul, and Pernambuco.
       Title varies: Indústrias de transformação; pesquisa
          mensal, Jan/Jul 1968-Mar 1969. Inquéritos
          econômicos; salários do pessoal ocupado na
          indústria e no comércio atacadista, Apr 1969.
          Indústrias de transformação; pesquisa mensal,
          May 1969-.
       Frequency: Monthly, cumulating statistics to the
          end of the year. Dated as: Jan, Jan/Feb, Jan/
          Mar, Jan/Apr, Jan/May, etc.
       Supersedes Industrias de transformação, 991.

993.   Inquérito nacional de preços. janeiro/abril 1961-
       agôsto 1968. Rio, Conselho Nacional de Estatística,
       1961-Jun 1967, DEICOM, Jul 1967-Aug 1968.
       Frequency varies: Irreg., Jan/Apr, Feb/May 1961.
          Monthly, May-Dec 1961. Quarterly, 1962. Monthly,
          1963-Oct 1966. 3/month, Nov 1966-May 1967, Jul-
          Oct, Dec 1967, Feb-Aug 1968. Semi-monthly, Jun,
          Nov 1967, Jan 1968.
       Also issued as:
993a. _____. Série 1: Números absolutos. Jan/Apr 1961-
          Dec 1963.
993b. _____. Série 2: Números índices. 1961, 1962.
993c. _____. Série 3: Números relativos. Feb/May,
          Jul/Aug, Sept-Nov 1961, Aug 1963-May 1964.
       Replaced by the following three items, 994-996.
       M:64-65.

994. **Inquérito nacional de preços: gêneros alimentícios;
comércio varejista das capitais.** 1967 a setembro
1968-. Rio, 1968-.
National survey of retrospective median retail food
prices.
Frequency: Monthly, dated as 1967 a Sept 1968, 1967
a Oct 1968, 1967 a Nov 1968, 1967 a Dec 1968,
1967 a Jan 1969, etc. - 1967 a Dec 1969; 1968 a
Jan 1970-1968 a May 1970; 1969 a Jul 1970-.
Supersedes **Inquérito nacional de preços,** 993.

995. **Inquérito nacional de preços: gêneros alimentícios
e artigos do vestuário; comércio atacadista e
varejista nas capitais.** outubro 1968-. Rio, 1968-.
National survey of wholesale and retail prices of
food and clothing in capital cities.
Frequency: Monthly.
Supersedes **Inquérito nacional de preços, 993.**

996. **Inquérito nacional de preços: gêneros alimentícios
e artigos do vestuário; comércio atacadista e
varejista nas Unidades de Federação.** outubro 1968-.
Rio, 1968-.
National survey of wholesale and retail prices of
food and clothing in the states, territories,
and Federal District.
Frequency: Monthly.
Supersedes **Inquérito nacional de preços, 993.**

997. **Inquérito nacional de preços; comércio varejista;
preços médios e índices aritméticos simples
(Guanabara).** agôsto 1963-setembro 1966. Rio,
Diretoria de Levantamentos Estatísticos, 1963-1966.
National survey of retail prices, retail commerce,
median prices, and simple arithmetical indexes.
Title varies: Inquérito nacional de preços: gêneros
alimentícios (Guanabara), Aug 1963-Feb 1964.
Inquérito nacional de preços; comércio varejista;
preços médios e índices aritméticos simples:
Guanabara, Apr 1964-Sept 1966.
Frequency: Monthly, Aug 1963-Feb 1964. Not issued,
Mar 1964. Monthly, Apr 1964-Sept 1966.

998. Inquérito nacional de preços; preços médios dos
      gêneros alimentícios no comércio varejista.
      Resultados para Rio de Janeiro, São Paulo, Recife,
      Belo Horizonte, Salvador e Pôrto Alegre. junho 1964-
      outubro 1966. Rio, Diretoria de Levantamentos
      Estatísticos, 1964-1966.
      National survey of retail food prices in the
          capital cities.
      Frequency: Monthly.

999. Inquérito nacional de preços. Município de São
      Paulo e Estado de Guanabara. julho/agôsto-setembro
      1961. Rio, Diretoria de Levantamentos Estatísticos,
      1961.
      Selected statistics for the city of São Paulo and
          the state of Guanabara.
      Only two issues recorded.

1000. Produção industrial. 1952-. Rio, Conselho Nacional
       de Estatística, 1952-1967; DEICOM, 1968-.
       Statistics of industrial production, including
           mining, refining, electricity.
       Title varies: Produção industrial brasileira, 1952-
           1965. Produção industrial, 1966-.
       Frequency varies: Annual, 1952-1957. Irreg., 1955/
           1958. Annual, 1961. Irreg., 1962/1964. Annual,
           1965-.
       In 1 volume, except 1966, in 2 vols.
       Note also, publication by the Departamento Nacional
           de Estatística, of the Ministério do Trabalho,
           Indústria e Comércio, Estatística da produção
           industrial do Brasil, 1915/1929.
       CLA:52 M:65.

LABORATÓRIO DE ESTATÍSTICA

Created as the Laboratório Central de Estatística on
June 21, 1945, it was redesignated as the Laboratório de
Estatística on December 29, 1950.

1001. Estudos de estatística teórica e aplicada. Estatística
       agrícola. Rio.
       Series.

1002. _____ . Estatística comercial. Rio.
Series.

1003. _____ . Estatística demográfica. 1-. Rio, 1948-.
Series (n.29; 1966).
M:62.

1004. _____ . Estatística industrial. Rio.
Series.

1005. _____ . Estatística da produção. Rio.
Series.

1006. Estudos demográficos. Rio.
Series.

1007. Estudos sôbre as quantidades e os preços das
mercadorias produzidas ou negociadas. Rio.
Series.

1008. Índices econômicos. Rio.
Series.

1009. Informações básicas sôbre o Brasil. Rio.
Series.

1010. Pesquisas demográficas. n.1-19. Rio.
Series.

1011. Pesquisas de estatísticas econômicas. Rio.
Series.

DEPARTAMENTO DE DIVULGAÇÃO ESTATÍSTICA (DEDIVE)

This department was created on January 8, 1969, by
IBE's Resolução COD/80/69. Later that month, on January
15, DEDIVE absorbed the Divisão de Processamente de Dados,
the Divisão de Levantamentos Censitários, and part of the
Diretoria de Levantamentos Estatísticos (Resoluções
COD/81 and COD/82).

1012. Brasil: séries estatísticas retrospectivas. Vol.1-;
1970-. Rio, 1970-.
Frequency: Annual.
Supersedes O Brasil em numeros, 982.

1013. Sinopse estatística do Brasil, 1971-. Vol.1-. Rio, 1971-.
Frequency: Annual.
Supersedes Atualidade estatística do Brasil, 972.

1014. Sinopse estatística [do estado]. Rio.
Title varies on spine: Sinopses estaduais.
Frequency varies:
São Paulo, 1948, 1968.
Pará, 1970.
Paraná, 1970.
Pôrto Alegre, 1940.
M:66.

DEPARTAMENTO DE CENSOS (DECEN)

Census data has been the responsibility successively of the Diretoria Geral de Estatística (1890-1920), the Comissão Censitaria Nacional (1940), the Serviço Nacional de Recenseamento (established by Decreto-lei n.2,141 of April 15, 1940, as the Serviços do Recenseamento, created as the Serviço Nacional de Recenseamento by Decreto n.47,813 of March 12, 1960, and dissolved by Decreto-lei n.161 of February 13, 1967), and the Departamento de Censos (established by Resolução do Conselho Diretor [do IBE] COD/41/68 of July 17, 1968).

1015. Documentos censitários. Rio, 1951-.
Series in several parts (Série A-E; 1951-1957).
M:208.

1016. [Recenseamento geral do Brasil, 1, 1872]
Recenseamento de população do Império de Brazil a que se procedeu no dia 1o. de agôsto de 1872. Rio.
Population data only.
J:18.

1017. [Recenseamento geral do Brasil, 2, 1890]
In two vols., as follows:
1017a. Sexo, raça e estado civil, nacionalidade, filiação, culto e analfabetismo... Rio, 1898.
1017b. Idades [distribuição de população brasileira de acôrdo com idade]. Rio, 1901.
Both vols. include population data only.
The accuracy of the data are considered to be doubtful: B:5285, 5294.

1018. [Recenseamento geral do Brasil, 3, 1900]. Rio,
Population data only.

1019. [Recenseamento geral do Brasil, 4, 1920]
Recenseamento do Brasil, realizado em 1 de
setembro de 1920. Rio, 1922-1930.
In several vols. and parts; includes population,
   agriculture, and industry, with a symopsis
   of data for commerce.
B:2724, 5286-5292.

1020. [Recenseamento geral do Brasil, 5, 1940]
Recenseamento geral do Brasil (1o. de setembro de
1940). Rio, 1941-1950.
In three series (several vols. and parts) as follows:
   Série nacional: includes population, economics,
      transport and communication.
   Série regional: includes population, economics,
      agriculture, industry, commerce and services.
   Série especial.
Synopses of data also prepared for population,
   agriculture, commerce, industry and services.
DN:27, 29.

1021. [Recenseamento geral do Brasil, 6, 1950]
VI recenseamento geral da República, em 1o. de
julho de 1950; Estados Unidos do Brasil. Rio,
1954-.
In three series (several vols. and parts) as follows:
   Série nacional: includes population, agriculture,
      commerce and services, and industry.
   Série regional: includes population and economics,
      industry, commerce and services.
   Série especial: includes transport and communication.
Synopses of data also prepared for population,
   services, commerce, and industry.

1022. [Recenseamento geral do Brasil, 7, 1960]
VII recenseamento geral do Brasil, 1960: Brasil.
Rio, 1962-1968.
In three series (several vols. and parts) as follows:
   Série nacional: includes population, agriculture,
      industry, commerce and services.
   Série regional: includes population, agriculture,
      industry, commerce and services.

1022. (Cont'd.)
Série especial: including data for the favelas
of Rio, civil construction, industrial atlas,
and raw materials.
Preliminary synopses of data for population,
agriculture (totals for the nation, and by
state).

1023. [Recenseamento geral do Brasil, 8, 1970]
To be in three series, following the same format
generally of the censuses of 1940, 1950, and
1960.
As of the end of the year 1971, publication had
begun of preliminary synopses of population
data by state.

INSTITUTO BRASILEIRO DE GEOGRAFIA (IBG)

For the legislative history of this institute, please
see that of the Fundação IBGE, pp. 248-249.

1024. Anuário geográfico do Brasil. Ano 1; 1953. Rio,
Conselho Nacional de Geografia, 1953.
Only one number issued.
M:5   PAU:178.

1025. Anuário geográfico do Estado do Rio de Janeiro.
Ano 1-; 1948-. Niterói, RJ, Diretoria Regional do
Estado do Rio de Janeiro, 1948-.
Frequency: Annual, Ano 1-14; 1948-1961. Biennial,
Ano 15-16; 1962/1963-1964/1965.
M:5.

1026. Biblioteca geográfica brasileira. Rio, 1943-.
Series in two parts:
1026a. _____. Série A: Livros, n.1-. Rio, 1945-.
(n.18; 1963).
1026b. _____. Série B: Folhetos. Publicação n.1-.
Rio, 1943-. (n.18; 1958)
(IBG's 1970 "Catálogo de publicações" does not number
nor divide into series. Latest number is dated, 1969).
M:27.

1027.   Boletim geográfico. Ano 1-, n.1-; abril 1943-. Rio,
        IBGE e Conselho Nacional de Geografia, 1943-May/
        Jun 1957; Fundação IBGE e Instituto Brasileiro de
        Geografia, Jul/Aug 1967-.
        Title varies: Boletim do Conselho nacional de geografia,
            n.1-3; Apr-Jun 1943. Boletim geográfico, n.4-; Jul
            1943-.
        Frequency varies: Monthly, n.1-105; 1943-1951. Bimonthly,
            n.106-; 1952-.
        Indexed annually by author, 1943-1946. Indexed in
            BBCS, Biol.Abs., Bull. Sig.
1027a. _____. Índice dos trabalhos publicados nos
            ns. 1 a 33. In Vol.3, n.34; Jan 1946: 1337-1353.
1027b. _____. _____. nos ns. 34 a 45. In Vol.4,
            n.46; Jan 1947: 1384-1389.
1027c. _____. _____: 1943-1949. In Vol.7, n.83;
            Feb 1950: 1342-1377.
        M:67.

1028.   Revista brasileira de geografia. Vol.I, n.1-;
        janeiro/março 1939-. Rio, 1939-.
        "Publicação oficial" of the Conselho Nacional de
            Geografia, 1939-Apr/Jun 1967; of the Instituto
            Brasileiro de Geografia, Jul/Sept 1967-.
        Frequency: Quarterly.
        Indexed in BBCS, Biol. Abs., Bull. Sig.
1028a. _____. Indicador do ano I-   ; índice de
            autores e assuntos. Annual index; title varies
            slightly.
1028b. _____. Índice dos anos I a X, 1939-1948 (Rio,
            1950).
        DN:28 J:58 M:283 PAU:194 Z:55.

        DEPARTAMENTO DE DOCUMENTAÇÃO, DIVULGAÇÃO GEOGRÁFICA
                E CARTOGRÁFICA (DEDIGEO)

        Created by the Resolução do Conselho Diretor,
        COD/138/69 of May 28, 1969.

1029.   Curso de férias para professores de geografia do
        ensino médio. fevereiro 1962-. Rio, 1963-.
        Summaries of lectures for teachers of geography at the
            secondary level.
        Title varies: Curso de férias para aperfeiçoamento
            de professores de geografia do ensino secundário,

1029. (Cont'd.)
       1962-1963. Curso de férias para aperfeiçoamento
       de professores de geografia do ensino médio,
       1964-1968. Curso de férias para professores de
       geografia do ensino médio, 1969-. (Cover title:
       Curso para professores de geografia.)
       Frequency: Annual.

1030. Curso de geografia para professores do ensino
       superior. 1967-. Rio, 1968-.
       Summaries of classes for teachers of geography in
          higher education.
       Frequency: Biennial (?), 1969, 1971 (in press).

1031. Curso de informações geográficas (para professores
       de geografia do ensino médio.) 1961-. Rio, 1962-.
       Updates geographical research, keeping professors
          of geography and university students current.
       Title varies: Curso de informações geográficas,
          1961. Curso de informações geográficas (para
          professores de geografia do ensino médio), 1962-.
       Frequency: Annual.

BANCO NACIONAL DO DESENVOLVIMENTO ECONÔMICO (BNDE)

   Created on June 20, 1952 (Lei n.1,628) as a federal
autarchy, the BNDE was attached to MINIPLAN on June 26,
1967 (Decreto n.60,900). Four years later, on June 21,
1971, it was reorganized as a public enterprise (Lei n.
5,662).

1032. Relatório. 1952-. Rio, 1953-.
       Title varies: Exposição sôbre o programa de
          reaparelhamento econômico, exercício de 1952-
          1953. IIIa.-XVIa. exposição sôbre o programa de
          reaparalhamento econômico, exercício de 1954-
          1967. Relatório de 1968-1969; XVII-XVIII
          exposição sôbre o programa de reaparelhamento
          econômico. Relatório das atividades, 1970-.
       In 1957, there was also issued a "Relatório das
          atividades."
       M:14.

1033.   Boletim de assuntos internacionais. n.1-22; março
        1965-junho/agôsto 1967. Rio, Departamento de
        Operações Internacionais, 1965-1967.
        International operations of the bank.
        "Circulação restrita."
        Frequency varies: Monthly, n.1-12; Mar 1965-Feb
            1966. Bimonthly, n.13-15; Mar/Apr, May/Jun,
            Jul/Aug 1966. Monthly, n.16-19; Sept-Dec 1966.
            Bimonthly, n.20-21; Jan/Feb, Mar/Apr 1967. Irreg.,
            n.22; Jun/Aug 1967.
        Indexed in BBCS.

1034.   Boletim do Departamento econômico. Vol.1, n.1-4;
        setembro-dezembro 1966. Rio, Departamento
        Econômico, 1966.
        Supersedes Boletim legislativo, 1035, and
            Boletim regional, 1036.
        Frequency: Monthly.
        Indexed in BBCS.

1035.   Boletim legislativo, n.1-; março 1964-. Rio, 1964.
        Frequency varies: Weekly, n.1-4; Mar 1964. Biweekly,
            n.5-17; Apr-Sept 1964. Irreg., n.18; Oct 1964.
            Biweekly, n.19-22; Nov-Dec 1964. Irreg., n.23;
            Jan 1965. Biweekly, n.24-44; Feb-Dec 1965.
        Superseded by Boletim do Departamento econômico, 1034.
        In Mar 1965, there was published a "Número especial,
            '1o. aniversário, março de 1964-1965.'"
        M:14.

1036.   Boletim regional. n.1-; julho 1964-. Rio, Divisão
        de Estudos Regionais, 1964-.
        Regional planning, methodology of regional research,
            statistics.
        Frequency varies: Monthly, Jul 1964-Apr 1965. Irreg.,
            May/Jul 1965. Monthly, Aug-Nov 1965, Jan-Mar 1966.
        Superseded by Boletim do Departamento econômico, 1034.

1037.   Revista do BNDE. Vol.I, n.1-; janeiro/março 1964-.
        Rio, 1964-.
        Economic indicators, work of the BNDE research activity.
        Frequency varies: Quarterly, 1964. Annual, 1965-
            1967. Semi-annual, 1968-.
        Indexed in BBCS.
        CLA:53 M:14.

AGÊNCIA ESPECIAL DE FINANCIAMENTO INDUSTRIAL (FINAME)

FINAME, established on December 22, 1964 (Decreto n. 55,275) as the Fundo de Financiamento para Aquisição de Máquinas e Equipamentos Industrias, was absorbed by the Agência Especial de Financiamento Industrial which had been created on September 2, 1966 (Decreto-lei n.59,170). Maintaining the same acronym throughout, FINAME, initially a government corporation, became a public business on June 21, 1971 (Lei n.5,662).

1038. Relatório. Rio.
Title varies: See Introduction, p. xxiv.
Frequency: Annual, 1966-.

1039. Boletim estatístico. Vol.I-; janeiro 1966-. Rio, 1966-.
Activities of FINAME: distribution of refinancing, financing of industries bought and sold, operations approved (geo-economic distribution).
Frequency varies: Monthly, Vol.1-4; Jan-Apr 1966. Bimonthly, Vol.5-12; May/Jun 1966-Jul/Aug 1967. Not issued, Sept-Dec 1967. Irreg., Vol.13-15; Jan/Apr, May/Jun, Jul/Oct, Nov/Dec 1968. Quarterly, Vol.17-21; 1969-Jan/Mar 1970. Irreg., Vol.22-25; Jul/Oct, Dec 1970, Jan/Apr, May/Aug 1971.

INSTITUTO DE PLANEJAMENTO ECONÔMICO E SOCIAL (IPEA)

IPEA began as the Escritório de Pesquisa Econômica Aplicada (EPEA) on September 10, 1964 (Portaria n.81) and acquired its present acronym in 1967 when it was instituted with administrative and fiscal autonomy as the Fundação Instituto de Pesquisa Econômico-Social Aplicada (IPEA) and attached to MINIPLAN (Decreto-Lei n.200 February 25 and Decreto n.60,457 March 13). On January 22, 1969, it was redesignated as the Instituto de Planejamento Econômico e Social (IPEA) (Decreto n.64,016).

1040. Boletim econômico. agôsto 1967-. Rio, 1967-.
Economic situation of Brazil: industrial production, capital market, international trade, finance,

1040. (Cont'd.)
economic indicators, prices, cost of living.
Frequency varies: Monthly irreg., Aug, Sept, Oct/
Nov, Nov/Dec 1967, Dec 1967/Jan 1968, Feb, Mar,
Jun, Aug-Dec 1968, Jan, Feb, Apr-Jul, Sept-Dec
1969. Mar/Apr, May, Jul/Oct 1970.

1041. Monografia. n.1-. Rio, Instituto de Pesquisas, 1971-.
Series.

1042. Pesquisa e planejamento. Vol.1-, n.1-; junho/novembro
1971-. Rio, 1971-.
Methodological articles on theoretical and
empirical research of socio-economic planning.
Frequency: Semi-annual.

1043. Relatório de atividades. janeiro/abril 1970-. Rio,
1970-.
General information and notices.
Frequency varies: Irreg., Jan/Apr 1970. Bimonthly,
May/Jun 1970-.

1044. Relatório de pesquisa. n.1-. Rio, Instituto de
Pesquisas, 1971-.
Series.

MINISTÉRIO DAS RELAÇÕES EXTERIORES (MRE)

The MRE has its origins in an Imperial decree of March 16, 1808, which established the Ministério de Negócios Estrangeiros e de Guerra and has subsequently passed through the following name changes: Ministério do Reino e Negócios Estrangeiros on April 22, 1821, Ministério do Imperio e Estrangeiros in October 1822, Ministério dos Negócios Estrangeiros on October 12, 1823, and Ministério das Relações Exteriores (MRE) on November 15, 1889.

The following agencies of the MRE have issued serial publications within the scope of this Guide:

Secretaria-Geral de Política Exterior
    Comissão de Planejamento Político
        Serviço Técnico de Análise e Planejamento
    Departamento Cultural
        Comissão de Estudo dos Textos da História do Brasil
        Divisão Econômica e Comercial
Departamento de Administração
    Divisão do Pessoal
    Divisão de Orçamento
    Divisão de Documentação
        Arquivo Histórico
        Mapoteca
        Serviço de Publicações
    Grupo de Trabalho Para a Elaboração do Livro "Brasil" (GTELB)
Departamento Consular e Imigração
    Divisão Consular
    Serviço de Seleção de Imigrantes na Europa
Departamento de Assuntos Jurídicos
    Divisão de Atos Internacionais
Cerimonial
Divisão de Informaçoes

Autonomous agencies:
    Instituto Rio Branco
    Instituto Brasileiro de Educação, Ciência e Cultura
        Comissão Nacional de Folclore

1045.   Relatório. Rio.
     Title varies: See Introduction, p. xxiv.
     Frequency: Annual irreg., 1826, 1828, 1831-1841, 1843-
        1848, 1850/1851-1856/1857, 1857-1902/1903. Not
        published, 1904-1911. Annual, 1912/1913-1925/1926,
        1926-1944. Annual irreg., 1949, 1951-1952, 1955-1961.
        Not published, 1962, 1963. Annual, 1964-1967. Not
        published 1968. Sunthesis only issued, 1969.
     Report year varies: Between 1912 and 1926, refers to
        the fiscal year, ending in April, May or June.
        Beginning with 1927, refers to the calendar year
        preceding.
     Number of vols. varies, 1912-1937. Other years, 1 vol.
     1826 published as a note in the book, Câmara, ministérios
        e presidentes, 1822-1889. 1828 published as a
        supplement to the Coleção de leis e decretos do
        Império do Brasil, by P. Plancher-Seignot. Relatórios
        for 1831, 1832, and 1843 were also published together
        in 1929.
     DN:159   M:160.

1045a.   _____. Índice analítico e sistemático dos Relatório*
     do Ministério das Relações Exteriores do anno de 1831
     a 1951, por Fernando Sabória de Madeiros (Rio, 1938).
     2 vols.

1046.   Comércio exterior. n.1-; junho/julho 1971-. São Paulo,
     Editôra Abril, 1971-.
     Frequency: Quarterly.

SECRETARIA-GERAL DE POLÍTICA EXTERIOR

COMISSÃO DE PLANEJAMENTO POLÍTICO

SERVIÇO TÉCNICO DE ANÁLISE E PLANEJAMENTO

1047.   Boletim mensal, n.1-9; evolução e tendências da economia
     brasileira. maio 1961-janeiro 1962. Rio, 1961-1962.
     Frequency: Monthly irreg., May-Jul, Aug/Sept, Oct, Nov/
     Dec 1961, Jan 1962.

DEPARTAMENTO CULTURAL

COMISSÃO DE ESTUDO DOS TEXTOS DA HISTÓRIA DO BRASIL

Established by Portarias of March 27 and April 16, 1943.

1048. Bibliografia de história do Brasil. 2o. semestre
1943-. Rio, 1944-.
Books and articles on Brazilian history, national
and international.
Frequency varies: Semi-annual, 1943-1945. Annual,
1946-1952. Biennial (date of publication in paren.),
1953/1954 (1962), 1955/1956 (1966), 1957/1958 (1969).
M:43.

DIVISÃO ECONÔMICA E COMERCIAL

1049. Boletim econômico do Ministério das relações
exteriores. 1918-1949. Rio, 1918-1949.
Title varies: Boletim comercial da Seção de negócios
econômicos e comerciais do Ministério das
relações exteriores, 1918-1925. Boletim do
Ministério das relações exteriores, 1925-1929.
Boletim dos Serviços econômicos e comerciais,
1929-1934. Boletim comercial do Ministério das
relações exteriores, 1934-1937. Boletim
econômico do Ministério das relações exteriores,
1938-1949.
Frequency: Monthly.
M:156-157.

DEPARTAMENTO DE ADMINISTRAÇÃO

DIVISÃO DO PESSOAL

1050. Anuário do Ministério das relações exteriores. 1916-.
Rio, 1916-.
Lists the Ministros do Estado, the chiefs of the
diplomatic missions, data on various functionaries
of the MRE--length of service, vital statistics;
budget and expense records. This information
for 1831 to 1915 is included in MRE's Relatório,
1045.
Title varies: Funcionários do Ministério das relações
exteriores, 1916. Almanaque do pessoal do
Ministério das relações exteriores, 1920, 1928-
1931, 1935-1946. Anuário do Ministério das
relações, 1947-.
Frequency varies: Annual irreg., 1916, 1920, 1928-
1931. Annual, 1935-1959. Biennial, 1960/1961-
1964/1966.
B:3179 M:162.

1051. Boletim de serviço do Ministério das relações
       exteriores. Ano I-, n.1-; outubro 1966-. Rio, 1966-.
       Frequency varies: Irreg. weekly, 1966-1970. Weekly,
       1971-.
       Supersedes Lista de antiguidade, 1052.

1052. Lista de antiguidade. 1936-junho 1966-. Rio,
       1936-1966.
       Frequency irreg.: 1936/1940, 1936/1941, 1942/1944,
       1945/1952, 1949/1952, 1956, 1959 (2 nos.), 1960-
       1963 (3 nos.), 1964 (4 nos.), 1965 (3 nos.),
       1966 (2 nos.).
       Superseded by Boletim de serviço, 1051.
       DN:164 M:162.

1053. Lista de distribuição do pessoal no Secretaria de
       Estado. janeiro/fevereiro 1962-. Rio, 1962-.
       Frequency varies: Bimonthly, 1962-1966. Irreg., 1967-.
       Supersedes, in conjunction with Lista do pessoal no
       exterior, 1057, the Lista do pessoal, 1056.

1054. Lista de endereços. 1940-. Rio, 1940-1959; Brasília,
       1960-.
       Frequency varies: Annual, 1940-1941. Irreg., 1942/
       1946, 1947/1950, 1951/1953, 1952/1953, 1954/1955,
       1956, 1956/1959. Semi-annual, 1960-1961. Irreg.,
       1962 (3 nos.), 1963 (2 nos.). Annual, 1964-1966.
       Irreg., 1967 (3 nos.), 1968 (2 nos.), 1969-.
       M:162.

1055. Lista dos funcionários titulares. agôsto 1970-.
       Rio, 1970-.
       Irreg.

1056. Lista do pessoal. 1916-1960. Rio, 1916-1960.
       Frequency: Annual irreg., 1916, 1922, 1947-1960.
       Superseded by Lista de distribuição do pessoal na
       Secretaria de Estado, 1053, and by Lista do
       pessoal no exterior, 1057.
       M:162.

1057. Lista do pessoal no exterior. dezembro 1961-. Rio, 1961-
       Frequency varies: 3/year, 1961-1967. Semi-annual, 1969-.
       Supersedes, in conjunction with Lista de distribuição
       do pessòal no Secretaria de Estado, 1053, the
       Lista do pessoal, 1056.
       M:163.

1058. Manual de serviço. 1948-. Rio, 1948-.
Frequency irreg.: 1948, 1949, 1952, 1957, 1968.
(called Tomo I: Administrativo).

DIVISÃO DE ORÇAMENTO

1059. Orçamento analítico para o exercício de 1900-.
Rio, 1900-.
Title varies: Tabela explicativa do orçamento da
despesa do Ministério das relações exteriores,
1900-1955. Orçamento da despesa, exercício de
1956-1962. Orçamento da despesa para 1963-1965.
Orçamento analítico para o exercício de 1966-.
Frequency: Annual.
Also published in the Diário oficial, 29.
M:165.

DIVISÃO DE DOCUMENTAÇÃO

Established by Decreto-lei n.442 of June 30, 1942.

ARQUIVO HISTÓRICO

Founded with the papers brought by the Royal Court
from Lisbon to Rio in 1808, the Arquivo Histórico was
formally established in June of 1942 with the creation
of the Divisão de Documentação. Also known as the Arquivo
do Itamaraty (from its location in the Palácio do
Itamaraty), its collections are divided into two parts:
the "arquivo morto," which includes material from the
seventeenth century to 1940, and the "arquivo vivo,"
which includes material since 1940.

1060. Anais do Itamaraty. Vol.1-7; 1936-1942. Rio, 1936-
1942.
Series (Vol.1-4, 6, 7; 1936-1938, 1942. Vol.5 was
planned, but never published).
DN:159 M:156.

1061. Arquivo histórico do Itamaraty. 1-. Rio, 1952-.
Series. Catalogs the document collections of the
Arquivo Histórico.
Numbering irreg.: Divided in parts, numbered
consecutively, but not issued sequentially, e.g.,
n.33; 1964, n.37: 1960.
M:162.

MAPOTECA

Established in the 1840's.

1062. Bibliografia cartográfica. Ano I-IX, n.3; 1950/1960-
março 1968.
Frequency varies: Annual, Ano I; 1960. Bimonthly,
Ano II, n.1-Ano III, n.3; Jan/Feb 1961-May/Jun
1962. Semi-annual, Ano III, n.4/6; Jul/Dec 1962.
Annual, Ano IV, n.1/6-Ano VI, n.1/6; 1963-1965.
Monthly, Ano VII, n.1-Ano IX, n.3; Jan 1966-Mar
1968.
Contents: Ano 1 refers to 1950-1960. Anos II-IX,
refer to current materials.
M:164.

SERVIÇO DE PUBLICAÇÕES

1063. Pareceres dos Consultores jurídicos do Ministério
das relações exteriores. 1824/1889-. Rio, 1943-.
Series (date of publication in parentheses): 1824/
1889 (1943), 1903/1912 (1956), 1913/1934 (1962)
1935/1945 (1961), 1946/1951 (1967).
Called Tomo 1, beginning with 1903/1912.
M:160.

GRUPO DE TRABALHO PARA A ELABORAÇÃO DO LIVRO "BRASIL" (GTELB)

1064. Brasil. 1929-. Rio, Instituto de Expansão Comercial
do Ministério da Agricultura, Indústria e Comércio,
1929; Departamento Nacional do Comércio, 1931;
Ministério das Relações Exteriores, 1932-.
Frequency: Annual irreg., 1929-1939/1940, 1943/1944,
1945, 1946, 1948-1955, 1958, 1960, 1964, 1966,
1969.
Language and length vary (* indicates synthesis):
Portuguese: 1929, 1931-1933, 1935, 1936, 1939/
1940, 1942, 1943/1944, 1947/1948, 1955, 1960,
1969.
English: 1929-1931, 1933, 1937, 1938, 1946, 1949,
1949*, 1950*, 1951, 1966.
Spanish: 1946, 1949, 1949*, 1950, 1950*, 1952*,
1954*, 1958*.

1064. (Cont'd.)
           French: 1945, 1951*, 1958*, 1964.
           German: 1949, 1950*, 1951*, 1953*.
           Italian: 1950, 1952*.
           Japanese: 1953*.
       CLA:47 M:157-158.

DEPARTAMENTO CONSULAR E IMIGRAÇÃO

DIVISÃO CONSULAR

Designated successively as the Diretoria Geral das
Negócios Comerciaes e Consulares, as the Serviços
Consulares, and as the Divisão Consular.

1065. Lista do corpo consular estrangeiro. 1910-. Rio,
       1910-.
           Title varies: Quadro do corpo consular estrangeiro,
           1910-1918. Lista do corpo consular estrangeiro,
           1919-.
           Frequency: Annual irreg., 1910-1919, 1924-1955,
           1958, 1960, 1963-1965, 1968-.
       DN:171 M:80.

SERVIÇO DE SELEÇÃO DE IMIGRANTES NA EUROPA

1066. Boletim oferta de mão-de-obra qualificada européia.
       n.1-; setembro 1965-. Rio, 1965-.
           Lists of persons (with resumés) desiring to
           emigrate to Brasil.
           Frequency varies: Monthly, n.1-17; Sept 1965-Jan
           1967. Irreg., n.18/19, 20, 21/22, 23-24, 27/28,
           31/32, 33/34; Feb/Mar, Apr, May/Jun, Sept,
           Oct 1967, Jun/Jul 1968, Feb, Jun 1969. Monthly,
           n.35-40; Oct 1969-Mar 1970, n.45; Jan 1971.
           Issued in mimeo form beginning with n.35; Oct 1969.

DEPARTAMENTO DE ASSUNTOS JURÍDICOS

DIVISÃO DE ATOS INTERNACIONAIS

1067. Coleção de atos internacionais. n.1-; 1918-. Rio,
       1927-.
           Series

1067. (Cont'd.)
Prior to 1927, treaties and other international
agreements were published in "anexos" to the
Relatório, 1045, of the MRE. Between 1927 and
1939, they continued to be published in the
Relatório, 1045. Prior to 1927, and continuing
to the present, these acts are also published in
the Diário oficial, 29, and in the Coleção das
leis do Brasil, 2.
For a chronological listing of international treaties
and other diplomatic documents between 1493 and
1912, see the 2 vol. work by José Manoel Cardoso
de Oliveira, Atos diplomáticos do Brasil (Rio,
1912). Reference is made to published sources,
and there are subject and geographical indexes.
DN:159 M:214.

1067a. _____. Índice geral da Coleção de atos
internacionais, de 1 a 255, atualizado até agôsto
de 1947.

1067b. _____._____, atualizado até setembro
de 1952.

1067c. _____. _____. Apêndice ao Índice geral
da Coleção de atos internacionais (Rio, 1961).

1067d. _____. Índice da Coleção de atos internacionais.
(Rio, 1963).

1067e. _____. _____, atualizado até agôsto
de 1968.

CERIMONIAL

1068. Lista de autoridades. 1949-. Rio, 1949-.
Frequency varies: Annual, 1949-1955. Monthly irreg.,
1956. Annual irreg., 1959, 1961. Annual, 1968-.

1069. Lista diplomática. 1903-. Rio, 1903-.
Issued in French from 1903 to 1931, with the title,
Liste diplomatique.
Between 1833 and 1903, this information was included
in the Relatório, 1045.
Lists chiefs of foreign diplomatic missions, dates
of national holidays of their countries, and
names and adresses of members of the missions.
Frequency varies: Monthly, 1903-1965. Irreg., Apr,
Aug 1966, Jan, Apr, Jul 1967, Jan, Apr, Jul, Oct
1968, Jan, Jun, Oct 1969, Mar 1970, Feb 1971.
DN:159 M:160.

DIVISÃO DE INFORMAÇÕES

1070. Itamaraty. n.1-279;   -dezembro 1947.
    n.1-209; janeiro 1948-maio 1958. Ano I-II, n.1-18;
    janeiro 1964-abril 1965. Ano I-, n.1-; abril 1968-.
    Title varies: Boletim do Serviço de informações,
       1947-1948. Itamaraty; boletim organizado pelo
       Serviço de informações, 1948-1949. Itamaraty;
       boletim do Serviço de Informações para o exterior,
       1949-1955. Itamaraty, 1955-.
    Frequency and numbering vary: n.1-279;   -Dec
       1947. Biweekly, n.1-203; Jan 1948-Nov 1957. Monthly,
       n.204-209; Dec 1957-May 1958. Not issued, Jun
       1958-Dec 1963. Biweekly, Ano I, n.1-5; Jan-Mar
       1964. Monthly, n.6-18; Apr 1964-Apr 1965. Not
       issued, May 1965-Mar 1968. Irreg., Ano I, n.1-7;
       Apr-Jun, Jul/Aug, Sept, Oct, Nov/dec 1968.
       Bimonthly, Ano II, n.8-11; Jan/Feb-Jul/Aug 1969.
    M:164.

1071. Itamaraty; cadernos de documentos. n.1; 1962. Rio,
    1962.
    Only one number issued.

INSTITUTO RIO BRANCO

Created by Decreto-lei n.7,473 of April 18, 1945.

1072. Anuário do Instituto Rio Branco. 1951-. Rio, 1953-.
    Frequency varies: Annual, 1951-1952. Irreg., 1953/
       1955, 1956/1957, 1958/1960, 1961/1963. Biennial,
       1964/1965-.
    M:134.

INSTITUTO BRASILEIRO DE EDUCAÇÃO, CIÊNCIA E CULTURA (IBECC)

IBECC, created on June 13, 1946 (Decreto-lei
n.9,355), as a Nacional Commission of UNESCO, has been
attached to the MRE since June 26, 1967 (Decreto n.60,900).

1073. Relatório. Rio,
    Title varies, See Introduction, p. xxiv.
    Frequency: Annual, 1962-.

1074. Boletim. Ano 1, n.1-; julho 1947-. Rio, 1947-.
       Frequency irreg.: n.1-3; 1947-1952, n.5; 1959, n.7;
           1960, n.17; 1962.
       M:120.

1075. Boletim mensal do IBECC. Ano I-II, n.1-16; 1952-
       1953. Rio, 1952-1953.
       Frequency: Monthly.

1076. Cadernos de teatro. See item, 476, under SERVIÇO
       NACIONAL DE TEATRO.

1077. Correio do IBECC; boletim trimestral do Instituto
       brasileiro de educação, ciência e cultura. n.1-;
       julho 1958-. Rio, 1958-.
       Frequency varies: Quarterly, n.1-11; Jul 1958-Jan/
           Mar 1961. Irreg., n.12/13; Apr/Sept 1961.
           Quarterly, n.14-38; Oct/Dec 1961-Oct/Dec 1967.
           Semi-annual, n.39/40, 41/42; 1968. Quarterly,
           n.43-; Jan/Mar 1969-.
       J:29 Z:48.

                COMISSÃO NACIONAL DE FOLCLORE

       Created by the Diretoria of the IBECC in 1946.

1078. Boletim mensal bibliográfico e noticioso da
       Comissão nacional de folclore. n.1-; janeiro 1948-.
       Rio, 1948-.
       Frequency: Monthly irreg.: n.1-112; 1948-Jun 1957,
           n.198; Jun 1964.
       M:46.

1079. Documento. n.1-; 1948-. Rio, 1948-.
       Folklore research, general notices.
       Series.
       M:46.

MINISTÉRIO DA SAÚDE (MS)

This Ministry, as part of the Ministério da Educação e Saúde Pública on November 14, 1930 (Decreto n.19,402), was redesignated as the Ministério da Educação e Saúde on January 13, 1937 (Lei n.378). On July 25, 1953, the agencies of health and medicine were separated from those of education and culture, and the Ministério da Saúde was created (Lei n.1,920).

The following entities have issued serial publications within the scope of this Guide:

Ministério da Saúde (MS)

 Secretaria de Saúde Pública
  Departamento Nacional de Profilaxia e Contrôle de
   Doenças
   Divisão Nacional de Educação Sanitária (DNES)
   Divisão Nacional de Epidemiologia e Estatística
    da Saúde
   Serviço de Documentação
   Divisão Nacional de Tuberculose (DNT)
   Divisão Nacional de Lepra (DNL)
  Superintendência de Campanhas de Saúde Pública
   Departamento Nacional de Endemias Rurais (DNERu)
   Campanha de Erradicação de Varíola (CEV)
   Campanha de Erradicação de Malária (CEM)
  Divisão Nacional de Fiscalização
   Serviço Nacional de Fiscalização da Medicina e
    Farmácia
   Serviço Nacional de Fiscalização da Odontologia
   Conselho Federal de Odontologia
  Divisão Nacional de Organização Sanitária
   Divisão de Organização Sanitária
   Comissão Nacional de Alimentação (CNA)

 Secretaria de Assistência Médica
  Coordenação de Assistência Médica e Hospitalar
   Divisão de Organização Hospitalar (DOH)
  Coordenação de Proteção Materno-Infantil
   Departmento Nacional da Criança (DNC)
  Divisão Nacional de Saúde Mental (DNSM)
   Hospital Juliano Moreira
   Manicômio Judiciário Heitor Carrilho

Divisão Nacional de Câncer
   Instituto Nacional do Câncer
      Centro de Estudos e Ensino Amadeu Filho
Divisão Nacional de Perícias Médicas

Autonomous agencies:
   Fundação Serviços de Saúde Pública (FSESP)
   Fundação Instituto Oswaldo Cruz
      Instituto Oswaldo Cruz
      Instituto Fernandes Figueira
      Instituto Nacional de Endemias Rurais
      Centro de Pesquisas Aggeu Magalhães

1080. Relatório. Rio.
       Title varies: See Introduction, p. xxiv.
       Frequency: Annual irreg., 1968/1969.

SECRETARIA DE SAÚDE PÚBLICA

Created by Decreto n.66,623 of May 22, 1970.

DEPARTAMENTO NACIONAL DE PROFILAXIA E CONTRÔLE DE DOENÇAS

   This department has been successively designated as
the Diretoria Geral de Saúde Pública, as the Departamento
Nacional de Saúde Pública by Decreto n. 15,003 of December
31, 1921, as the Departamento Nacional de Saúde by Lei
n.378 of January 13, 1937, and as the Departamento
Nacional de Profilaxia e Contrôle de Doenças by Decreto
n.66,623 of May 22, 1970.

1081. Relatório. Rio.
       Title varies: See Introduction, p. xxiv. Also
          called Exposição...or Atividades de [ano]...
       Frequency: Annual irreg.: 1904-1908, 1910-1915,
          1923-1926, 1932, 1942-.
       DN:93.

1082. Boletim de higiene do Departamento nacional de saúde.
       n.1-2; 1930-1931. Rio, 1930-1931.

1083. Boletim sanitário. Vol. 1-5, n.4; junho 1922-
       dezembro 1926.
       Frequency: Undetermined.
       DN:95 M:201.

1084. Saúde pública. 1922-1926. Rio, 1922-1926.

DIVISÃO NACIONAL DE EDUCAÇÃO SANITÁRIA (DNES)

Established by Lei n.378 of January 13, 1937, as the
Serviço de Propaganda e Educação Sanitária, it was
redesignated successively as the Serviço Nacional de
Educação Sanitária by Decreto-lei n.3,171 of April 2, 1941,
and as the Divisão Nacional de Educação Sanitária by
Decreto n.66,623 of May 22, 1970.

1085. Boletim técnico. n.1-; fevereiro 1962-. Rio, 1962-.
        Short informative articles on health and hygiene,
            sanitation, education.
        Frequency: Monthly, 1962-1963, Sept-Dec 1964.
        Numbered 1-12 each year.

1086. Saúde. Ano 1-13, n.1-156; janeiro 1948-dezembro
        1960. Rio, 1948-1960.
        Frequency: Monthly.
        M:336.

DIVISÃO NACIONAL DE EPIDEMIOLOGIA E ESTATÍSTICA DA SAÚDE

This agency has experienced several reorganizations
since the 1890's, including the following: Instituto
Sanitário Federal (1893?), Seção de Bioestatística
(1928), Serviço Federal de Bioestatística (1941),
Serviço de Estatística de Saúde (June 17, 1966, Lei
n.5,037), and Divisão Nacional de Epidemiologia e
Estatística da Saúde (May 22, 1970, Decreto n.66,623).

1088. Anuário de bioéstatística do Brasil. 1890-. Rio,
        1891-.
        Title varies: Anuário de estatística demographo-
            sanitária, 1891-1927/1928. Anuário de
            bioestatística do Brasil, 1929/1932-1951.
        Frequency varies: Annual irreg., 1891-1896, 1903-
            1904, 1906-1927/1928. Annual, 1929-1951.
        B:xxxvii DN:95 M:204.

1089. Boletim mensal do Serviço federal de bioestatística.
        Ano I, n.1-Ano XX, n.7/12; julho 1941-janeiro/junho
        1961. Rio, 1941-1961.

1089. (Cont'd.)
Frequency varies: Monthly irreg., Ano I, n.1-Ano 5,
n.2; 1941-Aug 1945. Bimonthly, Ano 5, n.3/4-
Ano 7, n.11/12; Sept/Oct 1945-May/Jun 1948.
Monthly, Ano 8, n.1-Ano 16, n.2; Jul 1949-Aug
1956. Irreg., Ano 16, n.3/5, 6; Sept /Nov, Dec
1956. Bimonthly, Ano 16, n.7/8-Ano 20, n.5/6;
Jan/Feb 1957-Nov/Dec 1960. Irreg., Vol.20,
n.7/12; Jan/Jun 1961.
M:204.

SERVIÇO DE DOCUMENTAÇÃO

1090. Boletim informativo mensal. Ano 1, n.1-; 1967-.
Brasília, 1967-.
Legislation.
Frequency: Irreg., Ano 1, n.1-2; 1967. Monthly,
Ano 2, n.1-; 1968-.

DIVISÃO NACIONAL DE TUBERCULOSE (DNT)

Established as the Serviço Nacional de Tuberculose
by Decreto-lei n.3,171 of April 2, 1941, most of its
serial documents have been issued through the Campanha
Nacional Contra a Tuberculose, created by Decreto-lei
n.9,387 of June 20, 1946. These two agencies were
absorbed by the newly created Divisão Nacional de
Tuberculose by Decreto n.66,623 of May 22, 1970.

1091. Arquivos brasileiros de tuberculose e doenças do
tórax. Vol.I, n.1-; 1937-. Salvador, 1937-.
Scientific and medical articles, notices, books
and periodicals in review.
Issued by the Campanha Nacional Contra a
Tuberculose with the collaboration of the
Instituto Brasileiro para Investigação de
Tuberculose.
Title varies: Arquivos do Instituto brasileiro para
investigação da tuberculose, 1937-1952.
Arquivos do IBIT, 1953-1964. Arquivos brasileiros
de tuberculose e doenças do tórax, 1965-.
Frequency varies: Annual, 1937-1940. Irreg., 1941/
1942, 1943/1945. Quarterly irreg., 1948-1960.
Semi-annual, 1961-1963. Annual, 1964. Semi-
annual, 1965. Quarterly irreg., Jan/Mar, Apr/Jun

1091. (Cont'd.)
    Jul/Dec 1966. Annual, 1967. Quarterly irreg.,
    Jan/Mar, Apr/Sept, Oct/Dec 1968. Annual, 1969.
    Annual index of titles. Indexed in <u>Bio</u>. <u>Abs</u>., <u>BBM</u>.
    PAU:769.

1092. Bahia médica. Vol.1,n.1-Vol.17; 1930-1946. Salvador,
    1930-1946.
    Issued by the Instituto Brasileiro para Investigação
    de Tuberculose with the collaboration of the
    Campanha Nacional Contra a Tuberculose.

1093. <u>Boletim da Campanha nacional contra a tuberculose</u>.
    Ano 1-2, n.1-12; 1952-1953. Rio, 1952-1953.
    Superseded by the <u>Boletim</u> of the Federação
    Brasileiro das Sociedades de Tuberculose, a
    non-federal agency (so not included here).

1094. <u>Boletim informativo</u>. Ano I-, n.1-; Jan 1971-.
    Rio, 1971-.
    Brief informative articles, general notices.
    Frequency: monthly.

1095. Jornal brasileiro de doenças torácicas. Vol.1,
    n.1-; janeiro 1965-. Rio, 1965-.
    Research on tuberculosis and other thorax
    diseases, general notices, book reviews.
    Issued by the Departamento de Tuberculose da
    Secretaria Geral da Saúde do Estado da
    Guanabara in collaboration with the Campanha
    Nacional Contra a Tuberculose.
    Supersedes <u>Revista brasileira de tuberculose</u>, <u>1097</u>.
    Frequency varies: Bimonthly, 1965-Jan/Feb 1968.
    Irreg., Mar/Jun 1968.
    Indexed in <u>BBM.</u>

1096. <u>Memórias da Campanha nacional contra a tuberculose</u>.
    Vol.1, n.1-; 1953-. Rio, 1953-.
    Only one number issued (?).

1097. <u>Revista brasileira de tuberculose e doenças torácicas</u>.
    Ano I-XXXII, n.1-222; novembro 1932-outubro/dezembro
    1964. Rio, 1932-1964.

1097. (Cont'd.)
       Issued by the Departamento de Tuberculose da
           Secretaria Geral da Saúde do Estado da Guanabara
           in collaboration with the Campanha Nacional Contra
           a Tuberculose.
       Title varies: Revista brasileira de tuberculose,
           Nov 1932-Jul/Aug 1954. Revista brasileira de
           tuberculose e doenças torácicas, Sept 1954-1964.
       Superseded by Jornal brasileiro de doenças torácicas,
           1095.
       Frequency varies: Bimonthly irreg., 1932-1955.
           Monthly, 1956-1958. Semi-annual, 1959. Quarterly,
           1960-1964.
       Indexed in Biol.Abs., BBM.
       PAU:775.

1098. Revista da Divisão nacional de tuberculose. Vol.I-,
       n.1-; 1o. trimestre de 1957-. Rio, 1957-.
       Clinical studies, general notices and information.
           "Orgão oficial."
       Title varies: Revista do Serviço nacional de
           tuberculose, 1957-Apr/Jun 1970. Revista da
           Divisão nacional de tuberculose, Jul/Sept 1970-.
       Indexed in the last number of each volume, also
           indexed in BBM.
       M:209   PAU:779.

1099. Revista pernambucana de tsicologia e doenças torácicas.
       Vol.1, n.1-; 1953-. Recife, 1953-.
       Clinical studies, research articles, statistics.
       Issued in collaboration with the Campanha Nacional
           Contra a Tuberculose.
       Frequency varies: Quarterly irreg., 1953-1960.
           Quarterly, 1961. Semi-annual, 1962. Annual, 1963.
       Indexed in BBM.
       PAU:782.

DIVISÃO NACIONAL DE LEPRA

     Established by Decreto-lei n.3,171 of April 2, 1941,
as the Serviço Nacional de Lepra, it was redesignated by
Decreto n.66,623 of May 22, 1970, as the Divisão Nacional
de Lepra.

1100. <u>Arquivos do Serviço nacional de lepra</u>. Ano 1-10;
1943-1952. Rio, 1943-1952.
Frequency: Semi-annual irreg.
Superseded by <u>Boletim da Divisão nacional de lepra</u>,
<u>1101</u>.
M:207.

1101. <u>Boletim da Divisão nacional de lepra</u>. Ano I, n.1-;
1942-. Rio, 1942-.
Research articles.
Title varies: Boletim do Serviço nacional de
lepra, 1942-May/Jun 1970. Boletim da
Divisão nacional de lepra, Sept/Dec 1970-.
Supersedes <u>Arquivos do Serviço nacional de lepra</u>,1100.
Frequency varies: Quarterly irreg., 1942-1960.
Semi-annual, 1961. Irreg., 1962 (only one number
issued). Semi-annual, 1963. Annual, 1964-1965.
Semi-annual, 1966-Jan/Jun 1969. Quarterly, Sept,
Dec 1969. Semi-annual, 1970.
Indexed in <u>Bull</u>. <u>Sig</u>., <u>BBM</u>.
M:208   PAU:566.

1102. <u>Boletim informativo</u>. Ano I, n.1-; Jan/Jul 1968-.
Rio, 1968-.
Only one number issued(?).

SUPERINTENDÊNCIA DE CAMPANHAS DE SAÚDE PÚBLICA

Created by Decreto n.66,623 of May 22, 1970, this
agency absorbed the following agencies: the Departamento
Nacional de Endemias Rurais, the Campanha de Erradicação
de Varíola, and the Campanha de Erradicação de Malária.

DEPARTAMENTO NACIONAL DE ENDEMIAS RURAIS (DNERu)

Created by Lei 2,743 of March 6, 1956, this
department absorbed the following agencies: the Serviço
Nacional de Malária, the Serviço Nacional de Peste, and
the Serviço Nacional de Febre Amarela. Decreto n.66,623
of May 22, 1970, dissolved DNERu, absorbing it into the
Superintendência de Campanhas de Saúde Pública.

1103. <u>Relatório</u>. Rio.
Title varies: See Introduction, p. xxiv; also:
Combate à endemias rurais no Brasil, and
Resultados alcançados pelo DNERu.
Frequency: Annual irreg.

1104. Boletim bibliográfico. n.1-; maio/junho 1962-1969.
       Rio, 1962-1969.
       Each number is on a specific subject.
       Frequency varies: Bimonthly, 1962-May/Jun 1964.
           Quarterly, Jul/Sept 1964-Jan/Mar 1965. Irreg.,
           Apr/Dec 1965. Quarterly, Jan/Mar, Apr/Jun 1966.
           Semi-annual, Jul/Dec 1966-Jul/Dec 1967. Annual,
           1968-1969.
       Numbered consecutively, 1-15; 1962-1964. Numbered
           1-4 within each year, 1965-1969.

1105. Boletim de educação sanitária. Ano 1-, n.1-;
       setembro 1959-. Rio, 1959-.
       Frequency: Bimonthly, n.1-9; Sept 1959-Jan 1961.

1106. Boletim informativo. n.1-; 1963-. Brasília,
       Circunscrição do Distrito Federal, 1963-.
       Statistics, general information.
       Frequency: Quarterly.

1107. Fôlhas de atualidades em saúde pública. n.1-;
       janeiro 1962-. Rio, 1962-.
       Translations. General notices of current
           activities.
       Frequency varies: Monthly, 1962-1965. Monthly
           irreg., Jan/Feb, Mar-Dec 1966, Jan/Mar, Apr/May,
           Jun, Jul/Aug, Sept, Oct/Nov, Dec 1967, Jan/Jun,
           Jul/Sept, Oct/Dec 1968, Jan/Dec 1969.
       Indexed in BBM.

       CAMPANHA DE ERRADICAÇÃO DA VARÍOLA (CEV)

       Created by Decreto n.59,153 of August 31, 1966.
    Decreto n.66,623 of May 22, 1970, dissolved CEV, absorbing
    it into the Superintendência de Campanhas de Saúde Pública.

1108. Boletim da Campanha de erradicação da varíola.
       Tomo I, n.1-; Jun 1967-. Rio, 1967-.
       Statistics, epidemiological notices.
       Title varies: Boletim semanal de notificação de
           varíola, 1967. Boletim semanal da Campanha de
           erradicação da varíola, 1968-Apr 1971.
           Boletim da Campanha de erradicação da varíola,
           Apr 1971-.
       Frequency: Weekly.

CAMPANHA DE ERRADICAÇÃO DA MALARIA (CEM)

On August 27, 1946, Decreto-lei n.9,655 created the
Serviço Nacional de Malária (SNM). On March 6, 1956,
Lei n.2,743, which created the DNERu, also absorbed the SNM.
On February 4, 1958, a Grupo de Trabalho para Erradicação
da Malária was created by Decreto n.43,174. This group
was the basis for the Campanha de Contrôle e Erradicação
da Malária, created by Decreto n.50,925 of July 7, 1961,
and redesignated as the Campanha de Erradicação da Malária
by Lei n.4,709 of June 28, 1965. In May of 1970, by
Decreto n.66,623, the CEM was absorbed by the newly created
Superintendência de Campanhas de Saúde Pública.

1109.   Relatório. Rio.
       Title varies: See Introduction, p. xxiv.
       Frequency: Annual irreg.

1110.   Anuário da população brasileira no programa de
       erradicação da malária. Ano I-; 1966-. Rio, 1966-.
       Frequency: Annual, 1966-1967.

1111.   Informativo CEM. Ano I-, n.1-; janeiro/fevereiro 1962-.
       Rio, 1962-.
       General information.
       Frequency varies: Bimonthly, n.1-3; Jan/Feb-May/Jun
          1962. Monthly, n.4-6; Jul-Sept 1962. Irreg., n.7,
          Oct/Dec 1962. Bimonthly, n.8-19; Jan/Feb 1963-
          Nov/Dec 1964. Quarterly, n.20-31; 1965-1967.
          Irreg., n.32/33; Jan/Jun 1968. Quarterly, n.34-37;
          Jul/Sept 1968-Apr/Jun 1969.

1112.   Revista brasileira de malariologia e doenças tropicais.
       Vol.1, n.1-; janeiro 1949-. Rio, Serviço Nacional
       de Malária, 1949-1955; Departamento Nacional de
       Endemias Rurais, 1956-.
       Clinical studies, research articles, classification,
          epidemiological surveys.
       Title varies: Revista brasileira de malariologia,
          1949-1950. Revista brasileira de malariologia e
          doenças tropicais, 1951-.
       Frequency varies: Quarterly irreg., Vol.1-12; 1949-
          1960, Vol.13; n.1, 2, 3/4; 1961, Vol.14, n.1/2,
          3,4; 1962. Quarterly, Vol.15-16; 1963-1964.
          Quarterly irreg., Vol.17, n.1, 2/3, 4; 1965, Vol.
          18, n.1, 2, 3/4; 1966. Quarterly, Vol.19; 1967.

1112. (Cont'd.)
       Semi-annual, Vol.20; 1968. Quarterly, Vol.21;
       1969. Quarterly irreg., Vol.22, n.1, 2/4; 1970.
       Annual subject and author indexes. Indexed in
       Biol. Abs., Bull. Inst. Pasteur, Ind.Med., BBM,
       BBQ.
       M:283-284 PAU:603.

1113. _____. Publicações avulsas. 1-; 1949-. Rio,
       1949-.
       Series (n.17; 1965).
       Indexed in Biol. Abs.
       M:284.

DIVISÃO NACIONAL DE FISCALIZAÇÃO

Created by Decreto n.66,623 of May 22, 1970, this
division combined the Serviço Nacional de Fiscalização
da Medicina e Farmácia and the Serviço Nacional de
Fiscalização da Odontologia.

SERVIÇO NACIONAL DE FISCALIZAÇÃO DA MEDICINA E FARMÁCIA

Established by Decreto-lei n.3,171 of April 2, 1941,
as the Serviço Nacional de Fiscalização da Medicina, in
December of 1956, Lei n.3,062 divided the agency into the
Serviço Nacional de Fiscalização da Medicina e Farmácia
and the Serviço Nacional de Fiscalização da Odontologia.
Both agencies were absorbed by the Divisão Nacional de
Fiscalização, established by Decreto n.66,623 of May 22,
1970.

1114. Relação nominal dos médicos e farmacêuticos com
       diploma registrado neste Departamento... 1890/1936-.
       Rio, 1940-.
       Title varies: Relação nominal dos médicos
           farmacêuticos e dentistas com diploma registrado
           neste Departamento durante os anos de 1890 a
           1936, 1950-   . Relação nominal dos médicos
           e farmacêuticos com diploma registrado neste
           Departamento, 1959-.
       Frequency varies: Irreg., 1890/1936. Annual irreg.,
           1950, 1951, 1954. Annual, 1959-1962.
       M:207.

SERVIÇO NACIONAL DE FISCALIZAÇÃO DA ODONTOLOGIA

Established by Lei n.3,062 of December 22, 1956, with
the division of the Serviço Nacional de Fiscalização da
Medicina into two agencies, the Serviços Nacionais de
Fiscalização da Medicina e Farmácia and da Odontologia;
both agencies were absorbed by the Divisão Nacional de
Fiscalização, established by Decreto n.66,623 of May 22,
1970.

1115. Relação nominal dos cirurgiões-dentistas com diploma
     registrado no S.N.F.O. e dos especialistas em
     radiologia odontológica. Rio.
     Title varies: Relação nominal dos cirurgiões-dentistas
         com diploma registrado no S.N.F.O. durante o
         ano de 1959-   . Relação nominal dos cirurgiões-
         dentistas com diploma registrado no SNFO e dos
         especialistas durante o ano de 1968-   .
         Relação nominal dos cirurgiões-dentistas com
         diploma registrado no S.N.F.O. e dos especialistas
         em radiologia odontológica.
     Frequency: Annual irreg., 1959-1965, 1966/1967,
         1968-1969.
     M:207.

CONSELHO FEDERAL DE ODONTOLOGIA

Created by Lei n.4,324 of April 14, 1964, and
attached to the Departamento Nacional de Saúde.

1116. Informativo odontológico. Ano I-, n.1-; janeiro/
     março 1968-. Rio, 1968-.
     General information on activities.
     Frequency: Irreg., n.1-3; Jan/Mar, Apr/Jun 1968,
         Jul 1968/Jun 1969.

DIVISÃO NACIONAL DE ORGANIZAÇÃO SANITÁRIA

Created by Decreto n.66,623 of May 22, 1970, this
division combined the Divisão do Organização Sanitária
and the Comissão Nacional de Alimentação.

DIVISÃO DE ORGANIZAÇÃO SANITÁRIA

Created by Decreto-lei n.3,171 of April 2, 1941, this agency was absorbed by the Divisão Nacional de Organização Sanitária, established by Decreto n.66,623 of May 22, 1970.

1117. **Arquivos de higiene**. Ano 1, n.1-; maio 1927-. Rio, 1927-.
Frequency varies: Irreg., Vol.1, n.1, 2: 1927, Vol. 2, n.1 (only); 1928. Semi-annual, Vol.3-4; 1929-1930. Not issued, 1931-1934. Semi-annual, Vol.5; 1935. Irreg., Vol.6, n.1-3; 1936. Semi-annual, Vol.7-8; 1937-1938. Irreg., Vol.9, n.1; 1939, Vol.10, n.1; 1940 (only). Semi-annual, Vol.11; 1941. 3/year, Vol.12-14; 1942-1944. Quarterly, Vol.15; 1945. Annual, Vol.16; 1946. Quarterly irreg., Vol.17, n.1, 2, 3/4; 1947. Annual, Vol. 18; 1948. Irreg., Vol.19, n.1 (only); 1949. Not issued, 1950-1953. Irreg., Vol.20, n.1-3; 1954. Not issued, 1955-1964. Annual, Vol.21-24; 1965-1968.
M:88.

COMISSÃO NACIONAL DE ALIMENTAÇÃO (CNA)

Established on February 17, 1945, within the Conselho Federal do Comércio Exterior (Decreto-lei n.7,328), this agency was successively transferred to the Ministério da Educação e Saúde (by Lei n.970 of December 1949) and to the Superintendência Nacional de Abastecimento (by Decreto n.52,720 of October 21, 1963). On October 1, 1969, Decreto n.65,253 dissolved the CNA, but on May 22, 1970, it reappeared, integrated in the Divisão Nacional de Organização Sanitária (Decreto n.66,623).

1118. **Anais**. Ano 1, n.1-; 1967-. Rio, 1967-.
Frequency varies: Semi-annual, 1967. Annual, 1968-1970.
Numbering irreg: Called Vol.I, n.1; 1967. Ano I, n.2; 1967. Ano II, n.3-; 1968-.

1119. **Balanço alimentar do Brasil**. 1945/1957-. Rio, Conselho Coordenador do Abastecimento, 1957(?)-   ; Balanço Alimentar do Brasil, Comissão Nacional de Alimentação do Brasil, 1960(?)-.

1119. (Cont'd.)
      Frequency irreg: 1945/1957, 1953/1954, 1957/1960,
         1960/1962, 1962/1964, 1964/1966, 1966/1968.

1120. Boletim da Comissão nacional de alimentação. Ano 1,
      n.1-Ano 4, n.3; setembro 1956-outubro/dezembro 1959.
      Rio, 1956-1959.
      Cover title: CNA; boletim da Comissão nacional de
         alimentação.
      Superseded by Boletim informativo, 1121.
      M:219.

1121. Boletim informativo. n.1-; Ano 1968-. Rio, 1969-.
      Problems of nutrition and food of underdeveloped
         countries, plans and resolutions, studies and
         research, conferences, meetings, notices.
      Supersedes Boletim da Comissão nacional de alimentação,
         1120.
      Frequency irreg.: n.1-5; 1968. n.6; 1969. n.7-8; 1970.

SECRETARIA DE ASSISTÊNCIA MÉDICA

      Created by Decreto n.66,623 of May 22, 1970, the
Secretaria incorporated the following agencies: Coordenação
de Assistência Médica e Hospitalar, Coordenação de Proteção
Materno-Infantil, Divisão Nacional de Saúde Mental, Divisão
Nacional de Cancer, and Divisão Nacional de Perícias Médicas.

COORDENAÇÃO DE ASSISTÊNCIA MÉDICA E HOSPITALAR

      Created by Decreto n.66,623 of May 22, 1970,
incorporating the Divisão de Organização Hospitalar.

DIVISÃO DE ORGANIZAÇÃO HOSPITALAR (DOH)

      Established as the Diretoria de Assistência Hospitalar
and redesignated as the Divisão de Organização Hospitalar
by Decreto n.20,890 of December 30, 1931, it was absorbed
in 1970 by the Coordenação de Assistência Médica e
Hospitalar (May 22, Decreto n.66,623).

1122. Boletim informativo da D.O.H. Ano I-, n.1-; janeiro
      1965-. Rio, 1965-.
      Frequency varies: Monthly, n.1-3; 1965. Irreg., n.
         4/6, 7/9, 10/11, 12; 1965. Monthly, n.13-41;
         1966-1968.

1123. Primeiro-   censo hospitalar do Brasil. Vol.1-;
      1965-. Rio, 1966-.
      Hospital statistics; general activities, services,
         institutions.
      In 4 vols., 1965.
      According to a functionary at the Divisão Nacional
         de Epidemiologia e Estatística da Saúde, in
         November 1971, the next census is already in
         press.

         COORDENAÇÃO DE PROTEÇÃO MATERNO-INFANTIL

      Established as the Diretoria de Proteção à
Maternidade e à Infáncia, and redesignated as the Divisão
de Amparo à Maternidade e à Infáncia, the Decreto-lei
n.2,024 of February 17, 1940, established the Departamento
Nacional da Criança (DNCr). It was reorganized and
redesignated as the Coordenação de Proteção Materno-
Infantil by Decreto n.66,623 of May 22, 1970.

         DEPARTAMENTO NACIONAL DA CRIANÇA (DNCr)

1124. Relatório. Rio.
      Title varies: See Introduction, p. xxiv.
      Frequency: Annual irreg., 1919/1922, 1924, 1947,
         1940/1962, 1961/1962.
      DN:92 M:82.

1125. Boletim do Departamento nacional da criança. 1951-
      1969. Rio, 1951-1969.
      Frequency: Annual (not numbered).
      Supersedes Boletim trimensal do Departamento
         nacional da criança, 1127.
      M:81.

1126. Boletim informativo da Biblioteca do Departamento
      nacional da criança. n.1-3; 1960-1961. Rio, 1960-
      1961.
      Frequency: Irreg., Oct 1960, Mar, Jun/Dec 1961.

1127. Boletim trimensal do Departamento nacional da
      criança. Ano I-VI, n.1-25; 1941-1946. Rio, 1941-
      1946.
      Frequency: Quarterly.
      Superseded by Boletim do Departamento nacional
         da criança, 1125.
      M:82.

1128. Coleçao DNCr. 1-. Rio.
       Title varies.
       Series (n.67-161; 1942-1960).
       M:82.

DIVISÃO NACIONAL DE SAÚDE MENTAL (DNSM)

Established as the Serviço Nacional de Doenças Mentais
(SNDM) by Decreto-lei n.3,171 of April 2, 1941, it
became the Divisão Nacional de Saúde Mental by Decreto
n.66,623 of May 22, 1970.

1129. Anais de assistência à psicopatas. Vol.1   ; 1931-
       1939/1940. Rio, 1931-1940(?).
       Frequency: Annual irreg., 1931, 1937, 1939/1940.
       Superseded by Arquivos do Serviço nacional de
           doenças mentais, 1130.
       M:3.

1130. Arquivos do Serviço nacional de doenças mentais.
       1941/1942-. Rio, 1942(?)-.
       Frequency: Annual irreg., 1941/1942, 1943, 1945,
           1949, 1955.
       Numbering varies: Not numbered, 1941/1942. Called
           Vol.1, beginning with 1943.
       Supersedes Anais de assistência à psicopatas, 1129.
       DN:97   M:206.

1131. Boletim de saúde mental. Vol.1-, n.1-; 1959-. Rio,
       1959-.
       Frequency irreg.: Vol.1, n.1; 1959. Vol.2, n.2, 4;
           1960/1961. Vol.3, n.6; 1962.
       M:206.

1132. Revista brasileira de saúde mental. Ano I-, Vol.I-,
       n.1-; 1955-. Rio, 1955-.
       "Orgão oficial" of the Serviço Nacional de Doenças
           Mentais, and since 1967, of the Campanha Nacional
           de Saúde Mental and the Sociedade Brasileira de
           Psiquiátrica e Saúde Mental.
       Frequency varies: Semi-annual, Vol.1-4; 1955-1958.
           Irreg., Vol.5; 1959/1960. Annual irreg., Vol.
           6-7; 1961, 1962/1963. Annual, Vol.8-12; 1964-
           1968.
       Indexed in BBM.
       M:284   PAU:631.

HOSPITAL JULIANO MOREIRA

1133. Arquivos de assistência à psicopatas da Bahia. Vol.
       1-3, Ano 1-3; 1950-1954. Salvador, 1950-1952, 1954.
       Frequency: Annual, 1950-1952, 1954.
       Superseded by Boletim do Hospital Juliano Moreira,
          1135.

1134. Boletim do Centro de estudos do Hospital "Juliano
       Moreira." Ano 1-, Vol.1-, n.1-; janeiro/abril 1967-.
       Belém, 1967-.
       Frequency irreg: n.1, 2/3; Jan/Apr, May/Dec 1967.

1135. Boletim do Hospital Juliano Moreira. n.1-; julho
       1955-. Salvador, 1955-.
       Frequency varies: Monthly, Jul 1955-Jul 1956. Irreg.,
          Aug/Dec 1956. Semi-annual, 1957. Annual, 1958-
          1959. Semi-annual, 1960-1961. Annual, 1962.
          Semi-annual, 1963.
       Supersedes Arquivos de assistência à psicopatas da
          Bahia, 1133.

MANICÔMIO JUDICIÁRIO HEITOR CARRILHO

       Founded in 1920 and inaugurated in 1921 as the
Manicômio Heitor Carrilho, it was renamed the Manicômio
Judicário in 1931 when the agency was transferred from
the jurisdiction of the Ministério da Justiça to that of
the Ministério da Educação e Saúde Pública (Decreto
n.20,110, June 16, 1931). By Decreto n.37,990 of
September 29, 1955, the agency was redesignated as the
Manicômio Judiciário Heitor Carrilho.

1136. Arquivos do Manicômio judiciário Heitor Carrilho.
       Ano I, n.1-; 1o. semestre de 1930-. Rio, 1930-.
       Medico-juridical and forensic psychiatric research.
          Each number includes abstracts of the previous
          number's articles. Book reviews, notices,
          congresses.
       Title varies: Arquivos do Manicômio judiciário do
          Rio de Janeiro, Vol.1-13/19; 1930-1944/1950.
          Arquivos do Manicômio judiciário Heitor Carrilho,
          Vol.20/23-; 1951/1954-.

1136. (Cont'd.)
　　Frequency varies: Semi-annual, Vol.1; 1930. Annual,
　　　　Vol.2-12; 1931-1941. Irreg., Vol.13/19, 20/23;
　　　　1944/1950, 1951/1954. Annual, Vol.24; 1955.
　　　　Semi-annual, Vol.25-26; 1956-1967 (except that
　　　　Vol.25, n.2; Jul/Dec 1956 was not issued). Irreg.
　　　　Vol.27/30, 30/32, 33/34; 1958/1961, 1961/1963,
　　　　1964/1965. Annual, Vol.35; 1966.
　　Numbering irreg.: Vol.13/19; 1944/1950, misnumbered
　　　　as n.13/14.
　　Indexed in BBCS, BBM.
　　M:313-314　PAU:620.

DIVISÃO NACIONAL DE CÂNCER

　　Created by Decreto-lei n.3,643 of September 2, 1941,
as the Serviço Nacional de Câncer and redesignated as the
Divisão Nacional de Câncer by Decreto n. 66,623 of May 22,
1970, the division also contains the Instituto Nacional
do Câncer.

1137. Revista brasileira de cancerologia. Vol.1-, n.1-;
　　setembro 1947-. Rio, 1947-.
　　"Orgão oficial do Serviço Nacional do Câncer."
　　　Cancer and medicine in general, notices, meetings.
　　Frequency varies: Irreg., n.1-22; 1947-1960. Not
　　　issued, 1961-1962. Semi-annual, n.23-24; 1963.
　　　Quarterly, n.25-28; 1964. Semi-annual, n.29-32;
　　　1965-1966. 3/year, n.33-35; 1967. Quarterly,
　　　n.36-39; 1968.
　　Indexed in BBM, BBQ.
　　M:281.

INSTITUTO NACIONAL DO CÂNCER

　　Created within the Serviço Nacional de Câncer, the
institute was established in 1941, transferred to the
Federação das Escolas Isoladas do Estado da Guanabara by
Decreto-lei n.773 of August 20, 1969, and reintegrated
into the Ministério da Saúde by Lei n.5,734 of November 16,
1971.

CENTRO DE ESTUDOS E ENSINO AMADEU FILHO

1138. Boletim do Centro de estudos e ensino Amadeu Filho.
　　Ano I, n.1- ; 1966-. Rio, 1966-.
　　General information on activities of the Centro,

1138. (Cont'd.)
    organization of courses, summaries of speeches.
    Title varies: Boletim de Centro de estudos e
        ensino do Instituto nacional do câncer, Vol.1-3;
        1966-1968. Boletim de Centro de estudos e
        ensino Amadeu Filho, Vol.4; 1969-.

DIVISÃO NACIONAL DE PERÍCIAS MÉDICAS

Established within the Instituto Nacional de Estudos
Pedagógicos, Decreto-lei n.8,343 of December 10, 1945
transferred the Serviço de Biométria Médica (SBM) to the
Departamento Nacional de Saúde. It was redesignated by
Decreto n.66,623 of May 22, 1970, as the Divisão Nacional
de Perícias Médicas.

1139. Boletim informativo SBM. Ano I-, n.1-; janeiro 1967-.
    Rio, 1967-.
    Frequency varies: Irreg., n.1, 2/3, 4/6, 7/12; Jan,
        Feb/Mar, Apr/Jun, Jul/Dec 1967. Semi-annual irreg.,
        n.13/19-25/30; Jan/Jul 1968-Jan/Jun 1969.
    Supersedes Boletim trimestral, 1140.

1140. Boletim trimestral. Vol.1, n.1-   ; 1944-1953(?).
    Rio, 1944-1953(?).
    Superseded by Boletim informativo SBM, 1139.
    M:174.

FUNDAÇÃO SERVIÇOS DE SAÚDE PÚBLICA (FSESP)

This agency, established by Decreto-lei n.4,275 of
April 17, 1942, as the Serviço Especial de Saúde Pública
(SESP), was reorganized and redesignated as the Fundação
Serviço Especial de Saúde Pública (FSESP) by Lei n.3,750
of November 4, 1960. On October 1, 1969, its name was
slightly revised to Fundação Serviços de Saúde Pública,
but it has maintained the same acronym: FSESP (Decreto-lei
n.904).

1141. Relatório. Rio.
    Title varies: See Introduction, p. xxiv; Relatório
        geral, 1961-1967. Atividades, 1968-.
    Frequency: Annual, 1961-.

1142.   Atualidades médico-sanitárias. Vol.1, n.1-Vol.12,
        n.58; julho 1944-julho/setembro 1956. Rio, 1944-1956.
        Articles and notices of general interest to public
           health, meetings, book reviews.
        Title varies: Revista de atualidades médicas, n.1-11.
           Atualidades médico-sanitarias, n.12-58.
        Frequency: Monthly irreg.
        Numbering varies: Vol.1-5 numbered 1-12 within the
           year. Vol.6-12 numbered consecutively.
        M:203.

1143.   Boletim de bioestatística e epidemiológia. Vol.1,
        n.1-; janeiro/março 1951-. Rio, Divisão de
        Estatística e Epidemiologia, 1951-.
        Studies and analyses; vital statistics by municipal
           districts.
        Frequency varies: Quarterly, 1951. Semi-annual,
           1952-1954. Annual, 1955-1965. Irreg., 1966/1968,
           1970. Suppl. also issued, 1953-1955, 1959.
        Numbering varies: Numbered, Vol.1, n.1-4, Vol.2,
           n.1-Vol.4, n.2. Vol. numbering dropped beginning
           with n.5; 1955.
        M:203.

1144.   Boletim da Divisão de educação e treinamento. n.1-;
        junho 1965-. Rio, Divisão de Educação e Treinamento,
        1965-.
        Frequency: Semi-monthly. Each number is a single
           mimeo. page.

1145.   Boletim epidemiológico. Vol (Ano) I, n.1-,
        Semanas nos. 1 e 2-; janeiro 1969-. Rio,
        Centro de Investigações Epidemiológicas, 1969-.
        Epidemiological statistics received by the
           Ministério da Saúde from the State, Territorial,
           and Federal District Secretarias de Saúde.
        Frequency: Bi-weekly.
        Numbering begins with Vol. (Ano) II, n.1, Semanas
           nos. 1 e 2; Jan 1970.
        Supersedes Informaçoes epidemiológicas, 1147.

1146.   Boletim da FSESP. n.1-; setembro/outubro 1970-.
        Rio, 1970-.
        General information, notices, activities.
        Frequency: Bimonthly.
        Supersedes Notícias da Fundaçao SESP, 1148.
        M:203.

1147. Informações epidemiológicas. 1/68-2/68; novembro-
       dezembro 1968. Rio, Centro de Investigações
       Epidemiológicas, 1968.
       Frequency: Monthly.
       Superseded by Boletim epidemiológica, 1145.

1148. Notícias da Fundação SESP. 1/2-6; setembro 1943-
       junho 1961. Rio, 1943-1961.
       General information, notices, activites.
       Title varies: Boletim do SESP, 1943-Jun 1960.
           Notícias da Fundação SESP, Jul 1960-Jun 1961.
       Superseded by Boletim da FSESP, 1146.
       Frequency varies: Monthly irreg., 1943-1960.
           Monthly, Jan-Jun 1961.
       Numbering varies: Consecutive, n.1-71; 1943-1949.
           Numbered within the year,   -1961.
       M:203.

1149. Plano de trabalho e orçamento para o ano de 1961-.
       Rio, 1961-.
       Projected activities and budget of the FSESP.
       Frequency: Annual irreg., 1961-1962, 1965-1966,
           1969-1971.

1150. Revista do Serviço especial de saúde pública.
       Tomo 1, n.1-; 1947-. Rio, 1947-.
       Frequency varies: Quarterly irreg., Ano 1, n.1-
           Tomo IV, n.3; 1947-1951. Semi-annual irreg.,
           Tomo V, n.1-Tomo IX, n.2; 1952-1957. Not
           issued (?), 1958. Semi-annual, Tomo X, n.1-2;
           1959. Annual, Tomo XI, n.1-Tomo XII, n.2;
           1960-1962. Not issued (?), 1963-1965. Annual,
           Tomo XII, n.2; 1966. Semi-annual, Tomo XIII,
           n.1-2; 1967. Annual, Tomo XIV, n.1-2; 1968-1969.
           Semi-annual, Tomo XV, n.1-; 1970-.
       Numbering irreg. Called Ano I, n.1-4; 1947,
           but Tomo II, n.1-; 1948-.
       Indexed in Biol. Abs., BBM, BBZ.
       M:204.

1151. Série de informes técnicas. n.1-15; 1956-1961. Rio,
       Divisão de Orientação Técnica, Seção de Educação
       Sanitária, 1956-1961.
       Series of short, mimeo. panphlets

FUNDAÇÃO INSTITUTO OSWALDO CRUZ

This institute was first established in 1901 as the Instituto Federal de Terapia de Sangue, and on December 12, 1907, it was redesignated as the Instituto de Pathologia Experimental de Manguinhos (Decreto [Legislativo] n.1,802). Three months later, on March 19, 1908, it became the Instituto Oswaldo Cruz (Decreto-lei n.6,891). In the reorganization of May 22, 1970, two other institutes were incorporated with the Instituto Oswaldo Cruz (the Instituto Fernandes Figueira and the Instituto Nacional de Endemias Rurais) to create the Fundação Instituto Oswaldo Cruz (Decretos n.66,623-66,625).

INSTITUTO OSWALDO CRUZ

1152. Relatório. 1893-. Rio, 1894-.
        Title varies: See Introduction, p. xxiv.
        Frequency: Annual irreg.: 1893-1894, 1904/1908,
            1909, 1912-1913, 1927, 1942-1946, 1964/1968.
        M:312.

1153. Comunicações bioquímicas. n.1-; dezembro 1955-.
        Rio, Laboratório de Bioquímica, 1955-.
        In English: research in progress, reviews and
            lectures, meetings.
        Frequency varies: Irreg., n.1; Dec 1955. 3/year,
            n.2-10; 1956-1958. Irreg., n.11; Apr 1959. Not
            issued, 1960-1962. 3/year, n.12-14; 1963. Irreg.,
            n.15; 1964.
        Indexed in BBQ.
        M:312.

1154. Manguinhos; boletim do Instituto Oswaldo Cruz.
        Ano I-II, n.1-9; janeiro 1952-julho 1953.
        Rio, 1952-1953.
        Frequency: Bimonthly irreg(?).
        M:258.

1155. Memórias do Instituto Oswaldo Cruz. Tomo I-, n.1-,
        fasc. 1-; 1909-. Rio, 1909-.
        Results of research in fields of parasitology,
            entomology, medicine, hematology, and allied
            fields.
        Frequency varies: Semi-annual irreg., 1909-1929.
            Irreg., 1930-1935. Quarterly irreg., 1936-1943.
            Bimonthly, 1944-1945. Quarterly, 1946-1948.

1155. (Cont'd.)
        Semi-annual, 1949. Annual, 1950-1953. Irreg.,
        1954-1956. Semi-annual, n.55-58; 1957-1960.
        3/year, n.59-61; 1961-1963. Annual, n.62-64;
        1964-1966. Semi-annual, n.65-66; 1967-1968.
        Annual, n.67-; 1969-.
        Annual index of authors, Indexed in Biol. Abs.,
            Bull. Inst. Pasteur, Bull. Sig., Chem. Abs.,
            Ind. Med., Ind. Vet., BBB, BBM, BBZ.
        DN:105 M:312 PAU:601.

1156. Monografias do Instituto. n.1-; Rio, 1937-.
        Series (n.7; 1955).
        M:312.

                  INSTITUTO FERNANDES FIGUEIRA

    Initially part of the Departamento Nacional da Criança
(which was established in 1940), this Institute became
part of the Fundação Instituto Oswaldo Cruz on May 22, 1970,
(Decreto n.66,624).

1157. Anais do Instituto Fernandes Figueira. Ano I, n.1-;
        1959-. Rio, 1959-.
        Frequency irreg.: Ano I, n.1; 1959. Ano II,
            n.1/2; 1967.

            INSTITUTO NACIONAL DE ENDEMIAS RURAIS

    Attached to the Fundação Oswaldo Cruz by Decreto
n.66,624 of May 22, 1970.

          CENTRO DE PESQUISAS AGGEU MAGALHÃES

    Initially designated as the Instituto Aggeu Magalhães,
Decreto n.43,620 of April 29, 1958 redesignated it as
the Centro de Pesquisas Aggeu Magalhães and attached it to
the Instituto Nacional de Endemias Rurais.

1158. Publicações avulsas do Centro de pesquisas Aggeu
        Magalhães. Vol.1-; 1951/1952-. Recife, 1952(?)-.
        Series (n.1; 1951/1952, n.2-5; 1953-1956, n.6; 1962).
        Title varies: Publicações avulsas do Instituto Aggeu
            Magalhães, n.1-4; 1951-1955. Publicações avulsas
            do Centro de pesquisas Aggeu Magalhães, n.5-6;
            1956, 1962.
        M:270.

MINISTÉRIO DO TRABALHO E PREVIDÊNCIA SOCIAL (MTPS)

Established as the Ministério do Trabalho, Indústria e Comércio (MTIC) by Decreto n.19,433 of November 26, 1930, it was redesignated as the Ministério do Trabalho e Previdência Social (MTPS) by Lei n.3,782 of July 22, 1960.
The following entities have issued serial publications within the scope of this Guide:

Ministério do Trabalho e Previdência Social (MTPS)

Ministério do Trabalho e Previdência Social and Justiça do
    Trabalho
  Serviço de Estatística da Previdência e do Trabalho (SEPT)
  Conselho Superior do Trabalho Marítimo (CSTM)
  Delegacia Regional do Trabalho, São Paulo
  Departamento Nacional de Mão-de-Obra (DNMO)
  Divisão de Estudos de Mercado de Trabalho
  Departamento Nacional de Segurança e Higiene do
    Trabalho (DNSHT)
  Programa Especial de Bôlsas de Estudo (PEBE)

Autonomous agencies:

  Instituto de Previdência e Assistência dos Servidores do
    Estado (IPASE)
    Hospital dos Servidores do Estado (HSE)
    Hospital Alcides Carneiro
  Instituto Nacional de Previdência Social (INPS)
    Hospital da Lagôa
  Conselho Federal de Assistentes Sociais
  Conselho Federal de Contabilidade
  Conselho Federal de Economistas Profissionais
  Conselho Federal de Engenharia, Arquitetura e Agronomia (CFEAA)
  Conselho Federal de Farmácia
  Ordem dos Advogados do Brasil (OAB)
  Ordem dos Músicos do Brasil
  Serviço de Assistência e Seguros Social dos Economiários
    (SASSE)
  Fundação Centro Nacional de Segurança, Higiene e
    Medicina do Trabalho
  Fundação Abrigo Cristo Redentor
  Legião Brasileira de Assistência (LBA)
  Serviço de Alimentação do Previdência Social (SAPS)

1160. Relatório. Rio.
    Title varies: See Introduction, p. xxiv.
    Frequency: Annual irreg., 1932-1942, 1949-1951,
      1969-1970.
    M:168.

1161. Boletim informativo. Ano I, n.1-; outubro 1965-.
       Rio, Gabinete do Ministro, 1965-.
       General notices, legislation, statistics.
       Frequency varies: Irreg., Oct 1965, Nov, Dec 1966.
          Monthly, Jan-Mar, Sept-Dec 1967, Jan 1968-.
       Numbering varies. Numbered consecutively, n.1-11;
          1965-1967. Numbered 1-12 within the year, 1968-.

1162. Boletim do Ministério do trabalho e previdência
       social. Ano I-XIII, n.1-166, setembro 1934-junho
       1948. Nova série, Ano I, n.1-; janeiro/março 1951-.
       Rio, Departamento de Estatística e Publicidade,
       1934-   ; Serviço de Estatística da Previdência
       e Trabalho,   -1948; Serviço de Documentação, 1951-.
       Legislation, technical articles.
       Title varies as name of Ministry changes.
       Frequency varies: Monthly, 1934-1948. Quarterly,
          1951-1960. Annual, 1961-1966. Semi-annual, 1967-.
1162a. _____. Índice do Boletim do Ministério do
       Trabalho, Indústria e Comércio, n.1-100 (Rio,
       1950) 2 vols.
1162b. _____. _____, n.101-147 (Rio, 1953)
       196p.
       CLA:47 DN:174 J:15 M:167 Z:45.

1163. Boletim do Serviço atuarial. Ano I, n.1-;
       fevereiro 1962-. Rio, Diretoria do Serviço Atuarial,
       1962-.
       Frequency: Monthly, Feb 1962-May 1967.

            MINISTÉRIO DO TRABALHO E PREVIDÊNCIA SOCIAL
                             and
                      JUSTIÇA DO TRABALHO

1164. Revista de direito do trabalho; publicação
       periódica. Ano I-, n.1-; 1948-. Rio, 1948-.
       "Noticiário oficioso" (unofficial, but government-
       inspired).
       Frequency varies: Bimonthly irreg., n.189/190-
          263/265; 1963-1969. Irreg., n.265/270; Jan/Jun
          1970. Bimonthly, n.271/272-275/276; Jul/Aug-
          Nov/Dec 1970. Irreg., n.277/279; Jan/Jun 1971.
          Bimonthly, n.280/281-; Jul/Aug 1971-.

SERVIÇO DE ESTATÍSTICA DA PREVIDÊNCIA E DO TRABALHO
(SEPT)

Created by Decreto n.24,600 of July 6, 1934, as the
Departamento de Estatística e Publicidade, it was
redesignated as the Serviço de Estatística da Previdência
e do Trabalho by Decreto-lei n.1,360 of June 20, 1939 and
dissolved by Decreto n.69,014 of August 4, 1971.

1165. Relatório. Rio.
Title varies: See Introduction, p.xxiv.
Frequency: Annual irreg., 1944, 1949, 1953.
M:178.

1166. Boletim técnico do SEPT. n.1-; dezembro 1965-.
Rio, 1965-.
Statistics of salaries, workers, and other aspects
of labor and social security.
Frequency: Quarterly, n.1-18; Dec 1965-Mar 1970.
M:177.

CONSELHO SUPERIOR DO TRABALHO MARITIMO (CSTM)

Created by Lei n.4,589 of December 11, 1964.

1167. Boletim mensal CSTM. Ano I-, n.1-, pt. I-;
junho 1965-. Rio, 1965-.
Legislation.
Frequency varies: Irreg., n.1 (pt. I, II); Jun 1965,
n.2/3; Jul/Aug 1965. Monthly, n.4-18; Oct 1965-
Dec 1966. Monthly irreg., n.19-26; Jan, Mar,
May-Aug, Oct/Nov, Dec 1967. Monthly, n.27-62;
1968-1970. Bimonthly, n.63-; 1971-.
Called pt. I-II in Jun 1965 only.

DELEGACIA REGIONAL DO TRABALHO SÃO PAULO

Initially part of the federal government, by Decreto-
lei n.9,480 of July 18, 1948, the agency was transferred
to the government of the State of São Paulo. By Lei n.1,599
of May 9, 1952, it was reestablished within the federal
government.

1168. Boletim informativo. Ano 1-, n.1-; novembro 1967-.
São Paulo, 1967-.
Frequency varies: Biweekly, n.1-12; 1967-May 1968.
Irreg., n.13/14; Jun 1968. Biweekly, n.15-24;
Jul-Nov 1968. Monthly, n.25-; Jun 1969-.

1169. Boletim informativo do trabalho. Ano 1-,
        n.1-; maio 1948-. São Paulo, 1948-.
        Legislation, general information.
        Title varies: Boletim mensal informativo do
            Departamento estadual do trabalho, 1948-1951.
            Boletim informativo do trabalho, 1952-.
        Frequency varies: Monthly, n.1-13; May 1948-May
            1949. Not issued, Jun 1949-Jan 1950. Monthly, n.14-57;
            Feb 1950-Sept 1953. Irreg., n.58-63; Nov
            1953, Jan, Apr, Jun, Sept, Dec 1954. Bimonthly,
            n.64-99; Feb 1955-May 1961. Irreg., n.100;
            Jun 1962.

DEPARTAMENTO NACIONAL DE MÃO-DE-OBRA (DNMO)

Created by Lei n.4,589 of December 11, 1964, as the
Departamento Nacional de Emprêgo e Salário, on December
23, 1965 (Lei n.4,923) this agency divided itself into
the Departamento Nacional de Mão-de-Obra and the
Departamento Nacional de Salário, the first of which has
issued serial documents within the scope of this Guide.

DNMO--DIVISÃO DE ESTUDOS DO MERCADO DE TRABALHO

1170. Mercado de trabalho: composição e distribuição de
        mão-de-obra, [estado]. Ano de 1969-. Rio, 1969-.
        Series, by state, of labor distribution and
            composition.
        Frequency: Annual.

1171. Mercado de trabalho; série: flutuação de mão-de-
        obra. n.1-; julho 1968-. Rio, 1968-.
        Labor fluctuations.
        Frequency: Monthly.

DEPARTAMENTO NACIONAL DE SEGURANÇA E HIGIENE DO TRABALHO
(DNSHT)

Created by Decreto-lei n.5,092 of December 15, 1942,
as the Divisão de Higiene e Segurança do Trabalho (DHST),
it was redesignated as the Departamento Nacional de
Segurança e Higiene do Trabalho (DNSHT) by Lei n.4,589
of December 11, 1964.

1172.   Boletim da Divisão de higiene e segurança do
        trabalho. n.1-. Rio.
        Legislation of work hygiene and safety.
        Cover title: Boletim da DHST.
        Frequency varies: Irreg., n.4; 1957. Semi-annual,
            n.5,6; 1958. Irreg., n.7-9; 1960, n.10; 1962.
        Replaced by Boletim DNSHT, 1173.
        M:90.

1173.   Boletim DNSHT. n.1-; janeiro 1967-. Rio, 1967-.
        Legislation and informative notices of work
            security and hygiene.
        Frequency varies: Monthly irreg., n.1-10; Jan-Jul,
            Aug/Sept, Oct, Dec 1967. Monthly, n.11-; Apr
            1969-.
        Replaces Boletim da Divisão de higiene e segurança
            do trabalho, 1172.

1174.   Higiene e segurança do trabalho. n.1-; 1948-1952.
        Rio, 1948-1952.
        M:248.

1175.   Medicina e engenharia do trabalho. Vol.1, n.1-Vol.
        7, n.1; dezembro 1954-janeiro/dezembro 1961. Rio,
        1954-1961.
        "Orgão oficial da Divisão."
        Frequency varies: Irreg., Vol.1, n.1; Dec 1954.
            Not issued, 1955. Quarterly, Vol.2, n.1-Vol.4,
            n.4; 1956-1958. Semi-annual, Vol.5, n.1-2; 1959.
            Quarterly, Vol.6, n.1-4; 1960. Annual, Vol.7,
            n.1; 1961.
        M:258.

        PROGRAMA ESPECIAL DE BÔLSAS DE ESTUDO (PEBE)

    Created by Decreto n.57,870 of February 25, 1966.

1176.   Boletim. Ano 1, n.1-; janeiro 1969-. Rio, 1969-.
        Notices of grants, scholarships.
        Frequency varies: Irreg., n.1-2; Jan, Mar 1969.
            Bimonthly, n.3-5; Apr/May-Aug/Sept 1969. Irreg.,
            n.6; May 1970, n.8; Mar 1971.

INSTITUTO DE PREVIDÊNCIA E ASSISTÊNCIA DOS SERVIDORES
DO ESTADO (IPASE)

By April 20, 1927, the Instituto de Previdência dos
Funcionários Públicos had been established (Decreto n.17,778),
and on February 23, 1938, it was reorganized and redesignated
as the Instituto de Previdência e Assistência dos
Servidores do Estado (IPASE) (Decreto-lei n.288). On June
26, 1967, IPASE was attached to the Ministério do Trabalho
e Previdência Social as a federal autarchy (Decreto n.60,900).

1177. Relatório. Rio.
        Title varies: See Introduction, p. xxiv.
        Frequency: Annual irreg., 1929, 1931-1932, 1936,
            1941-1950, 1953-. (1956-1970 available only in
            typed form, apparently not for distribution.)

1178. Orçamento geral, proposta. Rio.
        Annual proposed budget. Mimeo. No title page.
        Frequency varies: Annual irreg., 1951-1952, 1958,
            1960, 1968.

1179. A biblioteca informa. Vol.1, n.1-; outubro/dezembro
        1965-. Rio, Divisão de Relações Públicas e
        Biblioteca, 1965-.
        Legislation, brief articles, recent acquisitions,
            general notices.
        Frequency varies: Quarterly, Vol.1, n.1-Vol.2, n.2;
            Oct/Dec 1965-Apr/Jun 1966. Semi-annual, Vol.2,
            n.3/4-Vol.4, n.1/2; Jul/Dec 1966-Jan/Jun 1968.
            Quarterly, Vol.4, n.3-; Jul/Sept 1968-.

1180. Boletim informativo. Ano I-, n.1-; 4o. trimestre
        de 1962-. Rio, Departamento de Seguros Privados
        e Capitalização, 1962-.
        Frequency: Quarterly, Ano I-V, n.1-16; 1962-1966.

1181. Boletim do IPASE. Ano I, n.1-; 1943(?)-. Rio, 1943(?)-.
        General information bulletin.
        Frequency: Weekly to Ano XV, n.38; Feb 1971.

1182. Informativo IPASE. Ano I-, n.1-; março 1969-. Rio,
        1969-.
        General notices.
        Frequency: Monthly. There is also a "número

1182. (Cont'd.)
       especial" and a "número extra" for Dec 1970.
       Supersedes IPASE, 1183.

1183. IPASE. Ano I-XVI, n.1-83; setembro 1947-
       novembro/dezembro 1962. Rio, 1947-1962.
       General information bulletin.
       Frequency varies: Bimonthly irreg., n.1-70/71;
          1947-1960. Irreg., n.72/73; Jan/Apr 1961.
          Bimonthly, n.74-80; May/Jun 1961-May/Jun 1962.
          Irreg., n.81/82; Jul/Oct 1962. Bimonthly, n.83;
          Nov/Dec 1962. Irreg., n.84-85; (?), Aug 1963.
       Superseded by Informativo IPASE, 1182.

1184. Revista médica do IPASE. Ano I-II, n.1-9; setembro
       1956-setembro 1958. Rio, Centro de Estudos Médicos
       e Sociais, 1956-1958.
       Frequency: Quarterly.

       IPASE--HOSPITAL DOS SERVIDORES DO ESTADO (HSE)

       Created by Decreto-lei n.5,211 of January 20, 1943.

1185. Boletim do Ipase: Hospital dos servidores do estado--
       HSE; edição local. Ano I-, n.1-; março 1970-. Rio,
       1970-.
       Information bulletin.
       Frequency: Weekly.

1186. Revista médica do HSE. Vol.1, n.1-; setembro 1949-.
       Rio, Centro de Estudos, 1949-.
       Medicine in general.
       Title varies: Boletim do Centro de estudos do
          Hospital dos servidores do estado, Vol.1-22;
          1949-1970. Revista médica do HSE, Vol.23-; 1971-.
       Frequency varies: Monthly, Vol.1-Vol.12, n.6; 1949-
          Jun 1960. Irreg., Vol.12, n.7/9; Jul/Sept 1960.
          Monthly, Vol.12, n.10-12; Oct-Dec 1960. Bimonthly
          irreg., Vol.13; Jan/Feb, Mar/Apr, May/Jul, Aug/
          Sept, Oct/Nov, Dec 1961. Bimonthly, Vol.14-16,
          n.5/6; 1962-May/Jun 1964. Quarterly, Vol.16, n.7/9,
          10/12; Jul/Sept, Oct/Dec 1964. Bimonthly, Vol.17-
          18; 1965-1966. Quarterly, Vol.19; 1967. Irreg.,
          Vol.20; Jan/Mar, Apr/Dec 1968. Semi-annual, Vol.
          21; 1969. Quarterly, Vol.22-; 1970-.
       Indexed annually by subject and author; also indexed
          in BBM.
       M:305   PAU:322.

IPASE--HOSPITAL ALCIDES CARNEIRO

1187. Boletim do Centro de estudos do Hospital Alcides
Carneiro. Vol.1, n.1-; 1963-. Campina Grande, PB,
Centro de Estudos, 1963-.
Only one number recorded.

INSTITUTO NACIONAL DE PREVIDÊNCIA SOCIAL (INPS)

On December 31, 1926, the Instituto Nacional de
Previdência was established within the Ministério do
Trabalho, Indústria e Comércio. It was superseded by
the several retirement and pension institutes created
between 1933 and 1953: the Institutos de Aposentadoria
e Pensões dos (1) Marítimos (1933, Decreto n.22,782),
(2) Bancários (1934, Lei n.24,614), (3) Comerciários
(May 22, 1934, Decreto-lei n.24,273), (4) Industriários
(IAPI) (December 31, 1936, Lei n.367), (5) Empregados em
Transportes e Cargas (1938), (6) Ferroviários e
Empregados em Serviços Públicos (1953). Most of these
institutes did not issue serial publications within the
scope of this Guide, but some did, and all were
absorbed by the Instituto Nacional de Previdência Social
(INPS) on November 21, 1966 (Decreto-lei n.72). On
June 26, 1967, the INPS was attached to the Ministério
do Trabalho e Previdência Social as a federal autarchy
(Decreto n.60,900).

1188. Relatório. 1967-. Rio, Assessoria de Relações
Públicas, 1967-.
Title varies: See Introduction, p. xxiv.
Frequency: Annual.

1189. Relatório; benefícios, perícias médicas, acidentes
do trabalho. 1934/1966-. Rio, Secretaria de
Seguros Sociais, 1967-.
Insurance and social security payments made.
Title varies: Benefícios concedidos e pagos, 1934/
1966, 1967. Relatório; benefícios, perícias
médicas, acidentes do trabalho, 1969-.
Frequency varies: Irreg., 1934/1966 (in 2 vols.:
Vol. I-INPS, 1967, Vol.II-Ex-IAPI's, 1934/1966).
Annual irreg., 1967, 1969.

1190. Relatório. Rio, Instituto de Aposentadoria e
Pensões dos Industriários.
Title varies: See Introduction, p. xxiv.
Frequency : Annual irreg., 1940, 1942-1943,
1952-1953, 1957-1958, 1960. Not published, 1961-
1963. Annual, 1964.
M:124.

1191. Balanço geral do Instituto de aposentadoria e
pensões dos comerciários. Rio.
Frequency: Annual irreg., 1958, 1962-1965.

1192. Industriários. n.1-112/114; fevereiro 1948-agôsto/
dezembro 1966. Rio, Serviço de Divulgação, 1948-1966.
"Orgão oficial do IAPI." Social security in Brazil,
IAPI activities, notices, legislation.
Includes the "Boletim da Procuradoria geral:
legislação," edited by the Divisão Jurídica.
Frequency varies: Bimonthly, n.1-90; 1948-1962.
Irreg., n.91/93; Feb/Jul 1963. Bimonthly, n.94-105;
Aug 1963-Jun 1965. Irreg., n.106/108; Aug/Dec 1965.
Bimonthly, n.109-111; Feb-Jun 1966. Irreg.,
n.112/114; Aug/Dec 1966.
Superseded by Previdência social, 1195.
Indexed in BBCS.
J:42 M:249 Z:51.

1193. INPS; boletim informativo. Ano I-, n.1-; junho 1968-;
Rio, 1968-.
General information bulletin, legislation, personnel.
Frequency varies: Monthly, n.1-24; 1968-May 1970.
Irreg., n.25-29; Jun/Jul, Aug, Sept, Oct/Dec
1970, Jan/Feb 1971.

1194. Mensário estatístico. Ano 1-, n.1-; janeiro 1953-.
Rio, IAPI, 1953-1966; INPS, 1967-.
Title varies: Boletim estatística-atuarial, n.1-6;
Jan-Jun 1953. Mensário estatístico-atuarial,
n.8-180; Aug 1953-Dec 1967. Mensário estatístico,
n.181-; Jan 1968-. (Suppl. also issued in Nov
1968, Nov 1969).
Indexed in BBCS, BBMF.
M:123-124.

1195. Previdência social. n.1-15; julho/agôsto 1967-
       novembro/dezembro 1969. Rio, 1967-1969.
       Frequency: Bimonthly, plus "números especiais" in
           Aug, Dec 1968.
       Supersedes Industriários, 1192, including the
           "Boletim da Procuradoria geral: legislação,"
           edited by the Divisão Jurídica.

INPS--HOSPITAL DE LAGÔA

Established in 1954 as the Hospital dos Bancários,
it was redesignated in 1967 as the Hospital da Lagôa.

1196. Boletim do Centro de estudos do Hospital da lagôa.
       Vol.1, n.1-; junho 1966-. Rio, Centro de Estudos,
       1966-.
       Medicine in general.
       Title varies: Boletim do Centro de estudos do
           Hospital dos bancários, Vol.1, n.1-Vol.2, n.1;
           1966-Mar 1967. Boletim do Centro de estudos do
           Hospital da Lagôa, Vol.2, n.2-; Jun 1967-.
       Frequency: Quarterly.
       Indexed in BBM.

CONSELHO FEDERAL DE ASSISTENTES SOCIAIS

Attached to the Ministério do Trabalho e Previdência
Social as a federal autarchy on June 26, 1967, by Decreto
n.60,900.

1197. Relatório. Rio.
       Title varies: See Introduction, p. xxiv.
       Frequency: Annual irreg., 1962/1964, 1964/1965,
           1965/1968.

CONSELHO FEDERAL DE CONTABILIDADE

Created by Decreto-lei n.9,295 of May 27, 1946, it
was attached to the Ministério do Trabalho e Previdência
Social by Decreto n.60,900 of June 26, 1967.

1198. Relatório. Rio.
       Title varies: See Introduction, p. xxiv.
       Frequency: Semi-annual, 1970-.

CONSELHO FEDERAL DE ECONOMISTAS PROFISSIONAIS

Created by Lei n.1,411 of August 13, 1951, it became
attached to the Ministério do Trabalho e Previdência
Social as a federal autarchy on June 26, 1967, by Decreto
n.60,900.

1199. Tribuna do economista. Ano 1, n.1-; julho/setembro
      1969-. Rio, 1969-.
      General articles, legislation, book reviews.
          Publicação oficial.
      Frequency: Quarterly.

CONSELHO FEDERAL DE ENGENHARIA, ARQUITETURA E AGRONOMIA
                        (CFEAA)

Created by Decreto n.23,569 of December 11, 1933, as
the Conselho Federal de Engenharia e Arquitetura and
redesignated as the Conselho Federal de Engenharia,
Arquitetura e Agronomia by Lei n.5,194 of December 24, 1966,
it was attached to MTPS on June 26, 1967, by Decreto
n.60,900 as a federal autarchy.

1200. Relatório. 1934/1935-. Rio, 1937-.
      Title varies: See Introduction, p. xxiv.
      Frequency: Annual irreg., 1934/1935.

1201. Boletim. n.1-; março 1960-. Rio, 1960-.
      Licensing of professionals, statistics, jurisprudence,
          general information, legislation.
      Frequency varies: Irreg., n.1; 1960. Semi-annual,
          n.2-3; Jul 1965-Dec 1965. Irreg., n.4; 1966.
      Cover of n.1 also called Ano 1.
      M:59.

CONSELHO FEDERAL DE FARMÁCIA (CFF)

Created by Lei n.3,820 of November 11, 1960, it was
attached to MTPS on June 26, 1967, by Decreto n.60,900
as a federal autarchy.

1202. Revista brasileira de farmácia. Ano I, n.1-; 1920-.
      Rio, Federação das Associações de Farmácia e
      Bioquímica do Brasil, 1920-.
      "Orgão oficial do Conselho Federal de Farmácia, do
          Conselho Regional de Farmácia do Estado da

1202. (Cont'd.)
  Guanabara, e da Associação Brasileira de
  Farmacêuticos:" pharmaceutical research,
  general medicine, history.
  Title varies: Boletim da Associação brasileira de
   pharmacêuticos, 1930-1932. Revista da Associação
   brasileira de pharmacêuticos, 1933-1939.
   Revista brasileira de farmácia, 1940-.
  In 1953, absorbed the Boletim da Sociedade
   brasileira de história de farmácia.
  Frequency: Bimonthly.
  Indexed annually, also indexed in BBB, BBM, BBQ.
  PAU:750.

ORDEM DOS ADVOGADOS DO BRASIL (OAB)

  Created by Decreto n.19,408 of November 18, 1930,
it became a federal autarchy, attached to the MTPS, on
July 26, 1967 by Decreto n.60,900. The entity is
organized into a Conselho Federal, and sections for the
twenty-two states and federal district.

1203. Boletim oficial da Seção de São Paulo da Ordem dos
  advogados do Brasil. Vol.1-13; 1934-1946. São
  Paulo, Seção de São Paulo, 1934-1946.
  Superseded by Revista da Ordem dos advogados do
   Brasil, São Paulo, 1206.

1204. Revista da Ordem dos advogados do Brasil. Ano I-,
  Vol,I-, n.1-; outubro/dezembro 1969-. Rio,
  Conselho Federal, 1969-.
  Frequency varies: n.1-3; Oct/Dec 1969, Jan/Apr,
   May/Aug 1970.

1205. Revista da Ordem dos advogados. n.1-; junho 1935-.
  Belo Horizonte, Seção de Minas Gerais, 1935-.
  Frequency varies: Irreg., n.1-3; Jun 1935, Dec 1938,
   Dec 1962. n.3 called "Nova fase."

1206. Revista da Ordem dos advogados do Brasil, São Paulo.
  Ano 1-, Vol.1-, n.1-; 1947-. São Paulo, Seção de
  São Paulo, 1947-.
  Supersedes Boletim oficial da Seção de São Paulo
   da Ordem dos advogados do Brasil, 1203.
  Frequency varies: Bimonthly irreg., n.1-159/160;
   1947-1960. Semi-annual, n.161-167; Sept 1961-
   Jul 1964. Not issued, 1965-1967. Irreg., n.168-

1206. (Cont'd.)
       170; Sept 1968, 1969 (2 nos. s/m).
       Numbering irreg.: Title page of n.161 misnumbered
         as n.160. Vol.29, n.168 musnumbered as Vol.35.
         Vol.31, n.170, misnumbered as Vol.30.
       Indexed in BBCS.

1207. Revista da Ordem dos advogados do Brasil: seção
       do Distrito Federal (O.A.B./DF). Ano 1-, n.1-;
       1970-. Brasília, Seção do Distrito Federal, 1970-.
       Frequency not indicated: n.1-2; 1970, n.3; 1971.

ORDEM DOS MÚSICOS DO BRASIL

   Created by Lei n.3,857 of December 22, 1960, it
became a federal autarchy, attached to the MTPS on June
26, 1967, by Decreto n.60,900.

1208. Revista brasileira de música. Ano I, n.1-; abril/
       junho 1962-. Rio, 1962-.
       Frequency: Quarterly, Ano I-II, n.1-6; 1962-
         Jul/Sept 1963.
       A quarterly publication with the same title was
         issued by the Instituto Nacional de Música,
         of the Universidade do Rio de Janeiro, from
         1934 to 1944.
       M:284.

SERVIÇO DE ASSISTÊNCIA E SEGUROS SOCIAL DOS ECONOMIÁRIOS
(SASSE)

   Created by Lei n.3,149 of May 21, 1957, it became
a federal autarchy attached to the MTPS on June 26, 1967
by Decreto n.60,900.

1209. Relatório. Rio.
       Title varies: See Introduction,p. xxiv.
       Frequency: Annual irreg., 1969.

1210. SASSE. Ano I-, n.1-; setembro 1962-. Rio, 1962-.
       General articles and information in tabloid format.
       Frequency varies: Monthly, n.1-6; Sept 1962-Feb
         1963 (plus "edição especial," Nov 1962).
       Bimonthly, n.7-; Mar/Apr 1963-.

FUNDAÇÃO CENTRO NACIONAL DE SEGURANÇA, HIGIENE E MEDICINA
DO TRABALHO

Created by Lei n.5,161 of October 21, 1966.

1211. **Boletim informativo.** Ano I-, n.1-; novembro 1969-.
São Paulo, 1969-.
General information, notices.
Frequency varies: Monthly, n.1-5; Nov 1969-Mar 1970.
Irreg., n.6/7, 8/10; Jul, Aug/Oct 1970. Monthly,
n.11-; Nov 1970-.

FUNDAÇÃO ABRIGO CRISTO REDENTOR

Created by Decreto-lei n.5,760 of August 19, 1943, it
was attached to the MTPS in 1968 by Decreto n.63,924.

1212. **Relatório.** Rio.
Title varies: See Introduction, p. xxiv.
Frequency: Annual irreg., 1964.

LEGIÃO BRASILEIRA DE ASSISTÊNCIA (LBA)

Created as a civil association by Decreto-lei n.4,830
of October 15, 1942, declared non-profit by Decreto n.57,418
of December 13, 1965, and established as a foundation by
Decreto-lei n.593 of May 27, 1969, it has kept the same
designation and the same acronym throughout.

1213. **Relatório.** Rio.
Title varies: See Introduction, p. xxiv.
Frequency: Annual irreg., 1942/1944, 1946-1947,
1951/1952, 1954, 1957-1961, 1963-.

1214. **Balanço.** Rio.
Title varies in ways similar to relátorios.
Frequency varies: Annual, 1958, 1959. Semi-annual,
1960. Annual, 1961-1964.

1215. **Boletim da D.E. da L.B., São Paulo.** Vol.I-, n.1-;
setembro/outubro 1957-. São Paulo, Diretoria Estadual
de São Paulo, 1957-.
Title varies: Boletim da C.E. [Comissão Estadual] da
L.B., n.1-19; 1957-Apr/Jun 1966. Boletim da D.E.
da L.B., São Paulo, n.20-; Jul/Sept 1966-.

1215. (Cont'd.)
Frequency varies: Bimonthly, n.1-15; 1957-May/Jun
1965. Quarterly, n.16-21; Jul/Sept 1965-Oct/Dec
1966. Annual, n.22-23; 1967-1968.

1216a. Fundação legião brasileira de assistência. Ano I,
n.1-; 1944-. Rio, 1944-.
Legislation.
Title varies: Boletim da L.B.A., 1944-1966. Atos
e notícias, 1968-May 1971. Fundação legião
brasileira de assistência, Jul 1971-.
Frequency varies: Irreg., 1944-1966. Not issued,
1967. Irreg., 1968-.

1216b. Maternidade e infância; arquivos médicos-sociais.
Vol.1-, Ano I, n.1-; junho 1945-. São Paulo,
Diretoria Estadual de São Paulo, 1945-.
Clinical studies: gynecology, obstetrics, pediatrics.
Frequency: Quarterly irreg., 1948-1960. Quarterly,
1961-.
Indexed annually; also in BBM, BBQ.
1216c. _____. Índice alfabético dos autores e dos
matérias [do Vol.1 a 15, 1945-1956]. In Vol.18,
1 (Jan/Mar 1959) pp. 3-151.
PAU:653.

SERVIÇO DE ALIMENTAÇÃO E PREVIDÊNCIA SOCIAL (SAPS)

Created by Decreto-lei n.2,478 of August 5, 1940.

1217. Boletim do SAPS. Ano 1-, n.1-; 1947-. Rio, 1947-.
Frequency: Semi-monthly irreg., n.1-20; 1947-1948.
Supersedes SAPS; boletim mensal, 1220.
M:173.

1218. Cultura e alimentação. n.1-   ; 1950-1952.
Rio, 1950-1952.
M:173.

1219. Revista de nutrição. n.1-   ; 1950-1955. Rio,
1950-1955.
M:291.

1220. SAPS; botetim mensal. Vol.1-3; 1944-1947. Rio,
1944-1947.

1220. (Cont'd.)
    Title varies slightly. Superseded by Boletim do
        SAPS, 1217.
    DN:185   M:330.

MINISTÉRIO DOS TRANSPORTES (MT)

Created in July of 1860 by Decreto n.1,067 as the
Secretaria de Estado dos Negócios da Agricultura,
Comércio e Obras Públicas, it was successively
redesignated as the Ministério da Indústria, Viação e
Obras Públicas (MIVOP) by Lei n.23 in October of 1891,
as the Ministério da Viação e Obras Públicas (MVOP) by
Decreto n.1,606 of December 29, 1906, and as the
Ministério dos Transportes (MT) by Decreto-lei n.200 of
February 25, 1967.

The following entities have issued serial
publications within the scope of this Guide:

Ministério dos Transportes (MT)

    Conselho Nacional de Transportes
    Serviço de Documentação
    Serviço de Estatística dos Transportes
    Grupo Executivo para Substituição de Ferrovias e
       Ramais Anti-Econômicos (GESFRA)
    Grupo de Estudos para Integração da Política de
       Transportes (GEIPOT)
    Operação Mauá (OPEMA)

Autonomous agencies (federal autarchies):

    Departamento Nacional de Portos e Vias Navegávies (DNPVN)
    Departamento Nacional de Estradas de Rodagem (DNER)
    Superintendência Nacional da Marinha Mercante (SUNAMAM)
    Departamento Nacional de Estradas de Ferro (DNEF)
    Contadoria Geral de Transportes
    Administração do Pôrto do Rio de Janeiro (APRJ)
    Administracão do Pôrto de Pôrto Alegre
    Administração do Pôrto do Recife

Autonomous agencies (government corporations):

    Companhia Brasileira de Dragagem
    Companhia Docas do Pará
    Companhia Docas do Ceará
    Companhia Docas de Santos
    Companhia de Navegação Lloyd Brasileiro
    Serviço de Navegação da Bacia do Prata S.A.
    Companhia de Navegação São Francisco
    Rêde Ferroviária Federal S.A. (RFFSA)

1221. Relatório. Rio.
       Title varies: See Introduction, p. xxiv.
          Also issued under the following title: Ação
          do Ministério dos transportes, 1967-.
       Frequency: Annual irreg, 1892-.
       DN:142, 187 M:154.

                CONSELHO NACIONAL DE TRANSPORTES

       Established by Decreto n.430 of December 28, 1961.

1222. Relatório. Rio.
       Title varies: See Introduction, p. xxiv.
       Frequency: Annual irreg., 1970.

                    SERVIÇO DE DOCUMENTAÇÃO

1223. Brasil constroi. Ano I-, n.1-; outubro de 1948-.
       Rio, 1948-.
       Building and construction by public and private
          enterprise.
       Frequency varies: Irreg., n.1; 1948, n.2-4; 1949.
          Semi-annual, n.5-10; 1950-1952. Annual, n.11-15;
          1953-1957. Irreg., n.16, 17-18; 1960, 1963.
       CLA:47 M:34.

1224. Jornal dos transportes. Vol.1-, n.1/2-; janeiro/
       fevereiro 1969-. Rio, 1969-.
       In tabloid form. "Orgão oficial do Serviço de
          Documentação."
       Frequency varies: Bimonthly, n.1/2-5/6; Jan/Feb-
          May/Jun 1969. Monthly, n.7-8; Jul-Aug 1969.
          Bimonthly, n.9/10-15/16; Sept/Oct 1969 (not
          issued Nov/Dec 1969), Jan/Feb-May/Jun 1970.
          Irreg., n.17, 18; Sept, Oct/Nov 1969, n.19-21;
          n.m. 1971.

              SERVIÇO DE ESTATÍSTICA DOS TRANSPORTES

       Created by Decreto-lei n.120 of January 31, 1967.

1225. Anuário estatístico dos transportes. 1970-. Rio,
       1970-.
       Frequency: Annual.

GRUPO EXECUTIVO PARA SUBSTITUIÇÃO DE FERROVIAS E
RAMAIS ANTI-ECONÔMICOS (GESFRA)

1226. Relatório. Rio.
        Title varies: See Introduction, p. xxiv.
        Frequency: Annual irreg., 1968, 1970.

GRUPO DE ESTUDOS PARA INTEGRAÇÃO DA POLÍTICA
DE TRANSPORTES (GEIPOT)

Created by Decreto n.57,003 of October 11, 1965, as
the Grupo Executivo de Integração da Política de
Transportes, it was redesignated by Decreto n.516 of April
7, 1969, as the Grupo de Estudos para Integração da
Política de Transportes, maintaining the same acronym
(GEIPOT) throughout.

1227. Revista brasileira de transportes. Vol.1, n.1-Vol.
        2, n.2; julho/setembro de 1966-abril/junho 1967.
        Rio, 1966-1967.
        "Orgão oficial do GEIPOT."
        Frequency: Quarterly.

OPERAÇÃO MAUÁ (OPEMA)

Established by Decreto n.64,918 of July 31, 1969.

1228. Relatório. Rio.
        Title varies: See Introduction, p. xxiv.
        Frequency: Annual, 1970-.

1229. OPEMA; em ritmo de Brasil jovem. n.1-; julho/
        dezembro 1970-. Rio, 1970-.
        General information on activities of the agency.
        Frequency: Semi-annual.

DEPARTAMENTO NACIONAL DE PORTOS E VIAS NAVEGÁVEIS (DNPVN)

Known between 1909 and 1933 successively as the
Inspetoria Federal de Navegação, the Inspetoria Federal
de Portos e Canães, and the Inspetoria Federal de Portos,
Rios e Canães. Established by Decreto n.23,067 of
August 11, 1933 as the Departamento Nacional de Portos
e Navegação, it was redesignated as the Departamento
Nacional de Portos, Rios e Canães by Decreto-lei n.6,166
of December 31, 1943. Established as a federal autarchy
by Lei n.4,213 of February 14, 1963, and redesignated as
the Departamento Nacional de Portos e Vias Navegáveis,
Decreto n.60,900 of June 26, 1967, attached the DNPVN to
the Ministério dos Transportes.

1230. Relatório. Rio.
      Title varies: See Introduction, p. xxiv.
      Frequency: Annual irreg., 1911-1914, 1919-1928,
          1934-1949, 1965-1969.
      DN:192, 193   M:88.

1231. Estatística portuária. 1955/1967-. Rio, Diretoria
      de Planejamento e Coordenação, 1968-.
      Statistics of the principal Brazilian ports.
      Frequency: Annual, cumulative since 1955 (e.g.,
          1955/1967, 1955/1968, 1955/1969).
      Replaces Estatística dos principais portos do
          Brasil, 1232.

1232. Estatística dos principais portos do Brasil.
      1960/1962-1964/1966. Rio, 1963(?)-1967.
      Statistics of Brazilian ports.
      Frequency: Annual, cumulative biennially.
      Replaced by Estatística portuária, 1231.

1233. Informativo do Departamento nacional de portos
      e vias navegáveis. Ano I-, n.1-; dezembro 1965-.
      Rio, Divisão de Documentação, 1965-.
      Official policy of Brazilian ports, legislation,
          general notices and information.
      Frequency varies: Monthly irreg., n.1-19; Dec 1965,
          Jan, Feb/Mar, Apr, May, Jun/Jul, Aug-Dec 1966,
          Jan/Feb, Mar-Jun, Jul/Sept, Oct/Dec 1967, Jan/
          Apr 1968. Bimonthly, n.20-; May/Jun 1968-.

      DEPARTAMENTO NACIONAL DE ESTRADAS DE RODAGEM (DNER)

      Created as the Departamento de Estradas de Rodagem
      Federal by Lei n.467 of July 31, 1937, it became a
      federal autarchy called the Departamento Nacional de
      Estradas de Rodagem by Decreto-lei n.8,463 of December
      27, 1945. It was attached to the Ministério dos Transportes
      by Decreto n.60,900 of June 26, 1967.

1234. Relatório. Rio, Diretoria de Planejamento.
      Title varies: See Introduction, p. xxiv.
      Frequency: Annual irreg., 1940-1944, 1948, 1949,
          1950-1962, 1965-1968.
      M:86.

1235. Boletim mensal de produção. julho 1970-. Rio, 1970-.
      Statistics of production.
      Frequency: Monthly, not numbered.

1236. DNER informa. Ano I-, n.1-; fevereiro de 1969-.
      Rio, Serviço de Relações Públicas, 1969-.
      General information bulletin.
      Frequency: Monthly.

1237. Estatística do trânsito. 1951-. Rio, Divisão de
      Trânsito, 1952(?)-.
      Federal highway traffic statistics.
      Title varies: Anuário estatístico, 1951-1956.
        Anuário estatístico de trânsito nas rodovias
        federais, 1957-1963. Estatística de trânsito,
        1964/1967-.
      Frequency varies: Annual, 1951-1963. Irreg., 1964/
        1967. Separates also issued, 1962, 1963, 1964/
        1967, entitled "Estatística de tráfego."
      M:86.

1238. Rodovia. Ano I-, n.1-; janeiro 1938-. Rio,
      Serviço de Relações Públicas, 1938-.
      Brazilian highways, notor travel.
      Frequency varies: Bimonthly irreg, 1938-1939.
        Monthly irreg., 1940-Jun 1960. Not issued,
        Jul-Dec 1960. Monthly irreg., Jan-Jun 1961, Jan
        1962. Bimonthly, Feb/Mar-Jun/Jul 1962. Monthly,
        Aug-Oct 1962. Irreg., Nov/Dec 1962. Annual,
        1963. Irreg., Jan/Jun, Jul/Sept, Oct/Dec 1964.
        Bimonthly, Jan/Feb 1965-Mar/Apr 1966. Irreg.,
        May/Dec 1966, Jan-Mar 1967, Apr 1967/Mar 1968,
        Dec 1968/Jan 1969, Feb/Mar, and nos. 279-281
        (n.m.) 1969. Bimonthly,(n.m.) 1970-.
      Indexed in BBCS.
      M,Suppl.:12.

SUPERINTENDÊNCIA NACIONAL DA MARINHA MERCANTE (SUNAMAM)

     Created as a federal autarchy by Decreto-lei n.3,100
of March 7, 1941, as the Comissão de Marinha Mercante,
and attached to the Ministério da Viação e Obras Públicas
by Decreto-lei n.3,119 of March 17, 1941, it was
redesignated by Decreto n.64,125 of February 19, 1969, as
the Superintendência Nacional de Marinha Mercante and
attached to the Ministério dos Transportes by Decreto
n.67,992 of December 30, 1970.

1239. Relatório. Rio.
       Title varies. See Introduction, p. xxiv.
       Frequency: Annual irreg., 1953-1958, 1960-1969.

1240. Anuário da marinha mercante. 1968-. Rio, 1969(?)-.
       Issued "in substitution" for the Relatório, 1239.
       Frequency: Annual.

1241. Boletim informativo. n.1-; Legislação da marinha mercante.
       Legislation.
       Frequency: Irreg., n.1, 2; 1966. Suspended, according
          to a letter to the Biblioteca Nacional, dated
          May 31, 1968.

1242. Boletim de resoluções da SUNAMAM. Boletim no. 1-,
       (Diário oficial de   ), Resolução n.   ; 1946-1971.
       Series.
       Title varies: Boletim. Boletim de resoluções da C.N.M.
          Boletim da resoluções da SUNAMAM. Also collected
          annually, with title, Boletins expedidos em [ano]
          nos.   a   .
       Replaced by Marinha mercante informa: resoluções, 1245.

1243. Cabotagem. 1962-. Rio, 1965-.
       Statistics of cargo transport on the Brazilian coast.
       Title varies: Cabotagem; estatística sôbre transporte
          de carga, 1962-1967. Cabotagem, 1968-.
       Frequency: Annual, in two vols.

1244. Marinha mercante. Ano 1-, n.1-; novembro 1970-.
       Rio, Assessoria de Relações Públicas, 1970-.
       General information on the merchant marine.
       Frequency varies: Irreg., n.1-; Nov 1970. n.3, 4;
          Jun, Sept 1971.

1245. Marinha mercante informa: resoluções. Ano 1-;
       separata n.1-. Rio.
       Issued with Marinha mercante, 1244, as an insert.
       Continues publication of SUNAMAM's official resolutions,
          previously issued in Boletim de resoluções da
          SUNAMAM, 1242.
       Frequency and numbering not consistent with Marinha
          mercante, 1244: n.3, 4; Jun 1971. n.5; Sept 1971.

1246. Resenha de legislação. Rio, Divisão de Serviços Gerais.
       Index to acts of interest to SUNAMAM published in
          the Diário oficial, 29.
       Frequency: Weekly.

DEPARTAMENTO NACIONAL DE ESTRADAS DE FERRO (DNEF)

Initially designated as the Inspetoria Federal das Estradas, the Decreto-lei n.3,163 of March 31, 1941, redesignated the agency as the Departamento Nacional de Estradas de Ferro. It became a federal autarchy by Lei n.4,102 of July 20, 1962, DNEF was attached to the Ministério dos Transportes by Decreto n.60,900 of June 26, 1967.

1247. Relatório. Rio.
      Title varies: See Introduction, p. xxiv.
      Frequency: Annual irreg., 1901, 1905, 1907, 1913-
          1919, 1921, 1922, 1924, 1927-1929, 1932, 1937-
          1940, 1947, 1953/1954, 1954/1955, 1958, 1964-.
          Issued in one vol., except for 1967 which was
          in 2 vols.
      DN:191 M:86.

1248. Anuário do sistema ferroviário do Brasil. 1967-.
      Rio, 1967-.
      Title varies: Anuário das estradas de ferro do
          Brasil, 1967. Anuário do sistema ferroviário
          do Brasil, 1968-.
      Frequency: Annual, 1967-1968.

1249. DNEF; revista trimestral. Ano I-, n.1-; novembro
      1966-. Rio, 1966-.
      Frequency varies: Irreg., n.1, 2; Nov 1966, Feb 1967.
          Quarterly, n.3-10; June, Sept, Dec 1967, Mar,
          Jun, Sept, Dec 1968, Jan 1969. Irreg., n.11-15;
          Sept, Dec 1969, May, Aug, Dec 1970. Quarterly,
          n.16-; Mar 1971-.
      Indexed in BBCS.

1250. Estatística das estradas de ferro do Brasil. Tomo I-,
      1898-. Rio, 1900-.
      Title varies: Estatística das estradas de ferro do
          Brasil, 1898-   . Estatística resumo do DNEF,
            -1963. Estatística das estradas de ferro do
          Brasil, 1964-.
      Frequency: Annual.
      A compilation of selected statistics from 1958 to
          1967 is included in a monograph issued by DNEF,
          entitled Retrospecto da estatística ferroviária
          nacional, 1958-1967 (Rio, 1969[?]) 158p.
      DN:19, 191 M:85.

CONTADORIA GERAL DE TRANSPORTES

This agency, created as the Contadoria Central
Ferroviária by Decreto n.16,511 of June 25, 1924, was
redesignated as the Contadoria Geral de Transportes by
Decreto n.1,977 of September 24, 1937, and attached to
the Ministério dos Transportes as a federal autarchy by
Decreto n.60,900 of June 26, 1967.

1251. Relatório. Rio.
      Title varies: See Introduction, p. xxiv.
      Frequency: Annual irreg, 1931-1942/1946, 1969.

ADMINISTRAÇÃO DO PÔRTO DO RIO DE JANEIRO (APRJ)

This agency was created as a federal autarchy on
January 1, 1936 (Lei n.190). On February 28, 1967,
Decreto-lei n.256 authorized its dissolution by
transforming it into a government corporation designated
as the Companhia Docas do Rio de Janeiro, to be
effective by June 1972.

1252. Relatório. Rio.
      Title varies: See Introduction, p. xxiv.
      Frequency: Annual irreg., 1934-1936, 1939-1949,
         1958-1965, 1967, 1970.
      M:1

1253. Correio portuário. Ano I, n.1-; 1967-. Rio, 1967-.
      General information bulletin.
      Frequency varies: Biweekly, 1967-1970. Monthly,
      1971-.

1254. Mensário estatístico. 1º semestre de 1945-. Rio,
      Comissão de Marinha Mercante, 1945-1946; APRJ, 1956-.
      Title varies: Movimento de vapores, nacionais e
         estrangeiras, nos diversos portos do pais, 1945-
         1946, Movimento geral, 1956. Mensário estatístico,
         1957-.
      Frequency varies: Irreg., 1º sem. 1945. Monthly,
         May 1945-Oct 1946. Not issued (?) Nov 1946-May
         1956. Monthly, Jun 1956-.
      M:1

1255. Revista do pôrto. Ano I-, n.1-; Jun/Jul 1959-. Rio,
      1959-.
      Frequency varies: Bimonthly irreg., n.1-12; 1959-
         1960. Bimonthly, n.13-31; 1961-1963.

ADMINISTRAÇÃO DO PÔRTO DE PÔRTO ALEGRE

1256. Estatística do pôrto de Pôrto Alegre. Pôrto Alegre,
        Diretoria Econômico-Financeira.
        Frequency varies: Annual, 1968. Monthly, 1969-.

ADMINISTRAÇÃO DO PÔRTO DO RECIFE

1257. Relatório. Recife, Assessoria de Planejamento
        Administrativo.
        Title varies: See Introduction, p. xxiv.
        Frequency: Annual irreg., 1964-1966.

COMPANHIA BRASILEIRA DE DRAGAGEM

   Establishment as a government corporation authorized
by Lei n.4,213 of February 14, 1963, and created by
Decreto-lei n. 153 of February 10, 1967, it was attached
to the Ministério dos Transportes by Decreto n.60,900 of
June 6, 1967.

1258. Relatório. Rio.
        Title varies: See Introduction, p. xxiv.
        Frequency: Annual irreg, 1968, 1967/1969.

1259. BOIN; boletim informativo. Vol.1-, n.1-;maio 1967-.
        Rio, 1967-.
        General information, notices, statistics.
        Title varies: Boletim informativo, May 1967-Apr/Sept
           1970. BOIN; boletim informativo, Oct/Dec 1970-.
        Frequency varies: Monthly, n.1-19; May 1967-Nov
           1968. Irreg., n.20-21; Dec 1968-May 1969. Monthly,
           n.22-23; Jun-Jul 1969. Irreg., n.24/25; Aug/Sept
           1969. Quarterly, n.26/28-n.1; Oct/Dec 1969-Jan/
           Mar 1970. Irreg., n.2; Apr/Sept 1970. Quarterly,
           n.3-; Oct/Dec 1970-.
        Numbering varies: Numbered consecutively, 1-22; 1967-1969.
           Begins again with n.1, 1970-.

COMPANHIA DOCAS DO PARÁ S.A.

   Established by Decreto-lei n.2,154 of April 27, 1940,
as two federal autarchies: the Serviço de Navegação da
Amazônia and the Serviço de Administração do Pôrto do Pará,
these two entities were reorganized as government corporations
by Decreto-lei n.155 of February 10, 1967, and were
redesignated as the Emprêsa de Navegação da Amazônia S.A.
and Companhia das Docas do Pará S.A., respectively.

1260.   Estatística de importação e exportação. 1964-.
        Belém, Divisão de Estatística e Análises Econômicos,
        1964-.
        Frequency: Annual, 1964-1969.

                    COMPANHIA DOCAS DO CEARÁ

     Created in 1965 as a government corporation by
Resolução n.182 of the Conselho Nacional de Portos e Vias
Navegáveis.

1261.   Estatísticas. 1965-. Fortaleza, Pôrto de Fortaleza
        (Mucuripe), 1966-.
        Title varies: Estatísticas is the cover title of a
            series of publications. The title page of the
            1st annual number is: "1º Relatório estatístico
            anual das atividades do Pôrto de Mucuripe no
            ano de 1966."
        Frequency: Annual, semi-annual, and monthly, 1966-1969.

                    COMPANHIA DOCAS DE SANTOS

1262.   Relatório. Santos.
        Title varies: See Introduction, p. xxiv.
        Frequency: Annual irreg., 1927, 1929-1938, 1940-
            1946, 1948-.

1263.   Movimento geral da navegação aérea pelo pôrto de
        Santos. 1948-. Santos, Divisão de Contabilidade e
        Estatística, 1948-.
        Statistics of air traffic in the port of Santos.
        Frequency varies: Annual, 1948-1960. Also,
            Monthly, 1948-1965.

1264.   Pôrto de Santos; movimento geral do mês de janeiro
        de 1948-. Santos, Departamento de Processamento de
        Dados, 1948-.
        General statistics of the port of Santos.
        Title varies: Movimento geral do pôrto de Santos,
            1948-Jun 1954. Pôrto de Santos; movimento geral
            do mês de Jul 1954-.
        Frequency varies: Monthly, 1948-. Quarterly, 1948-
            1955. Semi-annual, 1948-1965. Annual, 1948-1964,
            1966, 1969.

1265. Relatório sôbre a exportação de milho pelo pôrto
       de Santos. Santos.
       Statistics of the export of grain through the port
       of Santos.
       Frequency: Annual irreg., 1963,1966, 1968,1970.

1266. Revista das docas de Santos. Ano I-, n.1-; julho/
       setembro 1960-. São Paulo, 1960-.
       General information.
       Frequency: Quarterly, n.1-38; 1960-1969.

       COMPANHIA DE NAVEGAÇÃO LLOYD BRASILEIRO

       Established under the Ministério da Fazenda by Decreto
   n.10,387 of August 8, 1913, and transferred to the
   Ministério da Viação e Obras Públicas by Decreto n.13,420
   of August 15, 1919, it became a government corporation as
   the Companhia de Navegação Lloyd Brasileiro by Decreto-
   lei n.67 of November 21, 1966.

1267. Relatório. 1916-1965. Rio, 1916-1965.
       Title varies: See Introduction, p. xxiv.
       Frequency: Annual irreg., 1916, 1919, 1921/1926,
          1922, 1923/1926, 1942-1965.
       Replaced by Boletim estatístico, 1268.
       M:140.

1268. Boletim estatístico. n.1-; Jan/Mar 1967-. Rio, 1967-.
       Frequency varies: Quarterly, n.1-2; Jan/Mar-Apr/Jun
          1967. Bimonthly, n.3-8, Jul/Aug 1967-May/Jun 1968.
          Irreg., n.9-; Jul/Dec 1968.
       Replaces Relatório, 1267.

       SERVIÇO DE NAVEGAÇÃO DA BACIA DO PRATA S.A.

       Created as a federal autarchy on February 16, 1943
   (Decreto-lei n.5,252), it became a government corporation
   on February 10, 1967 (Decreto-lei n.154). It has been
   attached to the Ministério das Minas e Energia (April 26,
   1961, Decreto n.50,516) and to the Ministério dos
   Transportes (June 26, 1967, Decreto n.60,900).

1269. Boletim informativo. Ano 1-, n.1-; 1968-. Rio, 1968-.
       Frequency undetermined: Ano 1,n.7; Dec 1968.

COMPANHIA DE NAVEGAÇÃO DE SÃO FRANCISCO S.A.

Created by Lei n.2,299 of September 13, 1955, it was attached to the Ministério da Viação e Obras Públicas by Lei n.4,855 of November 25, 1965, reorganized as a government corporation by Decreto-lei n.249 of February 28, 1967, and attached to the Ministério dos Transportes by Decreto n.60,900 of June 26, 1967.

1270. **Relatório das atividades**, 1965/1970. Rio, 1971.

RÊDE FERROVIÁRIA FEDERAL S.A. (RFFSA)

Established by Lei n.3,115 of March 16, 1957, as a government corporation, consolidating the Brazilian railroads, it was attached to the Ministério dos Transportes by Decreto n.60,900 of June 26, 1967. It is organized into regional divisions as follows (the component rail systems are given their traditional designations):

Sistema Regional do Nordeste (SRN)
   1a.   Divisão: Estrada de Ferro São Luis-Teresinha
   2a.   Divisão: Rêde de Viação Cearense
   3a.   Divisão: Rêde Ferroviária do Nordeste, Estrada
                  de Ferro Mossoró-Souza, Estrada de
                  Ferro Sampaio Correia
   4a.   Divisão: Viação Férrea Federal Leste Brasileiro,
                  Estrada de Ferro Ilhéus

Sistema Regional Centro (SRC)
   5a.   Divisão: Estrada de Ferro Leopoldina, Viação
                  Férrea Centro-Oeste, Rêde Mineira de
                  Viação
   6a-7a.Divisão: Estrada de Ferro Central do Brasil,
                  Estrada de Ferro de Goiás,
                  Rêde Federal de Armazéns Gerais
                  Ferroviárias S.A. (AGEF)
   8a.   Divisão: In process of development

Sistema Regional Centro-Sul (SRCS)
   9a.   Divisão: Estrada de Ferro Santos à Jundiaí
   10a. Divisão: Estrada de Ferro Noroeste do Brasil

Sistema Regional Sul (SRS)
   11a. Divisão: Rêde de Viação Paraná-Santa Catarina
   12a. Divisão: Estrada de Ferro Dona Teresa Cristina
   13a. Divisão: Viação Férrea Rio Grande do Sul
   14a. Divisão: Estrada de Ferro Santa Catarina

1271. Relatório. 1957-. Rio, 1958-.
      Title varies: See Introduction, p. xxiv.
      Frequency: Annual.
      M, Suppl.:11

1272. Anuário estatístico da RFFSA. n.1-, 1948/1961-.
      Rio, Departamento de Estatística e Documentação,
      1962-.
      Federal railway network statistics.
      Frequency varies: Irreg., n.1; 1948/1961. Annual,
         n.2-; 1962-.
      Numbered beginning with n.2; 1962.
      Selected statistics from n.8; 1968, included in
         monograph issued by DNEF, entitled, Retrospecto
         da estatística ferroviária nacional, 1958-1967..
         (Rio, [1968(?)])158p.
      M,Suppl:10.

1273. Boletim estatístico. Ano I-, n.1-; janeiro/março
      1965/1966-. Rio, 1966-.
      Subtitle varies: ...resultados trimestrais, and
      ...resultados mensais.
      Frequency irreg: n.1-3 refer to Jan/Mar, Apr/Jun,
         Jul/Sept 1965/1966, with publication dates of
         Sept, Oct, Dec 1966 respectively. The succeeding
         issues, Jan/Mar, Apr/Sept 1967 are not numbered.
      Not part of the series, but with a similar title,
         Principais resultados trimestrais, 1960/1961.
         (Rio, 1961) 2 v.

1274. Ementário de decisões e resoluções da diretoria,
      1957/1958-. Rio, Departamento de Administração, 1962-.
      Resolutions, administration of the RFFSA.
      Frequency varies: Irreg., 1957/1958. Annual, 1959-.
      M, Suppl:11.

1275. Fluxograma dos transportes ferroviárias... Rio.
      Title varies: Fluxograma dos transportes; transportes
         ferroviária da Rêde..., 1962. Fluxograma dos
         transportes ferroviárias..., 1963-.
      A series, issued for the individual systems as
         follows (publication date in paren.):
         Rêde de Viação Cearense, 1966 (1968).
         Estrada de Ferro Central do Brasil, 1962, 1965
            (1962, 1967).

1275. (Cont'd.)
   Viação Férrea Centro-Oeste, 1966, 1967 (1968, 1969).
   Estrada de Ferro Goiás, 1962 (1964).
   Estrada de Ferro Leopoldina, 1962, 1966 (1962,
    1967).
   Viação Férrea Federal Leste Brasileiro, 1962,
    1965, 1966 (1964, 1967, 1968).
   Rêde Ferroviária do Nordeste, 1962, 1965 (1964,
    1967).
   Estrada de Ferro Noroeste do Brasil, 1962, 1965-
    1967 (1964, 1967-1969).
   Rêde de Viação Paraná-Santa-Catarina, 1965-1967
    (1967-1969).
   Estrada de Ferro Central do Piauí, 1962.
   Rêde de Viação Paraná-Santa Catarina, 1965-1967
    (1967-1969).
   Estrada de Ferro Santa Catarina, 1963, 1967
    (1965, 1969).
   Estrada de Ferro São Luis-Teresina, 1962, 1964,
    1967 (1964, 1966, 1969).
   Estrada de Ferro Santos à Jundaí, 1962, 1966
    (1964, 1967).
   Estrada de Ferro Dona Teresa Cristina, 1965-1967
    (1967-1969).

1276. Fornecimento de vagões. Rio, Departamento de
   Estatística e Documentação.
   A synthesis of weekly statistics on the availability
    of railroad cars for the following lines:
    Estrada de Ferro Central do Brasil, Viação
    Férrea Rio Grande do Sul, Rêde Ferroviária
    do Nordeste, Rêde Mineira de Viação, Estrada de
    Ferro Madeira Mamoré, and Estrada de Ferro
    São Luis-Teresina.
   Title varies: Fornecimento semanal de vagões, 1960/
    1961. Fornecimento de vagões, 1961.
   Frequency varies: Semi-annual, 1959/1960-1960/1961.
    Annual, 1961.
   M,Suppl.:11.

1277. REFESA. n.1-; agôsto 1960-. Rio, Departamento de
   Relações Públicas, 1960-.
   Frequency varies: Irreg., n. 1-2; 1960. Bimonthly,
    n.3-6; Jan/Feb-Aug/Sept 1961. Not issued, Oct 1961-
    Sept 1966. Irreg., n.7-10; Oct/Nov 1966, Mar/Apr,
    Aug, Nov/Dec 1967. Bimonthly, 1968-.
   Numbered only n.1-8.

1278. Relatório anual econômico-financeiro. Rio,
       Departamento de Contadoria.
       Title varies: Relatório econômico-financeiro, 1963,
          1965. Relatório anual econômico-financeiro, 1966.
       Frequency: Annual irreg., 1963, 1965, 1966.

1279. Resultados financeiros. 1958/1960-. Rio, Departamento
       de Estatística e Documentação, 1961-.
       Frequency varies (date of publication in paren.):
          1958/1960 (1961), 1959/1963 (1964), 1962/1964
          (1965), 1963/1965 (1966).
       M,Suppl:11.

       RFFSA: SISTEMA REGIONAL DO NORDESTE (SRN)

1280. Relatório. 1969-. Recife, 1970(?)-.
       Title varies: See Introduction, p. xxiv.
       Frequency: Annual.

1281. Informativo RN. Ano I, n.1-; novembro 1970-.
       Recife, Superintendência da Sistema Regional
       Nordeste, 1970-.
       General information, in tabloid format, with
          photographs.
       Frequency: Monthly.

              RFFSA: SRN: 1a. DIVISÃO: ESTRADA DE FERRO
                      SÃO LUIS-TERESINA

1282. Relatório. São Luis, MA.
       Title varies: See Introduction, p. xxiv.
       Frequency: Annual irreg., 1960, 1967, 1968.

       RFFSA. SRN. 2a. DIVISÃO: RÊDE DE VIAÇÃO CEARENSE

1283. Relatório. Fortaleza, Ceará.
       Title varies: See Introduction, p. xxiv.
       Frequency: Annual irreg., 1958, 1961, 1968.

     RFFSA: SRN: 3a. DIVISÃO: RÊDE FERROVIÁRIA DO NORDESTE
                        (RFN)

1284. Relatório. Recife.
       Title varies: See Introduction, p. xxiv.
       Frequency: Annual irreg., 1951-1957, 1962-1968.

1285. Relatório mensal. Recife, Departamento de Engenharia
      Econômica.
      Frequency: Monthly, 1963.

1286. Estatística geral da RFN. Recife, Departamento
      de Engenharia Econômica.
      Title varies: Estatística geral, 1957. Estatística
         geral da RFN, 1958.
      Frequency: Annual, 1957. Semi-annual, 1958.

      RFFSA: SRN: 3a. DIVISÃO: RFN. ESTRADA DE FERRO
                        MOSSORÓ-SOUZA

1287. Relatório mensal. Mossoró, Rio Grande do Norte, Setor
      de Estatística.
      Frequency: Monthly, Feb-Nov 1963.

      RFFSA. SRN. 3a. DIVISÃO: RFN. ESTRADA DE FERRO
                        SAMPAIO CORREIA

1288. Relatório. Natal, Rio Grande do Norte.
      Title varies: See Introduction, p. xxiv.
      Frequency: Annual, 1960-1963.

1289. Relatório mensal. Natal, Rio Grande do Norte,
      Setor de Estatística.
      Frequency: Monthly, Jan-Mar 1963.

   RFFSA: SRN: 4a. DIVISÃO: VIACÃO FÉRREA FEDERAL LESTE
                        BRASILEIRO

1290. Relatório. Salvador.
      Title varies: See Introduction, p. xxiv.
      Frequency: Annual irreg., 1957, 1962-1968.

   RFFSA: SRN: 4a. DIVISÃO: ESTRADA DE FERRO ILHÉUS

1291. Relatório.
      Title varies: See Introduction, p. xxiv.
      Frequency: Annual, 1965.

       RFFSA: SISTEMA REGIONAL CENTRO (SRC)

1292. Relatório. 1969-. Rio, 1970-.
      Title varies: See Introduction, p. xxiv.
      Frequency: Annual.

RFFSA: SRC: 5a. DIVISÃO: ESTRADA DE FERRO LEOPOLDINA

1293. Relatório. Belo Horizonte.
Title varies: See Introduction, p. xxiv.
Frequency: Annual irreg., 1958-1962, 1965, 1967.

1294. Mensário estatístico. n.1-. Belo Horizonte.
Frequency: Monthly, 1967-1969. Numbered 1-12 each
year.

RFFSA: SRC: 5a. DIVISÃO: VIAÇÃO FÉRREA CENTRO-OESTE

1295. Anuário estatístico. Belo Horizonte.
Frequency: Annual, 1964-1969.

1296. Boletim; órgão oficial. Ano I-, n.1-; 1965-. Belo
Horizonte, 1965-.
Frequency: Newspaper, for internal distribution.
3/week irreg., n.1-173; 1965-Dec 1966.

RFFSA: SRC: 5a. DIVISÃO: RÊDE MINEIRA DE VIAÇÃO

1297. Relatório. Belo Horizonte.
Title varies: See Introduction, p. xxiv.
Frequency: Annual irreg., 1954, 1960-1962.

1298. Anuário estatístico. 1956-. Belo Horizonte, 1957-.
Title varies: Quadros estatísticos, 1956, 1957.
Anuário estatístico, 1963-1969.

1299. Resenha dos principais fatos e ocorrências registrados
no mês de... Belo Horizonte.
Frequency: Monthly irreg., Jan-Jul 1962, Aug/Sept
1962, Dec 1962-Mar 1963.

RFFSA: SRC: 6a.-7a. DIVISÃO: ESTRADA DE FERRO CENTRAL
DO BRASIL

Instituted as a federal autarchy by Decreto-lei
n.3,306 of May 24, 1941.

1300. Relatório. Rio.
Title varies: See Introduction, p. xxiv.
Frequency: Annual irreg., 1888, 1898-1905, 1907, 1909,
1912-1913, 1929, 1931, 1941-1944, 1961-1964, 1968.
DN:192   M:115.

· RFFSA:SRC: 6a.-7a. DIVISÃO: ESTRADA DE FERRO DE GOIÁS

1301. Relatório.
       Title varies: See Introduction, p. xxiv.
       Annual, 1947-1951.

       RFFSA: SRC: 6a.-7a. DIVISÃO: RÊDE FEDERAL DE
       ARMAZÉNS GERAIS FERROVIÁRIAS S.A. (AGEF)

    Established by Decreto n.46,531 of July 30, 1959.

1302. Relatório. Rio.
       Title varies: See Introduction, p. xxiv.
       Frequency: Annual irreg., 1960-1962, 1964-1969.

       RFFSA: SISTEMA REGIONAL CENTRO-SUL (SRCS)

1303. Relatório. 1969-. São Paulo, 1970-.
       Title varies: See Introduction, p. xxiv.
       Frequency: Annual.

    RFFSA: SRCS: 9a. DIVISÃO: ESTRADA DE FERRO SANTOS
                 À JUNDIAÍ

1304. Relatório. São Paulo.
       Title varies: See Introduction, p. xxiv.
       Frequency: Annual irreg., 1950, 1952-1955, 1957.

1305. Estatística de transportes. São Paulo, Departamento
       de Finanças.
       Frequency: Annual, 1962-1963.

1306. Ferrovia. n.1-. São Paulo.
       Frequency varies: Monthly irreg., n.272-361; Aug
          1958-Apr 1966. Semi-annual, n.1-4; 1967-1968.
          Irreg., n.5; 1969. Bimonthly, n.6-; May/Jun 1969-.

       RFFSA: SRCS: 10a. DIVISÃO: ESTRADA DE FERRO
                    NOROESTE DO BRASIL

    Instituted as a federal autarchy by Decreto-lei
n.4,176 of March 13, 1942.

1307. Relatório. Bauru, São Paulo.
       Title varies: See Introduction, p. xxiv.
       Frequency: Annual irreg., 1941, 1943-1944, 1946-1949,
          1951-1952, 1954-1956, 1962-1963, 1965-1968.

RFFSA: SISTEMA REGIONAL SUL (SRS)

1308. Relatório. 1969-. Pôrto Alegre, 1970-.
Title varies: See Introduction, p. xxiv.
Frequency: Annual.

RFFSA: SRS: 11a. DIVISÃO: RÊDE DE VIAÇÃO PARANÁ-
SANTA CATARINA

Instituted as a federal autarchy by Decreto-lei n.4,746
of September 25, 1942.

1309. Relatório. Curitiba.
Title varies: See Introduction, p. xxiv.
Frequency: Annual irreg., 1934-1937, 1942-1944,
1946-1949, 1951, 1952, 1956, 1961, 1962, 1965-
1968.
M:172.

1310. Correio dos ferroviários. Vol.1-; 1933-. Curitiba,
1933-.
General information bulletin.
Frequency varies: Monthly irreg., 1933-1970. Bimonthly,
1971-.
Numbered 1-12, each year of 1958-1968. Numbered
422-; Jan 1969-.

1311. Estatística do mês. n.1-. Curitiba, Setor de
Estatística.
Frequency: Monthly, Mar 1962-May 1969. Numbered
1-12 within the year.

RFFSA: SRS: 12a. DIVISÃO: ESTRADA DE FERRO
DONA TERESA CRISTINA

1312. Relatório. Tubarão, Santa Catarina.
Title varies: See Introduction, p. xxiv.
Frequency: Annual irreg., 1947-1950, 1952-1959,
1962, 1964-1968.

RFFSA: SRS: 13a. DIVISÃO: VIAÇÃO FÉRREA
RIO GRANDE DO SUL

1313. Relatório. Pôrto Alegre.
Title varies: See Introduction, p. xxiv.
Frequency: Annual irreg., 1933-1937, 1939, 1945, 1947,
1952, 1953, 1955, 1956, 1958-1962, 1966, 1968.

1314.   Síntese estatística. Pôrto Alegre.
        Frequency: Monthly, 1968-1970.

            RFFSA: SRS: 14a. DIVISÃO: ESTRADA DE
            FERRO SANTA CATARINA

1315.   Relatório. Blumenau, S.C.
        Title varies: See Introduction, p. xxiv.
        Frequency: Annual irreg., 1961/1962, 1963-1966,
        1968.

FUNDACÃO GETULIO VARGAS (FGV)

On July 14, 1944, Decreto-lei n.6,693 proposed that
a research institute be established to study the principles
and methods of rational work organization and to prepare
qualified personnel for public administration and for the
private sector. The Fundação Getúlio Vargas was formally
installed on December 20, 1944, and was classified as a
federal autarchy by Lei n.830 of September 23, 1949. A
history of the FGV may be found in its publication, Vinte
Anos de Atividades 1944-1954 (Rio, 1965).
    The following entities have issued serial publications
within the scope of this Guide:

Fundação Getúlio Vargas (FGV)

    Instituto de Documentação (INDOC)
    Instituto Brasileiro de Administração (IBRA)
        Escola Brasileira de Administração Pública (EBAP)
        Escola de Administração de Emprêsas de São Paulo
            (EAESP)
        Escola Interamericana de Administração Pública (EIAP)
    Instituto Brasileiro de Economia (IBRE)
    Instituto de Direito Público e Ciência Política
    Instituto de Seleção e Orientação Profissional (ISOP)
    Departamento de Ensino
    Colégio Nova Friburgo

1316. Relátorio e prestação de contas do exercício de 1945-.
       Rio, 1946-.
       Title varies: Relatório anual e prestação de contas,
           1945. Relatório e balanços do exercício de 1946-
           1953. Relatório e prestação de contas do exercício
           de 1954-.
       Frequency: Annual.
       Number of vols varies: 1 vol., 1945-1946. 2 vols.,
           1947-1948. 1 vol., 1949-.

1317. Bibliografia ecônomica-social; catalogação e resumos
       de artigos selecionados. Ano I-V, n.1-5; setembro
       1950-maio 1954. Rio, Biblioteca, 1950-1954.
       Frequency: Monthly.
       Superseded by Bibliografia brasileira de ciências
           sociais, 61.
       M:25.

1318. Boletim informativo. n.1-2; maio, setembro 1965.
       Rio, Superintendência Administrativa, 1965.
       Only two numbers issued.

1319. Monografia. Vol.1-. Rio, 1964-.
       Series (vol.2; 1966).
       M:246.

INSTITUTO DE DOCUMENTAÇÃO (INDOC)

In 1945 the Fundação Getúlio Vargas established its
publications program, creating the Departamento de
Publicações e Documentação. This unit has been successively
redesignated as the Seção de Publicações (1948) and as
the Serviço de Publicações (1958). In the general
reorganization of November 24, 1966, the Serviço became
part of the newly created Instituto de Documentação.

1320. Biblioteca de administração pública. n.1-. Rio,
       1955-.
       Series (n.17; 1971).
       Didactic works on public administration.

1321. Cadernos técnicos de contabilidade. n.1-. Rio, 1963-.
       Bookkeeping techniques.
       Series (n.2; 1965).

1322. Informativo. Ano 1, n.0-; dezembro 1968-. Rio, 1968-.
       Activities of the FGV, book reviews.
       Frequency: Monthly.
           Issued with a preview number, Ano 1, n.0; Dec
           1968. Regular numbering begins with Ano 1, n.1;
           Jan 1969.

1323. Revista de direito administrativo. Vol.1, fasc. 1-;
       janeiro 1945-. Rio, 1945-.
       Public service, law, legislation and jurisprudence.
       Frequency: Quarterly.
       Numbering varies: Vol.1, fasc.1 - vol.1, fasc.2; Jan,
           Apr 1945. Vol.2, n.1 - Vol.2, n.2; Jul, Oct 1945.
           Vol.numbering dropped beginning with n.3; 1946.
       Indexed in BBCS.
1323a. _____. Índice: volumes 1 a 30, 1945-1952 (Rio,
       1955). 319p.
1323b. _____. Índice remissivo: volumes 31 a 61, 1953-
       1960 (Rio, 1965). 366p.
1323c. _____. Índice remissivo: volumes 61 a 90, 1961-
       1967 (Rio, 1969). 398p.
       M:287.

1324.   Série de administração comparada. Vol.I-. Rio, 1960-.
        Although issued by INDOC, this item is a publication
           of the Instituto Brasileiro de Ciências
           Administrativas, a civil society, non-federal
           in nature and therefore not within the scope of
           this Guide.

1325.   Summa brasiliensis biologiae. Ano 1-3, n.1-17;
        dezembro 1945-maio 1948. Rio, 1945-1948.
        M:339.

1326.   Summa brasiliensis geologiae. Ano 1, vol.1, fasc. 1-
        Ano 2, fasc. 14; agôsto 1946-agôsto 1947. Rio, 1946-1947.
        M:339.

1327.   Summa brasiliensis mathemathicae. Vol.1, n.1-Vol.4,
        n.7; dezembro 1945-1960. Rio, 1945-1960.
        Indexed in BBMF.
        M:339-340.

1328.   Summa brasiliensis physicae. Vol.1, fasc. 1-; maio
        1947-. Rio, 1947-.
        M:340.

           INSTITUTO BRASILEIRO DE ADMINISTRAÇÃO (IBRA)

    Installed on March 21, 1951, IBRA publishes through
its schools: Escola Brasileira de Administração Pública
(EBAP), Escola de Administração de Emprêsas de São Paulo
(EAESP), and Escola Interamericana de Administração Pública
(EIAP).

    ESCOLA BRASILEIRA DE ADMINISTRAÇÃO PÚBLICA (EBAP)

    Created by the FGV on April 15, 1952.

1329.   Administração para o desenvolvimento. Rio, 1963-.
        Series of textbooks, translated into Portuguese.
        Not numbered (latest, 1970).

1330.   Boletim do Centro de pesquisas administrativas da
        EBAP. Ano 1-4, n.1-6; julho 1964-janeiro 1967.
        Rio, Centro de Pesquisas Administrativas, 1964-1967.
        Frequency: Semi-annual.
        Superseded by Revista de administração pública, 1335.

1331. Cadernos de administração pública. Rio, 1954-.
       Didatic essays and monographs, original and translated.
       Series, with the following sub-series:
1331a. _____. Administração de material.
1331b. _____. Administração de pessoal.
1331c. _____. Administração geral.
1331d. _____. Administração municipal.
1331e. _____. Orçamento e finanças públicas.
1331f. _____. Organização e métodos.
1331g. _____. Relações públicas.
       M:220.

1332. Comunicações EBAP/IANAS. Ano 1-, n.1-; março 1971-.
       Rio, 1971-.
       Activities of the school, its courses and conferences.
       Frequency: Monthly.
       Supersedes Correio do PRONAPA, 1333.

1333. Correio do PRONAPA. n.0-Vol.1, n.1; dezembro 1969-
       janeiro/março 1970. Rio, Centro de Pós-Graduação,
       1969-1970.
       Bulletin of the Programa Nacional de Aperfeiçoamento
          de Professores em Administração (PRONAPA).
       Only two numbers issued. Superseded by Comunicações
          EBAP/IANAS, 1332.

1334. EBAPIANA; revista do Diretório acadêmico da Escola
       brasileira de administração pública. n.1-3; novembro
       1959-outubro 1962. Rio, 1959-1960.
       General information bulletin.
       Frequency irreg: n.1-3; Nov 1959, May/Jun 1960, Oct
          1962.

1335. Revista de administração pública. Vol.1, n.1-; 1o.
       sem. 1967-. Rio, Centro de Pesquisas Administrativas,
       1967-.
       Frequency: Semi-annual.
       Supersedes Boletim do Centro de pesquisas
          administrativas da EBAP, 1330.

1336. Textos selecionados de administração pública. Vol.I-.
       Rio, 1962-.
       Series (Vol.XIV; 1965).
       Issued in collaboration with USAID.

ESCOLA DE ADMINISTRAÇÃO DE EMPRÊSAS DE
SÃO PAULO (EAESP)

Established in 1954.

1337. Boletim informativo EAESP. Ano I-, n.1-; abril 1965-.
São Paulo, 1965-.
Activities of the school, its courses and conferences.
Frequency varies: Monthly irreg., n.1-8, 9/10; Apr-
Nov, Dec 1965. Monthly, n.11-28; Jan 1966-Jun
1967. Monthly irreg., n.29-32; Jul/Aug, Sept-Oct,
Nov/Dec 1967, n.33-41; Jan, Feb/Apr, May-Aug,
Sept/Oct, Nov/Dec 1968, Jan/Feb 1969. Monthly,
n.42-51; Mar-Dec 1969. Irreg., n.52; Jan/Feb
1970. Monthly, n.53-; Mar 1970-.

1338. Revista de administração de emprêsas. Vol.1, n.1-;
maio/agôsto 1961-. São Paulo, Centro de Pesquisas
e Publicações, 1961-.
Theory and practice of public administration,
business management.
Frequency varies: 3/year, Vol.1, n.1-Vol.2, n.5;
May/Aug 1961-Sept/Dec 1962. Quarterly, Vol.2,
n.6-; Jan/Mar 1963-.
Numbering varies: Consecutive, Vol.1, n.1-Vol.8,
n.29; May/Aug 1961-Dec 1968. Begins anew with
Vol.9, n.1-; Jan/Mar 1969-.
Distributed by INDOC, Rio.
Indexed in BBCS.
M:286.

1339. Série: administração na pequena emprêsa. n.1-.
São Paulo, Centro de Pesquisas e Publicações, 1966-.
Series (n.5; 1968).
Distributed by INDOC, Rio.

ESCOLA INTERAMERICANA DE ADMINISTRAÇÃO PÚBLICA (EIAP)

Created on August 3, 1964, and began to function in
July of 1965.

1340. Resumos selecionados; administração para o
desenvolvimento. Vol.1-, n.1-; janeiro 1969-.
Rio, 1969-.
Frequency: Bimonthly, n.1-6; Jan-Nov/Dec 1969.
Indexed in n.6; Nov/Dec 1969.

1341. Série monográfica: instrumentos administrativos de
       implementação econômica.
       Series (1966-).

       INSTITUTO BRASILEIRO DE ECONOMIA (IBRE)

       Created in 1951 integrating several economic research
       units of the FGV.

1342. Conjuntura econômica. Ano I, n.1-; novembro 1947-.
       Rio, Centro de Análise da Conjuntura Econômica, 1947-.
       Economic and financial analysis, economic indexes
       for Brazil.
       Frequency: Monthly.
       Indexed in Bull. Anal. Doc. Pol., BBA, BBCS.
         Also indexed, for 1954 to Jun 1967 in: Indice
         de periódicos brasileiros de economia. Por Dilma
         Ribeiro Furtado [e] Lygia de Lourdes Saíde (Rio,
         Federação das Indústrias do Estado da Guanabara
         e Centro Industrial de Rio de Janeiro, 1968).
         266p.
1342a. _____. Índice analítico, referente aos anos
         I e II (1947 e 1948). In Conjuntura economica I
         (1) 2a. ed.; Nov 1947, pp. 1-4.
1342b. _____. Índice analítico, referente aos anos I,
         II e III (1947, 1948 e 1949). Rio, 14p.
       CLA:49 M:230.

1343. Conjuntura ecônomica; international edition. Year
       0-Year 17, n.9; March 1953-September 1970. Rio,
       Center for Economic and Business Research, 1953-
       1970.
       Includes material translated from Conjuntura econômica,
         1342.
       Frequency varies: Irreg., Mar 1953, Feb 1954. Monthly,
         Apr 1954-Sept 1970.
       Numbering irreg: Not numbered, Mar 1953, Feb 1954.
         Numbered beginning with Year 1, n.1; Apr 1954.
       Indexed annually, 1953, 1954, 1958-1968.
       J:28 M:230 Z:48.

1344. Preços de 10 produtos utilizados nas atividades
       agropecuárias. 1966/junho 1968-. Rio, Centro de
       Estudos Agrícolas, Oct 1968-.
       Title varies: Preços de 10 produtos utilizados nas
         atividades agropecuárias (números absolutos e
         índices), 1966/jun 1968-1o. sem. 1969. Preços de

1344. (Cont'd.)
10 produtos utilizados nas atividades agropecuárias,
2o. sem. 1969-.
Frequency varies (publication date in paren.): Irreg.,
1966/jun 1968 (Oct 1968). Semi-annual, 2o. sem.
1968- (Mar 1969-).

1345. Revista brasileira de economia. Ano 1, n.1-;
setembro 1947-. Rio, 1947-.
Economic theory and application.
Frequency varies: Quarterly, Ano 1, n.1-Ano 20, n.1;
Sept 1947-Mar 1966. Irreg., Ano 20, n.2/3; Jun/.
Sept 1966. Quarterly, Ano 20, n.4-; Dec 1966.
Indexed in BBA, BBCS, BBMF.
CLA:54   J:53   M:282   Z:53.

1346. Sondagem conjuntural; inquérito junto à indústria
de transformação. n.1-; outubro 1966-. Rio, Centro
de Estatística e Econométria, 1966-.
Title varies: Sondagem conjuntural, Oct 1966-Oct 1968.
Inquérito de sondagem conjuntural; junto à
indústria de transformação, Jan-Apr 1969. Sondagem
conjuntural; inquérito junto à indústria de
transformação, Jul 1969-.
Frequency: Quarterly.
Numbering begins with n.10; Jan 1969.

INSTITUTO DE DIREITO PÚBLICO E CIÊNCIA POLÍTICA

Founded in 1947 as the Núcleo de Direito Público,
it became the Instituto de Direito Público e Ciência
Política on May 3, 1952.

1347a. Revista de ciência política. Vol.I, n.1-; janeiro/
março 1967-. Rio, 1967-.
Frequency: Quarterly.
Supersedes Revista de direito público e ciência
política, 1347b.
M, Suppl.:11.

1347b. Revista de direito público e ciência política. Vol.
I, n.1-Vol.IX, n.4; 1o. semestre 1958-outubro/
dezembro 1966. Rio, 1958-1966.
Frequency varies: Semi-annual, Vol.1, n.1-Vol.3, n.2;
1o. sem. 1958-Jul/Dec 1960. 3/year, Vol.4, n.1-
Vol.8, n.3; Jan/Apr 1961-Sept/Dec 1965. Quarterly,
Vol.9; 1966.

1347b. (Cont'd.)
Superseded by Revista de ciência política, 1347a.
Indexed in BBCS.
CLA:55 M:288.

INSTITUTO DE SELEÇÃO E ORIENTAÇÃO PROFISSIONAL (ISOP)

Installed in March 1947.

1348. Arquivos brasileiros de psicologia aplicada. Ano 1,
n.1-; setembro 1949-. Rio, 1949-.
Applied psychology, education, sociology, public
administration, and general notices.
Title varies: Arquivos brasileiros de psicotécnica,
Ano 1-20; 1949-1968. Arquivos brasileiros de
psicologia aplicada, Ano 21-; Mar 1969-.
Frequency: Quarterly.
Indexed in BBCS, BBE, BBM.

1348a. _____. Índice da matéria publicada em Arquivos
brasileiros de psicotécnica nos anos de 1949/1968.
In Vol.21, n.3: 123-150; Jul/Sept 1969:
"Apresentação por autores"; Vol. 21, n.4: 149-173;
Oct/Dec 1969: "Apresentação por assuntos." Also
issued as separates.

1348b. _____. Índice da matéria principal do Vol.21,
Ano de 1969. In Vol.22, n.2: 139-141; Apr/Jun
1970.

1348c. _____. Índice da matéria principal publicada
nos Arquivos brasileiros de psicotécnica, Vol.
22, Ano 1970. In Vol.23, n.2: 157-158; Apr/Jun
1971.
J:6 M:7 Z:42.

1349. Comissão de estudos de testes e pesquisas psicológicas.
Caderno. n.1-. Rio, Comissão de Estudos de Testes
e Pesquisas Psicológicas, 1967-.
Series (n.8; 1967).
M:246.

DEPARTAMENTO DO ENSINO

Created in 1945 as the Centro de Ensino and redesignated
as the Departamento do Ensino in April of 1947, the
Colégio Nova Friburgo is attached to this unit.

COLÉGIO NOVA FRIBURGO

The Colégio was founded in 1950.

1350. Curriculum. Ano I, n.1-; 1o. semestre de 1962-. Rio,
       1962-.
       Secondary education theory and practice.
       Frequency varies: Semi-annual, Ano I-VI; 1962-1967.
          Quarterly, Ano VII-; 1968-.
       Indexed in BBMF, BBQ.
       M:236.

PART IV.

Poder Judiciario

PODER JUDICIÁRIO (PJ)

The judicial branch of Brazil's federal government, following the pattern of the other branches, has experienced reorganizations with each new constitution promulgated. Its component entities have been relatively constant, and the following have issued serial documents within the scope of this Guide:

Poder Judiciário (PJ)

> Supremo Tribunal Federal (STF)
> Tribunal Federal de Recursos (TFR)
>   Conselho da Justiça Federal
> Justiça Eleitoral
>   Tribunal Superior Eleitoral (TSE)
> Justiça do Trabalho
>   Tribunal Superior do Trabalho
>   Tribunais Regionais do Trabalho

1351. Diário da justiça. Ano I, n.1-; abril 1925-. Rio, 1925-1959; Brasília, 1960-.
     Official newspaper of the judicial branch. Prior to 1925, official notices were issued in the Diário do Fôro and the Diário dos Tribunais. Between 1925 and January 1931, the Diário da Justiça and the Diário oficial, 29, were published together. After January 30, 1931, the two were issued separately.
     On August 4, 1945, by order of Decreto-lei n.7,831, issued in two sections:
1351a. _____. Seção I: Justiça federal.
1351b. _____. Seção II: Justiça eleitoral.
     The second section circulates only during periods of elections.
     Frequency: Daily, except weekends and holidays.
     DN:197 M:151.

1352. Jurisprudencia... Vol.1-Ano 22; 10 janeiro 1933-1947. Rio, 1933-1947.
     Issued as an appendix to Diário da justiça, 1351, beginning with Ano 16; 1941.
     Numbering varies: Vol.1-25; 1933-1940, Ano 16-22; 1941-1947.
     DN:197 M:74.

SUPREMO TRIBUNAL FEDERAL (STF)

Created by Lei of September 18, 1828, as the Supremo
Tribunal de Justiça, it was redesignated during the
general organization of the Justiça Federal as the Supremo
Tribunal Federal, by Decreto n.848 of October 11, 1890.

1353. Relatório. Rio.
Title varies: See Introduction, p. xxiv.
Frequency: Annual irreg., 1941-1948, 1951, 1953,
1957, 1960. Annual irreg. (date of publication
irreg. in paren.), 1961 (1963), 1962 (1963),
1964 (1965), 1965 (1969), 1967 (1969).
M:213.

1354. Boletim da biblioteca. Ano I-, n.1-; abril 1962-.
Brasília, 1962-.
Doctrinal articles, recent acquisitions.
Frequency: Bimonthly, n.1-26; Apr 1962-Dec 1966.

1355. Revista trimestral de jurisprudência. Vol.1-; abril/
junho 1957-. Rio, Divisão de Jurisprudência, 1957-.
Frequency varies. Quarterly, Vol.1-15; 1957-1960.
Irreg., Vol.23-24; 1963. As of 1971, Vol.16-22;
1961-1962 and Vol.25-31; 1963-1965 not yet
issued. Monthly, Vol.32-; Jul 1965-.
Indexed at the end of each volume (i.e., each quarter)
beginning with Vol.42; 1968. Indexed in BBCS.
1355a. _____. Índice da Revista trimestral de
jurisprudência, volumes 32 a 41. (Brasília,
1968). 362p.
M:213.

TRIBUNAL FEDERAL DE RECURSOS (TFR)

Created by the 1946 Constitution, and organized by
Lei n.33 of May 13, 1947, the Conselho da Justiça Federal
is attached to the Tribunal Federal de Recursos.

1356. Relatório. 1947-. Rio, 1948(?)-.
Title varies: See Introduction, p. xxiv.
Frequency: Annual, 1947-1963. Annual irreg. (date
of publication irreg. in paren.), 1964 (1966),
1965 (1966), 1968 (1969), 1969 (1970).
M:215.

1357. Atos institucionais e complementares. n.1-; 1964-.
       Rio, 1965-1966; Brasília, 1968-.
       Series, each number in 1-3 vols.

1358. Revista do Tribunal federal de recursos. n.1-;
       janeiro/março 1964-. Brasília, 1964-.
       "Publicação oficial."
       Title varies: TFR jurisprudência; revista do
           Tribunal federal de recursos, n.1-21; 1964-Jan/
           Mar 1969. Revista do Tribunal federal de recursos,
           n.22-; Apr/Jun 1969-.
       Frequency: Quarterly.
       Indexed in BBCS.
1358a. _____. Índice dos vols. 1 a 16 [1964-1967].
           In n.25; 1970. 292p.
       M:215.

                  CONSELHO DA JUSTIÇA FEDERAL

1359. Relatório. Brasília.
       Title varies: See Introduction, p. xxiv.
       Frequency: Annual irreg., 1962, 1968-1969.

                     JUSTIÇA ELEITORAL

              TRIBUNAL SUPERIOR ELEITORAL (TSE)

     Established as the Tribunal Superior de Justiça
Eleitoral, this agency was reorganized and renamed the
Tribunal Superior Eleitoral (TSE) on May 28, 1945 (Decreto-
lei n.7,856).

1360. Relatório. Brasília.
       Title varies: See Introduction, p. xxiv.
       Frequency: Annual irreg., 1968-.

1361. Boletim eleitoral. Ano I-, n.1-; julho 1932-. Nova
       Série. Ano I-, n.1-; agôsto 1951-. Rio, 1932-1959,
       Brasília, 1960-.
       Frequency: Monthly.
       Indexed at the end of each volume.
       M:216.

1362. Dados estatísticos, 1o.- volume; eleições federais
       e estaduais, realizadas no Brasil em 1945/1949-.
       Rio, 1950-   ; Brasília, 1961-.
       Series: n.1-6, 8; 1945/1949, 1950, 1952/1955 (in
         2 vols), 1958, 1960, 1962, 1965/1966.
       Title varies: Dados estatísticos; eleições federal,
         estadual e municipal, realizadas no Brasil a partir
         de 1945. Dados estatísticos (2o. volume); eleições
         federais e estaduais, realizadas no Brasil em
         1950. Dados estatísticos, 3o.-6o. volume; eleições
         federais, estaduais, realizadas no Brasil em 1952/
         1955, 1958, 1960, 1962, e em confronto com
         anteriores (varies slightly). Dados estatísticos,
         8o.- volume; eleições federais e estaduais,
         realizadas no Brasil em 1965 e 1966-.
       Vol.1 and 2 also issued in a 2d. ed., rev. and
         corrected (1964).
       Vol.5 and 6 also issued as separates of Boletim
         eleitoral, 1361, n.120, entitled "Estatística das
         eleições 1960-1962."
       M:216.

1363. Resoluções do Tribunal superior eleitoral. Vol.I-,
       n.1-; 1948-. Rio, 1950-.
       Series (Vol.VI; 1958).
       Collection of Resoluções also published individually.
       M:216.

JUSTIÇA DO TRABALHO

       Created by Decreto n.22,132 of November 25, 1932, it
is divided into the Tribunal Superior do Trabalho and the
Tribunais Regionais do Trabalho.

1364. Revista de direito do trabalho, publicação periódica.
       Issued together with the Ministério do Trabalho e
         Previdência Social; see item 1164.

TRIBUNAL SUPERIOR DO TRABALHO

       Created by Lei n.16,027 of April 30, 1923, as the
Conselho Nacional do Trabalho, in the Ministério do
Trabalho, Indústria e Comércio; it became the Tribunal
Superior do Trabalho on November 25, 1932 (Decreto
n.22,132).

<u>1365</u>. <u>Revista do Tribunal superior do trabalho</u>. Ano I-,
        n-1; julho 1925-.
        "Oficial órgao" of the Justiça do Trabalho. Includes
        all material referring to the activities of the
        labor tribunals of the country and lists the
        jurisprudence of the Tribunal Superior do Trabalho.
        Title varies: Revista do Conselho nacional do
        trabalho, Ano I-XX; Jul 1925-May/Aug 1946. Revista
        do Tribunal superior do trabalho, Ano XXI-; Sept/
        Dec 1946-.
        Frequency varies: Irreg., 1925-1958. Annual, 1959-
        1961. Irreg., 1962/1966, 1967/1968.
        Numbering varies: Numbered I-XXXVI; 1925-1961. Not
        numbered, 1962/1966-.
        M:70,216.

             TRIBUNAIS REGIONAIS DO TRABALHO

<u>1366</u>. <u>Revista do Tribunal regional do trabalho da 8a. região</u>
        Ano I-, n.1-; julho/dezembro 1968-. Belém,
        Tribunal Regional do Trabalho, 8a. Região, 1968-.
        Frequency: Semi-annual.

<u>1367</u>. <u>Revista do Tribunal regional do trabalho da 3a. região</u>
        Ano I-, n.1/2-; janeiro/junho 1965-. Belo Horizonte,
        Tribunal Regional do Trabalho, 3a. Região, 1965-.
        Frequency varies: Semi-annual, n.1/2-7/8; 1965-1966.
            Irreg., n.9/12; 1967 (published in 1969).

APPENDIX

Brazilian institutions which cooperated in the research
stage of this Guide are listed in Part I. Libraries in the
United States, and published bibliographies which were also
consulted, are listed in Parts II and III respectively. I
greatly appreciate the invaluable assistance of the many
librarians who provided access to their serial documents and
records.

APPENDIX

I. Contributing Institutions: Brazil

Agência Especial de Financiamento Industrial, Rio
Arquivo Nacional: Biblioteca, Rio
Banco da Amazônia S.A.: Biblioteca, Belém
Banco do Brasil S.A.: Museu, Arquivo Histórico e Biblioteca,
    Rio
Banco Nacional de Desenvolvimento Econômico: Biblioteca, Rio
Banco do Nordeste S.A.: Biblioteca, Fortaleza
Biblioteca Central do Estado da Bahia, Salvador
Biblioteca Municipal Mário de Andrade, São Paulo
Biblioteca Nacional, Rio
Biblioteca Regional de Medicina, Organização Pan-Americana
    de Saúde, São Paulo
Biblioteca Roberto Simonson, São Paulo
Câmara dos Deputados: Biblioteca and Arquivo Histórico,
    Brasília
Centro Brasileiro de Pesquisas Educacionais: Biblioteca, Rio
Centro Regional de Pesquisas Educacionais Professor Queiroz
    Filho: Biblioteca, São Paulo
Centro Regional de Pesquisas Educacionais João Pinheiro:
    Biblioteca, Belo Horizonte
Clube Naval: Biblioteca, Rio
Comissão Executiva do Sal: Biblioteca, Rio
Comissão Nacional de Energia Nuclear, Rio
Companheiros da Aliança: Brasília, Belém
Departamento Administrativo do Pessoal Civil: Biblioteca
    and Setor de Documentação, Brasília
Departamento de Aviação Civil, Rio
Departamento de Imprensa Nacional: Biblioteca, Rio
Departamento Nacional da Criança: Biblioteca, Rio
Departamento Nacional de Obras Contra as Sêcas: Biblioteca,
    Recife
Departamento Nacional de Produção Mineral: Biblioteca, Rio
Departamento de Produção Mineral, Secretaria de Estado de
    São Paulo: Biblioteca, São Paulo
Diretoria de Hidrografia e Navegação, Rio
Diretoria de Portos e Costas, Rio
Diretoria de Rotas Aéreas, Rio
Divisão de Informação Aeronáutica, Rio
Escola de Administração de Emprêsas de São Paulo: Biblioteca
Estado Maior das Forças Armadas: Biblioteca, Brasília
Faculdade de Direito, Universidade do Estado da Guanabara:
    Biblioteca, Rio·
Faculdade de Direito, Universidade de São Paulo: Biblioteca

Faculdade de Higiene e Saúde Pública, Universidade de São
    Paulo: Biblioteca
Faculdade de Medicina, Universidade de São Paulo: Biblioteca
    and Divisão de Catálogo Coletivo
Faculdade de Odontologia, Universidade de São Paulo:
    Biblioteca
Fundação Casa de Rui Barbosa: Biblioteca, Rio
Fundação Getúlio Vargas: Biblioteca, Rio
Fundação Instituto Oswaldo Cruz: Biblioteca, Rio
Fundação Serviços de Saúde Pública: Biblioteca, Rio
Grupo de Estudos para Integração da Política de Transportes:
    Biblioteca, Rio
Hospital dos Servidores do Estado, Centro de Estudos:
    Biblioteca, Rio
Instituto de Açúcar e Álcool: Biblioteca, Serviço de
    Documentação, and Serviço de Estatística e Cadastro, Rio
Instituto Benjamin Constant, Rio
Instituto Brasileiro de Bibliografia e Documentação: Diretoria,
    Biblioteca, and Catálogo Coletivo, Rio
Instituto Brasileiro do Café: Biblioteca, Rio
Instituto Brasileiro de Estatística: Biblioteca, Rio
Instituto Brasileiro de Geografia: Biblioteca, Rio
Instituto Nacional de Cinema: Biblioteca, Rio
Instituto Nacional do Desenvolvimento Agrário: Biblioteca, Rio
Instituto Nacional do Livro: Biblioteca, Rio and Brasília,
    and Seção de Publicações, Rio
Instituto Nacional de Pesos e Medios: Biblioteca, Rio
Instituto Nacional de Pesquisas da Amazônia: Biblioteca, Manaus
Instituto Nacional de Previdência Social: Biblioteca, Rio
Instituto Nacional de Propriedade Industrial: Biblioteca, Rio
Instituto de Pesquisa Agropecuária do Nordeste: Biblioteca,
    Recife
Instituto de Pesquisa Agropecuária do Norte: Biblioteca, Belém
Instituto de Planejamento Econômico e Social: Biblioteca, Rio
    and Brasília
Instituto Presidente Castelo Branco: Biblioteca, Rio
Instituto de Previdência e Assistência dos Servidores do Estado:
    Biblioteca, Rio
Instituto de Seleção e Orientação Profissional: Biblioteca, Rio
Ministério da Aeronáutica: Biblioteca, Rio
Ministério da Agricultura: Biblioteca and Departamento de
    Pesquisas Agropecuárias, Brasília, and Divisão de Tecnologia
    Agrícola e Alimentar, Rio
Ministério da Educação e Cultura: Diretoria de Documentação
    e Divulgação, Brasília
Ministério do Exército: Biblioteca, Rio
Ministério da Fazenda: Biblioteca, Rio and Brasília
Ministério da Indústria e Comércio: Biblioteca, Rio

Ministério do Interior: Serviço de Documentação, Rio and
    Biblioteca, Brasília
Ministério da Justiça: Biblioteca, Rio and Brasília, and
    Serviço de Documentação, Brasília
Ministério da Marinha: Biblioteca, Rio
Ministério do Planejamento e Coordenação Geral: Biblioteca,
    Rio and Brasília
Ministério das Relações Exteriores: Biblioteca, Rio and
    Brasília
Ministério da Saúde: Biblioteca, Brasília
Ministério do Trabalho e Previdência Social: Biblioteca, Rio
Ministério dos Transportes: Biblioteca, Rio
Museu do Açúcar, Recife
Museu Goeldi: Diretoria and Biblioteca, Belém
Museu Nacional: Biblioteca, Rio
Petróleo Brasileiro S.A.: Biblioteca, Rio
Presidência da República: Biblioteca, Brasília
Rêde Ferroviária Federal S.A.: Biblioteca, Rio
Senado Federal: Biblioteca, Brasília
Serviço Gráfico do Senado Federal, Brasília
Sociedade Nacional de Agricultura: Biblioteca, Rio
Superintendência do Desenvolvimento da Amazônia: Biblioteca,
    Belém
Superintendência do Desenvolvimento do Nordeste:, Biblioteca,
    Recife
Superintendência de Seguros Privados: Biblioteca, Rio
Superintendência da Zona Franca da Manaus
U.S. Library of Congress Field Office, Rio
Universidade de Brasília: Biblioteca Central and Escola de
    Biblioteconomia
Universidade Federal da Bahia: Biblioteca da Fundação Gonçalo
    Moniz, Salvador
Universidade de São Paulo: Biblioteca Central

II. Contributing Institutions: United States

Indiana University Libraries, Bloomington
Los Angeles County Law Library, Los Angeles
University Research Library, University of California,
    Los Angeles

III. Works Consulted

(In addition to the bibliographical items in the Guide, the
following were consulted.)

Andrade, Almir de. Contribuição à História Administrativa
    do Brasil, na República Até o Ano de 1945 (Rio, 1950).
Antonieta, Maria and Mesquita Barros. "Apanhado Histórico
    do Boletim Bibliográfico da Biblioteca Nacional,"
    Boletim Bibliográfico, 5, 1 (January 1955), pp. 1-3.
Associação Brasileira de Bibliotecários, Grupo de Bibliotecários
    Biomédicos -- GB/RJ. Periódicos Biomédicos Correntes em
    1969 (Rio 1970).
Associação Paulista de Bibliotecários, Grupo de Bibliotecários
    Biomédicos. Periódicos Biomédicos; Títulos Correntes
    nas Bibliotecas de São Paulo, 1969 (São Paulo, 1969).
Banco da Amazônia S.A. Bibliográfia BASA, 1943-1968 (Belém,
    Divisão de Documentação e Divulgação, 1968).
Banco do Nordeste do Brasil S.A., Departamento de Estudos
    Econômicos do Nordeste. Principais Fontes Estatísticas
    Brasileiras: Cadastro e Publicações (Fortaleza, 1969).
_____, _____. Sumário dos Trabalhos Publicados pelo BNB.
    3d ed. (Fortaleza, 1969).
Bibliographical Services Throughout the World, 1965-1969, comp.
    by Paul Avicenne (Paris, Unesco. 1972).
Biblioteca da Câmara dos Deputados. "Bibliográfia da Câmara
    dos Deputados," Boletim da Biblioteca da Câmara dos
    Deputados, 12-18 (1963-1969).
_____. Legislação Brasileira: Coleções, Ementários e Índices:
    Bibliográfia Analítica, 1500-1970 (Brasília, In Progress).
Biblioteca Nacional. "Catálogo de Jornais e Revistas do Rio
    de Janeiro (1808-1889) Existentes na Biblioteca Nacional,"
    Anais da Biblioteca Nacional, 85 (1965), pp. 1-208.
_____. Exposição Comemorativa do Diário Oficial, 1862-1962
    (Rio, 1962).
_____. Guia da Biblioteca Nacional: Sesquicentenário, 1810-1960
    (Rio, 1960).
Biblioteca Regional de Medicina, Organização Pan-Americana da
    Saúde. Periódicos Brasileiros Correntes de Medicina e
    Ciências Afins Existentes na Biblioteca Regional de
    Medicina (Sao Paulo, 1970).
Borchard, Edwin M. "Guide to the Law of Brazil," in his
    Guide to the Law and Legal Literature of Argentina,
    Brazil and Chile (Washington, D.C., USGPO, 1917), pp.
    191-364.
Borba de Moraes, Rubens and William Berrien, eds. Manual
    Bibliográfico de Estudos Brasileiros (Rio, Gráfica Editôra
    Souza, 1949).

Braga, Gilda Maria and Laura Maia de Figueiredo. Fontes de
    Informação em Ciências Bio-Médicas (Rio, Centro de
    Bibliotecnica, 1968).
"O Brasil Cresce," Realidade, n.52 (Suplemento especial da
    edição de julho de 1970).
Caldas Brandão, Alonso and Orlando Teixeira de Souza. Ementário
    da Legislação Federal Brasileira, 1930-1943 (Rio, Imprensa
    Nacional, 1944).
Câmara dos Deputados. Livro do Centenário da Câmara dos
    Deputados (1826-1926) (Rio, Empreza Brasil Editôra, Ltd.,
    1926).
Campos, Carlita Maria. Periódicos Brasileiras de Ciências
    Bio-Médicas (Belo Horizonte, Faculdade de Medicina da
    Universidade Federal de Minas Gerais, Biblioteca "J. Baeta
    Vianna," 1968).
Carvalho, Oswaldo de. Índices de Publicações Seriadas (São Paulo,
    1959), (Hemerografias Brasileiras, II).
Chemical Abstracts Service. Access: Key to the Source
    Literature of the Chemical Sciences (Columbus, Ohio,
    American Chemical Society, 1969).
Childs, James B. "Bibliography of Official Publications and
    the Administrative Systems in Latin American Countries,"
    in the Proceedings of the First Convention of the Inter-
    American Bibliographical and Library Association (New
    York, H.W. Wilson, 1938), pp. 131-172 (Inter-American
    Bibliographical and Library Association Publications,
    Series II, Vol. 1).
Comissão de Reforma do Ministério da Fazenda. Indicador da
    Legislação Fazendária (Rio, Fundação Getúlio Vargas, 1966),
    (Publicações, n.21).
Committee on Latin America. Latin American Economic and Social
    Serials (London, Clive Bingley, 1969), Brazil: pp. 44-56.
Conselho Nacional de Estatística. Bibliografia Geográfico-
    Estatística Brasileira, Vol. 1, 1936-1950 (Rio, Instituto
    Brasileiro de Geografia e Estatística, 1956).
Coordenação do Aperfeiçoamento do Pessoal de Nível Superior.
    Instituições de Pesquisa (Básica e Aplicada) (Rio, 1965).
De Noia, John, Comp. A Guide to the Official Publications of
    the Other American Republics. Vol. III: Brazil
    (Washington, D.C., Library of Congress, 1948), (Latin
    American Series, n.35).
Departamento Administrativo do Pessoal Civil. Organização
    Administrativa Federal (Brasília, Divisão de Orçamento e
    Organização, 1969). 8 Vols.
_____, Centro de Documentação e Informática. Lista de
    Publicações Disponíveis (Brasília, 1971).
Departamento Administrativo do Serviço Público. Catálogo de
    Publicações do DASP, Seguido de Uma Lista de Títulos de
    Obras Editadas de 1936 a 1946 (Rio, Departamento de Imprensa
    Nacional, 1947).

_____. _____, Atualizado até 30/4/1954 (Rio, 1954).

_____. _____, Atualizado até 31/7/1956 (Rio, 1958).

_____. _____, _____, Suplemento: Obras Publicadas no
Período de 1-8-56/ 31-11-57 (Rio, 1958).

_____. Indicador da Organização Administrativa Federal
Atualizado até 15 de Octubro de 1956 (Rio, Departamento
de Imprensa Nacional, 1957).

Departamento de Imprensa Nacional. 150 Anos de Tipografia
Nacional: Seleção de Cento e Cinquenta Libros e
Periódicos Impressos de 1808 a 1958, nas Oficinas do
Departamento de Imprensa Nacional (Rio, 1958).

Departamento Nacional de Estradas de Ferro. Retrospecto da
Estatística Ferroviária Nacional, 1958-1967 (Rio, 1968?).

Departamento Nacional de Obras Contra as Sêcas. "Catálogo das
Publicações Editadas pelo DNOCS [1910-1970] ," Boletim [do
DNOCS] , n.2 and n.4 (1960); also issued as a separate
in its series, Publicação (Série I, E, n.193). Items for
1959 to 1970 tipped in to edition of 1960.

_____. Legislação do DNOCS, 2d. ed. (Recife? 1958).

Dias Corrêa, Oscar, ed. Constituição da República Federativa
do Brasil (Rio, Editôra Alba, 1970), (Coleção Acadêmica).

Diretoria do Serviço Geográfico. Lista de Publicações (Rio,
Estado-Maior do Exército, 1969).

Faculdade de Odontologia, Universidade de São Paulo. Bibliografia
Brasileira de Odontologia, 1966/1967- (São Paulo, Secção de
Documentação Odontológica, 1971-).

_____. Catálogo de Publicações Periódicas (São Paulo, Secção de
Documentação Odontológica, 1969).

_____. Periódicos Brasileiros, Correntes de Odontologia
(Brazilian Current Dental Serials) (São Paulo, Secção de
Documentação Odontológica, 1969).

Fernandes Da Cunha, Dulce F. A Biblioteca do Museu Nacional do
Rio de Janeiro, 1863-1963 (Rio, Museu Nacional, 1966),
(Série Livros, III).

Ferreira de Albuquerque, Maria Teresa Guimaraes, comp., Catálogo
de Publicações (Rio, Instituto Nacional do Livro, 1970.)

Fundação Getúlio Vargas. Vinte Anos de Atividades (1944/1964)
(Rio, 1966).

Fundação Instituto Oswaldo Cruz. Catálogo de Periódicos da
Biblioteca do Instituto Oswaldo Cruz (Rio, 1963).

Fundação Serviço Especial de Saúde Pública. Índice da
Legislação Sanitária Federal, 1889-1959 (Rio, 1961).

Gregory, Winifred, ed. List of the Serial Publications of
Foreign Governments, 1815-1931 (New York, H.W. Wilson,
1932).

Griffin, Charles C. Latin America: a Guide to the Historical
    Literature (Austin and London, University of Texas
    Press, 1971).
Gropp, Arthur E. A Bibliography of Latin American Bibliographies
    (Metuchen, N.J., Scarecrow Press, 1968).
_____. _____, Supplement (Metuchen, N.J., Scarecrow Press, 1971).
Handbook of Latin American Studies, 1935- (Cambridge, 1936-).
Instituto Agronômico de Campinas. Periódicos Existentes na
    Biblioteca do Instituto Agronômico de Campinas (Campinas,
    SP, 1967).
Instituto Brasileiro de Bibliográfia e Documentação. Periódicos
    Brasileiros de Cultura (Rio, 1968).
_____. Publicações Oficiais Brasileiras. Resposta ao Questionario
    Apresentado pelo Instituto Internacional de Ciências
    Administrativas ao Instituto Brasileiro de Ciências
    Administrativas (Rio, 1962).
_____. Siglas Brasileiras: Dicionário de Entidades e Publicações.
    Comp. por Marilena de Castro França [e] Walkira de Almeida
    (Rio, 1970).
_____, Catálogo Coletivo Nacional. Catálogo Coletivo de Publicações
    Periódicas de Ciências e Tecnologia (Rio, 1970-).
Instituto Brasileiro de Estatística. Catálogo de Publicações
    (Rio, 1971).
_____, Centro de Documentação e Informação Estatística, Biblioteca
    Waldemar Lopes. Catálogo de Periódicos e Publicações
    Seriadas, Vol. 1 (ediçao preliminar): Brasil (Rio, 1971).
Instituto Nacional de Estudos Pedagógicos and Centro Brasileiro
    de Pesquisas Educacionais. Lista de Publicações do INEP e do
    CBPE (Rio, 1964).
Instituto Nacional do Livro. Guia das Bibliotecas Brasileiras.
    4th ed. (Rio, 1969).
_____. I Exposição da Imprensa Universitária. São Paulo, 17 a 25
    de Junho de 1972. II Bienal Internacional do Livro (Rio
    de Janeiro, 1972).
_____. 22 Anos a Serviço da Cultura, 1937/1959 (Rio, 1960?).
Instituto de Pesquisas e Experimentação Agropecuárias do Sul,
    Biblioteca. Catálogo de Periódicos (Pelotas, RGS, 1966).
Instituto de Pesquisas Rodoviárias. Catálogo de Publicações do
    IPR (Rio, 1969).
Jackson, William Vernon. Library Guide for Brazilian Studies
    (Pittsburg, Distr. by the University of Pittsburg Book Centers,
    1964).

James, Jerry R. The Acquisition of Current Brazilian Social Science
     Publications: Problems and Approaches (Washington, D.C.,
     Pan American Union, 1970), (XV SALAM Working Paper, n.8,
     June 1970).
Legislação Federal: Índice de Consolidação, 1937 a 1966 (São
     Paulo, Lex Ltd., 1967).
Leví, Nadia et al, comps., Guía de Publicaciones Periódicas
     de Universidades Latinoamericanas (México, Universidad
     Nacional Autónoma de México, 1967), Brazil: pp. 47-81.
Levine, Robert M., ed. Brazil: Field Research Guide in the
     Social Sciences (New York, Columbia University, Institute
     of Latin American Studies, 1966).
Lofredo, Irma, comp. Catálogo de Periódicos (São Paulo, Instituto
     Biológico, Biblioteca, 1968).
Mesa, Rosa Quintero, comp. Latin American Serial Documents,
     a Holdings List. Vol. 2: Brazil (Ann Arbor, Mich.,
     University Microfilms, 1968).
Ministério da Educação e Cultura, Serviço de Documentação.
     Catálogo das Publicações do Serviço de Documentação,
     1947-1965. Organizado pelos bibliotecários, Xavier Placer,
     Edson Nery da Fonseca e José Alceides Pito (Rio, 1965).
_____, Secretaria-Geral. Orgãos do MEC e Universidades:
     Histórico, Administrativo, Ementário (Brasília, Serviço
     de Documentação, 1970).
Ministério da Fazenda, Biblioteca. 39 Anos de Legislação
     Tributária no Brasil, 1930-1969 (Rio, Secretaria da
     Receita Federal, 1969).
Ministério da Guerra. Manual Técnico: Índice da Legislação
     do Exército (Rio, 1960-1964).
Ministério da Indústria e Comércio. Ministério da Indústria
     e do Comércio: Legislação Que O Criou, Organizou e Regula
     o Seu Funcionamento (Rio, Serviço de Comunicações do
     Departamento de Administração, 1962).
Ministério do Planejamento e Coordenação Geral, Setor de
     Documentação. Catálogo das Publicações do MINIPLAN [de
     Abril de 1964 a Maio de 1968], Vol. 1 (Rio, 1968).
_____. _____, Revista e Atualizado até 31-5-69, Vol. 1 (Rio,
     1969).
_____. Legislação Administrativa, Revista e Atualizada até
     30-6-1970 (Rio, 1970).
Ministério das Relações Exteriores. Lista de Publicações; 1826-
     1950 (Rio, 1951?)
_____. Regimento Interno da Secretaria de Estado (Rio, Seção
     de Multiplicação, 1969).
_____, Divisão de Documentação. Lista de Publicações (Rio,
     Depósito de Impressos, 1967).
_____, Grupo de Trabalho Para a Elaboraçao do Livro "Brasil."
     Brasil (Rio, 1969).

Ministério do Trabalho, Indústria e Comércio. Publicações
    do Ministério do Trabalho, Indústria e Comércio (Rio,
    Serviço de Documentação, 1954).
Ministério dos Transportes. Legislação do M.T. (Ex-M.V.O.P.)
    e Orgãos Vinculados e Subordinados (Rio, 1966-1967?).
    3 vols.
Miranda, Francisco Gonçalves. Memoria Histórica da Imprensa
    Nacional (Rio, 1922).
Negrão, Theotonio, comp. Dicionário da Legislação Federal
    (Rio, Campanha Nacional de Material de Ensino, 1961).
Nery da Fonseca, Edson. "Panorama da Bibliografia Brasileira
    Corrente," in the Handbook of Latin American Studies,
    23 (1961), pp. 401-406.
Nickles, John M. et.al. Bibliography and Index of Geology
    Exclusive of North America (Washington, D.C., Geological
    Society of America, 1933-).
Oliveira Filho, Candido de, comp. Justiça Federal [1603 a
    1933] (Rio, Editôra Dr. Candido de Oliveira Filho, 1934).
Pan American Union. Repertório de Publicaciones Periódicas
    Actuales Latino-Americanas. Directory of Current Latin
    American Periodicals. Repertoire des Périodiques en
    Cours Publés en América Latine (Paris, Unesco, 1958),
    (Unesco Bibliographical Handbooks, 8).
_____, Division of Science Development and Centro de
    Documentación Científica y Técnica de México. Guide to
    Latin American Scientific and Technical Periodicals, An
    Annotated List (México, 1962).
Peraza Sarausa, Fermín, comp. Bibliografías Sobre Publicaciones
    Oficiales de la América Latina (Gainesville, Fla., 1964),
    (Biblioteca del Bibliotecário, 70).
Pereira, Osny Duarte, comp. Novíssimo Vade-Medum Forense;
    Coletânea de Leis do Brasil. 7th edição atualizada e
    ampliada (Rio, José Konfino, 1969).
"Perfil da Administração Federal," Visão, 39, 2 (July 19, 1971).
Petróleo Brasileiro S.A., Centro de Pesquisas e Desenvolvimento.
    Catálogo Coletivo de Periódicos (1958-1969) (Rio, Divisão
    de Documentação Técnica e Patentes, 1970).
_____, Escritório de São Paulo. Catálogo Composto da Petrobrás.
    1st ed., 1965/1966 (Sao Paulo, Editôra e Consultoria
    Industrial "CINC" Ltda., 1966?).
Reforma Administrativa (Redeção Atualizada): Índice Alfabético,
    Legislação Citada, Legislação Correlata (Brasília, Serviço
    Gráfico do Senado Federal, 1970).
Romcy de Carvalho, Eliezita. Catálogo de Periódicos, Vol. 1,
    1968 (Campo Grande, RJ, Instituto de Pesquisas e
    Experimentação Agropecuárias do Centro Sul, 1968).
Sable, Martin H. Periodicals for Latin American Economic
    Development, Trade and Finance: An Annotated Bibliography
    (Los Angeles, Latin American Center, UCLA, 1965), Brazil:
    pp. 21-28.

Superintendência do Desenvolvimento do Nordeste. "Política
    de Desenvolvimento e Atuação da SUDENE: Bibliografia,"
    in the Boletim da Biblioteca da Câmara dos Deputados, 17,
    2 (May/Aug 1968), pp. 449-640. Also issued as a separate.
    _____, Divisão de Documentação. Catálogo das Publicações Editadas
    pela SUDENE [1959-1969: Dez Anos de Ação] (Recife, 1969).
Unesco, Centro de Cooperación Científica Para América Latina and
    Organización de los Estados Americanos. Institutiones
    Científicas del Brasil. Scientific Institutions of Brasil
    (Montevideo, 1963). 2 Vols.
U.S. Air University Library. Union List of Military Periodicals
    (Alabama, Maxwell Air Force Base, 1960).
U.S. Army. Area Handbook for Brazil (Washington, D.C., USGPO,
    1964).
U.S. Department of Agriculture, Library. List of Serials Currently
    Received in the Library of the U.S. Department of Agriculture
    as of July 1, 1957. Comp. by Elizabeth Gould Davis
    (Washington, D.C., 1958).
Universidade Federal da Bahia, Fundação Gonçalo Moniz, Biblioteca.
    Catálogo Coletivo Regional de Periódicos da Bahia. Organizado
    por Eurydice Pires de Sant' Anna (Salvador, 1969).
Universidade do Rio Grande do Sul. Catálogo Coletivo Regional de
    Periódicos RGS, 1961- (Pôrto Alegre, Serviço Central de
    Informações Bibliográficas, 1961-).
Universidade de São Paulo, Biblioteca Central and Fundação de
    Âmparo à Pesquisa do Estado de São Paulo. Catálogo Coletivo
    de Periódicos do Estado de São Paulo. Vol. 1: Ciências
    Médicas e Afins (São Paulo, 1968).
Zimmerman, Irene. Current National Bibliographies of Latin
    America, a State of the Art Study (Gainesville, Center for
    Latin American Studies, University of Florida, 1971),
    Brazil: pp. 29-35.
Zimmerman, Irene. A Guide to Current Latin American Periodicals:
    Humanities and Social Sciences (Gainesville, Flo., Kallman
    Publishing Co., 1961).

INDEX

Note: This Index provides references to Serial titles
by item number (e.g., 234), and to government agency
NAMES by page number (e.g., pp. 216-217). In the filing,
definite and indefinite articles, prepositions and
conjunctions have been ignored, and initialisms and
acronyms file before other words beginning with the
same letter.

Boletim de relações públicas
do Exército, 491
Boletim de resoluções da
C.N.M. See Boletim de
resoluções da SUNAMAM,
1242
Boletim de resoluções da
SUNAMAM ..., 1242
Boletim do SAPS, 1217
Boletim do SEORG [Serviço
de organização e gerência
administrativa do
PETROBRAS], 928
Boletim do SESP. See
Notícias da Fundação
SESP, 1148
Boletim do SIPAMA. See
Boletim da ETIPOA, 278
Boletim da SUSEP, 705
Boletim sanitário, 1083
Boletim de saúde mental,
1131
Boletim semanal de Campanha
de erradicação de varíola.
See Boletim da Campanha de
erradicação de varíola,
1108
Boletim semanal; legislação;
atos normativos [do]
Ministro da fazenda, 527
Boletim semanal de
notificação de varíola.
See Boletim da Campanha
de erradicação de
varíola, 1108
Boletim semestral; mercado
da borracha no Brasil.
See Mercado da borracha
no Brasil; boletim mensal,
610
Boletim do serviço atuarial,
1163
Boletim do Serviço de
economia rural, 156
Boletim do Serviço de
estatística comercial.

See Boletim de
estatística comercial,
540
Boletim do Serviço de
informações. See
Itamaraty, 1070
Boletim de serviço [do
Ministério do planejamento
e coordenação geral], 957
Boletim de serviço do
Ministério das relações
exteriores, 1051
Boletim do Serviço nacional
de lepra. See Boletim
da Divisão nacional de
lepra, 1101
Boletim do Serviço nacional
de pesquisas agronômicas.
See Boletim do
Departamento de pesquisas
e experimentação
agropecuárias (DPEA), 209
Boletim de serviço [da
SUFRAMA], 774
Boletim dos serviços
econômicos e comerciais.
See Boletim econômico
do Ministério das
relações exteriores, 1049
Boletim do Setor de
documentação [do
Petrobrás], 929
Boletim [do Setor de
inventários florestais],
325
Boletim da Sociedade
brasileira de história de
farmácia. See Revista
brasileira de farmácia,
1202
Boletim da Sociedade médico-
cirúrgica militar. See
Revista de medicina
militar. 510
Boletim da Superintendência
da moeda e do crédito, 590

Boletim trimensal do
Departamento nacional
da criança, 1127
Boletim trimestral. See
Boletim [do Banco do
Brasil], 572
Boletim trimestral da
Biblioteca Waldeman
Lopes. 981
Boletim trimestral: mercado
da borracha no Brasil.
See Mercado da borracha
no Brasil; boletim
mensal, 610
Boletim trimestral [do
Serviço de biométria
médica], 1140
Botânica e fisiologia
vegetal. See Série:
botânica e fisiologia
vegetal, 227
Bouba: bibliografia
brasileira, 73
Brasil, 1064
Brasil açucareiro, 657
Brasil cinema, 479a
Brasil constroi, 1223
O Brasil em números, 982
Brasil florestal, 318
Brasil jovem ..., 851
Brasil: produção de açúcar
centrifugado ..., 676,
678 679
Brasil produção agrícola.
See Produção agrícola,
163
Brasil salineiro, 615
Brasil séries estatísticas
retrospectivas, 1012
BRASILIAN TELEPHONE COMPANY.
See COMPANHIA TELEFÔNICA
BRASILEIRA, p. 94

CACEX. See CARTEIRA DE
COMÉRCIO EXTERIOR, pp.
157-158
CADES. See CAMPANHA DE
APERFEIÇOAMENTO E DIFUSÃO
DO ENSINO SECUNDÁRIO, p.
112
CAPES. See COORDENAÇÃO DE
APERFEIÇOAMENTO DE
PESSOAL DE NIVEL SUPERIOR,
pp. 113-114
CAPES, 399
CAPES: boletim de
informações sôbre bôlsas
de estudo, 400
CBED. See CENTRO BRASILEIRO
DE ESTUDOS DEMOGRÁFICOS,
pp. 251-252
CBPE. See CENTRO BRASILEIRO
DE PESQUISAS EDUCACIONAIS,
pp. 98-100
CENDIE. See CENTRO DE
DOCUMENTAÇÃO E INFORMAÇÃO
ESTATÍSTICA, pp. 252-254
CENDOC. See CENTRO DE
DOCUMENTAÇÃO E
INFORMÁTICA, p. 25
CETREMFA. See CENTRO DE
TREINAMENTO E
DESENVOLVIMENTO DO
PESSOAL DO MINISTÉRIO DA
FAZENDA, pp. 154-155
CEXIM [CARTEIRA DE
EXPORTAÇÃO E IMPORTAÇÃO].
See CARTEIRA DE COMÉRCIO
EXTERIOR, pp. 157-158
CHESF. See COMPANHIA
HIDRO-ELÉLTRICA DO SÃO
FRANCISCO, p. 234
CHEVAP. See COMPANHIA
HIDRELÉTRICA DO
VALE DO PARAÍBA, p. 234
CIBRAZEM. See COMPANHIA
BRASILEIRA DE
ARMAZENAMENTO, p. 85

no Brasil. See
Pesquisas em processo no
Brasil, 83
Guias de ensino. See
Publicações, 345a-345b

HSE. See HOSPITAL DOS
SERVIDORES DO ESTADO,
p. 307
Habitação; informativo de
atualização do B.N.H.,
785
Habitação, mão-de-obra,
salário, instrução,
população. See Pesquisa
nacional por amostra de
domicílios; resultados
preliminares, 986
Hidrogeologia, 751
Hidromar, boletim de
notícias. See Boletim
do arquivo técnico, 866
Higiene e segurança do
trabalho, 1174
HOSPITAL ALCIDES CARNEIRO,
p. 308
HOSPITAL DOS BANCÁRIOS.
See HOSPITAL DA LAGÔA,
p. 310
HOSPITAL CENTRAL DO EXÉRCITO,
pp. 135-136
HOSPITAL JULIANO MOREIRA,
p. 294
HOSPITAL DA LAGÔA, p. 310
HOSPITAL DOS SERVIDORES DO
ESTADO (HSE), p. 307

IAA. See INSTITUTO DE
AÇÚCAR E ÁLCOOL,
pp. 174-181
IAPI [INSTITUTO DE
APOSENTADORIA E PENSÕES].
See INSTITUTO NACIONAL

DE PREVIDÊNCIA SOCIAL,
pp. 308-310
IBBD. See INSTITUTO
BRASILEIRO DE BIBLIOGRAFIA
E DOCUMENTAÇÃO, pp. 27,
28-32
IBBD notícias, 79
IBC. See INSTITUTO
BRASILEIRO DO CAFÉ,
pp. 172-174
IBDF. See INSTITUTO
BRASILEIRO DE
DESENVOLVIMENTO
FLORESTAL, pp. 87-91
IBE. See INSTITUTO
BRASILEIRO DE ESTATÍSTICA,
pp. 248-263
IBECC. See INSTITUTO
BRASILEIRO DE EDUCAÇÃO,
CIÊNCIA E CULTURA,
pp. 277-278; also item 476
IBG. See INSTITUTO BRASILE
BRASILEIRO DE GEOGRAFIA,
pp. 248-249, 263-265
IBGE [INSTITUTO BRASILEIRO
DE GEOGRAFIA E
ESTATÍSTICA]. See
FUNDAÇÃO INSTITUTO
BRASILEIRO DE GEOGRAFIA
E ESTATÍSTICA, pp. 248-
265
IBRA. See INSTITUTO
BRASILEIRO DE REFORMA
AGRÁRIA, p. 82
IBRA informa, 293
IC; revista do Ministério
da indústria e comércio,
606
IMPA. See INSTITUTO DE
MATEMÁTICA PURA E
APLICADA, pp. 27, 32-33
INCRA. See INSTITUTO
NACIONAL DE COLONIZAÇÃO
E REFORMA AGRÁRIA,
pp. 82-83
INDA. See INSTITUTO
NACIONAL DO

Zé moeda, 594
ZONA FRANCA NA CIDADE DE
    MANAUS. See
    SUPERINTENDÊNCIA DA ZONA
    FRANCA DE MANAUS, p. 197